中亚国家税法丛书

乌兹别克斯坦税收法律制度和吉尔吉斯斯坦税收法律制度

王鸿貌　著

中国财经出版传媒集团
中国财政经济出版社

图书在版编目（CIP）数据

乌兹别克斯坦税收法律制度和吉尔吉斯斯坦税收法律制度／王鸿貌著. --北京：中国财政经济出版社，2023.2

（中亚国家税法丛书）

ISBN 978-7-5223-1839-4

Ⅰ. ①乌… Ⅱ. ①王… Ⅲ. ①税法-制度-乌兹别克②税法-制度-吉尔吉斯 Ⅳ. ①D936.222②D936.422

中国国家版本馆 CIP 数据核字（2023）第 012557 号

责任编辑：卢关平　　　　责任印制：张　健

封面设计：孙俪铭

乌兹别克斯坦税收法律制度和吉尔吉斯斯坦税收法律制度

WUZIBIEKESITAN SHUISHOU FALU ZHIDU HE JIERJISISITAN SHUISHOU FALU ZHIDU

中国财政经济出版社 出版

URL：http：//www.cfeph.cn

E-mail：cfeph@cfeph.cn

社址：北京市海淀区阜成路甲 28 号　邮政编码：100142

营销中心电话：010-88191522

天猫网店：中国财政经济出版社旗舰店

网址：https：//zgczjjcbs.tmall.com

北京财经印刷厂印刷　各地新华书店经销

成品尺寸：170mm×240mm　16 开　26.75 印张　456 000 字

2023 年 2 月第 1 版　2023 年 2 月北京第 1 次印刷

定价：79.00 元

ISBN 978-7-5223-1839-4

（图书出现印装问题，本社负责调换，电话：010-88190548）

本社质量投诉电话：010-88190744

打击盗版举报热线：010-88191661　QQ：2242791300

西北大学“双一流”建设项目资助
Sponsored by First-class Universities and Academic Programs of Northwest University

《中亚国家税法丛书》编委会

总　序

"一带一路"倡议是以习近平总书记为核心的党中央于2013年提出的。这是站在一个新的历史高度，面对世界政治、经济深刻变化的大背景，中国坚持对外开放政策的一项重大建设，是中国统筹国内国外两个大局作出的重大决策，是中国为建立一个政治互信、经济融合、文化包容的全球命运共同体和全球利益共同体而作出的重大贡献。"一带一路"倡议已得到了世界上100多个国家和国际组织的热烈响应和积极参与，对推动全球和平发展、共同繁荣产生了重大影响。

"一带一路"倡议所取得的巨大成就，应该说离不开各级政府的大力支持与推动，也离不开中国企业的笃信与践行。税收作为一种经济杠杆，不仅对企业的投资决策和税前收益产生重要的影响，而且也对企业的最终运营过程和最终收益产生重要的影响。因此，企业在对外投资贸易过程中，必须通过对东道国税收法治环境进行全面的考察，对税收风险进行精准的预判，对税后利益进行精细的测算，才能大胆地"走出去"，放心投资，合规经营，从而取得预期的商业利益。应该说，准确掌握东道国的税收法律制度，已经成为"走出去"企业面临的关键问题。根据国家商务部2019年披露的数据，我国海外投资企业所遇到的问题中有60%来自于税收，税收歧视、税收争议等问题给我国走出去企业每年带来的损失或高达数百亿元之多。很多企业特别是中小企业，由于缺少对东道国税收法律制度的了解，从而蒙受了不必要的税收损失，个别企业甚至陷入了极其困难的境地。因此，了解、掌握和正确地适用东道国的税收法律制度，是一个需要高度重视和妥善解决的重要问题。

中亚五国地处欧亚大陆中心，是"丝绸之路"的重要通道，自古与我国有着频繁的经济交往。自"一带一路"建设实施以来，中国与中亚国家的经济合作更加广泛和深入，不仅中央政府和许多地方政府加强了与中亚各国沟通与经济合作，而且，中国许多企业也纷纷进军中亚各国，在能源、基础设施、交通通信、机械制造等领域进行投资或合作开发，取得了很大的成效。但同时也面临着许多的税收风险。一方面，由于中亚五国自独立以来，不仅经济发展水平不高，而且由于历史、文化、民族、宗教等方面的原因，导致各自都面临着十分复杂的政治、经济和社会问题。在这样的背景下，这些国家的税收法律制度不仅不够发达和完善，而且修改频繁，极不稳定。再加上税收执法人员水平不高，腐败问题比较严重，因此使得这些国家的税收法律环境不够理想。另一方面，由于语言上的隔阂、文化上的差异和制度上的不同，导致国内对中亚各国税法的了解十分有限。据了解，目前国内对中亚国家税法的介绍和研究，仅有《中亚五国税收法律概论》、新疆维吾尔自治区原国家税务局翻译出版的中亚五个国家税法典和一些企业组织翻译的中亚个别国家税法典。但由于税法本身专业性强和修订变化快等原因，故难以满足企业的需要。因此，编撰一套中亚各国的税法著作，对中亚五国的税收法律制度进行全面、系统、详尽地介绍与研究，这不仅具有非常重要的学术价值和理论意义，而且也具有非常重要的实践价值和现实意义。

本套丛书的作者王鸿貌教授从20世纪90年代中期至21世纪初任职于扬州大学税务学院。该机构的另一名称为“国家税务总局扬州培训中心”，是国家税务总局直属的专业教育培训机构，担负着培育税务系统中高级领导的重任。在此期间，他受命组建了当时国内唯一的税收法律系，在为税务系统培养税法专门人才的同时，还担任了税务干部税法知识的培训课程。在税法学界和税务系统有着较高的知名度和较大的影响。近年来，他主持完成了3个财税法学方面的国家社科基金项目以及教育部、民盟中央和多个省部级社科规划项目或委托调研项目，出版了10本财税法学的理论著作，发表了50多篇财税法学术论文，对财税法的前沿理论问题以及我国税收基本法的立法问题、税收征管法的修改问题、税收流失治理问题等都有着较为深入的研究。另外，2011年，他还策划了《中国税务教育发展报告》系列丛书。该套丛书目前已经出版了6辑，在国内产生了较大的影响。由于我担任该套丛书的顾问，故在此期间，我和王鸿貌之间有过多次的交流与沟通，对他的为人和处事有着比较深入的了解，对他的学术理念和研究水平也有着较高的评价。值此《中亚国家税法丛书》出版之际，他邀我作序，我欣然允诺。借此谈谈我阅读本套丛书之后的一些认知与感想。

第一，有担当。在退休之前，我在国家税务总局担任过涉外税务管理司司长，分管过国际税收和税收政策法规工作。在工作过程中，我与一些“走出去”从事国际投资贸易的企业家有过接触，也探讨过一些涉外投资贸易活动过程中出现的税务问题。我深深地认识到，对东道国税收法律制度缺乏了解，是导致“走出去”企业遇到大量税收问题的根本原因。特别是许多在中亚投资贸易的中资企业，由于缺乏对东道国税法的了解，不仅极易出现税务问题，而且经常会出现采用一些非规范的解决方法，从而使企业蒙受损失。因此，对于中亚各国税法制度的了解与掌握，从小的方面来说，关乎在中亚地区投资贸易的中资企业的经济利益，从大的方面来说，则关乎国家“一带一路”倡议在中亚国家的落实。在此背景下，王鸿貌教授作为一个正值学术壮年的学者，放下自己手头的理论研究课题，在没有经费支持的情况下，凭借一人之力，花费数年时间，编撰一套这样的丛书，从动机上来看，显然不是为了自己扬名立万，而是作为学者用其专业知识报效国家、服务社会的责任、情怀与担当。

第二，有水平。在全球法学界，税法都被认为是一个新兴的和专业性、技术性最强的法律。由于税收活动是对纳税人经济活动或所得、财产的征税，涉及了复杂的利益分配和技术操作等问题，故能够精准地掌握一个国家的税法制度实属不易，更何况去掌握多个国家的税法。王鸿貌教授依其深厚的专业能力和认真的研究态度，克服语言障碍，查阅原文，探隐寻意，不仅对中亚各国税法制度的发展历史系统地进行了梳理，而且对中亚各国现行的税法制度进行了全面准确的解读，从而使读者不仅能够了解中亚各国税法制度的来龙去脉，而且能够一窥中亚国家税法制度的真实面目。在内容的把握上，既有对一般原则的宏观概括，更有对具体内容的详细论述。在表达方式上，既尽可能地保留了中亚各国税法的原有风貌，又能够根据国内税法的表达方式和国内读者的阅读习惯对其作本土化的改造，这就使得该套丛书内容全面，知识准确，表达流畅，特点鲜明，表现出了很高的学术水平。

第三，有价值。40 多年来，我国的税法学理论研究和税收法律制度相互促进，共同发展，取得了有目共睹的进步。但也存在对外国税收法律制度的了解不及时、不全面的问题。故不仅影响了我们的理论视野，而且也影响了我们的学习和借鉴。在这样的背景下，王鸿貌教授的这套丛书不仅拓宽了国内的税法研究者、税收立法者和税务管理者的理论视野，更多地了解近年来国外税法制度的发展方向和发展趋势，而且为税收立法工作提供了可资借鉴的样本和经验，这对于解决我国税收法律制度的系统化问题和税法典的制定问题，都必将产生积极的影响。同时，这套丛书对于帮助在中亚地区进行投资贸易的中资企业掌握东道国的税法制度、指导正确适用和遵从东道国税法、最大程度降低企业税收风险，都具有非常重要的意义。

“路漫漫其修远兮，吾将上下而求索”。当前正面临着百年未有之大变局。社会的进步，制度的转型，都向我们提出了许多亟待研究的重大课题。《中亚国家税法丛书》的编撰出版，是为落实“一带一路”倡议做了一件实事、一件大好事。因此，我在祝贺本套丛书出版之际，也乐意向广大读者介绍和推荐这套丛书。同时，我也衷心希望王鸿貌教授能够对“一带一路”沿线其他国家的税法制度进行研究，并希望有更多的学者投身于对“一带一路”沿线国家税法制度的研究之中，多出成果、出好成果，出有真正价值的成果。

是为序。

郝昭成①

2022年元旦于北京玉渊潭

---

① 郝昭成，第十届全国政协委员，先后担任过国家税务总局涉外税务管理司副司长、司长，国家税务总局办公厅主任，国家税务总局原副局长、党组成员，中国国际税收学会会长等职。

目　录

上篇　乌兹别克斯坦税收法律制度

第一编　乌国税法总论 ………………………………………………（3）
第一章　乌国税法概览 ………………………………………………（3）
第一节　乌国税法的制定与发展 ……………………………………（3）
第二节　乌国税种体系 ………………………………………………（6）
第三节　乌国税法基本概念与税法原则 ……………………………（8）
第四节　乌国税法的渊源与效力 ……………………………………（12）
第五节　乌国《税法典》的结构与主要内容 ………………………（15）
第二章　税务机关、纳税人及其权利与义务 ………………………（18）
第一节　税务机关及其权利与义务 …………………………………（18）
第二节　纳税人及其权利与义务 ……………………………………（21）
第三节　纳税义务及其履行 …………………………………………（23）

第二编　乌国税种法律制度 …………………………………………（28）
第三章　法人所得税法 ………………………………………………（28）
第一节　纳税人 ………………………………………………………（28）
第二节　应税所得的确定（1）：总所得 ……………………………（30）
第三节　应税所得的确定（2）：可扣除的费用 ……………………（34）
第四节　应税所得的确定（3）：几种特殊情况 ……………………（44）
第五节　应税所得的确定（4）：税收优惠 …………………………（48）
第六节　税率、税额计算与税款缴纳 ………………………………（49）
第七节　非居民法人的税款缴纳与征收管理 ………………………（51）

第四章　个人所得税法 …………………………………………………… (58)
第一节　纳税人 …………………………………………………… (58)
第二节　应税所得 …………………………………………………… (59)
第三节　税收优惠 …………………………………………………… (64)
第四节　税率和纳税期 …………………………………………………… (69)
第五节　税款缴纳和税收征管 …………………………………………………… (70)
第五章　增值税法 …………………………………………………… (77)
第一节　纳税人 …………………………………………………… (77)
第二节　征税对象 …………………………………………………… (78)
第三节　免税与零税率 …………………………………………………… (83)
第四节　税率、税额计算与抵扣 …………………………………………………… (89)
第五节　税款缴纳、退税与征收管理 …………………………………………………… (91)
第六章　消费税法 …………………………………………………… (95)
第一节　纳税人 …………………………………………………… (95)
第二节　征税对象与税率 …………………………………………………… (96)
第三节　税款缴纳与征收管理 …………………………………………………… (111)
第七章　矿产资源使用税和专项规费法 …………………………………………………… (113)
第一节　矿产资源使用税法 …………………………………………………… (113)
第二节　超额利润税法 …………………………………………………… (117)
第三节　签约酬金 …………………………………………………… (118)
第四节　产品分配协议业务的税收规定 …………………………………………………… (119)
第八章　财产税法 …………………………………………………… (121)
第一节　法人财产税法 …………………………………………………… (121)
第二节　自然人财产税法 …………………………………………………… (124)
第九章　土地税法 …………………………………………………… (127)
第一节　法人土地税法 …………………………………………………… (127)
第二节　自然人土地税法 …………………………………………………… (130)
第十章　其他税法 …………………………………………………… (133)
第一节　水资源使用税法 …………………………………………………… (133)
第二节　社会基础设施开发和公用事业经营税法 …………………………………………………… (136)
第三节　运输工具的汽油、柴油和天然气消费税法 …………………………………………………… (137)
第十一章　按照简易程序征税的税种法 …………………………………………………… (139)

第一节 概述 …………………………………………………… (139)
第二节 营业税法 ……………………………………………… (140)
第三节 统一土地税法 ………………………………………… (145)
第四节 单一税法 ……………………………………………… (147)
第十二章 对特殊纳税人的特别规定 ………………………… (151)
第一节 对外国私人投资者的特殊规定 ……………………… (151)
第二节 对合营业务的特殊规定 ……………………………… (152)
第三节 对农场的特殊规定 …………………………………… (153)
第四节 对市场的特殊规定 …………………………………… (154)
第五节 对从事音乐表演的法人和自然人的特殊规定 ……… (155)
第六节 对律师行业的特殊规定 ……………………………… (155)

第三编 乌国规费法律制度 ………………………………… (157)
第十三章 社保基金 …………………………………………… (157)
第一节 养老保险费和统筹费 ………………………………… (157)
第二节 养老金强制扣款 ……………………………………… (159)
第十四章 国家公路基金 ……………………………………… (161)
第一节 公路基金强制扣款 …………………………………… (161)
第二节 公路基金税 …………………………………………… (162)
第十五章 专门学院和医疗机构改建、大修和装备预算外基金强制扣款 ……………………………………………… (164)
第十六章 国家规费（印花税） ……………………………… (166)
第一节 纳税人和征税对象 …………………………………… (166)
第二节 免税 …………………………………………………… (167)
第三节 税款计算、缴纳和退税 ……………………………… (174)
第十七章 海关手续费（关税） ……………………………… (180)
第一节 一般规定 ……………………………………………… (180)
第二节 征税对象和税率 ……………………………………… (180)
第三节 税收优惠 ……………………………………………… (181)
第四节 纳税申报 ……………………………………………… (183)
第十八章 单项服务和单项商品零售贸易权费 ……………… (184)

第四编　乌国税收征纳法律制度 …………………………（185）
第十九章　税务报表与税款缴纳 …………………………（185）
第一节　征税对象的确定 …………………………（185）
第二节　税务报表 …………………………（186）
第三节　税款和规费缴纳 …………………………（188）
第四节　欠税追缴 …………………………（192）
第二十章　税务监督 …………………………（196）
第一节　税务监督的主要方式 …………………………（196）
第二节　纳税人登记 …………………………（199）
第三节　税务检查 …………………………（203）
第二十一章　税收法律责任 …………………………（213）
第一节　税收法律责任的概念与一般规定 …………………………（213）
第二节　税收违法行为的种类及责任 …………………………（215）
第三节　对税务机关及其工作人员的决定、行为的申诉 ……（217）
附录　中乌《关于对所得避免双重征税和防止偷漏税的协定》
解读 …………………………（218）
参考文献 …………………………（236）

下篇　吉尔吉斯斯坦税收法律制度

第一编　吉国税法总论 …………………………（241）
第一章　吉国税法概论 …………………………（241）
第一节　吉国税法的制定与发展 …………………………（241）
第二节　吉国税收法律制度 …………………………（244）
第三节　吉国税法概念与税法基本原则 …………………………（247）
第四节　吉国税法的渊源与效力 …………………………（252）
第五节　吉国《税法典》的结构与特点 …………………………（254）
第二章　税务机关、纳税人及其权利与义务 …………………………（257）
第一节　税务机关及其权利与义务 …………………………（257）
第二节　纳税人及其权利与义务 …………………………（260）

第二编　吉国税种法律制度 …………………………………………（263）
第三章　所得税法 ……………………………………………………（263）
第一节　纳税人 …………………………………………………（263）
第二节　征税对象 ………………………………………………（264）
第三节　税率、税额计算和税款缴纳 ……………………………（269）
第四章　利润税法 ……………………………………………………（273）
第一节　纳税人 …………………………………………………（273）
第二节　应税收入 ………………………………………………（273）
第三节　对计税依据的特殊规定 …………………………………（281）
第四节　税收优惠 ………………………………………………（285）
第五节　税率、税款缴纳与纳税申报 ……………………………（286）
第六节　特殊规定 ………………………………………………（287）
第五章　增值税法 ……………………………………………………（292）
第一节　纳税人 …………………………………………………（292）
第二节　征税对象 ………………………………………………（294）
第三节　计税依据与税率 …………………………………………（303）
第四节　增值税征纳程序 …………………………………………（305）
第五节　与关税同盟成员国进行商品进出口、提供工程和服务时增值税的征缴 ……………………………………………（310）
第六章　消费税法 ……………………………………………………（315）
第一节　纳税人 …………………………………………………（315）
第二节　征税对象 ………………………………………………（315）
第三节　税率、纳税期限及税额计算 ……………………………（316）
第四节　税款征收与管理 …………………………………………（319）
第七章　地下资源使用税法和销售税法 ………………………………（323）
第一节　地下资源使用税法 ………………………………………（323）
第二节　销售税法 ………………………………………………（326）
第八章　财产税法和土地税法 …………………………………………（329）
第一节　财产税法 ………………………………………………（329）
第二节　土地税法 ………………………………………………（338）
第三节　税款计算与缴纳 …………………………………………（344）
第九章　特殊税收制度 ………………………………………………（347）

第一节 执照税法 …………………………………………………… (347)
第二节 统一税法 …………………………………………………… (352)
第三节 税务合同税法 ……………………………………………… (353)
第四节 自由经济区税法 …………………………………………… (355)
第五节 高新技术园区税法 ………………………………………… (356)

第三编 吉国税收征纳法律制度 …………………………………… (358)
第十章 税务管理 …………………………………………………… (358)
第一节 税务登记 …………………………………………………… (358)
第二节 会计文件和税务报表 ……………………………………… (360)
第三节 税务机关的决定 …………………………………………… (363)
第十一章 税款缴纳 ………………………………………………… (365)
第一节 纳税义务及其履行 ………………………………………… (365)
第二节 几种特殊情况下纳税义务的履行 ………………………… (370)
第三节 纳税义务的保障措施 ……………………………………… (372)
第十二章 税务检查与处罚 ………………………………………… (376)
第一节 税务检查 …………………………………………………… (376)
第二节 税收法律责任 ……………………………………………… (384)
第三节 对税务机关决定及税务工作人员行为的申诉 ………… (387)
附录 中吉《关于对所得避免双重征税和防止偷漏税的协定》
解读 …………………………………………………………… (389)
参考文献 …………………………………………………………… (407)

后记 ……………………………………………………………… (410)

上篇

乌兹别克斯坦税收法律制度

第一编　乌国税法总论

第一章　乌国税法概览

第一节　乌国税法的制定与发展

1991 年 8 月 31 日，乌兹别克斯坦加盟共和国宣布脱离苏联，成立独立的乌兹别克斯坦共和国（本书中将其简称乌国）。鉴于税收收入是国家政府财政收入的主要来源，税收制度是国家重要的经济法律制度。因此，自独立以来，乌国政府一直非常重视税收法律制度的建设，并使其在自独立以来仅 30 年的发展过程中，经过了初创、改革和基本定型三个不同的发展阶段。

第一阶段：乌国税收法律制度的初创阶段，时间从 1991 年乌国独立到 1993 年底。由于乌兹别克斯坦在独立之前是苏联的一个加盟共和国，在企业制方面实行的是苏联的社会主义计划企业制，在税收法律制度方面实行的是与苏联的计划企业制相适应的税收法律制度。其后果使得乌兹别克斯坦不但没有建立自己的税收法律制度，而且在财政收入方面严重依赖于莫斯科中央政府。据统计，1990 年乌兹别克斯坦有 47% 的财政收入来自于莫斯科的拨款。

1991 年 8 月之后，乌国作为一个主权国家，一方面必须要建立自己的税收法律制度，另一方面也必须要解决自身的财政收入问题。鉴于乌国上下对计划企业制所固有的种种弊端具有深刻的认识，故乌国政府在独立后便决定实行市场经济体制。在这一经济制改革过程中，乌国政府并没有采取“休克疗法”这样的激进措施。而是根据本国国情，通过实行经济的非意识形态化、非国有化、对外开放等措施，逐步向市场经济进行过渡。与这一改革过程相适应，乌国政府在税收法律制度的创建过程中并没有完全抛弃苏联时期的税收法律制度而另起炉灶，而是在保留其税收制度基本内容的基础上，根据乌国经济和社会、政治发展的实际需要，特别是增加政府财政收入的需要，先后进行了一系列有针对性的改革。例如，取消了流通税和销售税等原有税种，开征了增值税、消费税、关税、法人所得税、个人所得税等新的税种，并对税收征管制度作了许多的改进。这些改革措施的实施，不仅使乌国政府在很短的时间内建立起了与当时的市场经济建设相适应的税收法律制度，而且它的实施对于增加政府的财政收入，起到了比较大的作用。一方面，根据世界银行的统计资料，1992 年乌国的财政收入仅为 1.4 亿苏姆，到 1993 年时已经达到了 17.36 亿苏姆。但另一方面，由于此时税收的主要任务是为国家筹集急需的经济资源，这也就导致了当时的税收负担整体较高。有数据显示，乌国在该阶段的税收约占企业收入的 40%，长远来看不利于企业的生产和国家经济的发展。

第二阶段：乌国税收法律制度的调整阶段，时间从 1994 年到 2006 年。到 1994 年初，乌国市场企业制经过两年多的改革之后已初具形态，乌国的经济形势也已渡过了独立之初的衰退和困难，开始走向复苏。因此，调整国家的税收政策，建立与当前市场企业制相适应的税收制度，就成为新时期税制改革的重要任务。为此，乌国最高会议依据宪法的规定，通过制定《乌兹别克斯坦共和国企业、协会和社团组织所得税法》等法律，从而对之前初步建立的税种体系进行调整。与此同时，乌国总统和政府也依据宪法所规定的职权，通过发布总统令和政府令，对税种制度的具体内容和税收管理体制进行了相应的调整。例如，1994 年 1 月 18 日，乌国政府发布第 774 号政府令，改革税收管理体制：一是将内阁直属的国家税务总局改组为国家税务委员会；二是将 1992 年 8 月 10 日组建的国家海关委员会改组为海关总局，由直属内阁改为直属于国家税务委员会；三是撤销内政部打击经济犯罪局及其地方机构，将一半的员工划转到国家税务委员会，并组建专门的监督审查局。这些措施的实施，有效地提高了税务机构的工作效率。同时，为了降低企业的税收负担，促进企业生产发展，同年 11 月 30 日总统卡里莫夫发布名为《关于加强税收调节作用的主要措施》的总统令，决定从 1995 年 1 月 1 日起，通过调整税种、降低税率等方式来调整税收结构。其具体措施包括将增值税的税率由20%降到18%，将企业收入税改为企业利润税，取消原材料及产品税，简化征税手续，对外资、农户、农场、私营企业和商贸企业等继续提供税收减免优惠等。

1996年5月31日，卡里莫夫总统发布《关于促进建立外国投资企业及其经营活动的补充措施》的总统令，规定对于生产出口导向型产品和进口替代型产品的外国投资企业，用于发展生产所应收取的所得税、增值税和土地税等预缴款项推迟两年，并对注册资本中外资不少于50万美元的企业免缴财产税。另外，在附件中还明确列举了此前制定的法律法规中规定的税收优惠的具体内容。从涉及的法律法规来看，乌国的税收优惠，不仅涉及乌国的《企业、协会和组织税法》、《土地税法》等税收法律，也涉及了《外国投资和保障外国投资者活动法》等其他的法律，还涉及了乌国内阁《关于完善对外经济活动调节机制措施的决议》、乌国总统《关于促进出口产品生产企业发展的补充措施的命令》等许多行政法规。从涉及的税种来看，包括了所得税、增值税、财产税、土地税、关税、交通工具税等众多税种。从涉及的优惠对象来看，既包括大多数的外资企业和外国企业，也包括了许多的内资企业。从税收优惠的措施来看，既包括了暂时免税（税收延缓期），也包括了降低税率、减少计税依据、延期纳税（税收扶持）等。

1997年4月24日，乌国议会通过了《乌兹别克斯坦共和国税法典》（以下简称《税法典》），明确规定各税收程序与税率由乌国内阁负责制定，监督和执行部门为乌国国家税务委员会及下属的地方税务机关。此后，围绕着降低税负、提高税收征管效率、刺激出口、吸引外资等问题，乌国议会和政府对《税法典》的内容进行了多次的修改和补充，使乌国的税收法律体系得到了发展和完善。例如，法人企业利润税的税率由1996年的37%降低到了2004年的18%。再如，通过清理税收优惠政策，使得税收制度和税收负担分配变得比较公平等。特别是2006年乌国总统签署的《对 < 乌兹别克斯坦共和国税法 > 的若干修订法》，通过修订《税法典》，使税法不仅在减轻企业负担、稳定国家经济发展方面起到了比较大的作用，而且也为2007年新《税法典》的制定和实施奠定了基础。

第三阶段：乌国税收法律制度的基本定型阶段，时间为2007年至今。2007年12月，乌国议会审议通过了现行的《乌兹别克斯坦共和国税法典》，即现行《税法典》。这部税法是根据乌国政治经济社会发展的需要，在对

1997 年制定的《税法典》进行了 30 多处重大修改的基础上形成的。在该法中，明确规定了乌国税法的调整范围、基本原则、税收征管机关与纳税人的权利义务、税种体系、税收征管等内容，从而奠定了乌国现行税收法律制度的基本框架和内容。这部《税法典》从 2008 年 1 月 1 日起正式实施。多年来，乌国议会基本上每年都会对其中的某些内容进行修改，从而使其能更好地适应乌国政治经济发展的需要。例如，2008 年对税法的修改核心是打击税收逃避和隐瞒行为。2017 年对《税法典》的修改主要是围绕着提高部分烟、酒等商品的消费税的税率和降低部分食品的消费税的税率开展，2018 年对《税法典》的修改主要是体现在减轻企业的税收负担而降低增值税的税率、取消法人所得税等。

2019 年以来，乌国立法机关和政府对《税法典》作了许多修改，从而使其更加规范、科学和合理。例如，对于增值税，从 2019 年 10 月 1 日起将基本税率降为 15%，从 2020 年 1 月起取消了简易计税和缴纳程序，并对长期资产实行在购买时一次性抵扣政策；对于法人所得税，从 2020 年 1 月 1 日起，个体企业有权选择交易程序来计算计税依据，亏损结转也由 5 年增加到 10 年，除对于银行、从事水泥生产、聚乙烯颗粒生产、移动通信服务运营商实行 20% 的税率、对于从事电子商品贸易（服务）并在国家电子商务主体登记册上登记的纳税人适用 7.5% 的税率外，其他企业都适用 15% 的基本税率；对于个人所得税，将养老金、奖学金、社会福利、赡养费等不再计入纳税人的总收入；将营业税改为营业税，并将纳税对象的营业额限制为法人企业在纳税期内的总收入不超过 10 亿苏姆，个人在纳税期内的总收入超过 1 亿苏姆但不超过 10 亿苏姆；等等。

第二节　乌国税种体系

和世界上绝大多数的国家一样，乌国也实行复税制，即国家的税种体系是由若干个税种组成的。根据《税法典》的规定，乌国的税种体系包括税和规费两大部分。

一、税

根据《税法典》的规定，在乌国统一开征的税种有 10 个。这些税种具体包括：

1. 法人所得税。法人所得税是指对乌国居民法人的利润、乌国非居民法人在乌国境内通过常设机构进行经营产生的利润、乌国居民法人的收益等进行的征税。

2. 个人所得税。个人所得税是指对乌国居民自然人在乌国境内和境外获得的收入，以及乌国的非居民自然人在乌国境内获得的收入的征税。

3. 增值税。增值税是指对在乌国进行商品、工程和服务的销售营业额和进行商品进口的征税。

4. 消费税。消费税是指对在乌国境内生产应税消费品，或者进口应税消费品至乌国境内的行为的征税。

5. 矿产资源使用税和专项规费。矿产资源使用税和专项规费指的是对从地下资源中开采矿产、对矿产进行加工、从矿物原料中提取有用成分者的征税和收取的规费。

6. 水资源使用税。水资源使用税是指对在乌国境内从事活动的法人实体、个体经营者和自营农场等使用地表和地下水资源的征税。

7. 财产税。包括法人财产税和自然人财产税两种。前者是对在乌国境内拥有应税财产的居民法人、通过常设机构在乌国境内从事经营活动或拥有不动产的非居民法人的征税。后者是对在乌国境内拥有住宅、公寓、别墅、车库和其他建筑、房间、构筑物等的自然人的征税。

8. 土地税。土地税是指对拥有土地所有权、永久（无限期）使用权或继承所得的终生使用权的法人实体或自然人征收的税种。

9. 社会基础设施开发和公用事业经营税。社会基础设施发展和公共设施税是指对从事经营活动的乌国居民法人在扣除法人所得税后所拥有的剩余利润的征税

10. 运输工具的汽油、柴油和天然气消费税。运输工具的汽油、柴油和天然气消费税是指对法人向运输工具的最终用户销售汽油、柴油和天然气等的征税。

需要特别说明的是，在上述 10 个税种中，第 1—6 属于在全国统一征收的税种，第 7—10 属于地方税种。

另外，根据《税法典》规定的简易申报程序，还开征了营业税、统一土地税这两个税种。

二、规费

根据《税法典》规定，在乌国征收的规费主要有 6 个。这些规费具体包括：

1. 社保基金规费。具体包括了预算外养老金、公民保险费和统筹费、预算外养老金强制扣款两种。

2. 国家公路基金规费。具体包括共和国公路基金强制扣款和共和国公路基金税两种。

3. 专门学院和医疗机构改建、大修和技术装备预算外基金强制性扣款。

4. 国家规费（即印花税），是对进行法律行为或主管机关签发文件而征收的规费。

5. 海关手续费（即关税）。

6. 单项服务和单项商品零售贸易权利费。

需要特别说明的是，上述第 6 项属于地方规费，其他项目属于在全国统一征收的规费。

另外，根据《税法典》规定的简易申报程序，还可以征收某些类别企业活动的固定税费。

第三节 乌国税法基本概念与税法原则

鉴于税法的专业性和技术性，乌国《税法典》借鉴了当代世界一些国家税收立法的经验，对税法中一些比较重要的概念作了专门的界定，同时也对税法制定和税法执行过程中必须遵守的基本原则进行了明确的规定。

一、税法的基本概念

为了避免《税法典》中所使用的一些基本的和重要的概念产生歧义和混乱，该法第 2 章以“本法所采用的基本概念”为题，用 10 个条文分别对该法中的相关概念做了专门的规定。这些概念包括：（1）税金和规费；（2）纳税人、扣缴义务人和纳税代理人；（3）主管部门；（4）税收关系主体；（5）法人和自然人；（6）非营利组织；（7）个体企业；（8）居民和非居民；（9）常设机构；（10）资产租赁。例如，对于“常设机构”这一概念，《税法典》第

20 条从四个方面进行了规定：

第一，关于常设机构的定义。根据规定，乌国的非居民常设机构是指非居民在乌国境内进行经营活动（包括通过代理人进行的活动）的任意场所。它还包括在任意连续 12 个月的时间内在乌国境内进行经营活动的时间超过 183 日。

第二，关于常设机构的具体范围。它规定，"常设机构"这一概念具体包括：(1) 进行生产、加工、配套、分装、包装、商品销售相关活动的任意场所。(2) 任意管理场所、代表处、分支机构、部门、局、处、所、办公室、办事处、工厂、工作间、车间、实验室、商店、仓库。(3) 从事自然资源开采相关活动的地点，包括：矿场、矿山、油井和（或）气井、矿坑。(4) 从事下列相关活动的任意地点：管道，输气管道，自然资源勘探或加工，设备的设置、安装、拼装、调试、启动或维护。(5) 从事与博弈游戏机（包括游戏机）、电脑网络、娱乐设施、运输或其他基础设施使用相关活动的任意地点。(6) 施工场地（建筑、安装或者拼装项目），以及与监控利用这些项目作业情况的服务。每个施工场地自开工之日起都被视为一个独立的常设机构。如果分包商是乌国的其他非居民、自在该施工场地开始作业之日起，这些分包商的活动也可视为分包商的单独常设机构。(7) 通过与乌国非居民之间存在合同关系的人员进行活动，代理其在乌国的利益，包括以该乌国非居民的名义在乌国境内进行活动，具有并可以在规定时期行使以该乌国非居民的名义签订合同的权限。(8) 销售位于乌国境内和属于乌国非居民的、通过租赁或者其他方式使用的仓库（包括海关仓库）的商品。(9) 进行其他工作、提供其他服务、进行其他活动，但第 (5) 项规定的内容不在此列。另外，对于因建造道路或进行探矿作业而导致作业地点转移的，无论整个项目是否具有移动性，均视为一个常设机构。

第三，常设机构的除外性规定。它规定，"常设机构"这一概念不包括下述内容：(1) 进行准备和辅助性质的活动。它具体包括：使用在商品销售之前主要用于对非居民的货物进行存放、拆除或供应的房屋；属于非居民的商品在销售之前，维持其存放、展示或供应的储备量；经营非居民采购商品的固定场地；经营专用于拼装、加工或传播消息（无权出售）、营销、广告或者研究商品（工程、服务）市场的非居民固定场地，但该活动不得作为非居民的主营业务；经营专用于进行所列活动类型组合的固定场地，但应保证组合时产生的共同活动具备准备或辅助性质。(2) 开展通过独立经纪人进行的活动：代理，信托人，受托人，证券市场专业参与者或依据代理（委托）合同或其他类似合同开展工作、但无权以非居民名义签订合同的其他任意人员。独立经纪人是指在自己主要活动范围内开展工作的人员，在法律和经济上与非居民无从属关系。（3）以非居民名义签订的外贸合同，进行向乌国输入或者从乌国输出的业务。（4）非居民持有证券、乌国法人居民注册基金（资本）份额，以及乌国境内的其他财产。（5）不存在本条第（3）部分规定常设机构的标志时，非居民向乌国的法人居民或向乌国其他通过常设机构在乌国开展业务的非居民提供在乌国境内进行作业的工作人员。这些人员只是以接收派驻单位名义开展工作，代理的是接收派驻单位利益。

第四，常设机构的成立时间。《税法典》规定，对于可以明确确定施工、提供服务开始的日期的，则施工、提供服务开始的日期视为常设机构成立的日期。对于无法确定施工、提供服务开始的日期的，可将下列日期之一认定为常设机构的成立日期：（1）合同中注明的施工、提供服务开始日期。（2）如果为了按照具体合同进行某项工作或者提供服务而取得了许可证，许可证开始生效的日期。（3）自将施工场地交付给承包方的交接证明签署之时起，施工场地（建筑、安装或拼装项目）成为乌国非居民的常设机构。（4）自通过常设机构开展的活动终止之时起，常设机构将不再存在。如果该时刻无法明确确定，则常设机构的活动终止之日视为下列日期中最晚的一个：施工、提供服务证明签署之日；常设机构非居民进行施工、提供服务的最后一笔费用账单出具之日；法人向乌国国家税务机关实际提交最后一份利润税计算表之日。

另外，该法还在第22条中对《税法典》中所使用的36个概念也进行了规定。这些概念具体包括：固定工作地点、主营业务、协同生产产品、预算补贴、资助、股息、租赁（信托）费、出租方（受托人）的利息收入、人道主义援助、工程（服务）输出、信贷机构、汇兑差额、财产、家庭成员、经营租赁、销售、使用费、商业活动、简化纳税程序、应交税费、净额销售、净利润、成本、商品流转额、商品（工程、服务）销售收益、商品出口、支付资金来源、坏账、紧急情况、利息、彩金、直系亲属、乌国纳税人统一登记簿、自备原料和材料、有凭证的费用等。例如，第17款规定，“使用费”包括下列两个方面的任意形式的费用：（1）使用或者提供科学、文学和艺术作品使用权，包括电子计算机、音像制品和相关权利实体软件（包括表演和录音制品）。（2）使用拥有工业产权项目、商品（服务商标）、品牌、设计或样式、平面图、秘密公式或程序所属权的产权证（证明）；或者使用涉及工业、商业或科学试验的信息（技术秘密）。

二、税法的基本原则

税法原则不仅是一国税收法律制度重要的组成部分，而且也是支配整个税收法律制度的根本准则。乌国《税法典》第5条明确规定，税收法规以征税原则为依据，税收法规的条款不得与《税法典》规定的税收原则相矛盾。

除上述原则性规定外，《税法典》从第6条到第11条共6个条文规定了乌国税法的6个税收原则。具体如下：

1. 征税强制性原则。强制性不仅是税收的本质特征，也是现代各国税收活动的基本原则。对此，乌国除了在《宪法》第51条明确规定“公民必须缴纳法律规定的税款和地方纳金”之外，在《税法典》第6条进一步明确规定，每个人都应缴纳《税法典》所规定的税金和规费。同时，任何人都有权拒绝缴纳《税法典》中未规定或违反《税法典》准则的税款和其他应缴财政款。

2. 征税确定性原则。确定性是税收的另外一个本质特征，也是现代各国税收活动的基本原则。乌国《税法典》第7条规定，税款及其他应缴财政款应该明确。为此，它要求“在编制税收法规的条文时，应保证每个纳税人都明确了解税种和其他应缴款项类目、应缴金额和缴纳程序”。同时，它还明确规定，除《税法典》有另外规定的情况外，税法在规定税金和规费时，都应该确定纳税人、税金及规费的组成部分。

3. 征税公平性原则。在当代，税收公平不仅是税收制度所追求的基本的价值目标，而且也是所有税收法律制度都应该遵循的基本原则。乌国税法也不例外。《税法典》第8条规定，税收公平原则包括三个方面的内容：第一，普遍纳税。它要求，纳税应该具有普遍性，从而使纳税行为遍及尽可能多的纳税人。第二，税收优惠应该符合社会公平原则。税法不允许对个别的纳税人提供个性化税金和规费优惠。第三，税收和规费的征收标准不得因纳税人的社会、种族、民族、宗教等的不同而制定不同的标准，从而造成纳税人之间的不平等。

4. 税收制度统一原则。法制统一是现代法治国家法律制定与执行的基本原则。为此，乌国《宪法》第123条明确规定，“乌兹别克斯坦共和国内实行统一的税制。税收确定权属于乌兹别克斯坦共和国议会”。根据此条规定，《税法典》第9条进一步明确规定，在乌国境内税收制度对于所有纳税人都是统一的。为了进一步强调税收制度的统一性，《税法典》还进一步规定，在乌国境内，不允许制定直接或间接限制商品（工程、服务）或资金自由移动的税金和规费。

5. 税收法规公开原则。公开性是现代所有国家法律制度的基本要求。《税法典》第 10 条规定，调整税收问题的规范性法律条文必须在正式出版物中颁布。未正式颁布的规范性法律条文，在进行全国通告时不会产生法律后果（例如无法生效），也不能成为调整税收关系的基础，以及对税收关系主体不履行条文规定时对其进行处罚的基础。

6. 纳税人诚实推定原则。乌国《税法典》第 11 条规定，当税法在解释和适用过程中出现无法消除的矛盾和不明确的表述时，应该按照有利于纳税人的原则进行说明和确定。这一原则在当代多个国家的税法解释中被称为有利于纳税人原则。

第四节　乌国税法的渊源与效力

一、税法的渊源

在当代世界各国，法的渊源问题一般指的是法的存在形式与表现形式。由于它直接影响到法的适用范围与效力，故被认为是任何法律都首先必须解决的问题。根据宪法的相关规定，乌国税法的渊源一般包括以下几种：

（一）宪法

宪法是一个国家的根本大法，有关国家基本的政治制度、经济制度、社会制度等都应该由宪法来规定。税收作为一项重要的国家制度，自然应该在宪法中有所体现。乌国宪法也不例外。乌国《税法典》第 51 条明确规定："公民必须缴纳法律规定的税款和地方规费"。同时，它又在第 78 条第 2 款和第 8 款分别规定，议会有权通过法律并对其作修改和补充、议会根据内阁提案确定税收和其他义务性的纳金。这样，通过上述两项规定，就使宪法不仅为国家征税权和税收制度的来源提供了依据，而且也为纳税人履行纳税义务提供了依据。这就从根本上解决了乌国税法的合法性问题。

（二）税收法律

根据《税法典》第 2 条第 1 款的规定，乌国的税收法律由本法和其他法律文件组成。由此可见，乌国税收法律是以《税法典》为主体，再结合其他法律中有关规定而形成的一个开放的体系。在该体系中，《税法典》对纳税及其他应缴款项的制定、变更或注销等内容进行规定。凡是涉及纳税问题的法律规范性条文，都必须与《税法典》的规定相符。对于如下的四种情况，都被认为是与《税法典》不相符的：(1) 该条文是由《税法典》规定无权通过该条文的机构批准通过的，或者通过该条文违反了通过规范性法律条文的规定程序；(2) 撤销或者限制税收关系主体权利，改变《税法典》规定的税收关系主体的义务、基础、条件的内容以及行为顺序和办法；(3) 准许或者允许《税法典》禁止的行为；(4) 改变《税法典》中规定的概念含义，或将这些概念用作与《税法典》中不同的含义。当其他的法律法规中出现这四种情况时，制定该法律法规的机关及其上级机关，均有权撤销该规范性法律条文或者对其进行必要的修改。这些机关拒绝撤销不符合《税法典》的规范性法律条文或者对其进行必要的修改时，该条文可能会被法院判定为无效。

除《税法典》外，乌国的其他法律中也有涉及税收征收与管理的规定。例如，《乌兹别克斯坦共和国企业法》、《乌兹别克斯坦共和国保障企业经营自由法》、《乌兹别克斯坦共和国保护私有财产和保证所有有权益法》等法律中也都涉及了有关税收优惠等的规定。例如，《乌兹别克斯坦共和国外国投资和保障外国投资者活动法》第 18 条就规定了针对外国投资企业及其外国员工的关税优惠；再如，《乌兹别克斯坦共和国投资活动法》在第 12 条和第 18 条中，就分别规定了对于列入《乌兹别克斯坦共和国投资规划》的投资项目，给予纳税人和征税对象不同于一般规定的税率和税收优惠。这些法律中的有关规定，也都成了乌国税收法律的重要内容。

（三）总统和内阁发布的有关税收活动的命令、决议和指示

根据乌国《宪法》第 94 条的规定，总统根据宪法和法律的规定，有权发布具有绝对效力的命令、决议和指示。因此，总统发布的有关税收法律的命令、决议和指示，也当然成为乌国税法的重要内容。事实上，自从独立以来，乌国总统已经发布了多项有关税收活动的命令和决议。例如，1994 年 11 月 30 日总统卡里莫夫发布《关于加强税收调节作用的主要措施》的总统令，决定从 1995 年 1 月 1 日起将增值税的税率由 20% 降到 18%，将企业收入税改为企业利润税等等。此外，内阁发布的有关税收活动的决定和命令，也是乌国税法的重要内容。例如，乌国内阁于 1996 年 3 月 20 日发布的《关于完善对外经济活动调节机制措施的决议》，规定了对各种形式的企业的关税优惠制度。

（四）宪法法院作出的法律解释

根据《宪法》第109条第3款，宪法法院有权对乌国宪法和法律的准则作出解释。由此可见，宪法法院对宪法中有关税收条款的解释，以及对税收法律有关条款和准则作出的解释，也当然就成为乌国税收法律体系的重要组成部分。

（五）国际条约

国际条约是乌国与国际组织以及其他国家之间签署的具有法律效力的文件。在其中，税收国际条约占了相当大的比重。根据《税法典》第7条的规定，当乌国与国际组织或国家签署的税收国际条约与国内税法的规定不一致时，以国际税收条约的规定为准，从而确立了税收国际条约在税法体系中的地位。

二、税法的效力

税法的效力也可称之为税法的适用范围，指的是税法的强制力所能达到的范围。税法的效力源于税法的渊源，一般包括了主体上的效力、时间上的效力和空间上的效力三种情况。在乌国，《税法典》主要规定了税法主体上的效力和时间上的效力两种情况。

（一）主体上的效力

根据《税法典》的规定，乌国法规在乌国全境内有效，适用于自然人、法人及其他的分支机构。由此可见，乌国税法在对人的效力上实行的是属地原则。然而，在企业所得税中，乌国税法又规定，对于乌国的居民法人企业，其在乌国境内和境外的收入，都应向乌国缴纳企业所得税。这又是典型的属人原则。由此可以看出，税法同时实行属地原则和属人原则。这也符合当代世界大多数国家的共同做法。

（二）时间上的效力

根据《税法典》第3条的规定，纳税人的纳税活动必须根据产生纳税义务时有效的法律法规来进行。而对于税收法律法规在时间上的效力，《税法典》第3条规定：第一，除本条有专门规定的情形外，税收法律法规不具有回溯的效力。换言之，税收法律法规仅适用于其生效后所产生的活动或关系，而不得回溯适用于法律法规生效前的活动或关系。第二，对于规定免除或者减轻税收法律责任的法律条文，具有回溯的效力，可以适用于该规定生效前的活动或关系。第三，对于规定废除税金和规费、降低税率和其他应缴款项的费率、免除责任或以其他方式放宽纳税人的规定的法律法规，可以具有回溯的效力。但前款规定的情形除外。第四，对于规定设立新的税种和其他应缴款项、完全或部分取消税收优惠政策、提高计税依据等的法律法规，其生效时间不早于该法律法规正式颁布后的 3 个月。第五，对于规定修改税率和其他应缴款项费率的税收法律法规，如果未注明其生效时间的，其生效时间应该为其正式颁布之后的次月 1 日。由此可见，乌国在税法的时间效力上，对有利于纳税人的规定实行“从轻原则”，从而最大限度地保护纳税人的利益。

第五节 乌国《税法典》的结构与主要内容

如前所述，乌国的税法是在宪法基础上，以《税法典》为主体，再加上其他法律中的相关规定、总统与内阁的命令决定、宪法法院作出的税法解释和国际税收条约等其他法律文件所组成的一个比较庞大的法律体系。在众多法律渊源中，鉴于《税法典》主要规定的是“纳税及其他应缴款项的制定、变更和注销”等事项，故它是乌国税法体系中的基本法，决定着乌国税收法律制度的体系、架构及其主要内容，并对乌国税法的制定与运行具有决定性的作用。因此，为了使读者对乌国的税法有更深入的了解，有必要对《税法典》的结构与主要内容作以简单的介绍。

一、乌国《税法典》的结构

乌国《税法典》是由乌国议会于 2007 年 12 月审议通过，从 2008 年 1 月 1 日起开始实施的。虽然自 2008 年以来，每年都会对其中的某些内容进行修改，但总体框架和基本内容均没有大的变化。整部法律分为两大部分，共计 22 篇 64 章 392 个条文。根据新疆维吾尔自治区国家税务局翻译、中国税务出版社出版的中文译本，大约有 270 页，39 万字。

第一部分为“总则”，由 4 篇 18 章组成。

第 1 篇为“总则”，共 4 章。其中，第 1 章为基本规定，规定了有关乌国税法的适用范围、税法的时间效力、税法与国际条约的关系、税法的原则等内容。第 2 章对乌国税法中的基本概念进行了界定。第 3 章规定了乌国税种与规费的种类及其构成要素。第4章规定了税收关系主体的权利与义务。

第2篇为“履行纳税义务”，共6章。这6章分别规定了履行纳税义务的一般要求、征税对象和涉税标的物的划分与登记、税务报表、缴纳税款和规费、延期和分期缴纳税金和规费、溢缴税金和规费的抵扣与返还等内容。

第3篇为“税务监督”，共4章。分别规定了税务监督的基础、纳税人登记、税务检查及其方法等内容。

第4篇为“税收违法行为的责任”，共3章。该篇分别规定了税收违法行为责任的一般性规定、税收违法行为责任的类型、对税务机关的决定和不作为等的申诉等。

第二部分为“分则”，由18篇46章组成。

第5篇为“法人所得税”，共10章。该部分规定了法人所得税的确定、征收与管理等。

第6篇为“个人所得税”，共6章。该部分规定了个人所得税的确定、征收与管理等内容。

第7篇为“增值税”，共7章。主要规定了增值税的构成要素及其征收管理等。

第8篇为“消费税”，用13个条文规定了消费税的确定与缴纳。

第9篇为矿藏资源开发税和专项规费，共5章，分别规定了矿产资源使用税、超额利润税和签约酬金等的确定与管理。

从第10篇到第14篇，分别规定了水资源使用税、财产税、土地税、基础设施开发和公用事业经营税、运输工具的汽油柴油和天然气消费税等五个税种的确定与征收管理。

第15篇到第20篇分别规定了五种规费的确定与征收管理。

第21篇规定的是有关根据简易征税程序征收的营业税、统一土地税及单一税的确定、征收与管理。

第22篇是针对个别纳税人的特殊性规定。包括了对外国人、农场、音乐公司与音乐家、律师事务所及律师等不同对象的税收缴纳与管理的程序性规定。

二、乌国《税法典》的主要特点

从前述对乌国税法及《税法典》的介绍可以看出，乌国现行的《税法典》存在两个比较明显的特点。

第一，乌国《税法典》篇幅适中，内容比较科学全面，从而表现出了比较高的立法技术和立法水平。乌国《税法典》全文大约有400个条文，不到哈萨克斯坦《税法典》的一半。这和世界上许多国家的税法典的篇幅相当。在对税法原则的规定上，该法不仅确立了税收的确定性、强制性等原则，而且还同时确立了税收的公平性、统一性等原则，并特别规定了纳税人诚实纳税推定原则，再结合其对纳税人权利的规定，从而很好地体现了乌国税法保障纳税人权利的功能与作用。在对税种和规费的设定上，该法不仅规定了在乌国开征的所有税种和规费，而且还在总则部分规定了税种的构成要素，并在分则部分按照构成要素对每个税种和规费都作了具体明确的规定。另外，在《税法典》中还对税法中的许多重要概念、纳税义务履行、税务监督、税收法律责任等内容进行了具体明确的规定，从而不仅使得该税法典内容全面科学，而且表现出了较高的立法技术和水平。

第二，乌国《税法典》稳定性强，并在现实中发挥了比较好的作用。与中亚其他国家相比，乌国不仅长期保持着稳定的政治形势，而且近年来的宏观经济也保持稳定增长。这就为乌国《税法典》制定和税收法律制度的实施提供了良好的基础。因此，一方面，虽然乌国现行的《税法典》自颁布实施以来每年都会有一些修改，但与中亚其他国家的《税法典》相比，乌国《税法典》无论是在修改的频率上还是在修改的内容上，都是比较少的。另一方面，乌国《税法典》在筹集政府财政资金、对市场经济进行宏观调控方面都发挥了比较好的作用。据统计，乌国近年来的税收收入稳定增长，从而使国家财政一直处于盈余状况。

第二章 税务机关、纳税人及其权利与义务

第一节 税务机关及其权利与义务

在现代法治国家中，行政合法性是所有行政机关行使行政权力时都必须遵循的基本原则。税务机关作为国家从事税收管理与税款征收的专门机关，也概莫能外。与其他许多国家不同的是，乌国不仅在《税法典》第33条明确规定，税务主管机关的权利和义务由《税法典》和其他法规文件进行调整，而且早在1997年8月就专门制定了《国家税务局法》，并在此后对其进行了多次的修订，从而奠定了乌国国家税务机关从事税收征管活动的法律基础。

根据《国家税务局法》的规定，乌国的国家税务机关是指乌国国家税务委员会，塔什干市、塔什干州、卡拉卡尔帕克斯坦共和国国家税务局，以及各市区级和市级国家税务监察局。其中，国家税务委员会除专门的国家税务机关和人事工作单位及其地区分支机构外，还设有专门对法人、个体经营者和自然人纳税人的财政经济活动进行监督、审计和凭证审查的审计单位。

设立国家税务机关的目的是保障税收和规费能够及时且全部上缴到国家预算。为此，国家税务机关通过对纳税人、征税对象和征税相关对象进行统计和审计，通过对上缴到国家预算和国家信托基金的税款和规费进行统计和审计，以及通过税法规定的其他形式对税收征纳活动进行管理。在此过程中，国家税务机关根据法规行事并独立于国家管理机构和地方政府行政机构。

一、国家税务机关的任务

根据《国家税务局法》的规定，国家税务机关的任务主要包括以下几个方面：（1）落实国家税收政策并监督税法是否遵从，税款计算是否正确，缴税是否及时和完整；（2）依据税法，确保国家税收、信托基金、国家预算资

金和预算外资金缴纳的及时性和完整性；（3）采取措施提高税款征收量，完善以计算机数据库统一管理为基础的纳税人统计机制，扩大其信息咨询服务范围，采取综合措施预防、发现和制止税务违法；（4）掐灭非法现金流来源，保证对（同居民进行现金结算的）法人和自然人现金收入交付的完整性和及时性进行系统的监督；（5）提出建议以完善优化经济实体、法人和自然人的业务，向其提供必要优惠和特惠政策的法律；（6）对商场和市场的财政经济活动进行监督，看其是否遵循税法，对在其境内出现的违规现象进行调查，包括将刑事案件移交执法部门；（7）协调监督机构有关检查企业业务的工作，不允许进行此项工作时徇私舞弊和反复；（8）在权限范围内对法人和自然人从事外汇及进出口业务是否遵纪守法进行监督；（9）为国家税务机关配备做事认真、高素质的工作人员，消除腐败和形式主义，始终对干部人员保持再教育，提高他们的业务水平。

二、国家税务机关的权力

根据《国家税务局法》的规定，国家税务机关在其职权范围内有以下的权利：（1）检查纳税人的财务文件、协议、计划、预算、收入报告单等，包括纳税和统计相关的电子文件，向公民个人养老金储蓄账户强制缴纳的养老储蓄金相关的电子文件以及与进出口业务相关的文件；（2）检查是否有违反贸易规则，违规发放商品和提供收费服务，是否及时将现金收入缴至银行等情况 ；（3）对税控收款机中的数据进行检查：（4）当纳税人损失或注销统计文件时，独立确定应当上缴国家预算和国家信托基金的税款金额，根据其掌握的纳税人信息，以及其他类似纳税人数据进行计算；（5）在纳税义务诉讼时效内加算或重审税款加算金额；（6）对于有纳税义务的国家机关和单位，就统计的正确性、征收的完整性和税款上缴至国家预算和国家信托基金的及时性进行监督；（7）当纳税人阻碍税务检查或拒绝国家税务机构负责人员调查用地、厂房时，依法律程序采取措施中止纳税人的银行账户业务；（8）审查和确定法人、自然人的税务违规情况，并对其采取财政制裁。审查和确定法人、自然人的行政违规，并对其采取行政处分；（9）发现法人、个体经营者纳税人有税务违规情况时，没收违规的实物资产；（10）向法院提起没收纳税人非法所得的诉讼；（11）向纳税人寄发必须履行其义务和采取的税收债务追缴措施的决定；（12）当法人所得税的税额低于相同决算期内应当上缴国家预算的法人所得税金额10%时，根据实际税额（含加算滞纳金）重新计算法人所得税的税额等。

三、国家税务机关的义务

根据《国家税务局法》的规定，国家税务机关的义务主要有以下几个方面：(1) 对纳税人遵循税法、进行税务统计、缴纳税款及其他款项的正确性、及时性和完整性进行监督；(2) 维护纳税人受法律保护的权益；(3) 保证完整和及时地统计纳税人、征税对象、加算和清偿税款的对象，以及监督自然人是否遵守营业程序；(4) 告知纳税人进行税务检查时的权利和义务，以及在税务检查过程中遵守其他法律法规的要求；(5) 告知纳税人税务检查的结果；(6) 及时向纳税人告知税法的内容；(7) 收集、分析和评估税收违法案例，并向相关机关提交有利于消除税务违法条件和原因的建议；(8) 会同执法机关编制和实施打击税务违法的短期和长期规划；(9) 对有关违反税法的声明、消息和其他信息进行核实；(10) 对按照继承权移交给国家或公民自治机构的贵重物品和财产进行统计、评估和监督；(11) 对国有财产销售所得进行监督；(12) 当违法问题超出国家税务机关权限范围时，向监察机关、内务部、国家安全局和法院移交违法事实材料；(13) 在权限范围内对法人、个体经营者和自然人纳税人是否按照规定程序从事外汇及进出口业务进行监督；(14) 根据法律规定对纳税人的信息进行保密；(15) 根据纳税人要求编制完税证明；(16) 向纳税人的债务人寄发纳税人负有债务的书面通知；(17) 根据法律规定对税收债务处以无追索权的处罚；(18) 对纳税人拖欠债务人的款额进行处罚；(18) 对法人和自然人进行登记，授予其纳税人识别号，并将其正式通知统计和登记机构；(19) 当发现纳税人未在国家税务机关登记时，按照规定程序向其提出登记要求；(20) 自然人纳税人的常住地址发生变更时，将其所有材料移交至新居住地的国家税务机关；(21) 按照纳税人要求，颁发纳税人登记证明，登记证明中应当包括纳税人的变更信息；(22) 按照纳税人要求，在纳税人呈报的税务报告复件上标记报告采用的日期，当通过电信网使用电子版税务报告时，向纳税人提交电子版报告接收证明；(23) 按信用局要求提供纳税人统计数据信息及其财务报告；(24) 当负有税收债务的自然人死亡时，自收到死亡自然人继承人的登记地点和其财产所在地有关信息的30日内，告知继承人有关负有税收债务的情况；等等。

四、国家税务机关同其他机关和单位的协作

根据《国家税务局法》的规定，国家税务机关执行其所负责的同其他国

家管理机关、地方行政机构、公民自治机构、执法机构、统计和金融机构、银行和其他单位协作的任务。这些机构和单位应当协助国家税务机关监督税法的遵守情况和打击税务违法行为。

为了确保银行能够切实与税务机关进行协作、对纳税人进行监督，《国家税务局法》规定银行具有以下各项义务：（1）根据税务登记文件为纳税人开设结算账户和其他账户；（2）根据法院判决关闭纳税人的结算账户和其他账户；（3）根据税务机关的书面要求中止纳税人的银行业务；（4）根据税务机关的要求向税务机关提供纳税人的结算账户和其他账户的资料；（5）法律规定向税务机关提供其他信息的义务。

此外，在《国家税务局法》中，还对国家税务机关工作人员、税务专管员等的任命、职称、责任及其财产保护等都作了规定。

第二节　纳税人及其权利与义务

一般而言，纳税人的概念有狭义和广义两种不同的理解。广义上的纳税人不仅包括了狭义上的纳税人，而且还包括了扣缴义务人、税务代理人及其相关的人员。乌国也不例外。《税法典》第 13 条明确规定，纳税人是指按照《税法典》规定具有缴纳税金及规费义务的自然人、法人及其独立部门。扣缴义务人是指按照《税法典》规定具有计算、对纳税人进行扣缴、向财政和国家专门账户进行税金及规费划拨义务的单位和个人。纳税代理人是指按照法律或者创立文件规定代理纳税人的人员。《税法典》第 13 条还同时规定，《税法典》中“纳税人”的概念除了在狭义上使用外，还在广义上使用，即“纳税人”的概念，不仅用于指代狭义的“纳税人”，还用于指代“扣缴义务人”和“纳税代理人”。除此之外，《税法典》还在第 4 章第 31 条和第 32 条中分别规定了纳税人的权利与义务。

一、纳税人的权利

根据《税法典》第 31 条的规定，在税收征纳活动中，乌国的纳税人享有法律上规定的权利。这些权利具体包括：（1）从国家税务机关和其他主管机关获得现行税收及规费、税收法规修改的相关信息；（2）从国家税务机关和其他主管机关获得自己履行纳税义务的既有数据；（3）在税收活动中，由自己或通过代理人代表自身利益；（4）具有相关依据时，按照《税法典》、其他法律和总统决议规定的程序享受税收和规费优惠；（5）冲抵或返还超出已缴纳或已追缴的税款、规费、滞纳金和罚款金额；（6）按照本法和其他规范性法律文件规定的程序和条件，可延期或分期缴纳税金和规费；（7）独立勘正统计征税对象、计算和缴纳税款及规费时出现的错误；（8）获取资料和领取税务检查证明；（9）向实施税务检查的国家税务机关提交执行税收法规相关问题的解释；（10）不履行国家税务机关、其他主管机关及其责任人作出的，不符合本法和其他规范性法律文件的要求和决议；（11）按照规定程序对国家税务机关和其他主管机关的决议、相关责任人员的行为进行投诉；（12）按照规定的程序要求赔偿由于国家税务机关和其他主管机关的非法决议，或其责任人员的非法行为所造成的损失；（13）纳税人可拥有符合法规规定的其他权利。

对于代理人的权利，《税法典》规定，当纳税人本人参与税收关系时，仍享有通过代理人参与税收关系的权利。同样，纳税代理人参与税收关系时也不会剥夺纳税人亲自参与上述关系的权利。另外，《税法典》还规定，税务代理人代理纳税人从事的税收活动，可视为纳税人从事的税收活动。

二、纳税人的义务

《税法典》在规定纳税人权利的同时，还同时规定了纳税人在税收征纳活动过程中应当依法履行的义务。具体包括：（1）及时、完整地履行自己的纳税义务；（2）按照法规规定进行会计核算，编制财务和税务报表；（3）向国家税务机关和其他主管机关提交资料，证实该纳税人具有享受优惠的资格；（4）进行税务检查时向国家税务机关提交与计算、缴纳税金及规费相关的文件和资料；（5）履行国家税务机关和其他主管机关及其责任人员的合法要求，不得妨碍上述机关及其责任人员的合法活动；（6）纳税人按照法规规定应当承担的其他义务。

另外，对于扣缴义务人，除了必须履行上述各项义务外，还必须履行以下两项义务：（1）正确及时计算并从可支付给纳税人的款项中进行扣缴，将税金和规费转汇至国家财政和国家专项基金；（2）核算支付给纳税人的收益、被扣缴并汇入财政及国家专项基金的税金和规费，其中包括依据每个纳税人实际情况进行的特定操作。

第三节　纳税义务及其履行

一般而言，现代世界各国的税法都是围绕着纳税义务的确定、履行等展开的。纳税人的其他权利与义务，都建立在纳税人履行纳税义务的基础之上。从这种意义上讲，纳税义务就是税法的核心问题。正因如此，许多国家都在税法中对纳税义务进行了专门的规定。乌国《税法典》也是如此。《税法典》第 2 篇不仅将本篇的标题直接命名为“履行纳税义务”，而且在本篇及其他篇章中对纳税义务的相关问题进行了规定。

一、纳税义务的构成

根据《税法典》第 34 条的规定，乌国公民的纳税义务是指按照乌国税收法规产生的纳税人的义务。根据本条规定，纳税义务具体包括四个方面的内容，即：(1) 在《税法典》规定的情况下，在国家税务机关进行注册；(2) 确定征税对象和与征税相关的对象，并进行核算；(3) 编制财务和税务报表并提交至国家税务机关；(4) 及时全额缴纳税金和规费。

在当代世界各国，由于普遍实行税收法定原则，故纳税人是否承担具体的纳税义务，应该取决于纳税人是否满足了税法所规定的课税要件。换言之，只有当纳税人完全满足了税法课税要件所规定的条件时，纳税人才会产生相应的纳税义务，税务机关也才可以向其征税。否则，纳税人如果没有满足税法所规定的课税要件，纳税人则不产生相应的纳税义务，税收机关也不得向其征税。由此可见，税法的课税要件是纳税义务成立的重要前提。根据课税要件的基本理论，它一般包含了纳税主体、征税对象、计税依据、税率、纳税期限等要素。在《税法典》中，除在基本概念中对纳税人的概念作了界定外，还在第 3 章分别对征税对象、计税依据、税率、应纳税额的计算办法、缴纳期限、税务报表提交办法、税款和规费的缴纳办法等构成要素进行了规定。另外，《税法典》还规定，该法可以对税收优惠作出规定。

(一) 征税对象

征税对象是指税收征纳关系中双方权利义务所指向的对象。它要解决的是对什么征税的问题。它不仅体现着每一个税种的征税范围，而且还是一个税种区别于其他税种的重要标志，是对各种具体税种进行区别和归类的主要依据。在理论上，由于税收是国家依据政治权力征收的，因此，任何经济或非经济事项都可以成为政府征税的对象。但是，由于现代政府征税已经不满足于单纯地筹集税收收入这一目的，而且还必须要考虑税收的调节职能和维护经济稳定职能。因此，在征税对象的选择上，国家必须在考虑税收经济目标的同时，考虑税收的公平、效率以及税收对经济、社会发展的影响等。职是之故，合理地选择征税对象，就是设计税收法律制度的关键问题和首要内容。根据当代世界各国的具体实践，出于公平、效率和税收的经济目标和社会政策等方面的考虑，在复税制条件下一般都会根据税种的不同而选择不同的纳税对象。基于此，乌国税法出于对本国税法制度的考虑，明确规定税法的征税对象包括财产、行为和行为的结果。纳税人的纳税义务就是基于其特定的财产、行为和行为的结果而产生的。

（二）计税依据

计税依据，简单来讲，就是据以计算应纳税额的基数。在税法中，计税依据与征税对象之间的联系表现为，在许多情况下，计税依据和征税对象是相同的，如在对商品征税时，计税依据是所得额等。计税依据与征税对象之间的区别表现为，在个别情况下，计税依据只是征税对象的一部分，而不是它的全部。如对企业所得征税时，征税对象是全部的所得额，计税依据则是扣除若干项目或收入之后的余额。在对个人所得征税时，计税依据则是全部所得中扣除免征额之后的余额。它一般包括实物量和价值量两大类。其中，实物量指的是作为征税对象的实物形态或数量，如土地的亩数、房屋的间数、车船的数量及吨位数等。价值量一般指的是作为征税对象的货币价值，如商品的销售金额、个人或企业的所得额等。在复税制下，不同税种的计税依据是不同的。如商品流转税的计税依据是商品销售额或增值额，收益税的计税依据是各种所得额，财产税的计税依据是各种财产。另外，在税率不变的情况下，扩大计税依据会增加税额，缩小计税依据会减少税额。因此，任何一个国家在制定税收制度时，都需要恰当地选择计税依据。乌国《税法典》第26条明确规定，乌国税法的计税依据是征税对象的价值、数量和物理等特性指数，并对此制定相应的税率和费率。

（三）税率

税率是应纳税额与征税客体之间的比率。如果说纳税对象和计税依据反映的是纳税人向国家纳税的范围和广度的话，那么，税率反映的就是纳税人向国家纳税的深度。它是纳税人税负轻重的主要衡量标准，对纳税人的社会和经济生活会产生重要的影响。因此，为了使税率能够正确地发挥其应有的作用，就需要在税法制度的制定过程中，合理地选择与确定税率形式和税率水平。从世界各国的实际情况来看，许多国家都是针对不同的税种，分别选择固定税率、比例税率和累进税率为主要税率。如对于货物的流转，一般都实行比例税率；对于实物或财产，一般都实行固定税率；对于个人的所得或收入，一般都实行累进税率。在乌国，国家基于对税收职能与作用的考虑，《税法典》明确规定，税率是计税依据计量单位的计算数值。乌国的税率形式有百分数（即比例税率）和绝对额（即固定税率）两种形式。另外，《税法典》还规定，对于本法未规定的税率，授权总统加以决定。

（四）应纳税额的计算办法

应纳税额的计算办法是指根据计税依据和税率计算和确定纳税人应缴纳额的具体规则。《税法典》规定：（1）不同税种和规费的税额和费额应当单独计算；（2）税额和费额的计算应当由国家税务机关或扣缴义务人进行；（3）国家法律对于某些税金和费金规定了最低的缴纳额度。

（五）纳税期限

纳税期限是由税法规定的，纳税人向国家缴纳税款的时间界限。它是税收强制性、固定性在时间上的体现。任何纳税人都必须如期纳税，否则就会违反税法，从而受到法律的制裁。规定纳税期限，对于督促纳税人及时履行纳税义务，保证税款按时足额入库，具有重要意义。根据《税法典》第29条的规定，纳税期限是一个时间段，在该时间段结束后确定计税依据、计算税款或规费的数额。纳税期限可分为几个会计期间，纳税人在纳税期限结束后将产生提交计算和支付税金和规费的义务。

（六）税收和规费优惠

税收优惠是指政府为了特定的目的，把本应收取的税款无偿折让给纳税人的一种制度设计。它通过减轻或者免除特定纳税人或经济活动的税收负担，来达到对某些纳税主体或经济活动的特殊照顾或者刺激。它是现代世界各国税收法律制度的重要内容。乌国也不例外。《税法典》第30条规定，乌国的税收和规费优惠是指为某些类型的纳税人提供的可以不支付或者少支付税金和规费的规定。它由本法、其他法律和总统的决议予以规定。地方国家权力机关可以按照乌国内阁规定的程序对财产税、土地税、统一土地税和社会基础设施发展和公共设施税实行优惠。它还规定，纳税人应当把由于适用税收优惠而节省的资金用于专门的用途。否则，将没收这些资金并上缴国家财政，并按照规定计算和缴纳罚款。另外，它还规定，对于乌国中央银行，中央银行驻卡拉卡尔帕克斯坦共和国、塔什干州和塔什干市的总部，以及乌国中央银行的各部门，均无须缴纳本法规定的税金和规费，但社会营业税不在此列。

二、纳税义务履行的一般规定

一般来说，纳税义务是依据税法的强行性规范产生的，私人向国家负担的金钱债务。它是一种公法上的法定义务，以国家的强制力为后盾。一旦纳税人满足了税法上所规定的各项构成要素时，纳税义务即告成立，纳税人必须按照税法规定的时间、地点和方式全面履行该纳税义务，而不得转让、拖延或拒绝。是故，当代世界上的许多国家除在各自的宪法中概括性地规定公民必须履行纳税义务外，还在税法中规定了公民履行纳税义务的具体要求。乌国除了在《宪法》第 51 条规定公民必须缴纳法律规定的税款和地方纳金外，还在《税法典》第 35 条规定了履行纳税义务的一般性要求，即：（1）除按照本法或者其他法律规定将该纳税义务委托给其他方的情况外，纳税人应当直接履行纳税义务；（2）如果法人所属的各个独立部门有自己独立的财产、能够独立编制资产负债表，则法人独立部门的纳税义务应该由各个独立部门独立履行；（3）将财产交付信托管理时，如果经由作为管理机构创办人的纳税人同意，其纳税义务可由信托管理人代为履行；（4）如果纳税人不履行或者不正确履行纳税义务，将按照本法规定的程序对纳税人采取措施以保证其履行纳税义务。

三、纳税义务履行的期限

为了保证纳税义务能够及时得到履行，世界许多国家都在税法中对纳税义务履行的时间都做了规定。乌国《税法典》的规定：（1）纳税人应该按照本法规定的期限履行纳税义务；（2）纳税人有权提前履行纳税义务；（3）纳税义务履行的期限始于法律规定的日期或者事件发生后的次日；（4）纳税义务履行的期限为法律规定的年、季度、月、旬和日的届满之时；（5）纳税义务应该在纳税义务履行期限最后一日的 24 时前履行。如果履行纳税义务的期限最后一日恰逢休息（非工作）日，那么期限延至下一个工作日结束。

四、纳税义务的终止

与世界许多国家一样，乌国在《税法典》中也规定了纳税义务的终止。

这包括两个方面：第一，对于自然死亡的自然人，其纳税义务自其死亡之时终止；对于法院宣告死亡的自然人，其纳税义务自法院关于宣告自然人死亡的判决生效之时起终止。第二，对于法人组织，其纳税义务自该法人被清算结束时终止；对于法人被通过合并、归并、分立和改组等方式进行重组的，其纳税义务自其被重组之后终止。

另外，《税法典》还规定，在纳税期结束后的5年内，国家税务机关可以附加或者重新审查附加税金和规费。纳税人也有权在纳税期结束后的5年内要求扣除或者返还已缴纳的税金和规费的剩余金额。

第二编　乌国税种法律制度

第三章　法人所得税法

法人所得税是国家对法人企业在一定时期内生产经营等所获得利润的征税。在当代世界各国，社会经济活动的主要过程都是由企业进行的，市场经济活动离不开企业的生产和销售。因此，企业是最重要的市场主体，是社会生产和流通的直接承担者，在社会经济生活中发挥着巨大的作用。在现代市场经济条件下，一方面，政府必须为企业的存在与发展创造良好的社会环境；另一方面，企业也必须为享受政府所提供的公共产品支付相应的对价。政府对企业的生产经营活动征税，是政府对企业的正当索取；企业为其市场经济活动的收益纳税，是企业对政府的一种义务。正因如此，法人所得税不仅是绝大多数国家都开征的税种，而且也是许多国家重要的财政收入来源。乌国也不例外。法人所得税在筹集乌国政府财政资金、促进经济发展等方面起到了非常重要的作用。有鉴于此，《税法典》第二部分一开始，就用第 5 篇共 10 章 42 个条文对该税种的法律制度进行了规定。

第一节　纳税人

从理论上讲，凡是企业都可以成为企业所得税的纳税人。但实际上，由于各个国家的国情不同，故在选择企业所得税的纳税人时，也形成了多种不同的情形。例如，有的国家企业所得税的纳税人是法人组织，但也有一些国家企业所得税的纳税人还包括了非法人组织。同时，在经济全球化的背景下，本国企业到外国进行投资和开展其他经济活动，外国企业对本国进行投资和开展其他经济活动，都已变得非常的普遍。在此情况下，企业所得税就面临税收管辖权的确定问题。由于税收管辖权是国家主权在税收领域的具体体现，因此，确立不同的税收管辖权原则，不仅会使国家税收主权的范围有所不同，而且也会使纳税人的范围有所不同。同时，随着国际法上的居民概念被引入到了税法之后，区分居民纳税人和非居民纳税人，不仅对于确定国家税收管辖权具有重要意义，而且直接决定着纳税人纳税义务的范围大小。因此，企业所得税法必须首先解决纳税人的确定问题。

乌国《税法典》第126条第1款规定，法人所得税的纳税人是指乌国的居民法人，以及在乌国境内通过常设机构从事经营活动的非居民法人或收入来源于乌国的非居民法人。根据此项规定可知：第一，乌国法人所得税的纳税人是法人企业。这就说明，乌国的法人所得税法在本质上是一种法人所得税法或公司所得税法。它只对具有独立法人资格的公司或其他的法人机构征税，而不对非公司制的企业或其他组织征税。第二，纳税人的范围包括了乌国的居民法人、在乌国境内通过常设机构从事经营活动的非居民法人，以及收入来源于乌国境内的非居民法人。这表明，乌国在企业所得税的管辖权上，同时实行属人原则和属地原则。其中，前者适用于乌国的居民法人，后者适用于乌国的非居民企业。乌国居民法人在法人所得税法上负有无限纳税义务，必须为其在乌国境内和境外的经营活动或收入向乌国政府缴纳企业所得税。而乌国的非居民法人只负有有限的纳税义务，只对其在乌国境内通过常设机构从事经营活动所获得的利润，或来源于乌国境内的收入负有向乌国政府纳税的义务。

为了使法人所得税纳税人的范围更加明确，《税法典》还规定了两种例外的情形：第一，非营利性组织。根据《税法典》的规定，非营利性组织不能成为法人所得税的纳税人。但是，如果非营利性组织从事经营性活动的，则该非营利组织就成为其营利性活动的所得利润的所得税纳税人。第二，除法律有规定外，按照《税法典》第20篇的规定适用简化征税程序的营业税、统一土地税和单一税的纳税人，不是法人所得税的纳税人。

第二节 应税所得的确定（1）：总所得

从理论上讲，法人所得税的征税对象指的是法人企业在一定时期内的利润或所得额。由于在税率确定的前提下，不同的征税对象会直接决定不同的征税数量，故在当代世界各国，都会在税法中对征税对象作出具体而明确的规定。

根据乌国税法的规定，法人所得税的征税对象包括了三类：（1）乌国居民法人的利润；（2）乌国非居民法人通过设立在乌国境内的常设机构从事经营活动所获得的利润；（3）乌国非居民法人来源于乌国境内的、未经过乌国居民源泉扣缴的资金来源中的利润。

根据乌国税法的规定，法人所得税的应税所得或计税依据是法人的总收入与法律规定的扣除费用之间的差额，减去根据《税法典》和其他法律以及乌国总统决议规定的优惠，再减去根据《税法典》第159条规定的应税所得减少额后的余额。如果上一个纳税期内法人企业存在亏损，则还应该减去应该转入的亏损额。这可用公式表示为：

应税所得=总收入-扣除费用-优惠-应税所得减少额-转入的亏损额

由此可见，要确定法人所得税纳税人的应税所得，就需要分别确定纳税人的总收入、扣除费用、优惠额、应税所得的减少额以及转入的亏损额。由于本部分的内容过多，故本节只对总收入的相关问题进行讨论，把其余的问题放到以后各节再进行讨论。

根据乌国《税法典》第129条的规定，法人所得税的总收入包括法人两部分的收入，即法人销售商品、工程和服务的销售收入和法人的其他收入。但下列的收入不能算作法人所得税的总收入：（1）获得的法定基金（即注册资本）投资，包括发行股票（股份）超过股票票面价值（初始数额）的金额，按照普通合伙合同进行共同活动的汇集资金；（2）创立者（参股人）退出或创立者（参股人）股份数额减少时，以及在法人创立者（参股人）之间分配被清算法人的财产时，在法定基金（注册资本）投资范围内获取的资金（财产或产权）；（3）将普通合伙公司合同股东（参股人）的股份返还至合同股东（参股人）公有的情况下，获取的等同于合同股东（参股人）投资的资金（财产和产权）或财产的一部分；（4）作为其他方商品、工程、服务销售预付款而获取的资金（财产或产权）；（5）依法为履行义务以抵押或保证金方式获取的资金（财产或产权），直至所有权发生转移；（6）财政补贴；（7）如果转交资金（财产或产权）、工程施工、提供服务是依据乌国总统决议或乌国内阁决议完成的，无偿获得的资金（财产或产权）、工程和服务；（8）获得的奖金和人道主义援助；（9）非营利性组织获取的用于维持和进行法定活动的资金，该资金专款专用或完成使用；（10）依据保险合同以保险赔偿（保险金）形式获取的资金；（11）为了履行代理合同、委托合同或其他服务合同项下的义务，交付给经纪人或其他代理人的财产（酬金不包括在内），也用于补偿经纪人或其他代理人为完成代理或其他委托而产生的费用；（12）出租方（信托方）以租赁（信托）费用形式对金融租赁对象价值的补偿；（13）无偿获取的远程通信网络侦察作业措施系统技术器材，对技术器材的使用和维护服务；（14）从自愿清算的企业创立者（参股人）获得的、用于清偿债务的资金，但未按照法定期限完成自愿清算或者停止清算程序、恢复经营活动的情况下，上述资金应被纳入总收入，应该予以征税；（15）按照投资人和国家财产管理主管机关签订的合同，作为投资承诺而投入的财产；（16）乌国支付来源税的应税红利和利息。

一、商品、工程、服务的销售收入

根据《税法典》第 130 条的规定，商品、工程、服务的销售收入是指商品、工程、服务的销售进款，减去增值税、消费税和运输工具的汽油、柴油和天然气消费税后的余额。

（一）商品、工程、服务销售款的确定

在乌国《税法典》中，对于商品、工程、服务销售款的确定，规定了以下几个方面的内容：（1）依据商品发货、工程施工、提供服务事实的确认文件，按照发货商品、工程施工、提供服务的价值确定商品、工程、服务的销售款；（2）对于直接提供服务而获得收入的法人，提供服务应收到的报酬金额是销售款；（3）对于出版社和编辑部，报纸杂志的销售款依据发布广告的收入确定；（4）将财产和财产权交给其他法人或个人使用从而获取的利息、使用费，财产租赁收入，转让索求权收入，且上述收入总金额超过商品、工程、服务销售收入总金额的，均被认定为销售服务款。但将上述收入视为其他收入的非营利组织，不适用本规定；（5）对于信贷和保险机构、证券市场的专业参与者，销售服务收入分别是指按照《税法典》第 148 条规定的信贷

机构、销售服务收入、第150条规定的保险机构的销售服务收入和第152条规定的券商的销售服务收入；（6）履行长期合同的收入计入实际按阶段履行合同的纳税期；（7）实际履行长期合同时，在纳税期末依据合同履行初期产生的费用在履行合同费用总金额中所占的比例确定；（8）纳税期末的收入根据为产生费用和合同收入总金额（合同价值）的计算比重，之前按照该合同计算出的收入在确定当前纳税期商品（工程、服务）销售收入时被扣除；（9）对于从事建筑、建造、安装、修建、启动调试、设计勘探和科研工作（服务）以及建造"交钥匙"项目的，收入应该包括已完成或已提供的工作或服务的价值和业主已确认的工作或服务的价值，但不包含增值税，对此应依据合同价格提供付款结算文件；（10）对于按照低于成本价值购买或者销售商品、工程、服务的，或者无偿将商品、工程、服务转交给他人的，商品、工程、服务的销售收入根据商品、工程、服务的成本价格或者购买价格（包括相关费用）确定。对于国家规定调控价格的商品、工程、服务，销售款根据国家规定的价格确定。

（二）商品、工程、服务销售进款的调整

乌国税法规定，在确定法人所得税纳税人的销售商品、工程、服务款时，应对下列的事项进行调整：（1）商品全部或部分被退回；（2）交易条件发生改变；（3）价格发生改变，购买者享有折扣；（4）拒绝工程施工、提供服务。

根据税法的规定，在对上述四项进款的调整，应该在1年期限内完成；对于规定了保质期的商品、工程、服务，应该在其保质期内完成。并且，这些调整应在发生上述情况所在的纳税期内完成。另外，税法还规定，对上述四项进行调整时，应该依据相关的证明文件，按照《税法典》第222条规定的有关发票的开具、使用等的程序进行。

二、其他收入

根据《税法典》第132条的规定，法人所得税纳税人总收入中的其他收入，指的是与商品、工程、服务的生产和销售无关的收入。它具体包括了以下16项收入。其中，在确定应缴纳增值税的其他收入时，应该扣除增值税的金额。另外，对于这16项收入中属于非营利组织的收入，不应该征收法人所得税。但对于本法第157条规定的普通合伙的非营利组织的合伙人所取得的合资经营收入、非营利组织的红利和利息收入、非营利组织的资源使用费的

收入则应该被作为其他收入，计算和缴纳法人所得税。

1. 处置固定资产和其他财产的收入。处置固定资产和其他财产的收入，是指按照会计核算法确定的、处置固定资产和其他财产的利润。确定处置固定资产和其他财产的财务成果（利润或损失）时，之前进行过重新估价的固定资产和其他财产的增价金额，该固定资产和其他财产之前的增价金额超过之前折扣价的部分，均列入固定资产和其他财产的处置收入。

2. 财产经营租赁的收入。财产经营租赁的收入是指租金。

3. 固定资产和无形资产的租赁收入。固定资产和无形资产的租赁收入是指出租方的利息收入。

4. 无偿获得的财产、财产权以及工程和服务。如果法律没有特别的规定，则纳税人无偿获得的财产、财产权以及工程和服务均属于纳税人的收入。其中，纳税人无偿获得的财产、财产权的价值根据市场价值进行确定。该财产、财产权的市场价值则依据文件或评估机构出具的评估报告进行证实。其中，依据的文件包括：发货、供货或者转交的文件；该供货商的价格数据（报价单）；大众媒体的数据；交易所汇总的数据；国家统计机构提供的数据。

5. 储备商品的剩余价值和盘存财产的价值。

6. 在会计年度中反映出来的前几年的收入。

7. 债务注销收入。债务注销收入包括按照民法规定的诉讼时效届满的已注销债务、按照法院或国家主管机关决议注销的债务两种。

8. 债权转让收入。债权转让收入是指债务人所支付的债务酬金金额与纳税人所取得的债务成本之间的收益。

9. 返还之前扣除的费用或损失的收入。返还之前扣除的费用或损失的收入是指在之前确定计税依据时扣除的费用或损失，这些费用或损失在当前纳税期进行返还。返还的金额视为返还时所在的纳税期的收入。对于在确定计税依据时未被扣除的费用或损失，其返还金额不包括在其他收入之列。在缩减呆账准备金（风险操作准备金）时，之前确定计税依据时已被扣除和缩减的金额计入其他收入，或者按照会计核算法的规定降低费用。

10. 服务产业收入。服务产业是指纳税人的主要业务为从事服务活动的产业。它的活动与纳税人主要从事商品生产、工程施工和提供服务无关。服务性产业包括：副业生产、住宅公用事业工程、社会文化领域工程、餐厅和小吃部、综合技术学校和其他类似产业、生产部门和服务部门、通过自己员工和其他人员销售服务等。其中，住宅公用事业工程包括住宅、宾馆（旅游宾馆不在此列）、外来人员公寓和宿舍、外部装饰工程、人工构筑物、游泳池、海滨构筑物和设备、居民供气供暖和供电设施、工段、车间、基地、修配间、车库、专用机械和机器等项目。它还包括了住宅公用事业、社会文化领域、体育运动项目设施技术维护和维修专用的仓库。社会文化领域工程包括：保健、文化设施，学龄前儿童设施，儿童夏令营，疗养院，休息营地，寄宿学校，体育运动设施（包括自行车赛车场、跑马场、马厩、网球场、高尔夫球场、羽毛球场、康体中心），非生产性居民生活服务设施（浴池、桑拿房、洗衣店、缝纫店和其生活服务场所）。服务性产业的收入可视为服务性产业服务销售获取（应该获取）的金额与服务性产业活动相关费用之间的差额。

11. 合资经营收入。合资经营收入是指依据普通合伙合同从事经营活动时所获得的收入。

12. 追缴的罚款和滞纳金。

13. 汇兑收益。根据《税法典》第 140 条的规定，外汇账户、外币业务的汇兑收益，均属于会计核算法规定的收入组成部分。

14. 红利和利息。

15. 资源使用费。

16. 与商品、工程、服务的生产和销售无直接关系的其他业务收入。

第三节　应税所得的确定（2）：可扣除的费用

根据乌国税法的规定，法人所得税中的费用是指有依据和有文件证实的费用。在本法规定的情况下，还包括依照法律或按照纳税人会计制度确定的损失。但下列内容不属于纳税人的费用：（1）履行代理、委托合同或其他间接服务合同时，以经纪人或其他受托人转交财产的方式支付的费用；经纪人或其他委托人产生的代理费用，或者其他委托人的费用，但这些费用不应包括在经纪人或其他受托人、按照签订的合同条款的其他委托人费用中；（2）纳税人（即股票发行单位）转交的股票价值，按照全体股东大会决议，这些股票在股东之间按持股比例分配；股票发行单位法定基金（注册资本）增加、在股东之间分配股票时，替换原始股的新股票面价值与股东原始股票面价值之间的差值；（3）其他法人作为法定基金（注册资本）或普通合伙投资而转交的财产、产权的价值。

纳税人的费用分为可扣除费用和不可扣除费用两种。对于可扣除的费用，在确定计税依据时，应将纳税人的费用在实际发生的纳税期内予以扣除。如果某些费用同时在几个费用收支项目中都进行了规定，那么在计算应税所得时这些费用只能扣除一次。

一、可扣除的费用

根据乌国税法的规定，可扣除的费用主要包括以下五种。

（一）材料费用

乌国税法中规定的材料费用，主要是指法人在生产销售商品、工程、服务过程中使用的原材料、半成品等。它具体包括以下8类：(1) 原料、材料、配套制品和半成品；(2) 生产或销售的商品的包装或其他预处理材料，包括售前准备，其他生产和业务所需的设备，其他财产维修所需的材料和备件等；(3) 备品，日常用品，其他不属于折旧财产的财产；(4) 纳税人包装、运输以及进行生产和业务所需的所有类型燃料和能源，以及进行能源生产、房屋供暖、能源转换和输送消耗；(5) 土地复垦和其他环保措施费用；(6) 纳税人的配水系统在标准范围所消耗水的水费；(7) 纳税人在标准范围内进行商品生产和运输时产生的工艺损失；(8) 纳税人在标准范围内进行商品物资存储和运输时产生的损失和消耗。

乌国税法规定，对于包含在材料费用中的商品物资的储备费用，应该按会计核算法的规定进行确定。

如果供货商需要返还的包装箱的价值包含在了商品物资的储备价值之中，则需要从购买商品的费用总额中扣除包装箱的价值。供货商不需要返还的包装箱的价值，其价值应该包括在商品物资的费用之中。

（二）劳动报酬支出

乌国税法规定，法人企业发放的工作人员的劳动报酬支出，属于应当扣除的费用之列。它具体包括以下8类：(1) 进行实际工程施工的应发工资，依据单位工资、工资率和岗位工资，根据采用的公式和劳动报酬制度计算得出；(2) 学位和职称附加工资；(3) 按照工程施工和提供服务合同，支付给自然人的劳动报酬，但与个体企业签订的合同不在此列；(4) 法人向法人管理机构（监事会或其他类似机构）成员支付的劳动报酬；(5) 奖金，它具体又包括：1) 年终奖励；2) 法人地方性奖励条款规定的奖励；3) 进行业务技能培训辅导时的附加工资；4) 工龄奖励和津贴；5) 合理化建议奖励；6) 与劳动成果无关的一次性奖金；7）休假补贴；（6）补偿费（补助费），它具体包括：1）依法对在恶劣自然气候条件地区进行工作的额外补贴（工龄附加工资，按照规定系数对高山、沙漠和缺水地区劳动者的补贴）；2）按照乌国内阁批准的工种列表和工作清单，在繁重、有害、特别有害劳动条件下的劳动补贴，包括在该条件下连续工作年限的工资附加津贴；3）工艺过程表规定的夜班作业、休息日和节假日（非工作日）加班的工资和岗位工资的补贴和补助；4）多班工作制作业、兼职、兼岗、扩大服务范围、增加工作量、完成本职工作的同时顶替缺席的劳动者时的附加工资；5）对经常出差工作或者工作不稳定的劳动者的工资补贴；6）采用分班作业法进行作业时，超法定标准支付给工人的工资补贴；7）采用分班作业法进行作业时，在从法人所在地到作业地点往返途中，由于气象条件或运输单位过错导致劳动者在途中耽误的时间的工资、岗位工资；8）采用倒班作业法时，在休息日（调休日）整日加班的，为劳动者提供的补贴；9）对于经常从事地下作业的劳动者，从矿井到工作场地往返时支付的附加工资；10）法律规定的标准范围内的外勤津贴；11）餐费和交通费或者餐费和交通补助；（7）未工作时间的工资，它包括以下 14 种情况：1）劳动者休假时的工资，包括劳动者应休未休或与劳动者解除合同期间应当给予的工资补偿；对特定领域的劳动者在恶劣和特殊劳动条件下、或在繁重和不利的自然气候条件下作业时，提供的额外休假工资；培训假和创作假期间的工资；为拥有两名及两名以上未满 12 岁子女或者未满 16 岁残疾子女的妇女提供的补充假期的工资；2）向处于强制休假的劳动者支付的、保留主要工作所在地的基本工资；3）向献血的劳动者提供每次体检、献血和献血后休息的补助；4）按照乌国劳动法履行国家或社会义务的劳动补贴；5）对于被调往参与农业劳动和其他工作的劳动者，保留主要工作所在地的工资；6）向来自其他法人的劳动者支付基本工资的差额；7）对进行脱产培训、深造和提高业务水平的劳动者，在劳动者主要工作所在地发放的工资；8）并非由于劳动者的过错造成的停工工资；9）根据法律规定，对因健康状况而转至更加轻松或者避免受到不利生产因素影响的低工资岗位的劳动者发放的、转岗之前的月平均工资，或为临时失去劳动能力的劳动者提供的生活补助；10）被迫缺勤或者依照法律或法人决定执行低工资工作期间的工资；11）未满 18 周岁劳动者的特惠工时工资，哺乳期妇女的特惠工时工资，与进行体检相关的工时工资；12）持有资格证书的人员，在对劳动者进行培训、深造和提高业务水平、领导学员和大学生进行生产实践时的工资；13）法人出资为高等院校毕业后休假期间的年轻专业人员支付的生活补贴；14）对劳动者休假期间发放的、高于劳动法规定标准的补偿性工资；（8）对残疾人的法定补贴。

（三）折旧费用

依据乌国税法的规定，法人所得税中的折旧财产是指纳税人按照会计核算法核算的固定资产和无形资产。根据法律，下列资产不能进行折旧：（1）土地和其他自然资源（水、地下资源和其他自然资源）；（2）肉畜；（3）图书馆馆藏物品；（4）博物馆展品（博物馆藏品）；（5）按照法律规定程序被收藏的固定资产；（6）建筑古迹；（7）公路、人行道，林荫路，公共街心花园，当地国家权力机关管理的公共福利设施；（8）之前全部扣除价值的财产；（9）未转列入固定资产和无形资产的基本建设投资。

对于进行折旧的资产，其折旧标准如下（见表3－1）：

表3－1　固定资产最大折旧率　　单位:%

组编号	分组编号	固定资产名称	年度最大折旧标准．以百分数计
I		建筑物、建筑和构筑物	
	1	建筑物、建筑	
	2	油气井	
	3	油气仓库	
	4	通航运河，水道	
	5	桥梁	
	6	河堤．水坝	
	7	内河和海港码头设施	
	8	企业铁路线	
	9	护岸加固设施	5
	10	贮水池，贮液器，油箱和其他容器	
	11	农场内和跨农场灌溉网络	
	12	封闭式干线管道排水网	
	13	起飞降落跑道，航道，飞机停机场	
	14	公园和动物园设施	
	15	运动保健设施	
	16	暖室和温室	
	17	其他设施	

续表

组编号	分组编号	固定资产名称	年度最大折旧标准，以百分数计
Ⅱ		输送装置	
	1	电力传输和通信设施及线路	8
	2	内部燃气管道和输送管线	
	3	水管网、排水网和热网	
	4	干线管道	
	5	其他	
Ⅲ		动力机械和设备	
	1	热工设备	8
	2	涡轮设备和燃气涡轮装置	
	3	电动机和柴油发电机	
	4	配套设备	
	5	其他动力机械和设备（移动运输装置不在此列）	
Ⅳ		不同活动类型的作业机械和设备（移动运输装置不在此列）	
	1	所有经济部门的机械和设备	15
	2	农用拖拉机、机械和设备	
	3	数据传输和转换数字电子设备，数字传输系统设备，数字通信测量技术设备	
	4	卫星通信、移动通信、无线电话通信、寻呼机通信和中继系统通信	
	5	传输系统类似转换设备	
	6	专业化片场设备，医疗和微生物工业设备	
	7	压缩机和设备	
	8	泵	
	9	起重运输、装卸机械和设备，地上、矿场和道路建设作业使用的机械和设备	
	10	打桩作业所需的机械和设备，破碎设备、筛选和选矿设备	
	11	工艺过程中的各类容器	
	12	石油开采和钻井设备	
	13	其他机械和设备	

续表

组编号	分组编号	固定资产名称	年度最大折旧标准，以百分数计
Ⅴ		移动运输设备	
	1	铁路运输工具	
	2	海运、河运船舶，渔业船舶	8
	3	航空运输	
	4	汽车运输工具，生产运输	
	5	轻型汽车	20
	6	工业拖拉机	
	7	公共交通	10
	8	专业执勤抢修车	
	9	其他运输工具	20
Ⅵ		电脑设备，辅助设备，数据加工设备	
	1	电能	
	2	辅助设备和数据加工设备	20
	3	复印增印设备	
	4	其他	
Ⅶ		不包括在其他组别中的固定资产	
	1	多年生植物	10
	2	其他	15

根据乌国税法的规定，在征税时，折旧费应按照折旧标准计算，但不得超过《税法典》规定的限度。同时，允许按照低于《税法典》第 144 条规定的和纳税人会计制度确认的标准计算折旧。对于未按照规定标准进行额外计算折旧的金额，不需要重新计算应税所得。

对于获得的被使用过的固定资产，纳税人有权按照该固定资产可使用的实际时间来确定该固定资产的折旧标准。如果该固定资产被之前的所有者实际使用的时间，等于或超过本条固定资产分类表中规定的该固定资产有效使用期限，则纳税人有权根据安全、技术等的情况，自主确定该固定资产的有效使用期限，但不得低于 3 年。对于无法确定固定资产过去已被使用的期限时，应作为全新资产计算折旧。

对于无形资产的扣除费用，应该按照该无形资产的初始价格和其有效使用期限，每月以磨损的方式从总收入中扣除，但不得超过纳税人的活动期限。

对于专利、证明的有效期或知识产权项目的使用期限，应该按照乌国法律或采用的外国法律的规定，依据合同中规定的无形资产使用的有效期，对无形资产项目的有效期限予以确定。

对于无法确定有效使用期限的无形资产，折旧期限定为5年，但不得超过纳税人的活动期限。

（四）其他费用

根据乌国税法的规定，可以从总收入中扣除的其他费用主要包括以下各项：(1) 第三方法人或自然人为纳税人完成的工程和服务的价格。具体包括：1）产品生产或制作、工程施工、提供服务、原料加工、对工艺流程进行监督，对固定资产的技术维护和其他类似工作；2）第三方法人和自然人的运输服务；3）第三方法人提供的劳动者或技术人员在参与生产或履行与纳税人活动相关职能时的劳务费用。(2) 对固定资产和其他财产的维护费用（技术检查和养护费用，常规检修和大修的费用）。为保证统一划拨费用对固定资产进行大修，纳税人有权按规定程序创建固定资产维修准备金。(3) 租金，与租赁得到的固定资产养护相关的费用。(4) 对停止使用或暂时停止使用的设备的养护费用（通过其他资金来源予以补偿的费用不在此列）。(5) 支付税、费和颁发或获得其他文件、许可证等所需的费用，包括进行商品、工程、服务的鉴定和产品认证相关的费用。(6) 对市场销售进行调研的费用。(7) 对财产、生活用品和工作服等进行清洗、修缮和消毒的费用。(8) 生产或者购买报销单据、收据和其他文件和单据的费用。(9) 代收销售款的费用。(10) 广告费用。(11) 商品、工程、服务等销售进款1%范围内的招待费，含增值税和消费税。招待费包括纳税人接待和招待进行业务合作方的人员的费用、纳税人管理和监督机构举行会议时与会人员的费用。对上述人员进行正式接待、提供运输交通保障和食宿的费用，不属于纳税人编制的翻译服务费用。(12) 保修费用，对规定了保修期的产品进行保修服务的费用。(13) 进行远程通信和邮寄服务的费用。(14) 差旅费用。包括：1）往返出差目的地时实际产生的交通费，包括有凭证证实的预留费；缺少交通费用凭证时，费用按照铁路运输费用的金额计算（如果没有铁路交通，可按照跨城市长途汽车费用计算），但不得超过机票价值的30%；2）在乌国范围内租赁住房实际产生的费用，包括预留费用，依据相应凭证证实；缺少证明文件时，依法定标准进行计算；在乌国境外租赁住房产生的费用应在法定标准范围内计算；

3）出差期间在法定标准范围内支付的每天费用；4）法律规定和有凭证的其他费用。（15）按照乌国内阁决议发放的补助费用，但不包括《税法典》第143条规定劳动报酬支出。（16）邀请业务所需的其他城市的人员、外国专家前来工作的相关费用。（17）审计费用。（18）咨询、信息服务费，进行和重新进行会计核算服务的费用。（19）银行保管服务费。（20）对纳税人所需的人员进行培训和再培训的费用，用于提高劳动者业务能力的费用；（21）纳税人依法缴入国库和国家专项基金的税款和规费。（22）纳税人为了进行活动，或者依据乌国总统决议和乌国内阁的决议，向联合会、基金会和其他组织（包括国际组织）缴纳的费用。（23）劳动保护和保障费用，用于安全技术、消防和警卫以及技术使用规范规定的其他专业要求保障的费用。（24）依据合同规定，支付与获得电子计算机和数据库程序使用权的相关费用。该费用包括电子计算机和数据库程序更新费用。（25）获得知识产权和个性化工具使用的费用（包括由发明、工业样品和其他知识产权专利派生的权利）。（26）依据法律的规定，公布会计报表、公布和披露其他信息的费用。（27）由于劳动者工伤或对劳动者健康造成其他损伤而提供的物质援助，由于劳动者家庭成员死亡而提供的物质援助，或者由于劳动者死亡向其家庭成员提供的物质援助。（28）依法进行重组、减员（缩减编制）时发放给下岗劳动者的款项。（29）救护站的维护费用，支付给医疗机构的劳动者体检和预防措施的费用。（30）保健设施、养老院和残疾人疗养院、保健院、文化体育设施、教育工程、住宅工程的维护费用（包括折旧费和所有类型的维修费用）。（31）在商品、工程、服务销售额2%范围内（含增值税和消费税）的自愿保险保费（保险金）。但法人为自然人缴纳的保费（保险金）不在此列。（32）向在乌国境内从事保险活动的法人支付的人寿保险的保费。（33）强制性保险的保费（保险金）。（34）在法定标准范围内环境污染和垃圾处理的补偿费。（35）与纳税人活动相关的科研和试验性研制费用，购买固定资产、固定资产安置费用和其他费用。扣除上述费用的依据是：设计预算文件，完工证明和证明进行了相应科研、设计、勘探和试验设计工作的证明文件。（36）进行发明、试验试制、生产和试验模型和样品、组织展览、进行视察、参与竞赛等的费用，用于进行发明和合理化建议活动的其他设施的费用，发放创作奖金的费用，创建和完善工艺、制作新型材料和原料、更新生产设备的费用。（37）纳税人为开采自然资源进行地质勘测和准备工作的费用，可在后续年度陆续从总收入中扣除，但每年不得超过15%。（38）采掘部门准备工作的费用，可在规定的偿还期限内或者按照产品开采的数量和规模比例计入生产成本。(39) 损失和损耗。它具体包括以下各项：1) 取消生产订单；2) 包装业务；3) 坏账注销损失，但采用呆账准备金冲销的情况不在此列；4) 在纳税年度出现的往年操作费用和损失，但按照《税法典》第 147 条规定不可扣除的损失和费用不在此列；5) 未被补偿的自然灾害损耗和损失（生产储备、成品和其他物资被毁灭和损坏，停工损失等），包括与自然灾害预防和消除自然灾害后果相关的损失；6) 依据乌国总统决议或者乌国内阁决议无偿移交财产的损失，无偿将侦查技术设备移交至远程通信网和提供使用及维护服务的损失；7) 使用期超过 3 年的固定资产的处置损失；8) 由于对固定资产进行年度重新评估，超过上一次加价（减价）幅度的减价金额；9) 不合格产品损失；10) 由于生产过程中的内部原因而造成的停工损失；11) 由于外部原因停工时，过错人未进行补偿的损失（非由于法人过错）；12) 债权转让的损失，损失范围不应超过税务金额与销售产生债务的商品、工作的成本之间的差额。(40) 贷款（借款）利息，但在投资期内纳入基本建设投资的投入资金借款和贷款利息不在此列。(41) 在规定的利率范围内，贷款的逾期和分期贷款（借款）利息，但在投资期内纳入基本建设投资的投入资金借款和贷款利息不在此列。(42) 外汇账户汇兑损失。下列情况下可按照会计核算法规定从总收入中扣除：1) 按照低于外币转让当日乌国央行规定的汇率价格卖出外币时的损失；2) 按照超过外币转让当日乌国央行规定的汇率价格买入外币时的损失；3) 对相应纳税期内资产负债表中与外币汇率相关的外币收支项目进行重新评估时的损失。(43) 发行和推广本公司证券的相关费用。(44) 支付给资产租赁（信托）出租方（信托方）收入利息的费用。(45) 纳税人发行证券和其他债权利息的费用。(46) 意外损失。是指由于意外事故或者超出纳税人正常活动范围以外的操作造成的异常费用。意外损失应该符合下列标准：不属于法人正常经营活动；在随后几年内不应再次出现。(47) 自愿清算的企业创立者（参股人）用于清偿债务的资金。但未按照法律规定的期限完成自愿清算或者终止清算操作、恢复经营活动的，上述资金不能成为可扣除的费用。(48) 支付给临时失去劳动能力者的补贴、支付给 2 周岁以下幼儿的照管补贴、法律规定的其他补贴的费用。(49) 在与劳动者终止劳动合同时，支付的离职补贴和依据劳动法规定产生的其他费用。(50) 按照劳动法的规定，为在不利劳动条件下进行作业的劳动者提供牛奶、治疗预防性食品、带汽盐水、个人防护和卫生器材的费用。(51) 运送劳动者往返作业场地时产生的费用。(52) 向劳动者发放或者由于低价向劳动者出售工作服、工作鞋、制服等履行职责的必需品而产生的费用，依据法律规定向特定类别的劳动者在履行岗位职责时提供食品的费用。(53) 将劳动者运送至另一作业地点的交通费、运输财产的费用、租赁房屋的费用。(54) 支付工伤、职业病或其他健康损害相关的损伤赔偿费用，金额为：1) 每月以月平均工资的百分率的方式，按照相应的劳动能力受损等级，向遭受工伤损害的劳动者支付损伤赔偿费用（未成年人发生工伤时，依据该未成年劳动者的工资（收入）金额进行赔偿，但不得低于最低工资额的5倍）；2) 对于需要专业医疗护理的受害人，每月需支付2倍最低工资的附加费用；3) 每月向受害人支付最低工资的50%作为生活护理的附加费用；4) 对劳动者健康造成伤害时，用人单位向受害人支付年平均工资作为一次性补助金。(55) 家庭供养人死亡时应支付的金额为：1) 需要死者供养的无劳动能力人员，有权要求对该劳动者的死亡进行赔偿，适用于死者的月平均工资额；2) 对于有权对家庭供养人的死亡造成的损害要求赔偿的人员，一次性向其支付死者6年年均工资作为抚恤金。(56) 座机电话费。

（五）不可从本纳税期内扣除，但可从未来纳税期内扣除的费用

计算当前纳税期内费用产生时的应税所得时，不能扣除下面列举的费用。这些费用应根据纳税人会计制度规定的期限，在以后的纳税期内扣除，但不得超过10年。这些费用包括：(1) 开发新的生产单位、车间、机组、生产新型系列和大批量产品、工艺过程的费用；(2) 所有类型的设备和技术装置试运转（空转），以此检查设备和技术装置的安装质量的费用；(3) 与员工招聘和人员培训相关的费用；(4) 固定资产折旧金额、按照会计核算法计算无形资产金额，与按照《税法典》第144条规定标准计算的折旧金额之间的收益：(5) 在按照法律规定认定为坏账的债务被注销时，创建呆账准备金的支出可以扣除，其金额不得超过应该注销坏账的金额。

二、不可扣除的费用

根据《税法典》第147条的规定，在确定应税所得时不应扣除的费用包括：(1) 超出物资自然损耗标准的损耗；(2) 为劳动者提供的或者通过副业生产的、用于纳税人公共饮食的商品、工程、服务的亏损；(3) 超出前述规定标准的招待费、差旅费、自愿投保的保费（保险金）；(4) 非国家养老基金扣款；(5) 经营管理机构维护扣款；(6) 为公共饮食企业或者其他第三方机构无偿提供房屋的费用，为这些企业和机构支付公共服务费；(7) 对年度会计报表进行审计的费用，同一纳税期内审计不得超过一次；（8）针对纳税人不需要的工种的员工进行培训的费用；（9）针对《税法典》第177条规定的给予个人所得税纳税人的、表现为自然人的物质利益收入形式的支出；（10）使用劳动者私人车辆到达工作目的地时，超过法定标准给予的野外补给；（11）一次性付给退休职工的养老金附加额；（12）支付给劳动者的物质援助，但《税法典》第145条规定的援助不在此列；（13）劳动者履行劳动职责时，超出法定标准向劳动者支付工伤、职业病或其他健康损伤给劳动者造成损失的赔偿；（14）划拨给生态、保健和慈善基金、文化机构、卫生机构、劳动机关和居民社会保障机构、体育运动机构、教育机构、地方国家权力机关、公民自治机构的赞助款和抚恤金；（15）与生产流程无关的休闲机构和健康保护设施费用；（16）完成与产品生产无关（城市和乡镇环境美化工程，为农业提供帮助等工作类别）的工作（或提供服务）的费用；（17）超过法定标准的环境污染和垃圾处理补偿费；（18）超出贷款合同规定的定期债务费率的逾期和延期贷款（借款）利息；（19）处理项目和建筑安装工作中的未完工工程、运输至现场过程中产生的损坏变形的费用，对瑕疵进行定期防腐检修（拆卸设备）的费用，其他无法由供应商或其他为未完工工程、损伤或损失负责的企业给予赔偿的费用；（20）诉讼费用；（21）由于无法确定责任人的贪污和亏空造成的损失，或者过错方无法补偿必要的金额时的损失；（22）纳税人的固定资产和其他财产（资产）的报废损失，但《税法典》第145条第40款第“f”项和第“g”项规定的损失不在此列；（23）由于违反合同条款和法律规定而缴纳或认可的罚款、滞纳金和其他制裁；（24）服务价值和投资资产信托管理红利、公股管理的委托和信托管理红利支付支出；（25）维持正在使用的陈旧设备的费用；（26）其他费用，但不包括前面已经规定的费用。

第四节　应税所得的确定（3）：几种特殊情况

为了确定一些特殊居民纳税人或收入的应税所得，乌国在税法中还针对信贷机构、保险机构、券商、利息和红利、普通合伙人收入的应税所得确定作了专门的规定。

一、信贷机构的应税所得

与一般的居民法人一样，信贷机构的应税所得，也是其服务销售收入减去法律规定的可扣除项目的余额。不过，对于信贷机构服务销售收入的构成、法律规定的可扣除项目等，税法作了专门的规定。

（一）信贷机构的服务销售收入

根据乌国《税法典》第148条的规定，信贷机构服务销售收入包括：(1)信贷机构以自己名义自费配置资金、提供贷款和借款的利息、其他利息收入；但受乌国国家担保而提供的贷款利息收入和按照乌国总统决议或乌国内阁决议发放的、具有利息支付优惠期的、并未按照贷款合同规定期限收到的贷款的利息收入，不视为获得利息收入期限届满前产生的应税收入；(2)客户（包括代理银行）开设和管理账户、委托进行结算的费用，包括手续费和汇款、托收、信用证等操作、办理和管理借记卡及其他银行操作专用工具、提供对账单和账户其他文件、查询金额等的费用；(3)托收现金、支票、付款和结算文件、客户出纳服务等的收入；(4)现金和非现金外汇业务收入，包括手续费和进行外币买卖业务时的其他酬金；(5)提供银行、债务、期票担保和货币形式第三方担保业务的酬金；(6)出租设备齐全的房间和用于存放文件和贵重物品的保险柜的收入；(7)提供和运输现金、证券、其他贵重物品和银行凭证的费用；(8)运输和保存贵重金属和宝石的费用；(9)进行买断和托收信贷业务的收入；(10)信贷机构通过所有职业活动获得的其他收入。其中，对资产负债表中的外汇收支项目进行重新评估的收入，由于在商品、工程、服务销售或购买之日到这些商品、工程、服务付款之日期间因乌国央行规定的外汇汇率变化而产生的收益，按规定应该视为其他收入。

（二）信贷机构可扣除的费用

根据乌国《税法典》第149条的规定，对于信贷机构而言，其可扣除的费用，除了本章第二节中规定的项目和数量之外，还可以扣除如下的项目：(1)支付的贷款资金、运输和保存现金和贵重物品的费用；(2)客户提存账户计算和支付的利息，包括自然人存款计算和支付的利息；(3)扣除在乌国央行规定的标准范围内进行风险操作的准备金。另外，税法还规定，商业银行转交给其下属银行的财产也应该从该商业银行的应税所得中扣除。

二、保险机构的应税所得

根据乌国税法的规定，保险机构的应税所得等于保险机构的服务销售收入减去法律规定的可扣除费用的余额。

（一）保险机构的服务销售收入

在乌国，保险机构的服务销售收入主要包括以下几个方面：（1）保险、共同保险和再保险合同的保费（保险金）；（2）参照保险准备金中的再保险人份额变化，在之前纳税期内形成的保险技术准备金减少（返还）的金额；（3）保险、共同保险和再保险合同的酬金，再保险合同的佣金（利润手续费）；（4）对于转移至再保险的风险保险理赔金，由再保险人赔偿的相应部分的金额；（5）再保险合同保险金寄存时计算的利息金额；（6）行使依法转移至保险人的、投保人向造成损失责任人进行索赔的收入；（7）提供保险代理、保险经纪、中间人服务的酬金；（8）保险人获得的、保险市场专业参与者提供服务的酬金；（9）提供保险服务和相关保险活动获得的其他收入。

（二）保险机构可扣除的费用

根据乌国《税法典》第151条的规定，对于保险机构而言，其可扣除的费用，除了本章第二节中规定的项目和数量之外，还可以扣除如下项目：（1）按再保险合同转交的支付金额；（2）参照保险准备金中的再保险人份额变化，在之前纳税期内形成的保险技术准备金增加的金额；（3）保险和再保险缴费金额；（4）之前各年保险事故未完成的支付金额；（5）申报了发生保险事故、但未提供损失数额的合同承保金额；（6）保险机构拨款用作防止和预防发生保险事故措施（预防性措施）的款项金额；（7）被扣除、纳入保险机构准备金的金额，在准备金金额达到保险机构法定基金的25%之前，被扣除、纳入准备金的金额不得超过该保险机构收入的20%；（8）与保险活动相关的第三方法人提供的服务费用。

三、券商的应税所得

根据乌国税法的规定，券商的应税所得等于券商提供服务的收入减去法律规定的可扣除费用的余额。

（一）券商提供服务的收入

在乌国，券商提供服务的收入主要包括以下几个方面：（1）证券销售收入；（2）提供证券市场中间服务或其他服务的收入；（3）使用客户资金而产生的部分收入；（4）提供保管服务的收入，包括提供证券信息服务、积存账户管控服务；（5）提供证券持有者登记簿管理服务的收入；（6）组织进行交易场所场内和场外证券交易服务的收入；（7）结算清账业务收入；（8）对法定的证券市场投资资产进行管理的收入；（9）提供证券市场咨询服务的收入；（10）提供专业性活动取得的其他收入。

（二）券商可扣除的费用

根据乌国《税法典》第153条的规定，对于券商而言，其可扣除的费用，除了本章第二节中规定的项目和数量之外，还可以扣除如下的项目：（1）具有相应资质的交易组织者的承包费用；（2）为进行专业活动而专门设定的交易地点进行维护和管理的费用；（3）组织进行与证券流通和核算相关的网上相互活动的费用；（4）披露券商活动信息的相关费用；（5）按客户委托参与股份公司管理的费用。

四、对利息和红利的征税

乌国《税法典》第156条规定，对于利息和红利应该按照源泉扣缴的办法进行征税。但对于下列四种情况，应按照具体规定执行：（1）对于公债债券和其他国家证券、国家金融市场调配专项基金临时闲散资金的利息、依据乌国总统决议或乌国内阁决议创建的预算外基金的收入，均无须征税；（2）向乌国居民信贷机构支付的利息，不应按照源泉扣缴征税，而应按照法律规定的程序对信贷机构征税。对于将财产进行资产租赁（信托）时支付给出租人（信托人）的利息收入，也应该按照法律规定的程序征税；（3）对于利用法人法定基金（注册资本）获取、纳入法人法定基金（注册资本）的红利收入，不应征税；（4）退出创立者（参股人）之列时，或者在收到第（3）项规定的优惠之后3年内，在被清算法人的创立者（参股人）之间分配法人财产时，应按照一般原则对之前免于征税的收入征税。

五、对普通合伙人的征税

乌国税法规定，依据普通合伙合同按照法律规定的程序进行合伙经营的居民法人，所获得的收入应该纳入其他收入之中，按照法律规定缴纳法人所得税。

普通合伙合同效力终止、向该合同的合伙人（参股人）返还财产时，对于没有超出其投资范围的财产，不应该视为该合伙人（参股人）的收入；对于可返还的财产价值与之前按照普通合伙合同投入到合伙企业中的财产价值之间的损失，不视为纳税损失，计算法人所得税时不得从计税依据中扣除。

第五节　应税所得的确定（4）：税收优惠

一般来说，税收优惠是国家出于一些特定的目的，在税收法律法规中规定的，对某些特定企业和课税对象给予减轻或免除税收负担的一种制度或措施。它是税法的重要内容。乌国《税法典》第 27 章也专门规定了法人所得税税收优惠的三种具体措施，即免税、减税和亏损结转。

一、免税

根据乌国《税法典》第 158 条的规定，乌国法人所得税的免税主要包括两种，即对某些法人的免税和对某些所得的免得。其中，前者主要针对的是国家内务机关的保安部。后者主要针对的是法人组织的以下各项所得：（1）生产修复整形产品，残疾人器材，为残疾人提供假肢安装、修复整形产品和残疾人器材的维修和维护服务的所得。（2）提供市内客运服务（不含出租车及固定线路出租汽车）的所得。（3）从事古迹修复和重建工程的所得。（4）人民银行使用公民个人累积养老金账户中的资金的所得。

另外，乌国税法还规定，对于企业中残疾人人数超过员工总数 3% 的法人，安置的残疾人人数每提高一个百分点，则法人应该缴纳的利润税的金额就降低一个百分点。

二、减少应税所得

根据乌国税法的规定，法人所得税的应税所得还应该减去以下各项的所得：（1）以赞助和抚恤形式支出的捐款和款项，这些捐款和款项用于：生态、保健和慈善基金，对居民提供体育运动、文化、保健、劳动和社会保障的机构，教育机构，地方国家权力机关，公民自治机构。但这些捐款和款项不得超过应税所得的 2%。（2）用于进行现代化改造、技术和工艺生产改造、购买新的工艺设备、新建扩大生产、重建生产建构筑物、偿还为达到上述目的而产生的贷款、补偿租赁对象费用的资金，减去相应纳税期内的折旧，但不得超过应税所得的 30%。自产生上述费用纳税期开始后 5 年内，可减少应税所得，但对于工艺设备则为自投产之时起 5 年内。销售或者无偿转让新的工艺设备时，自该设备购买（进口）之时起开始，规定优惠的效力终止，恢复享有优惠的整个期间内的法人所得税缴纳义务。生产商品、工程、服务的纳税人可享有该优惠。(3) 无偿用作抵押贷款资金或为新建家庭员工（产权归该员工所有）购买住房的资金，但不得超过应税所得的 10%。(4) 宗教和社会团体（工会、政党和政治活动除外）旗下的企业利润、这些团体和基金会进行法定活动的慈善基金。(5) 超额利润税纳税人的超额净利润。

三、亏损结转

乌国税法规定，在确定和计算法人所得税的应税所得额时，如果纳税人在当前纳税期内出现亏损，则允许纳税人在之后的 10 个纳税期内对亏损进行结转扣除。具体规定为：(1) 亏损结转扣除的期限为发生亏损的纳税期之后的 10 个纳税期内。(2) 在每一个纳税期内对之前纳税期的亏损进行结转扣除时，扣除额不得超过本纳税期内产生的全部应纳税所得额总和的 60%。(3) 当纳税人出现几个纳税期都亏损的情况时，应该按照出现亏损的顺序进行结转扣除。(4) 对于纳税人在免征法人所得税的纳税期内发生的亏损，不得在以后的纳税期内进行结转扣除。(5) 对于在重组前纳税人出现的亏损，重组后继承了重组前纳税人权利的纳税人，有权根据法律的规定对重组前法人的亏损进行扣除，扣除金额为重组法人在重组前的亏损金额。

第六节 税率、税额计算与税款缴纳

一、税率及应纳税额的计算

根据《税法典》第 27 条第 2 款的规定，如果本法没有对税率作出专门的规定，则税率就由乌国总统以决议的方式加以规定。根据乌国总统的决议，所得税的税率根据不同的经营活动规定，如银行、从事水泥生产，聚乙烯颗粒生产及移动通信服务运营商的税率是 20%，从事电子商品贸易（服务）并在国家电子商务主体登记册上登记的纳税人适用税率为 7.5%，其他普通纳税人适用的税率为 15%。

企业所得税的应纳税额应该根据应纳税所得额与规定的税率进行计算。

二、纳税期和会计期

根据乌国《税法典》第 162 条的规定，法人所得税的纳税期为日历年，即每一年为一个纳税期。法人所得税的会计期为季度，即每一个季度为一个会计期。

三、纳税申报表的列报办法

在每一个会计期结束之后的次月 25 日之前，纳税人应当向国家税务机关提交该季度累计的法人所得税计算书。如果法律未作特别的规定，则纳税人应当在提交年度财务报表的期限内，提交年度累计法人所得税计算书。

通过常设机构在乌国境内开展活动的非居民法人，应在为外国投资的企业规定的年度财务报表规定提交期限内，向常设机构所在地的国家税务机关提交关于在乌国开展经营活动性质的报告和法人所得税计算书。在法人利润计算书中应单独列出一行注明应上缴财政的净利润税金额。在当前纳税期结束之前终止活动时，应该在活动终止后的 1 个月内提交上述文件。

四、税款缴纳

乌国税法规定，纳税人应当在每一个会计期内，缴纳当期应当缴纳的法人所得税的金额，法律另有规定的除外。

确定法人所得税当期的缴纳金额时，纳税人应在当前会计期第一个月的 10 日之前，向国家税务机关提交当前会计期法人所得税的金额证明，该金额应依据预计的纳税所得、法人所得税的规定税率计算得出。

纳税人应当在每月 10 日前完成法人所得税的当期缴款金额，缴款金额为法人所得税季度金额的 1/3。

当纳税人在当前会计期内的预计应税所得低于最低工资金额的 200 倍时，纳税人不需要缴纳当期的税款。

当纳税人计算上缴的当期法人所得税的税额低于实际应当上缴的税额 10% 时，国家税务机关有权按照法人所得税的实际金额重新计算当期付款金额，并计算滞纳金。

缴纳法人所得税的时间应该不晚于计算书的提交期限。

在提交计算书之后 1 个月内，乌国非居民的常设机构应缴纳法人所得税、在不进行当期付款的年度支付一次净所得税。

五、源泉扣缴

根据乌国《税法典》第 165 条的规定，法人在向他人支付红利和利息、向乌国非居民支付收入时，应该实行源泉扣缴，履行代扣代缴的义务。扣缴义务人除乌国居民法人外，还包括通过常设机构在乌国境内开展活动、向乌国其他非居民支付收入的乌国非居民。

扣缴义务人在给乌国非居民支付红利、利息和其他款项之前，应当先扣缴法人所得税并上缴财政。向乌国非居民支付其他款项（支付红利和利息不在此列）时，在付款的次月 5 日前通过银行将该笔款项的法人所得税上缴财政。

扣缴义务人在进行付款的会计期结束后的25 日内向国家税务机关提交法人所得税计算书。

扣缴义务人在纳税期结束后的30 日内向国家税务机关提交证明，注明该法人纳税人的识别号、名称、收入总金额和扣除的纳税期内法人所得税的总金额。证明格式由乌国国家税务委员会和乌国财政部批准确认。

应获得收入的人员要求，扣缴义务人可向其提供纳税期内已扣除税款总金额和收入金额的证明，证明格式由乌国国家税务委员会和乌国财政部批准确认。

六、税款抵扣

乌国居民法人在乌国境外获得的收入，应在扣除费用和在乌国境外缴纳法人所得税之前全部列入纳税人总收入中。确定计税依据时，与在乌国境外获取利润相关的费用，以及有凭证证实的费用，都应按照法律规定的程序和金额予以扣除。

按照乌国国际条约的规定，在乌国支付法人所得税时，应扣除在乌国境外支付的法人所得税的金额。

扣除在乌国境外支付的法人所得税金额的依据包括：付款通知书、外国主管机关的证明或者其他证明在乌国境外已缴纳法人所得税的文件。

第七节 非居民法人的税款缴纳与征收管理

针对乌国非居民法人的法人所得税，乌国《税法典》第 25 章针对三种不同情况分别作了不同的规定。

一、对非居民法人通过常设机构在乌国进行生产经营所得的征税

根据乌国《税法典》第 154 条的规定，非居民法人通过常设机构在乌国进行生产经营活动时，应该向乌国负有缴纳法人所得税的义务，其所得应该包括与常设机构活动相关的所有类型的所得。在计算其应税所得和应纳税额时，其应税所得额不得低于其通过常设机构在乌国生产经营所获取的所有类型的所得的 10%，无论这些所得是否是在乌国境内产生的。

非居民法人销售其存放于乌国境内仓库（包括海关仓库）内的商品时，其计税依据为商品销售价值与购买价值之间的差额，并应该考虑减除其在乌国境内仓库存货的费用。

乌国税法规定，非居民法人在计算其应税所得额时，无权扣除下列的款项：(1) 许可证使用费、酬金、征收的款项、使用或提供该乌国非居民财产及知识产权使用权的费用；(2) 该乌国非居民法人的服务手续费收入；(3) 该乌国非居民法人提供借款的酬金；(4) 与该乌国非居民法人通过业务活动获取收入无关的费用；(5) 无凭证的费用；(6) 该乌国非居民法人在乌国境内产生的管理和行政费用。

对于在国家税务机关作为常设机构进行登记之前，乌国非居民法人通过开展符合常设机构规定的活动而获取的收入，应按照法律规定的程序进行源泉征税。乌国非居民法人在乌国国家税务机关登记常设机构之后，由扣缴义务人扣缴的税款，应当用于冲抵该乌国非居民法人的法人所得税。如果乌国非居民法人未取得与通过常设机构开展活动相关的收入，或者已从所取得的收入中源泉扣税并上缴财政，则该乌国非居民法人常设机构被扣除的法人所得税金额不应被冲抵。

在乌国境内通过常设机构开展生产经营活动的非居民法人，除缴纳法人所得税外，还应对净利润进行补充纳税。其中，净利润是指在乌国境内通过常设机构开展生产经营活动的乌国非居民法人获得的利润，减去计算的法人所得税的金额。法律规定净利润税的税率为 10%。

二、对非居民法人不通过常设机构在乌国进行生产经营的所得的征税

乌国税法规定，对乌国非居民法人在乌国境内不通过常设机构获得的收入进行征税。在计算其应纳税额时，不得扣除与该收入相关的费用。但对于由乌国银行和信托单位提供、用于投资项目拨款的贷款收入，不应进行征税。

乌国非居民法人不通过常设机构进行生产经营的应税收入包括：(1) 红利和利息；(2) 依据普通合伙合同从事合伙经营取得的收入；(3) 在乌国境内销售乌国居民法人注册资本中的股份或股权、销售不动产取得的收入；(4) 由乌国非居民法人自主销售的、或由乌国居民依据委托寄售合同在乌国境内销售的商品销售收入，在此情况下，该商品的销售收入为乌国非居民法人支付价格超出所运送商品合同（发货单）价格的部分；(5) 许可证使用费；(6) 在乌国境内租赁或者转租财产的收入；(7) 按照风险保险、共同保险和再保险合同缴纳的保险金；(8) 国际远程通信服务费，符号、信号、电文、图像、声音通过传导、无线电、光电和其他电磁系统传输传播至乌国非居民的传输、接收和加工费用；(9) 进行国际运输的船只、飞机、铁路或公路运输工具的使用收入。包括：直接使用、提供租赁或以其他任意方式使用运输工具的费用，其中包含集装箱（包括运输集装箱的重型拖车及配套设备）的使用、维护或租赁费用（包租运费）；在某些情况下包租运费（取决于合同条款）还包括发货、货物超载、卸货和堆放的费用，在此情况下，发货地或者目的地在乌国境外时，认定此类运输为国际运输，只在乌国境外收发货地之间进行的运输不在此列；(10) 在国际运输中或在乌国国内运输中，提供运输代理服务的收入，在此情况下，其收入额为向发货人（收货人）收取的金额与应支付给承运人的金额之间的差值；(11) 乌国法人和自然人违反合同义务而支付的罚款和滞纳金；(12) 无偿获得的财产；(13) 乌国非居民提供在乌国境内工程施工和提供服务而获得的其他收入。

乌国非居民法人在乌国源泉征税的收入不包括：(1) 仅以非居民个人名义完成外贸业务（包括换货业务），且该外贸业务（包括换货业务）仅与购买（获得）商品以及在乌国境内运输货物相关时，乌国非居民通过此类业务获得的收入；(2) 提供开设和管理、代理银行账户服务、进行账户结算服务、通过国际借记卡进行结算服务的收入；(3) 在乌国境外工程施工、提供服务的收入，但法律另有规定的除外。

乌国法律规定，法人所得税中的收入支付包括现金或非现金款项、证券、股份、商品、财产，工程施工，提供服务，注销或冲抵乌国非居民法人（收入获得者）的债务用于清偿亏欠乌国非居民的债务等。

无论乌国非居民法人是否将自己的收入分配给第三方、自己在其他国家的分支机构，或用于其他目的，都应对其收入进行征税。

对乌国非居民法人不通过常设机构在乌国进行生产经营活动的所得的征

税实行源泉扣缴。扣缴义务人是向不通过常设机构在乌国进行生产经营活动的乌国非居民法人进行支付的乌国居民和通过常设机构在乌国境内进行活动的乌国非居民法人。扣缴义务人必须履行扣缴义务，完成对法人所得税的扣缴工作。扣缴义务人不履行或不完全履行法定的扣缴义务时，必须按照法律的规定扣缴税额和相应的滞纳金，并将其上缴财政部门。

当被实行源泉扣税并上缴财政的乌国非居民法人发生保险事故时，可重新规定保险金所得税的缴纳金额，投保费用可用于抵扣其收入的减少部分。

具备下列条件时，向乌国非居民法人支付的收入不需要进行源泉征税：(1) 按照经乌国国家税务机关担保的乌国国际条约规定，免于征税的申请书；(2) 由乌国国家税务机关予以证实的，证明乌国非居民法人已在乌国国家税务机关登记为乌国非居民常设机构，并在乌国开展活动的证明。

除法律规定的收入外，按照乌国国际条约的规定，乌国非居民法人能够提供与乌国签署了国际条约（调整征税问题）的外国主管机关颁发的、证实其在该国家居住事实的文件时，向该乌国非居民法人支付收入时无须实行源泉征税，或者可采用较低的法人所得税的税率。在此情况下，不需要提交降低或者免于缴纳法人所得税申请书。

为了享有乌国国际条约规定的税收优惠，乌国非居民法人有义务向乌国国家税务机关提交外国主管机关颁发的正式证明文件，以证实该法人在与乌国签署了国际条约（调整征税问题）的国家长期居住的事实。在此情况下，在向外国银行和国际银行间电信系统支付收入时，如果大众化信息来源可证实外国银行或国际银行间电信系统的所在地，则不要求提供证实该外国银行或国际银行长期处于与乌国签署了国际条约（调整征税问题）的国家事实的证明文件。

在向乌国非居民法人支付收入之前，应向乌国国家税务机关提交按照规定格式编写的、降低或者免除法人所得税的申请书。对于乌国居民法人，通过常设机构在乌国开展活动、向乌国非居民法人支付收入的乌国非居民法人，由乌国国家税务机关盖章证实的申请书可作为降低或者免除法人所得税的依据。

向国家税务机关提交降低或者免除法人所得税的申请书时，应一并提交附函和合同（协议）的副本。乌国非居民法人的授权人员向乌国国家税务机关提交申请书时，还应一并提交授予该人员提交申请书权利的委托书。在提交申请书后的30日内，乌国国家税务机关应作出降低或者免除法人所得税的决定。

从乌国非居民法人在乌国获得的收入中扣除法人所得税并上缴财政的情况下，按照乌国国际条约的规定，在法律规定的税收债务诉讼期内，该乌国非居民法人有权要求财政返还已缴纳的法人所得税。在此情况下，乌国非居民法人应向乌国国家税务机关提交下列文件：（1）按照乌国国家税务机关规定格式编制的税款返还申请书；（2）在支付收入时，该乌国非居民法人的常住地所在国家与乌国之间签订了调整征税问题的国际条约时，该国家主管机关颁发的、证实上述事实的正式证明文件；（3）合同或者其他作为向乌国非居民法人支付收入依据的文件副本、支付收入并将扣缴的金额上缴财政的证明文件副本。

如果税款是由乌国居民法人或者乌国非居民法人的常设机构按照规定支付的，那么乌国居民法人或者乌国非居民法人常设机构有权要求在债务产生之日起的12个月内从国家财政中将该部分金额返还。在此情况下，乌国居民法人或者乌国非居民法人常设机构，应在规定的文件后补充附加返还已缴纳款项的申请书和缴纳税款的证明文件。

如果纳税人或扣缴义务人提供的证明文件是由外文编写的，乌国国家税务机关有权要求将这些文件翻译成本国语言，并进行公证。在此情况下，提交文件时应进行领事认证或者按法定程序提交盖章确认的证明。

将已计算和已支付税款的超出部分返还时，应依据乌国国家税务委员会按法律规定程序做出的返还决议，在提交申请书后30日内返还。

本条中规定的“乌国非居民”是指：在证实该乌国非居民在与乌国签订了调整征税问题国际条约的国家居住证明文件中注明的期间内，属于该国家的居民。如果证实居住证明文件中未注明居住时间，乌国的非居民是指：在颁发文件所在的年度内，与乌国签订了调整征税问题国际条约的国家的居民。

三、对乌国非居民法人资产处置收入的征税

依据《税法典》规定，对乌国非居民法人资产处置收入的征税，适用于将法律规定的财产由乌国的法人非居民法人销售给乌国另外的非居民法人、乌国居民自然人或非居民自然人。

对乌国非居民资产处置收入的征税，法律规定实行源泉扣缴，由财产购买方（即支付收入方）作为扣缴义务人，承担源泉扣缴的义务。

处置资产的乌国非居民法人有义务向扣缴义务人提交财产购买价值证明

凭证的副本。依据所提供的文件，扣缴义务人应按照计税依据和法律规定的税率，计算和扣除法人所得税的金额。

在对所购买财产进行所有权登记之前，扣缴义务人有义务独立或者通过委托人提交乌国非居民资产处置收入的法人所得税计算书。计算书的格式由乌国国家税务委员会和乌国财务部批准确认：（1）出售乌国居民法人注册资本中的股份、股权（份额）时，将计算书提交至该法人注册所在地的国家税务机关；（2）销售不动产时，将计算书提交至该不动产注册所在地的国家税务机关。

在计算税额时，应采用乌国非居民法人获得收入的货币。计算书应附带财产买卖合同副本、卖方提供的财产购买价值证明文件（如有）。如果财产获取时所采用的货币不同于计算书中的货币，则应按照财产购买当日的乌国央行汇率，将该货币的价值换算成计算书中的货币的价值。

自提交计算书后3个工作日内，国家税务机关应向扣缴义务人或其委托人发送付款通知，并按照财产购买当日的乌国央行汇率，以本国货币注明法人所得税金额。在购买的财产进行所有权登记（办理）之前，将法人所得税金额上缴财政。依据法人所得税缴纳的证明文件，国家税务机关向扣缴义务人或其委托人颁发纳税证明，用于提交至对所购得财产所有权进行登记（办理）的机构。

在办理购入财产所有权登记（办理）之前，应缴纳法人所得税。

对财产所有权进行登记（办理）的部门，只有在纳税人提交缴税证明的情况下，方可颁发所有权登记（办理）证明。

在乌国证券交易所和有组织的场外交易市场销售股票时，不适用上述各项规定。

在证券交易所和有组织的场外证券交易市场销售股票时，乌国证券市场计算清算机构可视为扣缴义务人。

依据股份已完成买卖交易的汇总登记表，在进行计算清算业务期间，扣缴义务人应依法从买方金额中扣除法人所得税，并以支付货币形式上缴预算，同时划拨款项用于支付卖方的股份价值。另外，扣缴义务人有义务应卖方要求提供扣除的法人所得税和交易金额的证明。

在法人所得税计算书提交期限内，扣缴义务人应向纳税会计所在地的国家税务机关提交股份买卖交易登记表（依据该登记表扣除法人所得税），登记表的格式由乌国国家税务委员会和乌国财务部批准确认。

存在证实股份购买价值的证明文件时，卖方有权向纳税会计所在地的国家税务机关提交申请书，要求返还已支付的法人所得税超额部分。申请书应附带证实股份买卖价值证明文件的副本、扣缴义务人颁发的已扣除所得税和交易金额的证明副本。

税务机关应按照规定的程序，在纳税人提交申请书后30日内将已缴纳的法人所得税的超出部分返还。

第四章　个人所得税法

1799年，英国首相彼得宣布对英国本土的公民征收个人所得税。这标志着个人所得税正式登上了历史的舞台。200多年来，个人所得税在实现国家的宏观经济管理政策、调节国民收入分配、促进社会公平等方面起到了越来越重要的作用。因此，它被称为“经济内在调节器”和“社会减压阀”，受到了越来越多国家的重视，从而逐步发展成了一个世界性税种。据统计，目前世界上开征个人所得税的国家已达到了140多个。在许多发达国家，个人所得税已经成为一个主体税种，在国家税收收入中的比重高达40%左右。即使在许多发展中国家，个人所得税在国家税收收入中的比重也达到了10%以上。为此，许多国家通过制定《税法典》或专门的个人所得税法，对个人所得税所涉及的法律问题进行了规定。乌国也在《税法典》中对个人所得税的相关法律问题进行了专门的规定。

第一节　纳税人

一般而言，个人所得税是对个人（或家庭）在一定时期内所获得的收入的征税。由此可见，个人所得税的纳税人就是指这些获得收入的自然人。在各国税法中，对于个人所得税纳税人范围的界定不仅直接决定着国家税收管辖权行使的范围，而且也直接决定着纳税人纳税义务的范围。因此，个人所得税纳税人范围的界定问题就成为各国个人所得税法最为重要的问题。

对于个人所得税的纳税人，目前大多数国家的做法是把纳税人分为居民纳税人和非居民纳税人两类。之所以作这样的分类，主要是因为这两类纳税人所承担的纳税义务有所不同。居民纳税人一般是要为其来源于居住国境内和境外所有的所得向居住国承担纳税义务，这在税法上被称为“无限纳税义务”。而非居民纳税人一般只需要为其来源于非居住国的所得向该国承担相应的纳税义务，这在税法上被称为“有限纳税义务”。之所以做此区分，是因为在当代经济全球化的背景下，随着跨国经济与社会交往活动的日益增多，当事人的收入或所得与国家之间的联系日渐淡漠。换言之，在很多情况下，当事人的许多收入或所得并不是来自于其国籍国。这样，原先以当事人的国籍作为税收管辖权的做法已经不足以解决这些跨国当事人的税收问题。因此，在现代税法上，通过把当事人的收入或所得与其永久居住地或习惯居住地相联系，并以此来确定其纳税义务的范围和大小，就可以比较合理地解决这一问题。故将纳税人分为居民纳税人与非居民纳税人，并让其承担不同的纳税义务，就成为当代世界各国的通行做法。乌国《税法典》是在西方税收专家的指导下制定的，它的许多内容借鉴了当代西方国家税收立法的先进经验和共同做法。因此，在乌国《税法典》中，也将个人所得税的纳税人分为居民纳税人和非居民纳税人，并在第167条中对个人所得税的纳税人作了明确规定，即乌国个人所得税的纳税人是指具有符合《税法典》规定的应税收入的自然人。其中，乌国非居民自然人在乌国境内取得的收入，应按照本法第182条规定的办法和税率进行征税。

第二节 应税所得

一般来说，个人所得税的征税对象是自然人所取得的收入。根据乌国《税法典》第169条的规定，个人所得税的征税对象包括两类：(1)乌国居民自然人在乌国境内和境外取得的收入；(2)乌国非居民自然人在乌国境内取得的收入。另外，为了进一步明确个人所得税应税所得的范围，税法还明确规定，对于依照法律规定征收单一税的个体经营活动的收入，不属于个人所得税的征税对象。

根据乌国《税法典》第170条的规定，乌国个人所得税的计税依据是自然人的总收入减去按照《税法典》第179条和第180条规定的扣除免税收入后的总收入。在确定纳税人的计税依据时，对于依据法院或其他机构的判决和决定从纳税人收入中的扣款，不得从纳税人的计税依据中减除。另外，自然人的外币收入应按照实际获取收入之日乌国央行规定的汇率换算成本国货币。

根据税法的规定，个人所得税纳税人的总收入，是指从纳税人的全部收入中减除以下 15 项收入后的余额。这 15 项被减除的收入，在乌国税法中不视为自然人的收入。根据《税法典》在第 171 条的规定，具体包括：

1. 按照劳动法的规定，为恶劣劳动条件下的劳动者提供牛奶、医疗预防性食品、带汽盐水、个人防护器材和卫生器材等的收入。

2. 工会委员会利用会员费支付给工会会员的款项，其中包括物质援助，工会委员会劳动者履行劳动职责而获取的酬劳和其他款项不在此列。

3. 接送工人往返工作地点的费用。

4. 进行宗教仪式和典礼、节日庆典的费用，接待费、购买劳动者城市客运公共交通乘车票证的费用，用于法人提供劳动和休息条件的、不属于自然人具体收入的其他相关费用。

5. 向劳动者发放或者由于低价向劳动者出售工作服、工作鞋、制服等履行职责的必需品而产生的费用，在法律规定的情况下，特定类别的劳动者履行岗位职责时为其提供食品的花费。

6. 将劳动者送至另一作业地点的交通费、运输财产的费用，租赁房屋的费用（旅费）。

7. 出差期间的补助费用。包括：（1）往返出差目的地时实际产生的交通费，包括有凭证证实的预留费；缺少交通费用凭证时，费用按照铁路运输费用金额计算（如果没有铁路交通，可按照跨城市长途汽车费用计算），但不得超过机票价值的 30%；（2）租赁住房实际产生的费用，缺少住房费用证明文件时，该费用在法定标准范围内计算；（3）住房预留费用，通过相应凭证证实；（4）出差期间在法定标准范围内的每日补贴；（5）法定的、有相应凭证证实的其他款项。

8. 在法律规定标准范围内支付给劳动者的款项（补贴）。包括：（1）经常出差工作或者工作具有不稳定性的劳动者，进行倒班作业的劳动者；（2）征用私人车辆用于公务，但出差不在此列；（3）野外补给；（4）按照法定程序和标准的其他补偿费（补贴），但本法第 174 条规定的附加工资（补贴）和第 178 条规定的其他收入不在此列。

9. 与工伤或其他健康损伤相关的损害赔偿款项，金额为：（1）每月按相应丧失劳动力的等级、向受害者支付其遭受工伤前月平均工资的百分比（未成年劳动者发生工伤事故时，应按照其工资（收入）额进行赔偿，但不得低于法定的最低工资额的 50 倍）；（2）对于需要专业医疗护理的受害人，每月需支付 2 倍最低工资的附加费用；每月向受害人支付最低工资的 50% 作为生活护理的附加费用；（3）对劳动者健康造成伤害时，用人单位向受害人支付年平均工资作为一次性补助金。

10. 家庭供养人死亡时应支付的金额为：（1）需要死者供养的无劳动能力人员，有权要求对该劳动者死亡进行赔偿，标准为死者的月平均工资额；（2）对于有权对家庭供养人的死亡造成的损害要求赔偿的人员，一次性向其支付死者 6 年年平均工资作为抚恤金。

11. 依据与乌国高等院校直接签订的有偿服务合同，划拨用于大学生培训的资金。

12. 向在乌国境内从事保险活动的法人支付的长期人寿保险保费。长期人寿保险合同提前终止、保险人向投保人返还部分或全部保险金时，返还的保险金数额应纳入自然人的应税总收入中。

13. 下列人员从用人单位法人获取的资金：（1）新组建家庭的成员获取的购买住房资金；（2）建房人获取的、用于在农村地区按照标准设计建造私有住宅的抵押贷款的首笔款项，该贷款专用于建房；（3）自建成（产权国家登记）之日起 5 年内出售该房屋时，上述的收入应按照规定程序纳税。

14. 提高劳动者业务技能和对劳动者进行培训的费用。

在扣除上述 14 项收入后，纳税人的总收入在乌国《税法典》中被分成了四大类，即劳动报酬收入、财产性收入、物质利益收入和其他收入。

一、劳动报酬收入

按照乌国税法的规定，个人所得税纳税人应税所得中的劳动报酬收入，主要包括以下几类收入：（1）由用人单位向具有劳动关系、按照劳动合同（协议）进行工程工作的自然人发放并已经向其支付的所有款项；（2）按实际工程施工量计算的应计工资；（3）学位和职称附加工资；（4）奖金；（5）附加工资（补贴）；（6）未工作时间的工资。此外，税法还规定，劳动报酬收入还包括：（1）依据签订的民事合同（合同标的为工程施工和提供服务）支付给自然人的款项；（2）法人向自己管理机构（监事会或其他类似机构）成员支付的款项；（3）乌国国防部、内务部、紧急情况部、国家安全部现役军人、内务机构士兵、士官、军官和国家海关委员会工作人员的执勤（履行职责）津贴、奖金和其他补贴。

为了进一步明确劳动报酬收入的具体内容，《税法典》还对奖金、附加工资（补贴）、未工作时间的工资等作了进一步的规定。

1. 奖金。根据《税法典》第173条的规定，奖金包括：（1）年度工作总量奖金；（2）法人地方性奖励条款规定的奖金；（3）进行业务技能培训、辅导时，工资和岗位工资的附加工资；（4）休假补贴；（5）工龄奖励和津贴；（6）对合理化建议的奖金；（7）与劳动成果无关的一次性奖金。

2. 附加工资（补贴）。根据《税法典》第174条的规定，包含在劳动报酬收入中的附加工资（补贴）包括：（1）在不利自然气候条件地区工作的相关附加工资（工龄附加工资，按照规定系数对高山、沙漠和缺水地区劳动者的补贴）；（2）按照乌国内阁批准的工种列表和工作清单，在繁重、有害、特别有害劳动条件下的劳动补贴，包括在该条件下连续工作年限的工资附加津贴；（3）工艺过程表规定的夜班作业、休息日和节假日（非工作日）加班的工资和岗位工资的补贴和补助；（4）多班工作制作业、兼职、兼岗、扩大服务范围、增加工作量、完成本职工作的同时顶替缺席的劳动者时的附加工资；（5）经常出差工作或者工作具有不稳定性的劳动者的工资补贴，采用分班作业法进行作业时，超法定标准支付给工人的工资补贴；（6）采用分班作业法进行作业时支付的金额，即从该法人所在地到作业地点往返途中，由于气象条件或由于运输单位过错导致劳动者在途中耽误的时间的工资、岗位工资，由倒班作业进度表规定；（7）对于经常从事地下作业的劳动者，应为该劳动者在矿场（矿坑）的矿井到工作场地往返转移的标准时间支付附加工资；（8）超出法律规定的标准范围的外勤津贴；（9）出差期间超法定标准支付给工人的每日工资补贴；（10）采用倒班作业法时，在休息日（调休日）超时加班的情况下，进行工时汇总统计时和在法律规定的其他情况下，应为劳动者提供的补贴；（11）使用劳动者私人车辆或其他财产达到工作目的时，超过法定标准进行的补贴；（12）工伤或者其他有损健康的伤害时，超过法律规定金额的损害补偿；（13）餐费和车票价值或者餐费和车票补助。

3. 未工作时间的工资。根据《税法典》第175条的规定，纳税人未工作时间的工资包括：（1）依法支付的工资，它具体包括：a. 每年年假（主要长假）工资，劳动者应休未休时的工资补偿、与劳动者解除劳动合同时给予的工资补偿；b. 对于特定领域的劳动者，在恶劣和特殊劳动条件下作业时、在繁重和不利的自然气候条件下作业时，为劳动者提供的额外休假工资；c. 培训假期和科研假工资；d. 为拥有两名及两名以上未满12岁子女或者未满16岁残疾子女的妇女提供的补充假期工资；（2）向处于强制休假的劳动者支付的部分保留基本工资；（3）向献血的劳动者提供每次献血后的体检、献血和休息时的补助；（4）按照乌国劳动法履行国家或社会义务的劳动补贴；（5）为被调往参与农业劳动和其他工作的劳动者保留的主要工作所在地的工资；（6）向来自其他法人的劳动者支付的基本工资额，以及在临时暂代情况下，在一定期限内保留的之前工作所在地的岗位工资额；（7）对于在脱产培训、深造和提高业务水平期间的法人劳动者，在劳动者主要工作所在地的工资；（8）并非由于劳动者过错造成的停工工资；（9）临时失去劳动能力的情况下向劳动者支付的工资；（10）被迫缺勤或者依照法律或法人决定执行低工资工作期间的工资；（11）未满18周岁的劳动者、哺乳期妇女的特惠工时工资，与进行体检相关的工时工资；（12）持有资格证书的人员，对劳动者进行培训、深造和提高业务水平、领导学员和大学生进行生产实践时的工资；（13）法人出资支付的退休补贴和接济金、奖学金；（14）法人出资为高等院校毕业后休假期间的年轻专业人员支付的生活补贴。

二、财产性收入

依据税法规定，乌国自然人的财产性收入主要包括：（1）利息；（2）红利；（3）出租财产的收入；（4）销售财产的收入；资产处置的收入可确定为财产的销售价值超过有文件证实的财产购买价值的金额；缺少证实财产购买价格的文件时，收入则被认定为被处置资产的价值，而对于不动产是指评估价值与销售价值之间的差额；（5）获得工业产权、育种成果项目专利（许可证）的自然人，转让专利或者签订许可合同时获得的收入；（6）资源使用费；（7）缴纳过税金和规费之后，归地方企业、家族企业成员和农场主所有的剩余利润金额。

三、物质利益收入

根据《税法典》的规定，个人所得税纳税人所获得的物质利益收入，是指除去本法第171条第2部分规定的收入之外，从法人处获得的下列各项物质利益收入：（1）法人支付给自然人的商品、工程、服务等的费用，具体又包括：自然人的子女在学前教育机构的教育、赡养的款项；提供公共服务，为劳动者提供住房及维护费用、宿舍，或者上述利益的补偿价值；为劳动者提供休假式治疗的疗养证价值，休养、住院治疗和门诊治疗费用，或者上述利益的补偿价值；成为自然人收入的法人其他费用等；（2）无偿发放财产的价值，包括按照赠与合同、工程施工合同和服务合同而无偿发放财产的价值；

(3) 将商品、工程、服务销售给劳动者的价格与按照规定计算的该商品、工程、服务价值之间的损失;(4) 依法向劳动者提供的铁路运输、空运、内河运输、公路运输和城市间电力运输的优惠金额;(5) 按照法人决议注销自然人亏欠法人的债务金额;(6) 由法人支付给劳动者的、应该被从劳动者账户中扣除但未被扣除的金额。

四、其他收入

按照《税法典》第178条的规定,自然人纳税人的其他收入主要包括以下几类:(1) 退休金和法定补助金;(2) 奖学金;(3) 公民自治机构、慈善基金和环境基金为自然人提供的补助和其他类型的帮助金;(4) 献血报酬;(5) 赡养费;(6) 出售动物(家畜、禽类、毛皮兽和其他野兽)的活体、宰杀后的原料或加工产品、桑蚕、畜产品、养蜂、天然和人工养殖种植业的收入;(7) 无偿从自然人(包括依据赠与合同)获取的财产、产权的价值;(8) 在竞赛、展览会、比赛中获得名次而授予的奖品、奖金;(9) 彩金;(10) 从资助人处获得的资助金额,包括从外国获得的资助金;(11) 强制性累积养老金、养老金利息等收入;(12) 自然人从创造性科学、文化和艺术创作(作品)中获得的收入;(13) 自然人获得的乌国国家奖励、一次性国家奖金或等值纪念品的价值,以及依据乌国总统决议或乌国内阁决议颁发的一次性奖金;(14) 运动员在国际体育比赛中获得名次被授予的一次性奖金;(15) 按照劳动法规定,终止与劳动者之间的劳动合同时支付的离职工资和其他款项;(16) 物质援助,它包括提供给死亡劳动者家属的或者由于劳动者家属死亡提供给劳动者的款项;由于工伤、职业病或其他健康损伤提供给劳动者的款项;由于发生紧急情况而提供的款项;带有目的性的款项;由于劳动者在发生事故、事件时采取个人措施而发放的,与工程施工等无关的款项;发放农业产品或者用于购买农业产品的资金等;(17) 依法每月为住房和公用事业服务而支付的补偿金;(18) 法人支付给退休人员的补贴;(19) 保险赔偿金;(20) 精神损害赔偿金。

第三节 税收优惠

对于个人所得税而言,在确定了纳税人的应纳税所得额之后,出于国家政治、经济和社会文化政策等的考虑，需要对纳税人的某些应税所得或某些应税项目给予不同程度的税收减免或照顾。这就是税收优惠。它是现代各国个人所得税法中必不可少的内容。乌国《税法典》第31章专门就规定了乌国个人所得税的优惠制度。

一、免税所得

在乌国税法中，免税所得是指由税法规定的，对特定纳税人或作为纳税对外的特定人或物、事实、行为不予征税。它是对纳税义务范围的界定，其实质是根本不发生纳税的义务。在乌国，个人所得税的免税所得，根据法律规定主要包括如下各项。

1. 资助款。对于资助款，法律规定如下：当发生紧急情况时，全部免税；提供给死亡劳动者家属的，或者由于劳动者家属死亡提供给劳动者的，不超过最低工资额的12倍；在其他情况下，不超过纳税期最低工资额的12倍。

2. 法人全部或者部分提供的疗养（不包括旅游）费用。具体分两种：（1）为残疾人（也包括不在本企业工作的残疾人）提供在乌国境内的疗养和保健机构疗养的费用；（2）为员工不满16周岁的子女（也包括不满18周岁的学生）提供儿童或者其他康体夏令营的补助费，乌国境内专门用于带有子女的父母休养的疗养和保健机构的疗养补助费。

3. 用人单位为员工及其子女支付的门诊或住院医疗服务费用，法人购买用于治疗和医疗服务、残疾人康复和残障防治技术器材的费用。法人向卫生组织以非现金方式支付员工的治疗、医疗服务费用的，依据卫生组织出具的文件直接向劳动者发放（如果该劳动者已不在，可向其家属、父母发放）用于该目的的现金，或者将用于该目的的款项存入劳动者银行账户的，上述费用可免于征税。

4. 由于被派往乌国境外工作，乌国事业单位公民获得的、不超过法定金额范围的外币工资和其他款项。

5. 在临时性工作保障中心的协助下，受雇完成临时性工作获得的收入。

6. 缴纳过税金和规费之后，归地方企业、家族企业成员和农场主所有的剩余利润额。

7. 自然人获得的乌国国家奖励、国家一次性奖金或等值纪念品的价值，以及依据乌国总统决议或乌国内阁决议获得的一次性奖金。

8. 运动员在国际体育比赛中因获得名次而被授予的一次性奖金。

9. 献血报酬、医疗机构劳动者获得的采血费。

10. 出售产权属于自然人的财产的收入，但不包括销售下列收入：（1）证券，法人法定基金（注册资本）中的股权（份额）；（2）非居住用房；（3）在连续 12 个月内交易超过 1 次的居住用房。

11. 出售家庭养殖产品的收入。包括：农业产品、动物（家畜、禽类、毛皮兽和其他野兽）的活体、宰杀后的原料或加工产品（工业加工不包括在内）、畜产品、养蜂、天然和人工养殖作物栽培（装饰性园艺/花卉不包括在内）。纳税人提供有关当地国家权力机关、公民自治机构、园艺、葡萄种植或蔬菜栽培公司董事局颁发的证明，证实销售的产品是由纳税人在划分给纳税人或者其家庭的土地上生产的，上述收入可免于征税。

12. 在国际和国家级竞赛和比赛中获得的奖品价值。

13. 在纳税期内从法人处获得价值不超过最低工资额 6 倍的下列物品：（1）赠送给劳动者的实物礼品；（2）赠送给退休人员和失去劳动能力的人员、已离职的劳动者、已故劳动者家属的礼物和其他物质援助。

14. 通过继承或赠予从自然人处无偿获得的金钱和实物收入，但不包括向科学、文学和艺术作品的创作者（包括其权利继承人）、文学和艺术作品的执行者的继承人支付的酬金，也不包括发明、创造和工业样品的收入。

15. 国家公债债券的收益，乌国国家证券利息、彩票和彩金的收入。

16. 储蓄存款、国家证券收入、银行存款的利息和收益。

17. 从国际和外国组织及基金会获取的资助金，根据乌国签署的国际条约进行的科技合作、根据乌国内阁做出的协同科技发展的决定，自然人直接从资助人或者接受资助法人处获取的资助金。

18. 通过法人法定基金（注册资本）获得的、应纳入法人法定基金（注册资本）的红利收入。退出创立者（参股人）之列时，或者在收到本项规定的优惠之后 1 年内、在被清算法人的创立者（参股人）之间分配法人财产时，应按照一般原则对之前免于征税的收入进行征税。

19. 终止劳动合同时，在最低工资额 12 倍范围内支付的离职工资补偿，但不包括法定的其他资助、临时失去劳动能力的补助（包括家属护理病人的补助），也不包括公民自治机构、慈善基金会和环境基金会为自然人提供的帮助性款项。

20. 自然人获得的赡养费。

21. 自然人购买保险获得的保险赔付款。

22. 国家奖学金、教育和科研机构支付的奖学金。

23. 依法每月为住房和公用事业服务支付的补偿金。

25. 国家养老金。

26. 强制性累积养老金，养老金利息等收入，累积退休支付。

27. 工资和公民的其他应税收入金额，向人寿保险机构支付的保险金。

28. 自愿清算的企业法人创立者（参股人）用于清偿法人债务的资金。未按照法律规定期限完成自愿清算或者终止清算操作、恢复经营活动的，不适用本优惠政策。

29. 自然人的工资和应该征税的其他所得中，用于偿还抵押贷款、计算利息的部分。其中，贷款必须用于下列目的：（1）新建家庭成员用于建造、改建和购买个人住房、改建和购买公寓房；（2）按照标准样式在农村地区建造私有住宅。但纳税人在处置前述的财产时，自建成（进行财产产权估价登记）之日起 5 年内，处置该财产的收入应按规定程序纳税。

30. 乌国公民的工资和其他应税收入中用于下列目的的款项：（1）在乌国高等院校接受教育（自己进修或者未满 26 周岁子女接受教育）的费用；（2）缴入在乌国人民银行的个人累积退休金账户（自愿）的款项。

31. 在近亲之间转交股份、份额和股权，无偿从自然人处获取的股份、份额和股权（包括依据赠予合同）。

32. 被调往参与收割皮棉农业劳动的自然人，完成该项工作所获得的收入。

二、免于征税的所得

免于征税的所得，是指根据法律的规定应该被征税，但鉴于国家的政策需要，而不予征税的所得。根据乌国税法的规定，对于免于征税的所得，分为全部免于征税的所得和部分免于征税的所得两种。

（一）全部免于征税的所得

根据乌国《税法典》第 180 条第 1 款的规定，自然人的下列各项所得完全免于缴纳个人所得税。

1. 大使馆领导和工作人员，外国领事机构的负责人员，以及上述人员的随行家属。如果这些人员不是乌国公民，其所有收入均可免于征税。但其在乌国境内获得的、与外交和领事部门无关的收入不在此列。

2. 使领馆行政技术人员、行政技术人员的随行家属。如果这些人员不是乌乌国公民或者不长期居住在乌国，其所有的收入均可免于征税。但在乌国境内获得的、与外交和领事部门无关的收入不在此列。

3. 使领馆勤务人员。如果这些人员不是乌国公民或者不长期居住在乌国境内，其通过本职工作获取的所有收入均可免于征税。

4. 使领馆工作人员的家政服务人员。如果这些人员不是乌国公民或者不长期居住在乌国境内，其通过本职工作获取的所有收入均可免于征税。

5. 国际非政府组织的责任人员。如果这些人员不是乌国公民，其在该机构获得的收入可以免于征税。

6. 国防部、内务部、紧急情况部、国家安全部的现役军人，内务机构和海关机构的士兵、领导人员，参与集训或检阅的预备役军人，其津贴、奖金和与执勤（履行职责）相关的其他收入均可免于征税。

7. 乌国宪法法院、普通法院和经济法院的法官，监察机关具有法官官衔的工作人员，其因履行岗位职责而获得的收入均可免于征税。

8. 具有音乐演出活动资质的人员进行活动时获得的收入可免于征税。

9. 与个体企业之间存在劳动关系的人员，按照与个体劳动者签订的劳动合同进行施工而获得的收入可免于征税。

（二）部分免于征税的所得

根据乌国《税法典》第 180 条第 2 款的规定，自然人的下列各项所得中，对在取得所得的当月最低工资额 4 倍部分的收入，免于征收个人所得税。

1. 被授予“乌兹别克斯坦英雄”称号、苏维埃联盟英雄称号、劳动英雄称号、荣获三等荣誉勋章的人员，依据相应的证书、勋章证书或国防事务部证明，享受本项优惠。

2. 战争残疾人和参战人员以及同等人员，其范围由法律予以规定。上述人员依据相应的证明，可享有本项优惠。对于其他残疾人（参战人员），则需要残疾人（参战人员）优惠权证明才能享受本项优惠。

3. 自幼残疾的残疾人、一级和二级残疾人，依据抚恤证明或医疗劳动鉴定委员会的证明享受该项优惠。

4. 在保卫苏联、乌国立宪政体时，或者在服其他兵役或内务机关兵役时，由于外伤、内伤或伤残，或由于上前线造成疾病、牺牲的内务机关现役军人和工作人员的父母和遗孀，依据抚恤证明享受该优惠政策。证明中应有“烈士遗孀（鳏夫，母亲，父亲）”或者“内务机关牺牲的公职人员遗孀（鳏夫，母亲，父亲）”字样的印章，或者具有相应的标注，并有颁发该抚恤证明机构的领导签字和盖章。如果上述人员不是抚恤金领取者，可依据国防部、国家安全委员会、苏联内务部、相应机构颁发的内务机关公职人员或现役军人死亡证明，为上述人员提供优惠。对于上述享受优惠人员的遗孀（鳏夫），可享有该项优惠，直至他们再婚时止。

5. 具有两个及两个以上不满16周岁子女的单亲母亲，可依据户籍登记机关为每个孩子单独颁发的证明享受该项优惠。

6. 具有两个及两个以上不满16周岁子女的寡妇或鳏夫，由于失去了供养人且无法获得抚恤金的，根据提供的丈夫（妻子）死亡证明、子女出生证明、未再婚证明和乌国财政部的地区（市级）预算外抚恤金部门颁发的证明，可以享受该优惠。

7. 养育自幼残疾、需要长期照顾的子女且与他们生活在一起的父母一方，依据抚恤证明或保荐机构的医疗证明，可以享受该项优惠。对于共同居住的，还需提供公民自治机构的证明。

第四节 税率和纳税期

一、税率的一般性规定

根据《税法典》第27条第2款的规定，对于在《税法典》中未规定税种的适用税率，由乌国总统决议加以确定。

根据乌国总统2017年12月29日签署的第3458号总统令的第8号附件，从2018年起乌国个人所得税的税率如表4-1所示：

表4-1 个人所得税的税率 单位:%

应税收入	税率
达到单倍最低工资数	总收入的0%
一（超过一倍）至五倍最低工资数	超过单倍最低工资数额的部分按7.5%缴纳
五至十倍最低工资数额	超过五倍最低工资数额的部分，所得税增加16.5%缴纳
十倍以上最低工资数额	超过十倍最低工资数额的部分，所得税增加22.5%缴纳

需要说明的是：（1）根据规定，各应税收入组的税率是根据年初的最低工资额来确定的（2018年1月1日的最低工资数额为172240苏姆），并且在

年度内最低工资数额发生变化也不作调整。(2) 为了计算个人所得税的总额，从年初开始累计计算最低工资额（自年初开始，按周期加总每个月的最低工资额）。(3) 个人所得税总额减少了每月向公民个人累计养老金账户划拨的强制性月度缴款额，该项总额根据应付预算的既定费率按个人所得税收入的2%计算，扣除按零利率（单倍最低工资数额）征收所得税的收入部分。(4) 根据法律规定，对个人所得进行征税的最低税率确定为7.5%。

根据《税法典》第181条的规定，对于以下几种特殊种类的所得，应当按照法律规定的最低税率征税：(1) 按照乌国内阁规定的高山、沙漠和缺水地区工作系数获得的额外补贴收入。在此情况下计算法人在上述地区工作的劳动者的工作系数时，限额可确定为计算之时规定最低工资的4倍。(2) 企业、部门、组织调派自然人临时参与农业劳动时，自然人完成农业劳动工作所获得的收入，但本法第179条第33点规定的、被派往参与收割皮棉劳动的自然人的收入不在此列。(3) 财产租赁收入。包括从自然人处无偿获取的股权、股份和股票的收入；销售权属于自然人的不动产所获得的收入。

另外，税法还规定，对于在特别有害和特别繁重条件下工作的女性收入豁免值，不得超过20%。特别有害和特别繁重劳动条件清单由法律予以规定。

二、非居民个人所得税的税率

乌国非居民自然人在乌国境内获得的收入，应该按照下列税率进行源泉征税：(1) 红利和利息，税率为10%。(2) 提供国际运输服务所获得的收入（运费收入），按照法律的规定，税率为6%。(3) 依据劳动合同（协议）和民事合同（协议）获得的收入以及其他的收入，税率为20%。

另外，《税法典》还规定，对于非居民的上述收入实行源泉扣缴征税时，与是否在乌国境内取得收入无关。

三、纳税期和会计期

根据《税法典》的规定，个人所得税的纳税期为一年。实行源泉扣缴义务的扣缴义务人的会计期为一个季度。

第五节　税款缴纳和税收征管

根据乌国税法的规定，个人所得税实行源泉扣缴和申报纳税两种方式。

一、源泉扣缴

（一）源泉扣缴义务人及扣缴的范围

根据《税法典》第184条的规定，除《税法典》第194条规定的事项外，通过常设机构在乌国开展活动的非居民法人、外国法人代表处，都具有源泉扣缴的义务，履行对自然人的收入进行计算、扣除和缴税的义务。

乌国税法规定，对于自然人实行源泉扣缴的收入主要包括以下各项收入：（1）自然人的工资收入；（2）自然人的物质性收入；（3）自然人的财产性收入；（4）自然人的其他收入。

以物质利益形式向与自己不存在劳动关系的自然人支付收入的扣缴义务人，有权依据自然人的书面申请不扣除自然人的所得税。在此情况下，自然人应按照法律规定，对于自己的物质利益收入申报缴纳个人所得税。

（二）源泉扣缴的实施

乌国税法规定，个人所得税的扣缴义务人在向个人所得税的纳税人实际支付或委托第三方向纳税人支付款项时，都应当按照规定的计税依据和税率对自然人所得的应纳税额进行计算、扣款并上缴财政。如果扣缴义务人未能扣除该税款金额时，则应向财政缴纳未扣除的税款及相应的滞纳金。

扣缴义务人在根据税率计算个人所得税的金额时，最低工资数额为自纳税年度开始以来每月最低工资的总数。每年最低工资的数额在当年的1月1日计算确定。

如果个人所得税的纳税人有来自于其非主要工作所在地或者有从其他法人处收到礼物、物质援助和其他收入的，该自然人在提交收入申报单时，由国家税务机关对该自然人的所得税金额进行重新计算。

自然人在1年内主要工作、职务、学习所在地发生变化的，自然人有义务在新的主要工作、职务、学习所在地计算第一个月工资之前，向新主要工作、职务、学习所在地的会计处提交在之前主要工作、职务、学习所在地本年度获取收入和扣除个人所得税金额的证明。对于不提交此类证明和纳税人识别号的，应按照规定的最高税率扣缴个人所得税。后续提交证明或者纳税人识别号时，应参照在之前主要工作、职务、学习所在地获得的收入，重新计算个人所得税金额。

计算自然人在新的主要工作、职务、学习所在地的所得税时，应按照之前和新的主要工作、职务、学习所在地纳税年度开始时获得的总收入进行计算。

扣缴义务人在劳动合同终止之后，仍然按照劳动合同向劳动者付款的，应该对支付的款项扣缴个人所得税，且不能享有法律规定的优惠。对于支付给该劳动者的收入总额和扣除的个人所得税总金额的信息，扣缴义务人应该在30日内以书面方式通知该法人注册所在地的国家税务机关。

对于不在主要工作所在地或者从其他法人获取的收入，应计入纳税人的累计收入之中，并按照规定的税率计算税额。

应自然人的要求，扣缴义务人有义务出具能够证实该自然人收入金额和类别的证明和扣缴的个人所得税金额的证明。该证明的格式由乌国国家税务委员会和乌国财政部批准确认。

根据提交的自然人年度总收入申报单中的数据，国家税务机关应当从自然人并非在主要工作所在地获取的收入中扣除个人所得税金额。

（三）提交计算书的办法

乌国税法规定，扣缴义务人在纳税期结束后的30日内，向国家税务机关提交纳税自然人未在主要工作所在地获得收入的证明。证明格式由乌国国家税务委员会和乌国财政部批准。证明中应体现下列内容：（1）自然人纳税人识别号；（2）纳税人的姓、名、父称、常住地址；（3）上一纳税期自然人的收入总金额和个人所得税总扣除额；（4）扣缴义务人的识别号；（5）扣缴义务人的名称、所在地（通信地址）。

对于自然人的下列收入，无论其收入地点在哪里，均不需提交证明：（1）红利、利息收入；（2）按照法律规定的个人所得税最低税率征税的应税收入；（3）依据自然人的书面申请，按照法律规定个人所得税最高税率征税的应税收入。

在每个会计期（即每季度）后的次月25日前，或在纳税年度结束时按规定提交年度财务报表的期限内，扣缴义务人应该向国家税务机关提交关于应计和实际支付的收入、已扣除的个人所得税金额的相关资料。其格式由乌国国家税务委员会和乌国财政部批准。

（四）税款缴纳

根据税法的规定，扣缴义务人应该在下列期限内，将源泉扣缴的税金上缴财政：（1）同时向开户银行提交获得资金的文件。提交获得前半个月工资预付款的文件时，不进行缴税；（2）如果法律允许进行实物支付，在进行实物支付的月份结束后5日内。

如果法人银行账户中的资金不足以发放工资和从劳动者工资中扣除的个人所得税款项上缴财政，则应该按照该法人在银行中剩余资金的比例将部分个人所得税上缴财政。

二、申报纳税

（一）申报纳税的范围

根据乌国税法的规定，乌国居民自然人应该通过提交纳税申报单的方式，对其下列收入进行申报并纳税：（1）未进行源泉扣缴个人所得税的财产性收入。（2）稿酬。《税法典》190条规定：凡因创作和使用科学、文学和艺术作品而获得稿费收入的自然人，都应当依据国家税务机关的书面通知进行申报纳税，而无须作为个体企业进行国家注册。在计算收入和相关费用时，纳税人有权从中扣除实际产生且有凭证予以证实的创作活动费用，但不得超过所获得的总收入金额的30%。这些创作活动费用包括：获得创作必要材料和使用作品的费用；租赁房屋和专用于创作、出版、制作或使用作品的费用。（3）不是从主要工作所在地获得的物质利益收入。（4）从两个及两个以上来源获得的应税收入。（5）从非扣缴义务人处获得的收入。

另外，乌国税法还规定，对于纳税人采用最高规定税率、对其从非主要工作所在地获得的收入中已经扣除个人所得税的，可以不提交收入申报单。

已成为乌国居民的外国自然人，也应当按照法律规定的程序和期限提交收入申报单。

（二）年度总收入申报单及其提交

根据乌国税法的规定，自然人的年度总收入申报单是自然人作为个人所得税的纳税人对其获得的年度总收入向国家税务机关作出的书面报告。其格式由乌国国家税务委员会和乌国财务部批准确认。申报单应包含下列信息：（1）纳税人的姓、名、父称、出生年月、国籍、常住地地址；（2）纳税人识别号；（3）按照应税收入类别划分的年度总收入；（4）收入来源；（5）费用、必缴款项、与取得收入相关的支出和扣减金额；（6）个人所得税优惠；（7）计算的税款金额；（8）实际支付的税款金额；（9）其他与自然人年度总收入申报相关的信息。

自然人年度总收入申报单应附上主要工作所在地的个人所得税扣税和收入支付的证明。证明格式由乌国国家税务委员会和乌国财务部批准确认。

自然人年度总收入申报单可通过邮局挂号信邮寄提交，也可以通过电子网络提交。

《税法典》规定，除法律规定的情形外，纳税人应在每年4月1日前，向常住地的国家税务机关提交上一纳税期的总收入申报单。

根据法律规定无须申报收入的纳税人，可自愿向常住地的国家税务机关提交上一纳税期的总收入申报单。

已成为乌国居民的外国自然人，也应当在每年4月1日前提交上一纳税期的总收入申报单。

在乌国的外国居民自然人在一个纳税期内终止活动离开乌国国境时，应在离境前1个月内提交在乌国境内期间实际获得的收入申报单，并应在提交申报单之后15日内，缴纳依据收入申报单计算的个人所得税。如果乌国的外国居民自然人在每年2月1日前离境返回常住地的，则不需要提交本年度的收入申报单。

在提交收入申报单时，获得资助的自然人应注明收到的资助收入金额、个人所得税金额，还应注明乌国内阁授权的科学和工艺发展协调机构得出的相应结论。

获得出租财产收入的自然人，如果获得的收入不需要进行源泉扣税，则应在规定期限内提交年度总收入申报单，还应在产生租金收入的次月5日前提交预申报单。停止获得出租财产的收入时，自然人应以书面形式通知常住地的国家税务机关。

自然人如果发现提交的年度总收入申报单中存在错误，从而使应纳税金额降低时，自然人应在申报单中进行必要的更改。

如果纳税人在个人所得税纳税期限届满前提交修改后的年度总收入申报单申请的，纳税人可免于承担法律规定的责任。

如果纳税人在个人所得税缴纳期限届满后，但在国家税务机关发现错误之前提交修改年度总收入申报单的申请的，纳税人在缴纳欠缴的税款和滞纳金后，可免于承担法律规定的责任。

纳税人收到国家税务机关发现年度总收入申报单中存在错误的书面通知之日，可视为国家税务机关发现错误之日。

如果纳税人不提供总收入申报单，国家税务机关有权依据现有的资料和最高税率计算税款金额，并将计算后应缴纳的税款金额通知纳税人。

（三）按照总收入申报单纳税

乌国自然人居民应在每年的6月1日前，缴纳并实际支付上一纳税期内按照收入申报单计算个人所得税。

乌国自然人居民可利用在外国的银行账户中的外币缴纳个人所得税。在此情况下，应按照纳税之日乌国央行规定的汇率，将以本国货币体现的个人所得税换算成外币。

出租财产获得收入的自然人，应在每月5日前按照之前提交的初始申报单支付上月的个人所得税。纳税期满时，应按照实际获得的收入计算个人所得税年度总额。对于多缴或少缴的税款，纳税人应当在每年6月1日前要求退还多缴的税款，或补缴少缴的税款。

法人或者自然人通过银行账户缴纳税款的，税款缴纳日期是指资金从银行账户划出之日；如果自然人是采用现金方式缴纳税款的，税款缴纳日期是指资金交入银行柜台之日。

纳税人在依据税务机关计算的税款金额缴纳个人所得税税款时，应在付款通知书上注明的期限内完成支付。

（四）外国自然人收入的征税办法

根据乌国税法的规定，外国自然人应根据《税法典》的规定，参照乌国国际条约规定的互惠原则，减少或限制征收其个人所得税的税金和规费。

除法律规定的情形外，外国自然人将不动产、乌国居民法人注册资本中的股票和股份销售给乌国另一个居民或非居民自然人、乌国非居民法人时，则收入支付者（即财产购买者）必须承担扣缴义务，扣缴该项收入的个人所得税。

在证券交易市场和组织场外市场销售股票时，乌国证券市场的计算清算机构可视为扣缴义务人。

对于外国自然人资产处置获得的收入进行个人所得税计算、扣缴、转账的，扣缴义务人提供个人所得税计算书和股票买卖交易登记表的，出具税款缴纳证明的，对财产所有权办理登记的，均应按照税法规定的法人所得税的程序进行操作。

（五）对乌国非居民自然人的退税

乌国税法规定，乌国非居民对在乌国缴纳的个人所得税，有权根据乌国的国际条约和法律的规定，在5年的期限之内要求返还税款。为此，乌国非居民应向乌国国家税务机关提交申请书。申请书中除了明确提出要求免于征收或者降低个人所得税的要求外，申请人还需提供下列文件：（1）证实该乌国非居民属于与乌国签订避免重复征税国际条约国家的居民的正式证明文件；

(2) 证实所获得收入的证明文件；(3) 证实该申请人对在乌国境内获得的收入已在乌国境外缴纳个人所得税的证明，该证明应由外国相应的主管机关予以证实。

乌国国家税务机关应在 3 个月内确定上述文件的真实性，并根据《税法典》第 58 条规定的程序，将个人所得税金额返还给该申请人。

如果申请人的申请不适宜采用乌国的国际条约，乌国国家税务机关应向申请人发送拒绝返还的依据说明。

(六) 税款抵扣

乌国《税法典》第 196 条规定，纳税人在乌国境内按照乌国国际条约的规定支付税款时，应当依据外国主管机关的证明或者能够证实在乌国境外缴纳个人所得税事实的其他文件，将该乌国自然人居民在乌国境外缴纳的所得税金额进行抵扣。

第五章 增值税法

一般认为，增值税是以商品、服务的增值额为征税对象，具有税收制度公平透明、征税范围普遍广泛、税收收入充足稳定、税收负担分布平衡、不存在重复征税、便于鼓励出口与保护本国产品市场等特点。这就使得增值税作为一个年轻税种，受到了许多国家或政府的青睐和追捧，成为目前世界上征收最普遍的税种。乌国也不例外，《税法典》第7篇用7章共32个条文对乌国增值税法律制度作了明确的规定。

第一节 纳税人

在现代税法中，纳税人不仅是税收法律关系最重要的主体，而且是纳税义务的承担者和履行者，必须承担和履行相应的税收缴纳义务。因此，在确立任何一种税种时，都首先必须确定该税种的纳税人。乌国税法中除了把“纳税人”作为税法的基本概念在第2章作了一般性的规定外，还在第35章有关增值税的规定中，对增值税的纳税人作了专门的规定。根据这一规定，乌国增值税的纳税人可分为以下四类：（1）具有应税营业额的法人；（2）其他具有应税营业额增值税缴纳义务的法人；（3）将商品进口到乌国境内的法人和自然人；（4）普通合伙公司发生应纳增值税营业额时的负责公司事务管理的合伙人（即股东）。

为进一步明确增值税的纳税义务人，《税法典》还对增值税纳税人的范围作了除外性的规定。具体包括：（1）非营利组织。即非营利组织在经营活动范围内销售商品的营业额不缴纳增值税。（2）适用按照简易程序纳税的法人。依据《税法典》第20篇的规定，对于按照法律规定的简化程序纳税的法人不缴纳增值税。

另外，作为营业税纳税人的法人，可自愿向纳税会计所在地的国家税务机关提交缴纳增值税的书面通知。

第二节　征税对象

根据乌国税法的规定，增值税的征税对象是指增值税的纳税人从事商品销售、工程施工、提供服务的营业额。根据《税法典》第198条的规定，它具体包括两大类，即应税营业额和应税进口商品。

一、应税营业额

应税营业额是乌国增值税最主要的征税对象和增值税税收收入的最主要的来源，也是确定增值税纳税义务时最为复杂的内容。

（一）商品、工程、服务营业额的范围

根据《税法典》第199条的规定，商品、工程、服务的应税营业额主要包括以下7个方面。

1. 转交财产所有权、工程施工、提供服务。具体包括：（1）出售商品和其他财产；（2）为法定基金（注册资本）投资；（3）如无法律规定，无偿转交财产、无偿进行工程施工、无偿提供服务，包括转交给法人工作人员用于与该法人活动的个人需要；（4）在法律规定的情况下转交财产、工程施工、提供服务用于交换其他商品、工程、服务；（5）在法律规定的情况下向劳动者转交财产（工程施工、提供服务）作为工资，或者向创立者（参股人）转交财产用于支付红利；（6）抵押人未履行抵押担保义务时转交抵押物品；（7）按照债务合同转交商品物资储备。

2. 如果法人的组织部门不是本法规定的独立纳税人，同一法人的一个组织部门向另一个组织部门转交财产、工程施工、提供服务。

3. 交付财产进行经营性租赁（包括信托）。

4. 在延期付款的条件下发货。

5. 将财产进行经营性租赁。

6. 转交知识产权项目或提供知识产权项目的使用权。

7. 纳税人将自己生产的商品、工程施工、提供服务用于纳税人自己，在计算法人所得税时，按照法律规定，产生的费用不应扣除。

（二）免于缴纳增值税的商品、工程、服务的营业额

为了进一步明确应税营业额的范围，乌国税法中对不属于增值税的应税

营业额也作了明确的规定，具体包括：

1. 转交商品、工程施工、提供纳税人自需的服务，可视为纳税人的费用，不用缴纳增值税。但上述第7项规定的费用不在此列。

2. 如果法人的组织部门（即内设机构）不是法律规定的独立纳税人，同一法人的一个组织部门向另一个组织部门转交财产、工程施工、提供服务作为生产所需（厂内运转）的。

3. 纳税人动用自有力量完成建造、安装、建设安装工作，满足自有需要的。

4. 发运应返还的包装箱。应返还的包装箱价值不包括在所盛装的商品价值内，应该按照该产品供货合同（协议）规定的日期和条件返还给供应商。如果不按照规定的期限返还包装箱，则应该对该包装箱的价值征税。

5. 公司股东退出股东会（包括由于公司破产清算或重组）时，向其返还的入股资本，或普通合伙企业的合伙人退出合伙企业时向其返还的入股资本。

6. 无偿转交固定资产、无形资产和未竣工的工程项目。

7. 银行和保险机构向自己的分支机构转交财产。

8. 将商品、工程、服务、其他财产作为合伙人（或股东）向合伙企业的投资而转交给合伙企业。

9. 转交商品和其他财产用于加工。

10. 依据信托管理合同将财产转交进行信托管理。

11. 信托管理合同结束时将财产转交回所有者。

12. 出租方（信托方）获得的作为补偿出租财产损失的部分租赁（信托）费。

13. 在质保期内，从事工程施工和提供服务时按照标准收取的商品维修和技术保养费用，但不包括额外收取的费用。

（三）应税营业额的销售地点

根据乌国税法的规定，增值税应税营业额的销售地点在乌国境内。因此，如果商品销售、工程施工、提供服务时的销售地点是在乌国境内，则这些商品、工程、服务的营业额就应该向乌国缴纳增值税。

为了进一步明确应税营业额的销售地点，乌国税法规定，对于销售的商品位于乌国境内并在完成交易后不会通过发运离开乌国国境的，或者对于销售的商品开始发货或者运输时处于乌国境内的，都被认为其销售地点是在乌国境内。

对于工程施工和提供服务，乌国税法规定，满足下列条件时，也被认为其销售地点是在乌国境内：

1. 与位于乌国境内的不动产相关的工作、服务。此类工作、服务包括：建筑、安装、建筑安装、启动调试、维修、修复工作，绿化工作，不动产租赁。

2. 与位于乌国境内的动产相关的工程、服务。此类工程、服务包括：安装、调试、组装、中间加工、精加工、维修和技术保养。

3. 在乌国境内实际提供的下列服务：旅游、文化、艺术、教育、体育运动。

4. 在乌国境内进行了国家法人注册且实际存在的法人在乌国境内购买的工程、服务。如果该法人没有在乌国进行国家注册，但该法人创立文件中注明的地点、法人长期有效的执行机构所在地、常设机构（如果是通过该常设机构进行工程施工、提供服务）所在地在乌国境内，则该法人购买工程、服务的地点可视为在乌国境内。这些工程、服务主要适用于下列6种情况：(1) 知识产权项目的转让和租赁；(2) 提供咨询、审计、法律、会计、广告、工程、信息加工服务，其中，工程服务包括：准备生产过程和产品、工程、服务的销售；准备建设和使用工业、农业等项目的工程咨询服务、设计前和设计服务（准备可行性研究报告，规划设计拟定和其他类似服务）；信息加工服务包括：信息的收集和归纳、系统化，提供该信息的加工成果供用户使用；(3) 提供工作人员在购买方活动所在地的工作；(4) 将动产进行租赁时，包括运输工具；(5) 根据合同（协议）中的主要当事者的名义提供商品、工程、服务的购买经纪（代理）服务；(6) 提供通信服务。

5. 在乌国境内进行了国家注册且实际存在的法人在乌国境内提供其他工程、服务。如果该法人没有在乌国进行国家注册，但该法人创立文件中注明的地点、法人长期有效的执行机构所在地、常设机构（如果是通过该常设机构进行工程施工、提供服务）所在地在乌国境内，则该法人提供其他工程、服务的地点可视为在乌国境内。

另外，乌国税法还规定，如果工程、服务的销售对于其他主要工程、服务的销售具有辅助性质，则该辅助销售地点视为主要工程、服务的销售地点。

（四）应税营业额的销售时间

根据乌国税法的规定，增值税应税商品的销售日期是指应税商品的发货（转交）之日。对于没有发货的商品，则其销售日期是指将商品所有权转交至收货人之日。

对于抵押权人转交被抵押的财产（商品）时，该日期是指抵押标的物的所有权转移之日。

法人向其员工转交商品、工程施工、提供服务作为工资时，包括无偿为员工提供与其法人无关的个人需求时，增值税应税销售的发生日期是指转交商品、工程施工、提供服务、办理发票或证实工程施工、提供服务的证明文件的日期。

未按合同规定期限将包装箱返还时，应返还包装箱的销售营业额完成日期视为合同中规定的该包装箱返还日期。

满足下列条件之一时，视为工程施工、服务发生的日期：(1) 开具发票；(2) 办理能够证实工程施工、提供服务事实的文件。对于开始时间和结束时间不在同一个会计期内的工程和服务，也依据能够证实工程施工、提供服务事实的文件来确定。

对于持续性的（不间断）销售工程、提供服务的，完成销售工程、提供服务的日期是指开具发票的日期。

从乌国非居民处获得工作、服务时，发生日期是指办理关于收到该工作、服务证明文件的日期。

（五）应税营业额的确定

乌国《税法典》第204条规定，除法律规定的情况外，增值税的应税营业额应当按照销售商品、工程施工、提供服务的价值（不含增值税）来确定。

纳税人按照低于成本的价格或者低于购买价格销售商品、工程、服务时，应按照商品、工程、服务的成本或者商品购买价格确定计税依据。

纳税人利用自备原料和材料生产商品时，应按照不含增值税的加工服务价格确定计税依据。对于应税消费品，则应参照消费税法中规定计算的消费税、依据加工服务价格确定计税依据。

对于“交钥匙”工程的建筑、安装和维修、启动调试、设计勘探和用于科研工作、服务的工程或项目，计税依据可确定为已完成且业主已确认的工作、服务的价值（不含增值税），并依据合同价格提交这些工作、服务的付款计算文件。如果按照合同规定业主有义务提供这些工作所需的材料，并保留这些材料的所有权时，计税依据可确定为已完成且业主已确认的工作价值，其中不含业主的材料价值。

销售进口商品时，计税依据可依据销售商品的价值确定，其中不含增值税。在此情况下，计税依据不能低于该商品进口时用于计算增值税的商品价值。

应税消费品的计税依据中包括消费税金额。

销售固定资产和无形资产时，计税依据可确定为资产销售价格与资产剩余价值之间的收益，其中包括增值税。

当出售未完工的工程时，计税依据定义为未完工程出售价格和账面价值之收益，包括增值税金额。

信贷机构出售债务担保项目下获取的财产时，计税依据定义为出售价格和抵偿已获取抵押财产项目下的贷款金额的收益，包括增值税金额。

当出售价格受国家调控的商品、工程、服务时，计税依据根据国家规定的价格确定。

当出售纳税人所属员工及其家属的债券、预约券、许可证、疗养证或其他权利证书时，计税依据定义为销售价格同其购买价格之收益，包括增值税金额。

当出售税法规定的无偿取得的财产或购入时不应扣除费用的财产时，不论购入这些财产含有增值税与否，计税依据定义为其出售（报废）价格同账面价值之收益，包括增值税金额。

当按照运输发货合同提供服务时，发货人计税依据根据应收服务种类的酬金金额确定，包括增值税金额。

当根据寄售合同、委托或其他中介服务合同提供服务时，增值税计税依据根据应收服务的酬金（提成）确定，包括增值税金额。

在寄售合同中，寄售人或委托人为乌国非居民时，计税依据根据不含增值税的商品价值确定，且计税依据不能低于该商品进口时核算增值税时的价格。

当抵押人转让抵押财产时，抵押人的应税营业额根据抵押权人出售的财产价值确定，但是不得低于该财产抵押获取的借款金额，不含增值税。将未完工程、固定资产、无形资产转让抵押时，抵押人的计税依据根据出售价格同其账面（剩余）价值之收益确定，含增值税。

当将可回收的包装并入应税营业额，且包装未在规定期限回收时，计税依据根据该包装的抵押价值确定，包括增值税金额。

当出售法人从国家储备中购买的商品时，计税依据根据出售价格和购买价格之间的收益确定。

当出售汽油、柴油和天然气时，计税依据根据其不含增值税的出售价格和天然气、柴油和汽油的消费税确定。

（六）应税营业额的调整

乌国税法规定，当增值税的纳税人在销售商品、工程施工、提供服务的过程中出现以下情况时，应当对增值税的计税依据进行调整。

1. 全部或部分退货。税法规定，对于发生的全部或部分退货，其计税依据应在发生这些行为的纳税期内进行调整。对于规定有质保期的商品、工程、服务，其计税依据应当在该商品、工程、服务的保质期内进行调整。

2. 变更交易条件。

3. 买家因提供折扣导致价格发生变化。

4. 拒绝工程施工、提供服务。

在进行计税依据调整时，应当根据补充发票或能够证明发生商品退货等情况的文件进行。

二、应税进口商品

根据乌国税法的规定，应纳增值税的应税进口商品是指运入乌国海关范围内的商品，但不包括乌国《税法典》第211条规定免征增值税的商品。

应税进口商品的计税依据，根据乌国税法的规定，是指根据乌国海关法确定的商品报关费用，以及商品进口至乌国境内时应付的国内货物税和关税。

第三节 免税与零税率

一般来说，国家基于某些社会政策或税收征管的考虑，都会对增值税实行一些优惠政策或措施。乌国《税法典》第37章和第38章分别对增值税的免税和零税率的适用对象作了具体的规定。

一、免税

在增值税法律制度中，免税一般指的是对企业从事某些特定的生产经营活动的销售收入或报酬，以及某些进口行为不征税，但该企业为经营这些免税项目而购进商品、劳务时已缴纳的增值税也不予抵扣的制度。根据乌国税法的规定，增值税的免税主要包括以下四种情况。

（一）免税的商品、工程、服务的销售营业额

1. 国家机关、公民自治机构和自然人为授权征收国税、专利税、费或其他费用的主管机关提供的服务。

2. 学前教育机构儿童代管服务。

3. 病人和老年人看护服务。

4. 殡仪馆和墓地殡仪服务、宗教用品销售、宗教组织和协会的仪式和典礼服务。

5. 残疾人用具、假肢，其中包括厂家销售的这些制品和用具，以及为残疾人提供用具和假肢矫形、维修和保养服务。

6. 医疗机构销售的医疗器械。

7. 邮票（收藏品除外）、明信片和信封。

8. 退休金和补助金发放通信机构提供的服务。

9. 利用国家财政资金完成的科研和创新工作。

10. 城市客运服务（出租车除外，包括中巴车），以及城郊铁路和公共汽车客运服务（出租车除外，包括中巴车）。本款规定同样适用于员工上下班接送运输服务。

11. 培训服务，在高等院校、中等院校、中专院校、职业教育院校，以及干部进修和技能提高机构的培训费用。

12. 医疗（兽医）服务（美容保健除外），医疗（兽医）用途制品和药品，包括厂家销售的这些药品和制品。其中，医疗服务包括医疗救助和看护服务，诊断、预防和治疗服务，顺势疗法和牙科服务，牙科保健分会和研究室、麻醉品医务室、医疗汽车委员会、消毒站、卫生防疫实验室和单位及其他医疗和卫生机构提供的服务；兽医服务包括动物（家畜、禽类、毛皮兽、鱼、蜜蜂、动物园和动物饲养处的动物等）疾病防治措施，优良畜牧业产品种群和生产需求保证措施，引发动物和人生病的人类疾病防治措施，以及兽医卫生环保问题解决办法。

13. 乌国机场和乌国航空管理机构为国外航班直接提供的服务。

14. 疗养、保健、旅游服务，以及体育机构提供的服务。其中，疗养和保健服务包括疗养院、医疗所、防治疗养所、疗养地、膳宿公寓、休闲区和休闲屋、儿童休闲营地和其他休闲机构（独立法人或法人分支机构）提供的服务；旅游服务包括综合旅行服务，含提供往复行程旅游服务的许可证（付款凭单）费用；体育机构服务包括在提供体育设备、教练、器材、制服和其他自费项目服务的体育场馆举行体育竞赛、节日和体育表演活动、对抗赛、给体育教学组、学校和健身俱乐部上体育课、进行一般体育健康培训、锻炼、游泳、走路和跑步健身、进行塑体训练、做韵律操和医疗体操。

15. 水文气象和高空气象工作。

16. 地质和测绘工作。

17. 印刷产品以及同印刷产品生产和销售相关的编辑、印刷和出版工作(服务)。其中印刷产品包括书籍、报纸、杂志、手册、广告册、相册、宣传画、目录单、明信片、练习本、图册、格式纸和其他印刷产品；编辑、印刷和出版工作（服务）包括制模、电脑制图、排版、模型编制、装订、发行、验收、编写和布置广告版、分色、提供法人和自然人信息、收集和处理法人和自然人信息、文本翻译工作、通过邮电联络和因特网销售磁带和纸质产品以及法律规定的其他种类编辑、印刷和出版工作。同印刷产品的生产和销售无关，作为单独和修正工作（服务）的编辑、印刷和出版工作（服务）应当征收增值税。

18. 乌国国家通讯社和乌国国家广播电视局及其所属单位和机构提供的基本业务产品和服务。

19. 法人通过国际和海外政府财政机构按照国际条约提供的借款（贷款），以及一次性资助金购买的商品、工程和服务。

20. 提供给居民的住房维修服务。包括电梯管理服务，一般用途的天线安装和操作服务，国家地籍图和土地资源科室服务，居民付费的住房使用、养护和维修服务，包括通过住房私人业主公司支付这些服务费用。

21. 国家授权的特殊鉴定单位进行的环评服务。

22. 本国语言培训和处理本国语言公文的服务。

23. 自产农产品。

24. 内务机构保卫部门提供的服务。

25、利用国家财政资金完成的地籍工作、土地规划工作、土壤和土地植物工作。

26. 更新国家储备物资。

27. 利用电信网络进行侦查作业时的技术设备、操作和技术服务。

28. 根据国家国有财产管理机构同投资人之间签订的合同，转让作为投资担保的财产。

29. 国有财产出租服务。

30. 书籍和舆论工具配送服务。

31. 商业银行按照乌国内阁决议运用自有资金修建的不动产项目。

（二）免税的金融服务

根据《税法典》第209条的规定，下列金融服务项目免于缴纳增值税。

1. 计算和征收贷款、借款利息，提供贷款、借款、发放担保金，包括发放银行的担保金。

2. 接收存款，开立和管理法人和自然人的银行账户，包括中间行账户。

3. 付款、转账、债务、支票和支付业务，托收业务。

4. 本币和外币业务，用于古钱收藏的除外。

5. 开立和管理法人和自然人证券账户，包括代办受托人。

6. 证券业务（股票、债券和其他证券），包括证券保管业务、证券权限登记业务、证券汇兑及其注册管理业务、证券交易服务，但证券制作服务除外。

7. 销售法人的股份（股票）、证券。

8. 清算业务。

9. 开具和管理信用证。

10. 资金兑换业务。

11. 外币兑换业务。

12. 出纳业务（接收、发放、清点、交换、兑换、分选和保管纸币和硬币）。

13. 按金融租赁（信托）合同，为出租人（出租方）代收利息服务。

14. 福费廷和托收信贷业务。

15. 典当业务（提供财产抵押的短期贷款）。

16. 储蓄养老资金的周转。

17. 银行为客户提供的账户电子远程维护服务。

（三）免税的保险服务

根据乌国税法的规定，在以下情况下，保险市场专业从业人员进行保险、共同保险和再保险的保险服务项目免于缴纳增值税。

1. 保险市场专业从业人员获取的下列收入：（1）依据保险、共同保险和再保险合同获得的保险费；（2）转为再保险合同的佣金和奖金；（3）保险经办人，保险和再保险经纪人，损失评估人和其他保险市场专业从业人员提供服务的佣金；（4）转为再保险合同保险费份额的再保险人赔款；（5）按照保险、共同保险和再保险合同第三方权益转让（追索）程序要求的收入；（6）保险市场专业从业人员的服务收入（精算师、海损鉴定人、损失鉴定人等）；（7）再保险合同奖金池计算的利息和再保险人向再保险人转账的利息；（8）人寿保险合同投保人提供的借款收入；（9）保险公司（再保险人）投资业务收入，包括保险基金和保险储备金投资收入；（10）保险、共同保险和再保险合同保险免赔额的赔款收入；（11）根据法律出售保险公司投保人（受益人）对引起损害责任人要求权利的收入；（12）提供中止再保险合同的保险金退款；（13）从事保险业务获取的其他直接收入。

2. 投保人（受益人）获取的下列收入：（1）保险费（保险赔款）；（2）执行预防措施的资金；（3）保险公司对保险合同无亏损支付的资金；（4）保险合同规定的其他资金。

（四）免税进口

根据乌国税法的规定，以下进口对象免除缴纳增值税。

1. 自然人依据海关法的规定进口的免税商品。

2. 海外外交使团及其同级代表团官方使用的商品，以及这些代表团行政技术人员和外交人员（包括随行家属）个人使用的商品。

3. 按乌国规定程序进口的用于人道主义援助的商品。

4. 进口由各国政府和国际组织提供的慈善援助商品，包括提供技术支持。

5. 法人利用国际和海外政府的财政机构按照国际条约提供的借款（贷款）、一次性资助金进口的商品。

6. 医疗（兽医）用品和药品，以及医疗（兽医）用品和药品生产清单上的进口原料。该优惠政策不适用于进口乌国内阁批准清单上的乌国国内同样可以生产的医疗（兽医）用品和药品成品。

7. 根据法律批准的清单进口至乌国境内的工艺设备，以及配套制品和备件。自工艺设备进口之日起在3年内将其出售和无偿移交出口时，该优惠政策取消，恢复缴纳增值税义务。

8. 根据国家国有财产管理机构同投资人之间签订的合同，作为投资担保进口的财产。

9. 侦查技术设备认证机构和电信运营商购入的侦查技术设备。

10. 进口依据法律确定的清单上的木材和原木。

二、零税率

在增值税法律制度中，零税率一般指的是对企业从事某些特定的生产经营活动的销售收入或报酬，以及某些进口行为不仅不征税，而且还允许该企业为经营这些免税项目而购进商品、劳务时已缴纳的增值税也予以抵扣的制度。根据乌国税法的规定，零税率主要适用于以下几种情况。

（一）出口商品

根据乌国税法的规定，对于从乌国关境出口的出口创汇商品（贵金属除外）的销售营业额，根据商品出口证明征收零税率增值税。

商品出口证明包括：（1）合同或按规定公证的合同复印件；（2）注明海关机构的出口货物报关单；（3）证明发货至目的地国的发货单（须注明乌国关境口岸所在的海关机构）。

对于根据寄售合同或委托合同通过代销人或代理人外销商品的，为证明寄售人或委托人将商品出口，纳税人需提供以下文件：（1）寄售合同或委托合同或合同复印件；（2）纳税人同在乌国关境外的外国人签订的商品出口合同或按规定公证的合同复印件；（3）出口货物报关单的复印件，注明出口放货的海关机构。

（二）外国大使馆及其同级代表处官方使用的商品、工程、服务

乌国税法规定，对于海外外交使团及其同级代表团官方使用的商品、工程、服务，以及这些代表团的外交和行政技术人员（包括其随行家属）个人使用的商品、工程、服务，如果他们不是乌国公民，也未常住乌国，则根据外交对等原则，征收零税率增值税。

乌国外交部外交人员服务局购入的后续服务于海外外交使团及其同级代表团的商品、工程、服务，征收零税率增值税。

对于适用零税率的商品、工程、服务，须由乌国委派的外交使团及与外交使团同级的国际组织提供清单，经乌国外交部批准。

（三）“来料加工”货物关区内加工的工程、服务征税

根据海关法的规定，对于在海关监管的区域内进行进口来料加工后再出口的商品、工程、服务，征收零税率增值税。

（四）国际运输

根据乌国税法，对于从事以下国际运输服务的销售营业额征收零税率增值税：（1）过境货物运输；（2）旅客、行李、货物和邮件的国际运输。当始发站或目的站位于乌国境外，根据统一的国际运送凭证办理运输手续时，视为国际运输。

（五）居民公共服务

根据乌国《税法典》第217条的规定，对于向居民提供供水、排水、供热、卫生消毒的公共服务，以及由居民住宅公司提供的服务、乌国国防部下属单位购买的用于机关住宅居民的服务征收零税率增值税。

第四节 税率、税额计算与抵扣

一、增值税的税率

根据乌国《税法典》第27条第2款的规定，对于在《税法典》中未规定的税种的税率，由乌国总统决议加以规定。根据乌国总统2019年的决议，从2019年10月1日起乌国的增值税税率由20%降为15%。

二、增值税应纳税额的计算

根据乌国《税法典》第224条的规定，增值税的应纳税额根据计税依据和规定税率核算。进口商品的增值税税额也是如此。

三、增值税的税款抵扣

由于增值税是对法人从事商品销售、工程施工、提供服务所获得的增值价值进行征税，故在计算纳税人的应纳税额时，还必须把纳税人为从事上述的商品、工程、服务而购入商品、原材料等时支付的税额从应纳税额中减除。这就是世界各国普遍采用的增值税抵扣制度。依据乌国《税法典》第39章的规定，乌国增值税抵扣制度主要包括以下内容：

（一）可抵扣的税额

根据乌国《税法典》第218条的规定，在确定纳税人应当缴纳的增值税税额时，如果纳税人购买商品、工程施工、服务时需同时满足以下条件，则纳税人已支付的税额应当抵扣：（1）商品、工程和服务的购买者是法律规定的增值税纳税人；（2）购买的商品、工程、服务将用于增值税的应税销售（包括零税率营业额）；（3）购买的商品、工程、服务有发票或其他合法凭证，并在发票或凭证上标明了增值税；（4）对于进口商品，其在进口环节的增值税已上缴国家预算；（5）对于从乌国非居民处获取工程、服务时应当缴纳的增值税已上缴国家预算；（6）对于以零税率出口的商品，有证明国外购买者支付出口商品款额的银行对账单。

在取得作为固定资本的财产时，对于满足上述规定条款的，财产领受人有权抵扣已支付的增值税金额。

对于进行的工程施工、提供服务，在质保期内为免费维修和维护而购买的物资，在满足上述规定的条件时，产生的增值税金额（包括备品备件费用）应当抵扣。

当按委托、寄售合同购入商品时，如果寄售人、委托人为乌国非居民，进口至乌国的应缴增值税，算作会计期内销售的商品价值。

当增值税纳税人具有应税和免税（其中包括免除增值税）营业额时，增值税按照法律规定的程序进行抵扣。

在进行增值税的抵扣时，可以将财产出租、知识产权许可使用视为服务。

（二）不可抵扣的税额

为了进一步明确增值税的税额抵扣，乌国税法还同时规定了不可抵扣税额的6种情况。具体包括：（1）购入的固定资产、无形资产和未完工程，以及转为金融租赁（包括信托）的购入财产；（2）作为非增值税纳税人的法人企业使用的购入商品、工程、服务，以及根据法律规定免征增值税商品的生产法人；（3）销售地点不在乌国境内的商品、工程、服务；（4）无偿获取的商品、工程、服务，但根据法律规定由领受人支付其应抵扣增值税情况除外；（6）税法规定不应扣除费用的购入财产。

（三）可抵扣税额的调整

乌国税法规定，当可抵扣的增值税税额出现以下情况时应当取消：（1）根据税法规定免除增值税商品、工程、服务的生产法人使用的商品、工程、服务；（2）不符合法律规定的可抵扣增值税的条款；（3）超出规定标准的物资损失和损坏；（4）当增值税纳税人转为按照简易程序纳税的纳税人（非增值税纳税人类别）时，调整先前可抵扣的存货剩余增值税金额，以及成品剩余增值税金额。类似调整程序也适用于享受增值税免税的纳税人。

因退货或交易条件改变而导致获取的商品、工程、服务价格发生变化时，购买者相应调整可抵扣的增值税金额。

（四）免税销售时的税款抵扣程序

乌国税法规定，对于免税商品、工程、服务，销售者应当缴纳的增值税不得抵扣，而是计入这些商品、工程、服务的价格之中。

当纳税人同时具备抵扣增值税的应税营业额和免税营业额时，应抵扣的税额应该根据应税营业额来确定。抵扣税额可按照分项计算法或比例法来确定。如果计算方法一旦确定，则在1年内不应变更。

第五节 税款缴纳、退税与征收管理

一、纳税期和会计期

根据乌国税法的规定，增值税的纳税期为一年。小型企业的会计期为1个季度，非小型企业的会计期为一个月。

二、缴纳程序

缴纳增值税的小型企业，应该在每个会计期（即每季度）结束之后的25天之内（即下一季度第一个月25日之前），向所在地的国家税务机关提交上一会计期增值税的核算报表，并缴纳增值税税款。年度报表应在年度财务报表提交的期限内提交。

缴纳增值税的非小型企业，应该在每个会计期（即每月）结束之后的25天之内（即下一个月25日之前），向所在地的国家税务机关提交上一会计期增值税的核算报表，并缴纳增值税税款。年度报表应在年度财务报表提交的期限内提交。

进口商品的增值税应该按照海关法的规定缴纳。

三、溢缴税款的处理

乌国税法规定，当纳税人没有其他税收债务时，增值税的溢缴税款应当返还给纳税人。

当纳税人的可抵扣税额超出同会计期内应纳税额的部分，应当被转入下一个纳税期，或被计入增值税当前付款账户，按本条规定程序返还纳税人。

当可抵扣的增值税金额超出同一纳税期内应当缴纳的税额时，对于适用零税率应税营业额产生的增值税金额的超出部分，自国家税务机关收到纳税人退税申请之日起的30日内返还。其退税的程序为：（1）根据法律规定，应当先偿还应缴增值税款额；（2）偿还纳税人应当缴纳的其他税种的税收债务；（3）剩余的资金由乌国财政部将资金转账至纳税人的银行账户。

纳税人在申请增值税退税时，应当向税务登记所在地的国家税务机关提交附有以下文件（一式四份）的书面申请：（1）法人的税款和其他规费的债务核对证书。税款和其他规费的法人债务核对证书在每个会计期结束后的15日内编制完成，在1个月内有效；（2）计算增值税；（3）退税日期和金额信息。

对于从事进出口商品业务的法人，在申请退税时，还应该提交税法规定的能够证明商品出口的文件复印件，以及证明商品销售外汇收入进入乌国纳税人银行账户的银行账单。

对于通过代销人、代理人按照委托、寄售合同从事商品出口业务的法人，在申请退税时，还应该提交税法规定的能够证明商品出口的合同复印件、出口报关单复印件以及证明商品销售外汇收入进入乌国代销人、代理人或纳税人银行账户的银行账单或其复印件。

向海外外交使团和与其同级的代表团出售官方使用的商品、工程、服务的法人，在申请退税时，还应该提供按规定格式办理的发票复印件。

就海关存放商品处理（关境处理）提供服务、工程施工的法人，以及就乌国过境运输提供服务的法人，在申请退税时，还应该提交：（1）工程施工、提供服务的合同复印件；（2）证明国外买家（付款人）支付工作、服务款额的银行账单；（3）工程和服务买卖双方签字证明工程施工、提供服务的文件复印件。

向居民提供供水、排水、供热、供气服务的法人，在申请退税时，还应该提交证明使用零税率的文件复印件。

增值税退税和资金转账至纳税人账户的书面申请审批程序，由乌国财政部和乌国国家税务委员会制定。

四、发票管理与使用

在当代世界许多国家，发票在增值税的管理中起着非常重要的作用。它是税务机关管理纳税人的税收缴纳活动、计算应纳税额和抵扣额的重要凭证。乌国在增值税的管理中，也依据这一国际上的通行做法，把发票作为管理增值税、计算增值税税款和抵扣的重要手段，在《税法典》中进行了专门的规定。

根据乌国《税法典》第222条的规定，发票是严格的报销单据文件，应当含有以下信息：（1）发票开具日期和序列号；（2）附上发票的商品发货单或合同日期和编号；（3）应税商品、工程、服务的购买方和纳税人的识别号和地址（邮政地址）、名称；（4）应税商品名称、工程名称、服务名称和计量单位名称（有必要时注明）；（5）应税商品、工程、服务的数量（有必要时注明）；（6）应税商品、工程、服务的单价，不含增值税。当使用含增值税的国家调控价格（费率）时，含增值税金额；（7）不含增值税的应税商品、工程、服务的金额；（8）应税消费品的消费税金额和税率；（9）增值税的金额和税率；运输工具的天然气、柴油和汽油的消费税金额和税率；（10）价税合计。

乌国税法规定，凡是销售增值税应税商品、工程、服务的增值税纳税人法人、增值税免税的法人，以及非增值税纳税人法人，都应当向购买商品、工程、服务的购买方提供发票，但以下情况除外：（1）办理客运车票；（2）向购买方提供税控收款机收款票、POS 机收款票、向居民出售商品、工程、服务时的现金结算单据；（3）办理商品进出口供货手续；（4）按金融租赁（包括信托）合同转让财产，办理交接验收证书。同时为每个租赁（信托）付款办理相关文件，同样也不开具发票；（5）通过客户个人记名账户对账单办理银行业务；（6）根据委托合同或保险单办理服务手续。需要说明的是，这些文件系发票的代替文件，故在这些文件中，应当标明所包含的增值税税额。

销售方或购买方提供的商品销售、工程施工、提供服务的预付款账单不是发票。

作为非增值税纳税人的法人，以及免除增值税应税额的法人不得在发票上注明增值税金额和盖有“无增值税”的印章（签注）。

增值税发票作为增值税的结算依据，如果没有另外的规定，则应该在完成商品、工程、服务的销售交易之日开具。

销售电力、水、天然气、通信服务、公共服务、铁路运输、其他运输营业性服务、银行业务以及不间断提供增值税应税商品、工程、服务的法人应当在每月月末开具一次发票。

发票上的商品、工程、服务的价格和增值税金额以乌国本币注明。

根据合同规定以外币确定商品、工程、服务的价格的，应当以外币开具发票，但同时应当按发票开具当日的汇率折算成本币。

当调整商品、工程、服务的计税依据时，必须开具补充发票。补充发票上应当注明以下信息：（1）补充发票的编号和编制日期；（2）税法规定必须填写的信息；（3）发票调整日期和编号；（4）计税依据（不含增值税）调整数额；(5) 增值税金额的调整数额。

增值税纳税人应当按照其购入的商品、工程、服务来设置发票清单，并按照出售的商品、工程、服务提供发票。同时仅将增值税发票记入购入的商品、工程、服务的发票中。

发票的形式、填写的程序以及发票进出登记程序由乌国国家税务委员会和乌国财政部审定。

第六章 消费税法

消费税是国家为了引导消费方向，调节社会消费结构，对特定商品的生产、销售或进口等而征收的一种税。鉴于消费税课税范围具有很强的选择性，税率具有多样性和灵活性，税收负担具有可转嫁性，税收征管比较简单，税收收入比较明显等特点，故开征消费税，对于贯彻国家消费政策、调节社会收入结构和消费结构、纠正不良消费习惯、限制过度消费、保护自然环境等都会产生重要的影响。因此，消费税就被许多国家所接纳，从而成了一个世界性的税种。乌国在1991年独立之时，就在全国范围内开征了该税种。乌国现行的消费税是根据《税法典》第8篇的规定征收和管理的。

第一节 纳税人

根据乌国《税法典》第229条的规定，消费税的纳税人为在乌国境内生产应税消费品或将应税消费品进口至乌国境内的法人和自然人。为了使纳税人的范围更加明确，在该条中，还进一步将纳税人分为四类：

1. 在乌国境内生产应税消费品的自然人和法人。

2. 进口应税消费品至乌国关境的自然人和法人。

3. 普通公司生产应税消费品时，从事普通公司业务的公司合伙人（参与人）。

4. 按照乌国总统决议，非生产应税消费品的厂商也应当成为个别消费品的消费税的纳税人。由此可见，生产应纳消费税的商品的企业，无论是何种性质，都应当是消费税的纳税人。

第二节 征税对象与税率

一、应税消费品的范围

根据乌国税法的规定，消费税主要针对应纳消费税商品的生产及进口而征收的。具体包括以下几种。

1. 销售应税消费品，其中包括：（1）销售（起运）商品；（2）当未履行担保抵押义务时，将积存的应税消费品转让给出质人；（3）无偿转让应税消费品；（4）在法律规定的情况下，转让雇主应税消费品给雇工至工资账户，或是给法人创始人（股东）至计算红利账户；（5）在法律规定的情况下，转让应税消费品换取其他商品（工程、服务）。

2. 转让应税消费品作为法人注册资本（固定资本）投资或股本，或普通公司合同合伙人（股东）的投资。

3. 股东从法人离职或退出的，或是由于重组、破产清算转让应税消费品给股东的，以及转让按照公司协议生产的应税消费品给该公司合伙人的。

4. 转让来料加工应税消费品，以及企业转让用自备料和材料生产的应税消费品，其中包括应税消费品转让给自备料和材料所有者。

5. 转让生产或开发的自用应税消费品。

6. 进口应税消费品至乌国关境。

为了进一步明确消费税的征税范围，乌国税法还规定，对于下列情况不应当征收消费税：

1. 应税消费品厂商外销应税消费品，乌国内阁确定的个别种类应税消费品除外。

2. 转让应税消费品：海关存放商品（关境处理）中的加工产品，当其随后从乌国关境出口时。

3. 进口以下应税消费品至乌国关境：（1）按乌国内阁规定程序以人道主义援助之名进口的应税消费品；（2）通过各国政府，国际组织以慈善援助之名进口的应税消费品，包括提供技术支持；（3）法人通过国际和海外政府财政机构按照乌国国际条约提供的借款（贷款），以及一次性资助金进口的应征税费税商品。

4. 在不应征收消费税进口商品标准范围内自然人进口应税消费品至乌国关境。自然人进口不应税消费品至乌国关境的极限标准根据法律制定。

5. 进口侦查系统技术设备认证专门机构和电信运营商购入的侦查系统技术设备，当具有国家主管机关书面确认书时。

二、应税消费品的确定

根据乌国税法的规定，消费税征税对象的具体确定，应该根据不同情况分别进行：(1) 对于规定适用固定税率的应税消费品，计税依据应当根据应税消费品的实物数量来确定；(2) 对于规定适用比例税率的应税消费品，除规定的情况外，计税依据为应税消费品的销售价格，不含消费税和增值税；(3) 对于转让至工资账户、计算红利账户、无偿转让或替换为其他商品、工程、服务的应税消费品，以及按低于成本价销售商品时，计税依据为商品转让时纳税人按规定价格计算的价格，但是不得低于实际成本；(4) 对于用自有材料生产的应征消费税产品，计税依据包括应税消费品生产加工价格及自有材料的价格；(5) 对于规定了比例税率的进口应税消费品，计税依据应当根据海关法确定的报关费用确定。

三、应税消费品的清单及适用的税率

乌国《税法典》第 235 条规定，消费税应税消费品的清单根据乌国总统的决议审定，消费税的税率有两种，即比例税率和固定税率。

(一) 乌国境内生产的应税消费品的清单及税率

根据 2017 年 12 月 29 日乌国总统签署的编号为第 3454 号总统令的第 12－1 号附件，乌国境内生产的应税消费品的清单及税率具体如下（见表 6－1）：

表 6－1　　国内生产的应税消费品目录及税率

序号	商品名称	税率	
		比例税率（不含消费税和增值税）	固定税率（单位：苏姆）
1	白酒（每 10 升）		7844
2	红酒（每 10 升成品）		
	自然发酵（不添加乙醇）		6994
	其他类型红酒		12000

续表

序号	商品名称	税率	
		比例税率（不含消费税和增值税）	固定税率（单位：苏姆）
3	白兰地（每10升成品）		73997*
4	伏特加和其他含酒精的产品（每10升成品）		67571**
5	啤酒（每10升成品）		7699
6	植物油（棉籽油）（每吨）		
	食用油		459724
	工业用油（不适合列入食品配料的）		252887
7	过滤嘴香烟，无过滤嘴香烟，烟卷（每千根）		84222
8	珠宝首饰	25	
9	乌兹别克斯坦通用汽车股份公司生产的汽车	5	
10	银制餐具	11	
11	贵金属		
12	石油产品：		
	80号汽油		321430苏姆/吨
	91号、92号、93号汽油		353430苏姆/吨
	95号汽油		408890苏姆/吨
	柴油		273400苏姆/吨
	生态柴油		284250苏姆/吨
	航空燃料		50580苏姆/吨
	柴油发动或化油器（喷油器）发动机机油		207000苏姆/吨
13	天然气，包括出口	25	
14	生产商销售的液化气（通过乌兹别克斯坦天然气运输股份公司连锁销售的液化气销售量除外），包括出口	26	

注1：对于酒精含量超过40%的白兰地，消费税税率按照每10升成品121928苏姆来确定。对于酒精含量超过40%的伏特加酒和其他酒类产品，消费税税率按照每10升成品111339苏姆来确定。

注2：乌国财政部可以根据年度内价格和产品销量的变化情况调整额定的消费税税率。乌国财政部根据与乌国国家税务委员会达成的协议，确定对乌兹别克斯坦通用汽车股份公司生产的汽车、天然气和液化气、贵金属进行消费税征缴的纳税人和消费税缴纳制度。

注3：石油产品的消费税金额由乌兹别克斯坦石油产品股份公司的炼油厂支配，全部用于碳氢化合物原料的进口的投资和以此为目的的吸引外资，以及弥补因本国货币汇率变化造成的负汇率。

（二）进口到乌国境内的应税消费品的清单和税率

根据2017年12月29日乌国总统签署的，编号为第3454号总统令的第12－2号附件，进口到乌国境内的应税消费品的清单及税率具体如下（见表6－2）：

表6－2　　进口应税消费品目录及税率

商品编号	商品名称	对外贸易商品目录的商品代码	比例税率（%）或以美元计的固定税率
4	酪乳、凝乳、奶油、水果酸奶、传统制法的酸奶等	0403	30
	奶酪和酸奶渣	0406	20
15	棕榈油及其未改变化学成分的精制馏分油或未精制馏分油	1511	5，但不少于0.1美元/公斤
	棉籽油及其馏分油	1512 21 1512 29	5，但不少于0.08美元/升
	人造黄油、食物用的混合油脂、或用动物脂肪或植物脂肪制成的产品、或油类、或不同类别的脂肪馏分、或该组中的油类，食用脂肪或油类或编号1516类的商品的馏分除外	1517	10
16	香肠及用肉类和肉类副产品制成的类似产品	1601 00	20
	用肉类和肉类副产品制成的成品或罐头食品，婴儿食品除外	1602（除1602 10 001 0之外）	20
17	以蔗糖为原料的糖果产品，包括白巧克力，和不含可可粉的糖果类产品	1704（除1704 10之外）	10
	口香糖，不论是否用蔗糖包裹	1704 10	30
18	含有可可的巧克力和其他现成食品	1806 20，1806 3100 00，1806 32，1806 90	10
19	膨化或油炸的谷物类种子或谷物产品以及以其他方式加工的谷物（玉米粒除外）	1904	20
	面包、面点、甜点、饼干和其他类型的面包和面点；华夫饼、药用的空胶囊外衣、用于华夫饼密封的胶囊外衣、米纸和类似产品	1905	20

续表

商品编号	商品名称	对外贸易商品目录的商品代码	比例税率（%）或以美元计的固定税率
20	蔬菜、水果、坚果或植物其他部分的加工食品	2001（除2001 90 9100之外）	10
	不添加醋或醋酸腌渍保存的西红柿	2002	10
	水果和蔬菜汁（不包括菠萝汁和柑橘类果汁）	2009（2009 11 –2009 49，2009 90 410，2009 90 490，2009 90 710 0，2009 90 730 0，2009 90 790 0除外）	10，但不少于0.2美元/升
21	番茄辣酱、沙拉酱	2103 20 000 0，2103 90 900 1	20
	冰淇淋和其他类型的食用冰块	2105 00	30
	不含蔗糖的口香糖	2106 90 980 1	30
22	水，包括天然水源或不添加蔗糖或其他甜味剂或香精物质的人造矿物质水和气泡水；冰和雪	2201	50，但不少于0.7美元/升
	水，包括添加蔗糖或其他甜味剂或香精物质的矿物质水和气泡水以及其他不含酒精的饮料，品目2009的水果或蔬菜汁除外	2202	50，但不少于0.9美元/升
	麦芽啤酒	2203 00	50，但不少于1.5美元/升
	葡萄酒	2204 10，2204 21，220429，2205	6.0美元/升
	其他发酵饮料；无酒精饮料和发酵饮料的混合物；未变性的乙醇添加体积浓缩小于80%的酒精；伏特加和其他酒精类产品	2206 00，2208（2208 20 120 0，2208 20 620 0除外）	7.0美元/升
	乙醇类产品（该比率仅用于计算国境运输过程中的抵押支付	2207	65
	白兰地	2208 20 120 0，2208 20 620 0	14.5美元/升
24	雪茄、头部切割过的雪茄及含烟草的小雪茄	2402 10 000 0	0.42美元/1件

续表

商品编号	商品名称	对外贸易商品目录的商品代码	比例税率（%）或以美元计的固定税率
	由烟草或烟草替代品制成的香烟	2402 20 （2402 20 900 0 除外）	18.2 美元/ 1000 件
	其他含有烟草的香烟	2402 20 900 0	90 美元/ 1000 件
27	轻度馏分油	2710 12 （2710 12 700 0 除外）	5
	中度和重度馏分油	2710 19 （2710 19 210 0 除外）	5
32	以合成聚合物或化学改性天然聚合物为原料的油漆和清漆（包括搪瓷釉、清漆和胶状涂料），分散性的，或溶解于水和非水性介质中；配制好的，修复皮革的水性染料	3208，3209，3210 00	10
	玻璃和园艺中使用的腻子、树脂粘合剂、嵌缝胶和其他胶粘剂、油漆作业前用的腻子、用于粉刷建筑物外墙、地板、天花板的不耐火的胶状剂和其他类似产品	3214	10
33	香水、淡香水以及其他化妆品	3303 00，3304	20
	用于头发的产品	3305	10
33	口腔或牙齿卫生清洁用品，包括固定用于清洁假牙的粉末和膏体；零售中有独立包装的清洁牙缝间隙（牙线）的线	3306 （除 3306 10000 0 之外	10
	在剃须之前，之中或之后使用的清洁用品，单一用途的除臭剂、沐浴剂、除毛剂和其他化妆品，其他项下未标明或未包括的彩妆用品或盥洗用品，未在别处指明或包括在内；用于房屋的除臭剂，有香味或无香味的，有或没有消毒剂特性的	3307 （除 3307 90 000 1，3307 90 000 2 之外）	10
34	皂剂；用作皂剂的有机表面活性物质和试剂，呈条状、块状或固定形状的，含有或不含皂剂；零售分装的表面活性有机物质和皮肤清洁剂，液态或乳霜状，含有或不含皂剂；纸、棉绒、毛毡或绒毡和非织物材料浸渍或涂有皂剂或洗涤剂	3401 （除 3401 20 100 0 之外	10

续表

商品编号	商品名称	对外贸易商品目录的商品代码	比例税率（%）或以美元计的固定税率
	有机表面活性剂（肥皂除外）；表面活性剂，清洁剂（包括辅助清洁剂）和清洁剂（不包括3401类商品）	3402	10，但不少于0.25美元/公斤
	含有沥青岩中获得的石油或石油产品的润滑材料	3403（除3403 11 000 0，3403 91 000 0之外	5
36	火柴	3605 00 000 0	10
39	羧甲基纤维及其盐类	3912310000	10
	由聚氯乙烯成形的棒、杆和型材	3916 20 000 0	
	由塑料制成的浴缸、淋浴设备、水槽和类似的卫生洁具类产品	3922	
	其他由塑料制成的口袋和书包	3923 21 000 0，3923 29*	
	由塑料制成的餐厅和厨房用的容器、餐厅和厨房用品，其他日常家居用品和卫生或盥洗用品	3924	20
	塑料的建筑零部件	3925	20
40	复原的或使用过的，橡胶充气型的汽车轮胎和外车胎；实心的或半充气型的汽车轮胎和外车胎；轮胎和轮胎是固体或半气胎，橡胶的轮胎保护器和轮辋	4012	20
44	其他木制品	4421（用于火柴的细木杆除外）	10
57	地毯和其他地板纺织品覆盖物	5701，5702，5703，5704，5705 00	30
67	人造的花、叶和果实及其部分；人造的花、叶或果实产品	6702	20
68	石膏制品或以石膏为基料的混合料的制成品	6809	10
	水泥、混凝土及人造石制品	6810	
	石棉水泥产品，纤维素水泥产品或类似材料	6811	

续表

商品编号	商品名称	对外贸易商品目录的商品代码	比例税率（%）或以美元计的固定税率
69	陶瓷无釉的铺设砖，地面、炉灶、壁炉或墙壁的砌面砖；用于马赛克作品和类似产品的无釉陶瓷立方体，无论是否在基础	6907	10
	用于铺路的板材，用于地板，炉灶，壁炉或墙壁的瓷砖；陶瓷玻璃；用于马赛克作品和类似产品的陶瓷立方体，无论是否是在它的基础上	6908	
	水槽、洗手盆、水槽的基座、浴缸、坐浴盆、抽水马桶、蹲便器、小便器以及类似的陶瓷洁具	6910	10
	细陶瓷餐具、厨具、其他家居用品和瓷制盥洗用品	6911	20
	除细陶瓷制品以外的，工业陶瓷餐具、厨具、其他家居用品和瓷制盥洗用品	6912 00	
	由工业陶瓷制成的小雕像和其他装饰	6913	
	用陶瓷制品	6914	
	其他工业陶瓷制品		
70	不以任何方式加工的铸造和轧制玻璃、拉伸和吹塑玻璃；其他无强化的玻璃等	7003，7004，7005 29	10
	安全玻璃，包括硬化（钢化）或夹层玻璃	7007 11 100，7007 19 200 0	10
	不同容积的瓶子和罐子，安瓿瓶和其他玻璃容器	7010	10
	餐厅和厨房用的玻璃器皿、盥洗室和办公用玻璃制品	7013	10
71	黄金首饰	7113	5 美元/1 克成品
	贵金属（不包括黄金）的首饰及其部分或贵金属包覆的金属；贵金属或贵金属包覆的金银制品及其零件；天然或人工养殖的珍珠产品，贵宝石或半宝石（天然、人工或修复的）	7113（黄金除外），7114，7116	30

续表

商品编号	商品名称	对外贸易商品目录的商品代码	比例税率（%）或以美元计的固定税率
72	铁或非合金钢制成的活动绕线盘的热轧棒材，在轧制过程中具有凹陷、凸起、刻槽或其他变形，应用于混凝土的加固	7213 10 000 0 7213 91 100 0	10
	铁或非合金钢制成的热轧棒材，在轧制过程中具有凹陷、凸起、刻槽或其他变形，或是轧制后捆扎，应用于混凝土的加固活动绕线盘的	7214 20 000 0， 7214 99 100 0	10
	由铁或非合金钢制成的金属丝	7217 （除 7217 10 100 0， 7217 10 390 0， 7217 20 100 0， 7217 20 100 0， 7217 20 900 0， 7217 30 490 0， 7217 90 200 0 之外）	20
73	大口径管材、小口径管材和其他空心型材等，其他焊接圆形横截面的铁管或非合金钢管，管的外径不超过 168.3 毫米，其他外径尺寸超过 168.3 毫米，但不超过 406.4 毫米	7306 30770 9， 7306 30 800 0	20
	大口径管材、小口径管材和其他空心型材、焊接，非圆形横截面、方形或矩形横截面，其他壁厚不超过 2 毫米，以及壁厚超过 2 毫米的	7306 61 920 0， 7306 61 990 0	20
	黑色金属的金属结构及其他	7308 90	20
	由黑色金属制成的用于存储压缩或液化气体的无缝容器，容量为 50 升以内的或 50 升以上	7311 00 130 0， 7311 00 190 0	20
	黑色金属制成的带刺的金属丝；带刺或不带刺的，缠绕箍起的钢丝或单根扁平的金属丝；黑色金属制成的，用于栅栏的松散缠绕的双股金属丝	7313 00 000 0	20

续表

商品编号	商品名称	对外贸易商品目录的商品代码	比例税率（%）或以美元计的固定税率
	以耐腐蚀钢为原料的机织物及其他	7314 14 000 0	10
	以黑色金属为原料的织物、格栅、网和栅栏等	7314 49 000 0	10
	用于其他木料的木螺丝钉	7318 12	10
	自攻螺丝钉	7318 14	10
	其他由棒铁制作的螺丝钉或螺丝钉螺杆由厚度不超过6毫米带切割线的黑色金属棒材制成	7318 15 100 0	10
	其他由黑色金属制作的，带十字型槽的螺丝钉	7318 15 590 0	10
	用于仅使用燃气或燃气以及其他类型的燃料烹饪和食物加热的设备	7321 11	10，但不少于15美元/件
74	由厚度超过0.15毫米的精炼铜制成的铜板和薄铜板及其他	7409 11 000 0，7409 19 000 0	10
	用于餐厅和厨房的铜制品	7418 10（用于清洁厨用器皿的擦拭器、用于清洁或抛光的衬垫、手套以及类似产品等除外）	10
76	用于餐厅和厨房的铝制品	7615 10（用于清洁厨用器皿的擦拭器、用于清洁或抛光的衬垫、手套以及类似产品等除外）	10
84	空气调节机机组及其零部件	8415 10 100 0，8415 20 000 9，8415 81 009 0，8415 82 000 9，8415 83 000 9，8415 90 000 9	10
	窗式或壁挂式空调的安装，“分体式”	8415 10 900 0	10
	组合式冰箱—冰室带独立外门	8418 10（在民用航空中使用的除外）	10

续表

商品编号	商品名称	对外贸易商品目录的商品代码	比例税率（%）或以美元计的固定税率
	家用冰箱	8418 21，8418 29 000 0	10
	卧式冷柜，容量不超过800升	8418 30	10
	立式冷柜，容量不超过900升	8418 40（在民用航空中使用的除外）	10
	其他冷藏展示柜和柜台（带制冷机组或蒸发器）	8418 50 190 0	10
	内置制冷设备的家具	8418 50 900 0	10
85	铅蓄电池，用于启动重量超过5公斤的活塞式发动机，用于8701至8705项的机动车辆的工业装配及其部件和机组	8507 10 200 2	10
	蓄电池	8507 10 200 3，8507 10 200 9，8507 10 800 9	10
	内置电动机不超过1500瓦，2000瓦，集尘袋容积不超过20升和30升的真空吸尘器；或其他有内置电动机的真空吸尘器	8508 11 000 0，8508 19 000 1，8508 19 000 9	15，但不少于10美元/件
85	电熨斗	8516 40 000 0	10
	其他类型的炉子、电炉子、便携式电炉、电饭锅、电烤箱、烤肉架	8516 60	10，但不少于10美元/件
	录音机和其他录音设备，录像设备或视频复制设备，便携设备	8519 50 000 0，8519 81 510 0，8519 81 550，8519 81 610	10
	录音机和其他录音设备；视频录制或视频复制设备；便携收录两用播放机	8519 81 650，8519 81 750，8519 81 810，8519 81 850，8519 81 950 0，8527 12，8527 13，8527 19 000 0	10

续表

商品编号	商品名称	对外贸易商品目录的商品代码	比例税率（%）或以美元计的固定税率
	电视通信接收设备	8528 72	20
	其他开关，电流强度不超过11安培的机电房开关；插头和插座及其他	8536 50 070 0，8536 69 900 9	10，但不少于0.3美元/公斤
	充气放电照明灯，不包括紫外线灯和热阴极荧光灯；其他	8539 31 900 0	10，但不少于1美元/件
	绝缘电线，电缆以及其他导线	8544 11，8544 19 000，8544 20 000，8544 30 000，8544 42，8544 49，8544 60	20
87	出厂在一年以内的货运车辆的车头	8701 20 101	0
	出厂在一年以上三年以内的货运车辆的车头		5
	出厂在三年以上五年以内的货运车辆的车头	8701 20 901	5
	用于运载10人或10人以上，包括司机在内的机动车辆，按发动机的排量		
	大于2500立方厘米、全新的、装配的座位不超过30个	8702 10 119 0	70
	大于2500立方厘米，使用过的	8702 10 19	70% +3.0美元/立方厘米
	不大于2500立方厘米，使用过的	8702 10 99	70% +3.0美元/立方厘米
	制造商为俄罗斯联邦、哈萨克斯坦共和国和乌克兰的全新进口交通工具（指定为医疗用途的车辆除外）	8703	2
	使用火花点火式的内燃发动机的交通工具（包括使用过的），按发动机的排量		
	不大于1000立方厘米		
	全新的	8703 21 109 0**	2.4美元/立方厘米
	使用过的（出厂在三年以上七年以内的）	8703 21 909 9	4.8美元/立方厘米
	使用过的（出厂在七年以上的）	8703 21 909 1	7.2美元/立方厘米

续表

商品编号	商品名称	对外贸易商品目录的商品代码	比例税率（%）或以美元计的固定税率
87	介于1000立方厘米到1500立方厘米之间	8703 22（8703 22 101 0，8703 22 901 0除外）	2.5美元/立方厘米
	介于1500立方厘米到1800立方厘米之间	8703 23（8703 23 199 0，8703 23 909 0除外）	2.6美元/立方厘米
	介于1800立方厘米到3000立方厘米之间	8703 23（8703 23 199 0，8703 23 909 0除外）	2.9美元/立方厘米
	大于3000立方厘米	8703 24（8703 24 101 0，8703 24 901 0除外）	3.1美元/立方厘米
	使用压缩式点火的，往复活塞式内燃发动机（柴油机或半柴油机）的交通工具（包括使用过的，按发动机的排量		
	不大于1500立方厘米	8703 31（8703 31 101 0，8703 31 901 0除外）	2.5美元/立方厘米
	介于1500立方厘米至2500立方厘米之间	8703 32（8703 32 191 0，8703 32 901 0除外）	2.9美元/立方厘米
	大于2500立方厘米	8703 33（8703 33 191 0，8703 33 901 0除外）	3.1美元/立方厘米
	带有发动机排量的货物运输的机动车辆		
	大于2500立方厘米，全新的，运载能力不超过10吨的	8704 21 310 0	70
	大于2500立方厘米，使用过的	8704 21 390	70% +3.0美元/立方厘米
	不大于2500立方厘米，使用过的	8704 21 990	70% +3.0美元/立方厘米

续表

商品编号	商品名称	对外贸易商品目录的商品代码	比例税率（%）或以美元计的固定税率
	不大于2800立方厘米，全新的	8704 31 910 0	30
	不大于2800立方厘米，使用过的	8704 31 990	70% +3.0美元/立方厘米
	货物运输的机动车辆		
	全新的	8704 22 910，8704 23 910 4，8704 23 910 9，8704 32 910	40***
	使用过的	8704 22 990，8704 23 990，8704 32 990	70
	其他货物运输的机动车辆	8704 90 000 0	40***
	8701至8705项的机动车零部件	8708（8708 10，8708 29 900，8708 40 200 1，8708 40 500，8708 50 350，8708 50 550，8708 50 910，8708 70 500，8708 70 910，8708 70 990，8708 91 350，8708 92 350，8708 93 900 9除外）	10
	小型摩托车	8711 20 100 0	10
90	太阳眼镜	9004 10	10
94	家具（用于民用航空的除外）	9401 30，9401 40，9401 51，9401 59，9401 61，9401 69，9401 71，9401 79，9401 80 000 0，9403 10	10

续表

商品编号	商品名称	对外贸易商品目录的商品代码	比例税率（%）或以美元计的固定税率
94	家具（用于民用航空的除外）	9403 20，9403 30，9403 40，9403 50，9403 60，9403 70，9403 81，9403 89 000 0	10
	吊灯、照明设备及其零件	9405 10，9405 91（9405 91 900 1 除外），9405 92 000 9	10
	电灯和户外照明灯具	9405 40 990 9	10
	由黑色金属制成的建筑预制结构	9406 00 380 9	10
95	电子游戏操作台和游戏设备、娱乐产品、桌面游戏或室内游戏的游戏机和设备、包括弹球桌和赌场用的专门的游戏桌和自动保龄球设备	9504（9504 20 000 0 除外）	10
96	化学纤维和棉纤维材质的女性卫生巾和内置卫生棉条；婴儿尿裤、尿布和类似产品等	9619 00 210 0，9619 00 310 0，9619 00 390 0	5

四、应税消费品的调整

乌国税法规定，当出现以下的情况时，应当对纳税人的应税消费品进行调整：(1) 全部或部分退货；(2) 变更交易条件；(3) 买家使用折扣变更价格。

乌国税法规定，当出现第一种情况时，商品、工程、服务的销售收入应当在发生这些情况的纳税期内（即本季度）进行调整。应纳税消费品的范围，应当在 1 年内进行调整，对于有质保期的商品应当在质保期内进行调整。

对于出现的第一种情况和第二种情况，应当根据新的发票或其他证明文件进行调整。

第三节 税款缴纳与征收管理

一、消费税纳税义务的确定日期

乌国税法规定，应税消费品纳税义务的产生日期为应税消费品发货（转交）给收货人之日。当出质人转让积存的应税消费品时，出质人销售交易日为抵押所有权转让日。进口应税消费品交易日为其办理海关手续之日。

二、消费税的纳税期

消费税的纳税期限为一个季度。

三、税额计算、扣除与缴纳

（一）税额计算

根据乌国《税法典》第236条的规定，纳税人应当缴纳的消费税的税额根据确定的计税依据和规定的税率进行核算。

（二）税款扣除

如果将购入或进口的应税消费品作为生产原料来生产新的应税消费品，则这些购入或进口的应税消费品在乌国境内缴纳的消费税应当扣除。

对于纳税人购入的应税消费品（原料），供货人应当在发票上标出该商品（原料）的消费税金额。否则，该消费税金额不应当扣款。

当转让用应征消费税的自备材料制作的应税消费品时，对于自备材料已经缴纳消费税，应当扣除。

（三）纳税申报与税款缴纳

乌国税法规定，纳税人应当在每个纳税期（即每个季度）结束后的25日（即下一纳税期的前25天）内向税务登记所在地的国家税务机关提交上一纳税期内消费税的结算申报，并应在年度财务报告提交期限内提交年度总计的结算申报。

纳税人在纳税期内通过缴纳消费税经常性费用的方式缴纳消费税。

为了确定消费税经常性费用的金额，纳税人应当在每个纳税期的第1个月10日之前向国家税务机关提交根据税率和应税消费品计划销售额确定的消费税金额证明，并在每个月 25 日之前，缴纳本纳税期应当缴纳的消费税金额的 1/3。

当纳税人每个纳税期实际核算缴纳的消费税金额低于同期计划应当缴纳的国消费税金额 10% 时，国家税务机关有权根据计划应当缴纳的消费税金额（含计算的罚金）来重新计算经常性费用。

消费税缴纳不晚于计算交付期。

对于进口的应税消费品，消费税应当在海关法规定的期限内缴纳。

四、其他规定

（一）应税消费品的出口证明

乌国税法规定，对于出口的应税消费品，纳税人应该提出以下的出口证明文件：（1）应税消费品出口供货合同；（2）出口货运报关单（注明海关机构）；（3）证明发货至目的地国的发货单（须注明乌国关境口岸所在地的海关）。

（二）应税消费品的标记品牌

乌国境内生产的，以及进口至其关境内的烟草制品和酒精饮料应当按照乌国内阁规定的程序强制标记消费税品牌。

对于应当标记消费税品牌的进口应税消费品，纳税人应当在购入消费税品牌前缴纳消费税。

第七章　矿产资源使用税和专项规费法

乌兹别克斯坦的天然气、有色金属等矿产资源较为丰富，开发、利用和出口这些矿藏资源，不仅是乌国重要的工业产业，而且对这些矿产资源的开发、利用和出口征税，也是乌国财政收入的重要来源。有鉴于此，乌国《税法典》第 9 篇专门对矿产资源开发的税收问题进行了规定。根据该规定，在乌国境内从事勘探矿床、开采矿产、进行矿产加工的法人和自然人，都应该缴纳矿产资源使用税、超额利润税和签约酬金（签字费和商业发现费）。

第一节　矿产资源使用税法

一、纳税人

根据乌国《税法典》第 243 条的规定，矿产资源使用税的纳税人有两类：(1) 从地下资源中开采矿产，从矿物原料或工艺矿物中提取有用组分的矿产使用者；(2) 进行矿产加工，从矿产中提取有用组分的矿产使用者。

二、征税对象

（一）征税对象的范围

根据法律规定，矿产资源使用税的征税对象为矿产成品开采（提取）量。其中，成品是指制定了矿产资源使用税税率的矿产（有用组分）。它主要适用于销售或转让（包括无偿转让）以及商品生产自用和其他用途。在乌国，成品清单根据乌国总统的决议审定。

在对矿产资源进行征税时，按照不同成品的种类来单独确定不同的征税对象。

碳氢化合物作为一种征税对象，包括：(1) 经过一次工艺处理的碳氢化合物，包括伴生矿和有用组分；（2）在碳氢化合物处理过程中提取的有用组分，但是在开采前和在矿物加工处理时不能作为成品征税。对于往回注入油气层或从中提取碳氢化合物的天然气不属于征税对象。

提炼的贵金属和宝石（包括工艺矿物）为贵金属和宝石征税对象。

固体矿产征税对象为（法律有专门规定的除外）：（1）开采的矿产（包括伴生矿）；（2）从矿产、矿物原料、工艺矿物中提取的有用组分。

纳税人在自有土地上开采的常见矿物和生活自用的常见矿物不属于征税对象。

常见矿物清单根据法律确定。

（二）征税对象的确定

除法律有另行规定外，矿产资源使用税的计税依据为按照同一会计期内加权平均销售价格计算出的成品开采（提取）量的价格。其中，会计期内加权平均销售价格按照每种开采（提取）的成品单独确定。

当在同一会计期内没有销售成品时，计税依据根据上一个会计期的成品加权平均销售价格确定。

当完全没有销售成品时，计税依据根据在会计期内开采（提取）这些矿物的生产成本确定。同时纳税人应当对该会计期内的矿产资源使用税应计税额，按照会计期内形成的加权平均价格进行后续调整。

按照低于成本价销售或转让成品时，加权平均价格按照成本价来确定，但是不得高于申报价格。

当成品（部分成品）被用于其他成品的生产原料或成品（加工产品）被纳税人用于自己生产或自己的业务时，该成品的计税依据根据开采（提取）的该成品的生产成本确定。

（三）地下矿藏使用税的科目和税率

根据 2017 年 12 月 29 日乌国总统签署的编号为 3354 号总统令的第 14 号附件，开采和提取自然资源适用如表 7－1 所示的税率。

表 7－1　矿产资源使用税的征税对象及税率

征税项目名称	税率按征计税依据数的百分比（%）
1. 主要矿藏和伴生资源的开采	
能源：	
天然气	30

续表

征税项目名称	税率按征计税依据数的百分比（%）
回收天然气	9
地下煤气	2.6
凝析气	20
石油	20
煤炭	4
有色金属和稀有金属：	
精炼铜	8.1
钼工业产品	4
铅精矿	4
锌金属	4
钨精矿	10.4
铀	10
贵金属：	
金	5
银	8
宝石、半宝石和宝石原料	24
黑色金属：	
铁	4
矿山化工原料矿产：	
盐（食盐	3.5
钾盐	3.5
硫酸钠	3.5
石墨磷	5
碳酸盐原料（石灰石，白云石）	3.5
海绿石	3.5
矿物颜料	4.8
矿物原料：	
萤石精矿	21.2
天然石墨	8
无次生富集灰色高岭土	7.9
长石石英原料	6.5
玻璃原材料	3

续表

征税项目名称	税率按征计税依据数的百分比（%）
膨润土	4.8
滑石粉和滑石	4
矿物染料	5.7
硅灰石	4
石棉	4
用于生产矿物纤维的玄武岩	4
重晶石精矿	4
冶金用非金属原料：	
制造耐火材料的黏土	4
白云石石灰岩	4
石英和石英岩	6.5
型砂	4
蛭石	4
非金属建筑材料：	
水泥原料	5
天然饰面石材块	5
大理石石子	5
石膏石头，甘奇水泥	5
陶粒原料	5
砖瓦原材料（土壤，黄土石，黄土，砂石等）	5
石膏和硬石膏	5
锯切石头、粗石和碎石子	5
建筑用沙子	5
沙砾混合物，碎石，卵石，砾石	5
砂岩	5
石灰石壳岩石	5
页岩	5
其他常见的矿物质（泥灰岩，光彩石，默勒石等）	5
2. 合成矿物	主要矿物资源使用税税率的30%

三、税款缴纳和管理

（一）纳税期和会计期

根据乌国税法的规定，矿藏资源使用税的纳税期为1年。

会计期针对不同的纳税人有不同的规定。其中，法人的会计为 1 个季度；自然人的会计期为 1 年。

（二）税款缴纳、提交结算和核算程序

矿产资源使用税的税额根据计税依据和规定的税率进行计算。

矿产资源使用税的法人纳税人应该在每个会计期结束后的 25 日内向税务登记所在地的国家税务机关提交纳税申报，在年度财务报告提交期限内提交全年的纳税申报；地下资源使用税的自然人纳税人应该每年向税务登记所在地的国家税务机关提交 1 次纳税申报，时间不晚于次年 2 月 1 日。

矿产资源使用税的税款缴纳，对于小型企业以及自然人，时间应当不晚于提交申报的日期；对于非小型企业法人，每月应当缴纳的税款应当在次月 25 日之前缴纳。年度总计应在年度财务报告提交期限内缴纳。

第二节　超额利润税法

超额利润税一般是指对纳税人取得的、超过规定标准利润水平以上的所得征收的一种税。在《税法典》中，超额利润税主要是针对矿产使用者进行矿产开发取得的、超过一定利润水平的利润的征税。

一、纳税人

超额利润税的纳税人为：（1）开采（提取）个别矿产（有用组分）的矿产使用者；（2）生产有用组分单独种类产品的法人。

另外，根据乌国总统决议规定的、从事个别种类产品生产销售的其他人员，也应该成为超额利润税的纳税人。但是，按照产品分配协议从事地下矿区开发业务的矿产使用者不是超额利润税的纳税人。

二、征税对象和税率

超额利润税的征税对象为销售净收入同法律规定的计算价格之差的收入部分（超额利润）。

根据乌国《税法典》的规定，超额利润税应税产品的种类和矿物清单，以及税款缴纳和核算程序根据法律制定。

根据 2017 年 12 月 29 日乌国总统签署的编号为 3454 号总统令的第 16 号

附件，对超额利润的征税适用下列的对象和税率（见表 7 – 2）：

表 7 – 2　　征税对象和税率

产品名称	征计税依据数（不含增值税和消费税）	税率（%）
阴极铜	高于 4000 美元/吨的“截止价格”的等价物总额	50%
天然气	高于 160 美元/1000 立方米的“截止价格”的等价物总额	
聚乙烯颗粒	高于 2250500 苏姆/吨	
水泥	高于 145000 苏姆/吨	
烧结料	高于 120000 苏姆/吨	

注：1. 乌国财政部和国家税务委员会制定超额利润税的核算和缴纳制度；2. 进行天然气出口的法人实体（根据产品分销协议进行销售活动的投资商和经营除外）是天然气超额利润税的纳税人，按照立法规定，他们是征税对象；3. 向提供移动通信服务的法人实体（移动通信公司）的盈利额超过 20% 以上的利润部分征收超额利润税，税率为 50%。

第三节　签约酬金

在乌国从事矿产资源的开采利用，除了必须缴纳地下资源使用税和超额利润税之外，还必须根据税法的规定缴纳一次性的签约酬金。这些签约酬金包括签字费和商业发现费两种。

一、签字费

根据乌国《税法典》第 253 条的规定，签字费是矿产使用者在获得矿产勘探业务权的相关资质时的一次性固定付款。缴费人在获得相应的资质的 30 天内，应当将签字费上缴国家预算，并将该情况以书面形式通知税务登记所在地的国家税务机关。

二、商业发现费

商业发现费为在资质规定的地段进行地下矿床商业勘探（其中包括补充勘探）而向国家的付款。当进行矿物开采时，如果该矿床之前未支付商业发现费，则矿产使用者必须支付该地段矿产的商业发现费。

对于只进行勘探而不打算后续开采的矿床，不用支付商业发现费。

商业发现费的征收对象为国家主管机关审定的矿床矿物提取量。

对于占据市场统治地位，纳入国家注册经济实体的矿场使用者，应当按照该种矿物审定的申报价格来确定其矿物提取的价值。对于其他的矿产使用者，应当根据国际交易所的交易价格来确定其矿物提取的价值。对于没有国际交易所交易价格的，应当按照国家主管机关确定的价格来确定矿物提取量的价格。

商业发现费根据矿物提取量和规定的费率确定。

缴费人应当自国家主管机关审定矿物储量之日起的25日内向税务登记所在地的国家税务机关进行商业发现费申报，并在90日内缴纳商业发现费。

第四节　产品分配协议业务的税收规定

根据乌国《税法典》第255条的规定，产品分配协议是国家在一定期限内向海外投资人有偿提供在规定的矿床进行勘察、勘探，以及在规定的地下区段进行地下资源开采的特权合同。产品分配协议主要规定以下内容：（1）会计制度和核算管理程序；（2）其他付款缴纳和征税条件；（3）海外投资人份额出口的程序。

根据税法的规定，海外投资人（法律规定情况除外）在产品分配协议有效期内缴纳以下税种：（1）所得税；（2）土地税；（3）水资源使用税；（4）矿产使用税和专项规费，超额利润税除外；（5）社会营业税；（6）消费税。

对于上述前5个税种（不包括矿产资源使用税），如果产品分配协议中未作另行规定时，应当按照乌国居民的税率征收相应的税款。对于矿产资源使用税和消费税，应当按照乌国居民适用的税率征收。

按照产品分配协议，对海外投资人征税的特殊性主要表现为以下五个方面：

1. 在征收所得税时，应当将按照产品分配协议工程施工的收入和进行其他种类业务的收入分开，分别计算和缴纳税款。对于依据产品分配协议进行工程施工的收入，其所得税的征税对象为根据协议条款属于海外投资人的利润产品价格，不进行扣款。

2. 海外投资人需缴纳以下矿产资源使用税和专项规费：（1）产品分配协议签字费或协议条款规定的酬金；（2）产品分配协议条款规定的矿产资源使用税。

3. 根据法律规定缴纳环境污染补偿款。

4. 乌国居民法人向产品分配协议投资人或工作合伙人提供的商品、工程、服务征收零税率增值税。

5. 对于按照产品分配协议提供的商品、工程、服务，根据设计文件由产品分配协议海外投资人或其他工作合伙人进口的商品、工程、服务，以及海外投资人出口按照该协议属于他的商品、工程、服务，免征关税，但海关手续费除外。当按照产品分配协议进口的物质资源未用于专用用途（包括将其转让）时，则应当对其征收关税。

第八章　财产税法

第一节　法人财产税法

根据乌国税法的规定，法人财产税是根据国家法律对法人所拥有的不动产征收的税种。

一、纳税人

按照税法的规定，法人财产税的纳税人包括以下几类：（1）在乌国境内拥有应税财产的居民法人；（2）在乌国境内通过常设机构从事业务或在乌国境内拥有不动产的非居民法人，国际条约规定的情形除外。如果无法确定不动产业主所在地，该财产的所有人或使用人为纳税人。

为了进一步明确法人财产税的纳税人，乌国税法还对法人财产税的纳税人作为除外性的规定。根据该规定，非营利组织和按照简易程序征税的税种的纳税人不是法人财产税的纳税人，他们不需要为其所拥有的不动产缴纳法人土地税。

二、征税对象

（一）征税对象的范围

根据乌国《税法典》第 266 条的规定，法人财产税的征税对象为法人所拥有的财产。其范围具体包括以下财产：（1）按照金融租赁（信托）合同获取的固定资产。（2）未完工程。未完工程是指在该项目施工设计文件规定的期限内未完成施工的项目。对于没有在施工计划中规定施工期限的，默认为自开工之日起的 24 个月内。（3）在规定期限内未投入使用的设备。它包括在改建或翻新改造项目中，根据计划规定的期限安装和投入使用的设备。当改造或翻新计划中没有规定设备投入使用期限的，则以法人领导审定并且经业主认可的时间为准，但自设备移交安装之时起不超过 1 年。

在乌国境内通过常设机构从事业务的非居民法人，财产税的征税对象为：(1) 根据会计核算法，非居民法人拥有的与常设机构业务相关的固定资产；(2) 属于非居民法人所有的，与该常设机构业务无关的不动产。

不通过常设机构从事业务的非居民法人的财产税的征税对象为非居民法人在乌国境内归其所有的不动产。国家不动产登记机构应当在登记之日后的 10 日内告知这些不动产所在地的国家税务机关有关非居民法人购入或出售不动产的信息。

根据法律购入的土地不视为征税对象。

（二）征税对象的确定

根据税法的规定，法人财产税的计税依据为：(1) 固定资产的计税依据为该固定资产的年平均剩余价值。固定资产的剩余价值定义为该财产原始价值或购入价值同按纳税人会计政策规定的方法计算出的折旧值之差。其中，年平均剩余价值是指在一个纳税期（即一年内）内每个月末征税对象剩余价值之和的 1/12。(2) 未完工程和未在规定期限内投入使用的设备的计税依据为其年平均价值。(3) 非居民法人不动产的计税依据为该财产的年平均价值。

非居民法人不动产税的计税依据是根据这些不动产所有权证明中规定的价值确定。

当法人财产税的纳税人从事未规定缴纳法人财产税的业务时，计税依据根据应税财产和免税财产单独核算确定。当无法进行单独核算时，计税依据根据规定缴纳法人财产税业务的净收入在总净收入中的比重确定。

三、税收优惠

当计算法人财产税的计税依据时，对以下项目的财产免税，其价值应当从法人财产税的计税依据中扣除。

1. 公用设施项目。包括：供水管网及其附带取水的构筑物，排水管网及附带的净化设施，天然气和热力分配管网及配套设施，公共生活用锅炉房及设备。

2. 社会文化项目。包括文化艺术、教育、卫生、体育和社会保障领域内的项目。

3. 灌溉和干管排水管网项目。

4. 环保和消防安全项目。

5. 通用铁路和公路、干线管道、通信线路和输变电线路，以及与这些项目不可分割的构筑物。

6. 乌国内阁决议将其保留的生产固定基金。

7. 纳税人资产负债表中的、不用于经营活动的征召和民防项目。

8. 从事城市和市郊客运的城市客运单位车辆，包括公交车、无轨电车、有轨电车、地铁列车。

9. 法人为完成合同订单上的工作，提供给手工业工人无偿使用的设备。

10. 用于电信网侦查作业的技术设备。

11. 期限不超过10年的机器和设备。

除上述的免税项目外，乌国税法还规定，对于下列的法人组织免于征收法人财产税。

1. 卫生、体育和社会保障、教育、文化和艺术单位的法人。

2. 从事住宅、公用事业以及其他市政运营管理的法人。包括管理、维护和使用住房设施的单位、环卫单位，从事城乡室外照明、绿化、供应自来水、供电、供热、供气、排水的运营单位，消防队，住宅公用事业总务厅，以及其他从事住宅和公用事业、市政项目的法人。

3. 进行国家注册不满2年的新建企业。但重组法人企业等除外。

4. 自愿清算的企业实体。但对于在法律规定期限内未完成自愿清算或终止清算恢复经营的，不适用本优惠政策。

四、税收缴纳与管理

（一）纳税期

根据法律的规定，法人财产税的纳税期为一年。

（二）税款缴纳、提交结算和核算程序

法人财产税根据计税依据和规定的税率进行计算。

法人财产税的纳税人每年应当在年度财务报告提交期限内，向税务登记所在地的国家税务机关提交纳税申报。当征税对象不在纳税人税务登记所在地时，纳税人应当向征税对象所在地的国家税务机关提交纳税申报。

纳税人在纳税期内缴纳法人财产税的日常付款。

为了计算纳税人应当缴纳的财产税日常付款的金额，纳税人必须在每个纳税期（即每年）1月10日之前，向国家税务机关提交根据上述规定确定的

计税依据和规定的税率计算出的本纳税期内法人财产税的金额证明。新成立的纳税人在国家注册之日起的30日内向国家税务机关提交根据上述规定确定的计税依据和规定的税率计算出的本纳税期内法人财产税的金额证明。对于欠缴法人财产税的纳税人，自欠缴之日起的30日内向国家税务机关提交法人财产税的金额证明。

法人财产税的日常付款由以下人员缴纳：（1）小型企业应当在每季度第3个月的25日之前，缴纳法人财产税年度总额的1/4。（2）非小型企业应当在每月10日之前，缴纳法人财产税年度总额的1/12。

在一个纳税期内计税依据发生变更时，纳税人有权提供精确的法人财产税金额证明。同时，该纳税期内剩余期限的经常性付款的金额应当进行相应的调整。

当纳税期内法人财产税经常性付款的实际金额低于应当缴纳的金额10%时，国家税务机关有权进行调整。

非居民纳税人的法人财产税由国家税务机关根据计税依据和规定税率按以下程序进行计算：（1）在国内通过常设机构从事业务的非居民法人应当在下一个会计期（即下一年）的1月25日前，向常设机构税务登记所在地的国家税务机关提交可支配的应税财产证明。根据提交的证明，国家税务机关在10日内计算法人财产税金额并开具付款通知书。（2）对于拥有不动产的非居民法人，不动产所在地的国家税务机关根据纳税人信息或国家不动产登记机构的信息开具付款通知书。

非居民法人应当1年1次缴纳法人财产税，时间不晚于下一个会计期（即下一年）的2月15日。

第二节　自然人财产税法

一、纳税人

根据法律规定，自然人财产税的纳税人为自然人，包括外国公民（但乌国国际条约规定的情形除外），以及具有应税财产的农场（包括有法人资格的农场和没有法人资格的农场）。

如果无法确定不动产业主所在地，该财产的所有人或使用人为纳税人。

二、征税对象

自然人财产税的征税对象为在乌国境内的住宅、公寓、别墅、车库和其他建筑、房间、构筑物。计税依据为国家不动产登记机构确定的征税对象的盘存价格。

当没有财产评估主管机关对征税对象的估价时，计税依据为法律规定的财产预设价格。

当一个自然人是若干个应税对象的纳税人时，则计税依据根据每个对象单独计算。

三、税收优惠

乌国《税法典》第 275 条规定，对于以下的自然人，不征收自然人财产税：

1. 荣获乌兹别克斯坦英雄、苏联英雄、劳动英雄称号和获颁三级荣誉勋章的公民。该优惠政策根据乌兹别克斯坦英雄称号证书、苏联英雄证书、劳动英雄证书、受勋书或国防事务办公室的证明确定。

2. 残障军人以及法律规定的同级人员。该优惠政策根据残疾军人证书、国防事务办公室证明或其他主管机关提供的证明确定。对于其他残疾人，则根据能够享有优惠政策权利的残疾人证书确定。

3. 拥有 10 个及 10 个以上子女的妇女。该优惠政策依据公民自治机构提供的证明确定。

4. 退休人员。根据退休证提供该优惠政策。

5. 一级和二级残疾人。该优惠政策根据退休证或劳动力医务鉴定委员会的证明确定。

6. 死亡军人或内务部工作人员的孤孀（鳏夫）及父母。对于军人和内务部工作人员的孤孀（鳏夫），仅在她（他）未再婚的情况下向其提供优惠政策。

当上述人员有多项应税财产时，只对其所选择的一个对象免税。

对于自然人用于经营活动的应税项目，或是出租给法人或个体企业的应税项目，不得免税。

四、税率适用的特殊性

自然人将征税对象用于经营活动或出租给法人企业或个体企业时，以及对于自然人的非住宅房屋，自然人的财产税按照法人财产税的规定税率计算。

自然人或者家庭式企业在居住用房中进行商品、工程、服务等生产活动时，财产税应按照自然人适用的税率进行计算。

五、纳税申报和税款缴纳

乌国税法规定，自然人财产税由征税对象所在地的国家税务机关根据国家不动产登记机构的数据计算自然人的财产税。

有权享受优惠政策的人员，应当自行提交优惠政策的证明文件。

自然人财产税的金额根据每年 1 月 1 日的财产盘存价格和规定税率计算。

属于若干个所有人共同所有的建筑、房屋和构筑物，自然人财产税由每个所有人按照其对这些建筑、房屋和构筑物所占的份额来确定和缴纳。

当财产所有权在一年内从一个所有人转为另一个所有人时，出让人缴纳从 年初至转让财产所有权当月月初期间的自然人财产税，受让人缴纳从获取所有权当月月初至年底的自然人财产税。

对于新建筑、房屋和构筑物，自然人财产税从建成年的次年年初开始缴纳。

对于继承的财产，自然人财产税从继承人继承所有权的当月开始缴纳。

当征税对象被注销、破坏、毁坏时，从财产被注销、破坏或毁坏之月开始停止征收自然人财产税。当具有地方政府机关或公民自治机构发放的证明该对象确实注销、破坏、毁坏的文件时，重新计算税额。

当在一年内出现（终止）优惠权时，从该优惠权出现（终止）的月份开始重新计算自然人财产税。

国家税务机关每年 5 月 1 日前应当将自然人财产税的缴纳付款通知书发送给纳税人。纳税人应当在每年 10 月 15 日前缴纳自然人财产税的税款。

第九章 土地税法

第一节 法人土地税法

根据乌国《税法典》第278条的规定，对于被利用的土地，国家应当征收土地税或租金。其中，乌国内阁部、卡拉卡尔帕克斯坦共和国部长委员会、地方政府权力机关出租土地收取的租金等同于土地税的税金。法人对拥有、使用或租赁的土地缴纳土地税。

一、纳税人

在乌国，法人土地税的纳税人为法人，包括拥有、使用或租赁土地的非居民法人。对于出租不动产时，土地税的纳税人为出租人。

当若干个法人共同使用土地时，每个法人都是法人土地税的纳税人，按照自己所使用土地的面积缴纳土地税。

当非营利组织按照法律规定的程序从事经营活动时，非营利组织为经营活动用地的土地税纳税人。

缴纳适用简易程序征税的税种的纳税人是土地税的纳税人。

二、征税对象

法人土地税的征税对象为法人拥有、使用或租赁的土地。

根据法律规定，居民点公用土地不视为法人土地税的征税对象。这些居民点公用土地包括：（1）广场、街道、胡同、道路、灌溉网、沿岸街道等；（2）用于满足文化生活需求的用地和居民休闲用地（森林公园、公园、林荫大道、街心小公园以及灌溉网用地）；（3）公共生活用地（墓地、生活垃圾分类转运和收集场所、垃圾回收和消毒场所等）；（4）储备用地。

对于所有权、使用权或租赁权在1年内发生转移的土地，受让人的纳税义务从获得相应土地权利后的次月开始计算。当土地面积减少时，纳税人的纳税义务从土地面积减少的当月开始计算。

当法人有权享受土地税优惠政策时，该项优惠权利从获得此项权利的当月起开始适用。当土地税优惠权利终止时，纳税人的纳税义务从该权利终止的下一个月开始计算。

三、税收优惠

根据乌国税法的规定，对于用于下列各项用途的土地，免征土地税。

1. 文化、教育、卫生、居民社会保障单位用于其履行职责的土地。

2. 残疾人、在1941—1945年期间工作参军的人员占员工总数50%以上的法人、残疾人协会、Numniy基金和乌兹别克斯坦切尔诺贝利核事故受害人协会所使用的土地，但从事中介、供销和采购业务的法人除外。

3. 自愿清盘的企业实体。但在法律规定期限内未完成自愿清盘或终止清算程序恢复经营的，不适用本优惠政策。

乌国税法还规定，以下土地属于不应当征收法定土地税的土地：

1. 园艺、葡萄种植或蔬菜种植公司的公用土地，集体车库。

2. 国家自然保护区、综合（景观）禁猎区、自然公园、国家文化古迹、禁猎区（狩猎业建立的禁猎区除外）、自然苗圃、生物圈自然保护区、国家公园，但从事经营活动的自然保护区土地除外。

3. 用于医疗保健用途的土地，但进行经营活动的土地除外。

4. 供相关机构和单位用于组织大众娱乐和居民旅游的休养用地，但进行经营活动的土地除外。

5. 供相关机构和单位永久使用的历史文化保护区、陵园、墓地、考古遗址、历史文化古迹等的土地，但进行经营活动的土地除外。

6. 水资源用地，包括水域（河流、湖泊、水库等）占用土地，水利工程和其他水利设施用地，以及按规定程序提供给法人的水利用途水域和其他水体沿岸用地。

7. 输变电线路、变电站及其构筑物用地。

8. 全国通信线路（包括架空和电缆通信线路、支线线路和无线电通信线路、地下电缆线路、无线电中继通信线路、电话电缆管道、无人维护的地上和地下增音站、配电柜、接地电路箱和其他通信构筑物）用地。

9. 文化、教育和卫生设施用地。

10. 公用公路用地。

11. 公用铁路用地，包括由路基、桥隧建筑物组成的厂内和编组铁路，养路工区房屋，铁路通信和供电设备，线路设备和构筑物，以及按规定程序提供给铁路运输机构、企业永久使用或临时使用的防护林。

12. 市内电力运输线和地铁线路用地，包括公交站和地铁站及其构筑物用地。

13. 体育馆、母婴康复馆、休养所和训练基地用地。

14. 居民点给排水构筑物用地，包括干线水管、供水管网、排水总管及其构筑物、泵站、引水构筑物和净化设施、给排水管网上的检查井和倒虹吸管、水塔和其他类似构筑物的用地。

15. 干线油气管道用地，包括空压站、泵站、防火防险站、管道阴极保护站、管道清洁装置和其他类似构筑物的用地。

16. 干线热力线路用地，包括泵站、加热器、热水供应循环泵和其他类似构筑物的用地。

17. 跑道、滑行道和停机坪，民航机场无线电导航和电气照明设备用地。

18. 列入乌国投资计划项目的、在规定施工期内的施工用地。

19. 根据乌国内阁的决议保留的项目用地。

20. 水文气象和水文地质站（台）用地。

21. 列入法人资产负债表中的征召和民防项目单独用地。

22. 防护林用地，包括河流、湖泊、水库和其他水体岸边的森林禁伐林带；保护贵重捕捞鱼产卵场的森林禁伐林带；水土保持林；铁路和公路沿线保护林带；沙漠、半沙漠地带森林；城市森林和森林公园；城市绿化区、其他居民点和工业中心周围的森林。

23. 在开垦期和开垦完之后 5 年内的农业用地。

24. 自开工之时起 5 年内用于进行土壤改良的灌溉用地。

25. 3 年期内新种植的果园、葡萄园和桑树园用地。对于秋季新种植作物从次年 1 月 1 日开始计算优惠期限，对于春季种植作物则从当年 1 月 1 日开始计算优惠期限。

26. 科研机构、教学科研单位和农林院校直接用于科研和教学的土地。

四、税率适用的特殊性

由于土地所有者、占有者、使用者或承租人的过错而导致土地质量下降的，土地税按照土地质量下降前规定的税率缴纳。

对于城乡结合部的农用地，土地税按农用地规定税率的2倍缴纳。

五、纳税申报与税款缴纳

（一）纳税期

法人土地税的纳税期为一年。

（二）税款计算与缴纳

土地税的税额根据计税依据和规定的税率计算。

纳税人应当在每个纳税期的1月1日前计算应纳税额，并在2月15日之前向土地所在地的国家税务机关提交纳税申报。

当在一个纳税期内应纳土地税的征税对象发生变更时，纳税人应当在1个月内向国家税务机关提交精确的土地税计算结果。

当在一个纳税期内农用地总面积发生变化的，不缴纳统一土地税的农业企业，应当在当年12月1日之前向国家税务机关提交精确的土地税计算结果。

纳税人应当在每季度第2个月15日之前缴纳全年应纳税额的1/4税款。

对于未在规定的期限内缴纳税款的，纳税人应当在规定期限后的30日内清偿税额。

不缴纳统一土地税的农业企业，在每年9月1日之前，应当缴纳年度应纳税款的30%；在每年12月1日之前，缴纳当年剩余的税款。

第二节　自然人土地税法

根据乌国《税法典》第287条的规定，乌国内阁部、卡拉卡尔帕克斯坦共和国部长委员会、地方政府权力机关出租土地收取的租金等同于土地税的税金。自然人对拥有、使用或租赁的土地缴纳土地税。

一、纳税人

根据税法的规定，自然人土地税的纳税人为自然人，以及拥有、使用或租赁土地的农场（包括有法人资格的农场和没有法人资格的农场）。

对于所有权、占有权和使用权随住宅、非住宅建筑和构筑物一起继承的土地，土地税的纳税人为继承人。

二、征税对象

根据乌国税法的规定，自然人土地税的征税对象为以下土地：

1. 终身世袭的农场土地。

2. 终身世袭的个人住宅建筑土地。

3. 集体果园、葡萄园和蔬菜园用地，以及个人车库用地。

4. 份地。

5. 所有权、占有权和使用权随同购入或捐赠的住房和建筑物一起继承的土地。

6. 按照法律规定程序购入的土地。

7. 为进行经营活动而使用或租赁的土地。

乌国税法规定，公寓所占土地不是自然人土地税的征税对象，但上述用于经营活动的土地除外。

自然人土地税的计税依据为国家不动产登记机构确定的土地面积。

对于提供给公民用于经营集体果园、葡萄园和蔬菜园的土地，以及个人车库用地，计税依据根据管理机构提供的信息确定。

对于份地，计税依据根据向员工提供份地的单位、机构提供的信息确定。

三、税收优惠

乌国税法规定，对下列各项自然人免于征收自然人土地税。

1. 荣获乌兹别克斯坦英雄、苏联英雄、劳动英雄称号和获颁三级荣誉勋章的公民。该优惠政策根据乌兹别克斯坦英雄称号相关证书、苏联英雄证书、劳动英雄证书、受勋书或国防事务办公室的证明确定。

2. 残疾军人，以及法律规定的同级人员。该优惠政策根据残疾军人证书或国防事务办公室证明或其他主管机关提供的证明确定。对于其他残疾人，该优惠政策根据残疾人证书确定。

3. 一级和二级残疾人。该优惠政策根据退休证或劳动力医务鉴定委员会的证明确定。

4. 孤寡老人。该项优惠政策根据退休证或预算外养老基金部门的证明，以及公民自治机构的证明确定。

5. 丧失供养人的多子女家庭。该项优惠政策根据预算外养老基金部门的证明确定。

6. 因参与清除切诺贝利核电站事故的影响而获得优惠政策的公民。

除上述第6项规定外，其余的优惠政策，仅适用于在国家登记机构中注册的，土地用于个人住宅建筑、管理农场的自然人。当纳税人有多块土地时，这些优惠政策仅适用于纳税人所选的其中一块土地。

四、税率适用的特殊性

对于用于经营活动的土地，或出租给法人或个体企业的住宅、别墅、个人车库和其他建筑物、构筑物、房间，土地税按照法人土地税规定的税率向自然人征收，上述各项优惠政策对其不适用。

当自然人或家族企业使用其住房用地用于商品生产、工程施工、服务提供时，按照自然人规定的税率缴纳土地税。

五、纳税申报与税款缴纳

(一) 纳税期

自然人土地税的纳税期为一年。

(二) 税款计算与缴纳

自然人土地税由国家税务机关计算。

有权享受自然人土地税优惠政策的人员，应当自行向土地所在地的国家税务机关提交享受优惠政策的证明文件。

国家税务机关应当在每年5月1日前将注明土地税金额及其缴纳期限的付款通知书寄发给自然人。

在1年内土地面积发生变化和出现（终止）优惠权利时，国家税务机关应当在出现这些变化后1个月内对土地税进行重新计算，并向纳税人出示新的或补充付款通知书。

土地税应当缴入土地所在地的本地预算。

对于在一个纳税期内征得的土地，土地税的纳税人应当在征地后的次月开始缴纳土地税。

当土地面积减少时，土地税税额从土地面积减少的当月开始重新计算。

对于按规定程序提供的土地，土地税由自然人缴纳，与土地的实际使用情况无关。

土地税的纳税人应当在每年10月15日前缴纳税款。

第十章 其他税法

第一节 水资源使用税法

乌国《税法典》第10篇为“水资源使用税”，共用8个条文对水资源使用的税收问题进行了规定。

一、纳税人

根据乌国《税法典》第257条的规定，水资源使用税的纳税人为在乌国境内用水或消耗水的人员。具体包括以下对象：

1. 乌国居民法人。
2. 通过常设机构从事业务的非居民。
3. 为了经营活动而用水的个体企业。
4. 法人农场和非法人农场。
5. 为居民点供水提供自来水的法人。

为了进一步明确水资源使用税纳税人的范围，乌国税法规定下列两类对象不是水资源使用税的纳税人：（1）非营利性组织。但非营利性组织将水资源用于经营活动时，则必须为所用的水缴纳水资源使用税。（2）适用简易程序征税的法人，法律另有规定的情况除外。

二、征税对象和计税依据

水资源使用税的征税对象为地表水资源和地下水资源。其中，地表水资源包括河流、湖泊、水库、各种水渠和池塘，其他水域和水源；地下水资源包括借助自流井和钻井、垂直和水平排水管网和其他构筑物汲取的水。

水资源使用税的计税依据为纳税人的用水量。

根据法律规定，用水量应当根据会计核算（原始统计）文件中记载的、由用水测量仪表测量的数据来确定。当无用水测量仪表时，用水量根据取水建筑物的限额，用水工艺和卫生标准，作物和绿植灌溉标准或其他方法来确定。

纳税人应当对地下水和地表水的用水量分别进行统计。供水法人应当在每年1月15日之前向国家税务机关提交地表水和地下水进入供水管网的水量比例关系信息。国家税务机关应当在5日内将这些数据告知纳税人。

热水和生产蒸汽的计税依据由纳税人根据用水量确定。

对租赁的部分建筑物、单独房间的用水量，应当根据出租人与供水法人签订的合同确定。

在法人地域范围内从事维修建筑或其他工作的人员或企业不缴纳所用水的水资源使用税。该部分用水的水资源使用税由委托施工的法人缴纳。在新工地上进行建筑的用水，其水资源使用税由施工单位缴纳。

对于不是统一土地税纳税人的农业企业，其用水量应当根据1年内每公顷土地平均灌溉用水量来确定。

对于法人农场和非法人农场，计税依据由国家税务机关根据上述规定确定。

三、税收优惠

根据规定，下列人员或机构免于缴纳水资源使用税：（1）从已缴纳水资源使用税的法人处取水的用水者；（2）已经缴纳了初次用水的水资源使用税的用水者再次用水的；（3）自愿清算的企业实体和法人自作出清算决定之日起。但在法律规定期限内未完成自愿清算或终止清算程序并恢复经营时，不适用本项优惠政策，而是对在整个优惠政策适用期内的用水全额征税。

根据法律的规定，在计算以下各项用水的水资源使用税时，其用水量应当减少：（1）医疗机构治疗用地下矿水，往商业网销售的水量除外；（2）防止损害环境而汲取的地下水，生产和工业用水量除外；（3）从矿物开采伴生的矿井排水中获取地下水和为保持地层压力往地下注入的地下水，生产和工业用水量除外；（4）水电站水轮机运行用水；（5）冲洗用于农业生产的盐碱地用水。

四、纳税申报与税款缴纳

水资源使用税的纳税期为1年。

水资源使用税根据计税依据和规定税率核算。

以下人员必须每年 1 次向税务登记所在地的国家税务机关或用水机构提交水资源使用税的结算。

法人（农业企业除外）企业应当在每年度财务报告提交期限内向税务登记所在地的国家税务机关或用水机构进行纳税申报并缴纳税款。

不缴纳统一土地税的农业企业应当在每年 12 月 15 日前向税务登记所在地的国家税务机关或用水机构进行纳税申报并缴纳税款。

在乌国通过常设机构从事业务的非居民法人以及个体企业应当在次年的 1 月 25 日前向税务登记所在地的国家税务机关或用水机构进行纳税申报并缴纳税款。

国家税务机关应当在每年 2 月 1 日前将水资源使用税缴税付款通知书提交给法人农场和非法人农场。

为了计算纳税人的应纳税额，纳税人应当在每年 1 月 25 日之前，新成立的纳税人应当在国家注册之日起的 30 日内，向用水所在地的国家税务机关或用水机构提交根据规定税率和计税依据（用水量）计算出的当年水资源使用税的金额证明。对于欠缴水资源使用税的纳税人，应当自欠税之日起的 30 日内提交水资源使用税的金额证明。

水资源使用税应当由以下人员缴纳：（1）对于一个纳税期（即一年）内水资源使用税金额大于最小工资 2 倍的法人企业（小型企业除外），每月 25 日之前应当缴纳全年水资源使用税金额的 1/12；（2）对于非小型企业，纳税期内水资源使用税金额小于最低工资 1/2 的法人，以及小型企业和个体企业，应当在每季度的最后一个月的 25 日之前，缴纳全年水资源使用税金额的 1/4。

在一个纳税期内变更拟定的计税依据时，纳税人有权提供精确的水资源使用税的金额证明。同时，纳税期剩余期限的税款应当进行调整。

当一个纳税期内水资源使用税的实际缴款金额低于应当缴纳的税款金额 10% 时，国家税务机关有权对水资源使用税的实际金额（含计算的罚金）进行调整。

法人农场和非法人农场应当在每年 5 月 1 日之前缴纳上一个纳税期的水资源使用税。

第二节 社会基础设施开发和公用事业经营税法

乌国《税法典》第13篇为“社会基础设施开发和公用事业经营税”，该篇规定了纳税人从事社会基础设施开发和公用事业经营时应当缴纳的税种。

一、纳税人

根据法律规定，在乌国从事经营活动的居民法人为该税种的纳税人。

为了进一步明确社会基础设施开发和公用事业经营税纳税人的范围，乌国税法规定下列两类对象不是该税种的纳税人：(1) 非营利性组织。但非营利性组织从事经营活动获利时，则必须缴纳社会基础设施开发和公用事业经营税。(2) 适用简易程序征税的法人，法律另有规定的情况除外。

二、征税对象和计税依据

征税对象和计税依据为扣除法人所得税后法人所拥有的剩余利润。另外，还应当扣除下列款项：(1) 应收红利；(2) 净超额利润（对于超额利润税纳税人）；(3) 根据乌国总统决议或乌国内阁决议无偿获取的资金；(4) 财政补贴；(5) 保险赔偿；(6) 根据法律冲销的国家专项基金和预算债务。

三、税款缴纳

社会基础设施开发和公用事业经营税的纳税期为1年，会计期为1个季度。

社会基础设施开发和公用事业经营税根据计税依据和规定的税率核算。

纳税人应当在每个会计期内缴纳社会基础设施开发和公用事业经营税的税款。

纳税人应当在每个会计期（即每季度）第1个月的10日前向税务登记所在地的国家税务机关提交纳税申报，并在每月10日前缴纳本会计期应该缴纳的税款的1/3。

在一个纳税期内应纳税金额低于200倍最低工资的纳税人，以及缴纳统一纳税的小型企业，不缴纳社会基础设施开发和公用事业经营税的经常性税款。

纳税人应当在每季度结束后的25日内向税务登记所在地的国家税务机关提交上一季度社会基础设施开发和公用事业经营税的结算，在年度财务报告提交期限内提交社会基础设施开发和公用事业经营税的年终结算，并缴纳税款。

缴纳社会基础设施开发和公用事业经营税不晚于该税的提交结算期。

第三节 运输工具的汽油、柴油和天然气消费税法

乌国《税法典》第14篇为“运输工具的汽油、柴油和天然气消费税”，该篇规定了从事汽油、柴油和天然气零售业务的法人应当缴纳的税种。

一、纳税人

根据乌国《税法典》第301条的规定，运输工具的汽油、柴油和天然气消费税的纳税人是向最终用户销售汽油、柴油和天然气（包括通过加油站）的法人。其中，加油站指的是空气压缩汽车加气站、汽车加油站和汽车加气站；最终用户指的是购入自用汽油、柴油和天然气的法人和自然人。

二、征税对象和计税依据

运输工具的汽油、柴油和天然气消费税的征税对象是向最终用户销售的运输工具的汽油、柴油和天然气或自用的车辆汽油、柴油和天然气，计税依据为以实物量表示的汽油、柴油和天然气自用和销售量。

三、纳税申报和税款缴纳

运输工具的汽油、柴油和天然气消费税的纳税期为1个季度。

运输工具的车辆汽油、柴油和天然气消费税根据计税依据和规定税率计算。

运输工具的车辆汽油、柴油和天然气消费税金额按照运输工具的汽油、柴油和天然气销售价格计算。当使用自用汽油、柴油和天然气时，运输工具的汽油、柴油和天然气消费税核算金额包括纳税人费用。

考虑到每旬的经常性费用，每季度不晚于纳税期下一个月的25日提交运输工具的汽油、柴油和天然气消费税结算，而年终结算在年度财务报告提交

期限内提交。纳税人应当向从事汽油、柴油和天然气销售的法人所在地国家税务机关提交结算，通过加油站销售汽油、柴油和天然气的情况除外。当通过加油站销售汽油、柴油和天然气时，纳税人应当向加油站所在地的国家税务机关提交结算。

运输工具的车辆汽油、柴油和天然气消费税，在运输工具的汽油、柴油和天然气销售月每旬结束后不晚于第 3 日，向提交结算的所在地缴纳。

第十一章　按照简易程序征税的税种法

第一节　概述

一、一般原则

根据乌国《税法典》第20篇的规定，按照简易程序征税的税种包括依照法律规定针对个别纳税人采用特殊规定计算和缴纳单项业务的营业税、统一土地税和单一税等三个税种，以及提供这三个税种的税务报告。

对于依据法律规定缴纳营业税、统一土地税和单一税的纳税人所从事的经营活动，其应纳税额应当进行单独核算，并按照法律规定的程序纳税。

除法律规定的情形外，缴纳按照简易程序征税的税种的纳税人不再缴纳《税法典》规定的普通税和其他规费。

对于按照简易程序征税的税种，当在一个纳税期内修改征税程序时，纳税人应当将此情况以书面形式通知税务登记所在地的国家税务机关。同时，纳税人应当根据现行征税程序保留上一期缴纳税收和其他规费的义务。

二、适用简易程序时的个别普通税的缴纳义务

对于适用简易征税程序的纳税人，除《税法典》的另行规定外，应当履行源泉税收和其他规费的缴纳义务，向国家预算和国家专项基金缴纳以下税种和规费：(1) 按照《税法典》第165条的规定，缴纳源泉扣缴的法人所得税；(2) 按照《税法典》第207条的规定，缴纳非居民纳税人完成（提供）工程和服务的增值税；(3) 缴纳应征消费税产品的生产消费税，但《税法典》第350条规定的情形除外；(4) 缴纳矿产资源使用税和专项规费，但《税法典》第350条规定的情形除外；(5) 缴纳法律确定的单项商品生产者的

水资源使用税；(6) 关税；(7) 统筹费；(8) 印花税；(9) 单项服务和单项商品零售贸易权利费；(10) 国家专项基金强制扣款（营业税和统一土地税纳税人除外）；(11) 国家公路基金车辆购入税或临时进口税。

第二节 营业税法

一、纳税人

(一) 纳税人的一般规定

根据乌国《税法典》第350条的规定，营业税的纳税人为以下几类的企业：(1) 小型企业，但法律规定的情形除外；(2) 贸易企业和餐饮企业、经营彩票的法人；(3) 合伙人（股东）、从事普通公司业务的个体企业（受托人）。为了进一步明确营业税的纳税人，乌国税法还明确规定，营业税不适用于以下小型企业：(1) 生产应征消费税产品和开采矿产、征收矿产资源使用税的小型企业，但利用先进节能技术生产锻砖的小型企业除外；(2) 缴纳统一土地税和单一税的小型企业；(3) 产品分配协议参与人。

对于小型企业，乌国税法规定，它包括了员工人数符合法律规定标准的法人。其中，员工人数根据会计年度平均员工人数确定。同时，在确定年度平均员工人数时，应当包括兼职人员、根据合同聘请的人员以及单一制企业（子公司）、代表处和分公司员工的人数。当将法人视为小型企业时，员工人数的标准应当符合法人主要经营业务的要求。

为了征税，应当将上一个会计年主要经营活动为贸易活动和餐饮活动的法人纳入贸易和餐饮企业。

销售以下商品不视作商品销售贸易活动：(1) 销售自产产品，包括通过非独立法人的专卖店销售；(2) 寄售、委托合同代理人，包括销售应收归国有的财产；(3) 从事采购业务的企业。

餐饮经营活动理解为厨房用品以及其他食品的生产、销售活动。

(二) 小型企业适用营业税的特殊规定

根据法律规定，小型企业（不包括贸易企业和餐饮企业）和家族企业有权选择适用营业税或按照普通程序纳税。

为了缴纳营业税，现有的小型企业应当在一个会计期开始1个月之前，新成立的小型企业应当在完成国家注册之日起的15日内，向税务登记所在地的国家税务机关提交缴纳营业税的书面通知。

对于拒绝缴纳营业税的小型企业，应当自下一个会计期开始改为按照普通程序纳税，并在当前会计期结束后的10日内书面通知国家税务机关。

对于在一个会计年度内员工人数不符合规定标准的营业税的纳税人，自下一个会计年度起改为缴纳普通税，并在年度财务报告提交期限内书面通知国家税务机关。

对于在上一个会计年度内丧失选择适用营业税权利的纳税人，应当根据普通税的规定重新计算营业税。同时，还应该在年终营业税缴纳结算期内，向税务登记所在地的国家税务机关提交应当缴纳的每个普通税种的结算金额及其证明。

（三）贸易和餐饮企业适用营业税的特殊规定

乌国税法规定，对于在上一年度主要业务为贸易和餐饮的法人企业，应当按照法律的规定，自本会计年度开始缴纳营业税。

新成立的贸易企业和餐饮企业，自国家注册之日起，在当年年终前缴纳统一 税，而当年10月1日之后注册的法人，在下一年年终前缴纳营业税。

对于在上一年度主要业务为贸易和餐饮的法人企业，在本年度连续2个季度内，贸易和餐饮业务为非主营业务时，他们有权改为缴纳普通税。

如果在会计年度终了时法人的员工人数不符合法律的规定，则该法人应当自下一会计年度开始改为缴纳普通税，但保留征税程序选择权的小型企业除外。

对于在上一个会计年度内丧失选择适用营业税权利的法人（不包括小型企业），应当按照普通税的规定，重新计算营业税。

会计年度终了时，员工人数不符合法律规定的小型企业，应当按照乌国国家税务委员会的规定格式，在下一年度2月1日之前，书面向税务登记所在地的国家税务机关报告所选择的征税程序。纳税人未在规定期限内提交书面通知的，应视为其同意缴纳普通税。

（四）单独核算

营业税的纳税人经营的多种业务分别属于不同的征税对象或适用不同的税率时，应当按照这些业务种类分别核算应纳税额，法律另有规定的情况除外。

除彩票业务外，同时还从事其他经营项目的非小型企业的法人，还应该就所从事的其他业务缴纳营业税或普通税。

（五）特殊规定

纳税人由缴纳营业税改为缴纳普通税的，有权在12个月内重新改为缴纳营业税，法律另有规定的除外。

纳税人由缴纳营业税改为缴纳普通税的，在其缴纳普通税的第一个季度免于缴纳社会基础设施开发和公用事业经营税及所得税。

营业税的纳税人（贸易和餐饮企业除外）按照法律规定的程序，有权在其国家注册之日起的一年内延期缴纳营业税。

当营业税的纳税人从事应当缴纳增值税的经营活动时，营业税的纳税人可以自愿缴纳增值税。为此，法人应当在纳税期开始1个月之前，新成立的法人应当在业务开始前向税务登记所在地的国家税务机关提交书面通知。

营业税的纳税人只有在一个纳税期开始时可以拒绝缴纳增值税，并在下一个纳税期开始1个月之前，向税务登记所在地的国家税务机关提交说明。

营业税的法人纳税人免于缴纳根据乌国内阁、卡拉卡尔帕克斯坦共和国部长委员会和地方性国家权力机关决议获得租赁的土地的租金。

二、征税对象

（一）征税对象的范围

根据乌国《税法典》第355条的规定，营业税的征税对象为纳税人的总收入。其中，总收入包括了两部分内容：

1. 扣除增值税、消费税、运输工具的天然气、柴油和汽油消费税之后的商品、工程、服务的销售收入。根据乌国税法的规定，应当缴纳营业税的商品、工程、服务的销售收入是指：（1）对于建筑、安装、维修、调试、设计勘察和科研等单位，销售收入是指这些单位自行完成这些工作所取得的销售收入，如果上述单位在工作过程中所使用的原材料是由业主免费提供的，则销售收入不含业主的材料费用、已完工并得到确认的工程施工价格；（2）对于贸易和餐饮企业，商品、工程、服务的销售收入指的是其贸易额；（3）对于将财产提供金融租赁（信托）的法人，商品、工程、服务的销售收入指的是其金融租赁（信托）的利息收入；（4）对于按照委托、代销合同和其他中介服务合同提供中介服务的法人，商品、工程、服务的销售收入指的是其提供服务的酬金；（5）对于采购企业，商品、工程、服务的销售收入指的是按销售收入买卖价格差计算出的总收入；（6）对于从事彩票业务的法人，商品、工程、服务的销售收入指的是其票面价格收入；（7）对于从事低于成本价或商品购入价格商品销售的法人，以及无偿转让商品的法人，商品、工程、服务的销售收入指的是其商品成本价格或其购入价格。对于价格受国家调控的商品，销售收入根据规定价格确定。

2. 其他收入。对于根据长期合同进行的商品销售、工程施工、提供服务等取得的收入，应当按照法律的规定，根据每个会计期内实际执行合同所取得的收入进行确定。

3. 不视为征税对象的收入。为了进一步明确营业税的征税对象，乌国在税法中除了规定征税对象的范围外，还进一步规定了不属于征税对象的收入。具体包括：（1）法定基金（固定资本）获得的存款，包括股票（股份）发行价格超出其正常值（原始价值）的金额，按普通公司业务合同进行合营业务的联合资金；（2）当股东退出股东会或企业清算时，股东从法定基金（固定资本）存款获得的资金（财产或财产权）；（3）当股东退出时，股东从企业存款中获得的资金（财产和财产权）；（4）销售商品、工程施工、提供服务的预付款收入（财产或财产权）；（5）保证金；（6）国家财政补贴；（7）根据乌国总统决议或乌国内阁决议无偿获取的资金（财产或财产权）、工程和服务；（8）资助金和人道主义援助金；（9）按照保险合同获得的保险赔偿金（保险金）；（10）根据中介服务合同，中介人或代理人获得的收入（酬金除外），以及中介人或代理人对寄售人或其他委托人的赔偿款；（11）出租人（出租方）的租金收入；（12）无偿获取的电信网络侦查技术设备，及其操作维护服务；（13）自愿清算企业的股东因履行义务而获得的资金，当在法律规定期限内未完成清算或终止清盘恢复经营时，这些资金列入征税对象，应当征税；（14）投资担保金。

（二）计税依据确定

根据乌国税法的规定，营业税的计税依据为总收入扣除以下费用后的余额。

1. 有价证券收入。

2. 应源泉扣缴的红利和利息收入。

3. 法人法定基金（固定资本）和红利收入。但对于在享受优惠政策后的1年内返还的法定基金（固定资本）和红利收入，应当按照一般基准进行源泉征税。

4. 以前会计年度的收入。这些收入应当征税，根据法律重新计算收入形成期的税费和其他规费。

5. 可多次使用的包装材料，如果其价值早已列入商品、工程、服务的销售收入之中。

6. 高于实际销售价格而获得的收入。

根据乌国税法的规定，除上述各项收入外，下列人员所取得的收入，也应该从总收入中扣除。

1. 经营彩票业务的法人所获得的大于彩票销售总额的奖金。

2. 中介机构进行交易所获得的交易费用转账的手续费。

3. 从事进出口中介服务的法人为代办的进口商品支付的关税。

另外，对于购入的新工艺设备、用于实验测试和试验的成套设备，在5年内其计税依据扣除不超过25%；对于无偿缴纳抵押贷款或年轻家庭员工购入住房的，计税依据扣除不超过10%。

（三）计税依据调整

根据税法的规定，当出现以下情况时，应当对纳税人的总收入进行调整：

1. 退货。

2. 变更交易条件。

3. 折扣价销售。

4. 拒绝工程施工、提供服务。

计税依据调整的期限为1年。对于有质保期的商品、工程、服务的计税依据调整，其期限应当与质保期的规定相同。

（四）税收优惠

根据乌国税法的规定，对于残疾人员工、1941—1945年间工作和参军的人员占50%以上，拥有残疾人协会，Nuroniy基金和乌兹别克斯坦切尔诺贝利核事故受害人协会的法人，免于缴纳营业税。但从事贸易、中介、供销采购、彩票业务的法人除外。

三、纳税申报和税款缴纳

（一）纳税期和会计期

根据乌国税法的规定，营业税的纳税期为一年，会计期为一个季度。

（二）纳税申报

根据乌国《税法典》第260条的规定，营业税的应纳税额根据计税依据和规定的税率进行计算。

对于增值税纳税人，营业税金额减少应上缴国家预算的增值税金额，但是不超过营业税收款的50%。

自愿缴纳增值税的纳税人不应当从年初缩减整个会计期的营业税，而应当在每个会计期核算增值税。

营业税的纳税人应当在每个会计期结束后的25日（即下一个会计期的前25日）内向税务登记所在地的国家税务机关提交上一个会计期的营业税申报，年终申报在年度财务报告提交期限内提交。

（三）税款缴纳

乌国税法规定，对于小型企业，营业税的税款应该在结算期内缴纳；对于非小型企业，每月应该缴纳的税款应该在下个月25日之前缴纳。每年年终应该缴纳的税款，应该在年度财务报告提交的期限内缴纳。

（四）税款抵扣

乌国居民法人从乌国境外获得的收入应当全额列入纳税人总收入。

对于根据国际条约在乌国境内缴纳的法人营业税，应当计入乌国境外缴纳的所得税金额。

对于纳税人在境外缴纳的所得税，应当依据付款通知书、国外主管机关的证明和其他证明境外纳税的文件进行确认。

第三节 统一土地税法

一、纳税人

（一）一般规定

根据乌国《税法典》第362条的规定，统一土地税的纳税人包括以下几类不同的对象。

1. 农产品生产者。乌国税法规定，为了征收土地营业税，将同时符合以下条件的法人也视为农产品生产者：（1）其主营业务为利用土地生产农产品并加工这些自产产品，或是仅利用土地生产农产品；（2）拥有按照地方性国家权力机关规定提供的农业经营用地；（3）农产品生产和这些自产产品加工份额超过农产品（包括为了销售或加工而购入的农产品）生产和加工总量的50%。

2. 农业科研单位和农业教学实验机构。农场（包括法人农场和非法人农场）、林场、狩猎场不是统一土地税的纳税人除外。

（二）对统一土地税纳税人的特殊规定

根据乌国税法的规定，统一土地税的纳税人应当在每年2月1日之前，向税务登记所在地的国家税务机关提交报告，证明在上一个纳税期内农产品加工和生产总量中自产农产品加工和生产的份额。在确定自产农产品加工和生产的份额时，不得包括《税法典》第132条规定的、法人企业所取得的其他收入。

对于在上一个纳税期结束后，不符合统一土地税纳税人规定条件的企业，应当从本纳税期开始改为缴纳普通税或营业税。

作为小型企业的统一土地税的纳税人应当在每年2月1日之前书面通知国家税务机关所选择的征税程序。纳税人未在规定期限内书面通知的，视为其同意缴纳普通税。

从缴纳统一土地税改为缴纳普通税的纳税人，在其改为缴纳普通税的第一个季度免除缴纳社会基础设施开发和公用事业经营税及法人所得税。

改为缴纳普通税或营业税的统一土地税纳税人，在每一纳税期开始时，有权重新改为缴纳统一土地税。

根据上述法律规定被视为农产品生产者、农业科研单位和教学实验机构，无权选择其他征税程序，必须缴纳统一土地税。

统一土地税的纳税人从事与农产品生产和加工无关的经营活动时，应当按照法律的规定单独核算应纳税款。

统一土地税纳税人合营获得的收入、利息和红利应当缴纳统一土地税，税率为规定的红利税率。

当应当缴纳统一土地税的土地转为租赁时（包括农场内部承包），出租人为统一土地税的纳税人。

二、征税对象

根据乌国税法的规定，统一土地税的征税对象为符合法律规定，因农业用途而使用、占用、租赁的土地，计税依据为根据法律确定的土地的标准价值。

对于在一个纳税期内（即1年内）土地的所有权、使用权或租赁权发生变化的，计税依据从上述权利发生变化的次月开始计算。当土地面积减少时，计税依据从土地面积减少当月开始计算。

当法人有权享受统一土地税的优惠时，计税依据从该优惠权利确认之月起开始计算。当统一土地税的优惠权利终止时，计税依据从该权利终止的次月开始重新计算。

三、税收优惠

乌国税法规定，对于下述各项，免除缴纳统一土地税：

1. 对于自愿清算的企业，从作出自愿清算决定之日起。当在法律规定期限内未完成自愿清算或终止清算程序恢复经营时，不适用本优惠政策，在整个优惠政策适用期内全额征税。

2. 对于使用点滴灌溉土地的法人，从采用点滴灌溉系统当月起的 5 年内，免除缴纳统一土地税。

3. 对于农业生产者利用土地从事《税法典》第 282 条第 2 部分规定的项目时，免除缴纳统一土地税。

四、纳税申报和税款缴纳

乌国税法规定，统一土地税的纳税期为 1 年。

统一土地税的应纳税额根据土地标准价值和规定税率计算。

纳税人应当在每年 5 月 1 日前向土地所在地的国家税务机关进行纳税申报。

对于在 1 个纳税期（即 1 年内）内征得的土地，统一土地税从征地后的次月开始计算。当收回（减少）缴纳统一土地税的土地时，自收回（减少）土地之月起终止（减少）缴纳统一土地税。

土地面积在 1 个纳税期（即 1 年）内发生变更时，以及出现（终止）统一土地税优惠权利时，纳税人应当在当年 12 月 1 日前向国家税务机关提交精确的统一土地税结算。

纳税人应当在每年 9 月 1 日前，缴纳年度税款总额的 30%，并在当年 12 月 1 日前缴纳剩余的税款。

第四节 单一税法

一、纳税人

根据乌国《税法典》第 270 条的规定，单一税的纳税人为从事单项业务的法人和个体企业。对于非法人进行的家族式经营活动，单一税的纳税人为注册为个体企业的家族式经营家庭成员。

二、对从事单项业务的法人和个体企业适用单一税的特殊规定

对于从事单项业务的法人和个体企业，单一税应税经营活动的种类清单以及这些经营活动的实际指标依据乌国法律的规定进行确定。

缴纳单一税的纳税人，在适用单一税的经营活动中无权选择其他的征税程序。如果适用单一税的纳税人还同时从事非单一税的应税经营活动，则应该对这些非单一税业务进行单独核算，并缴纳法律规定的其他税收。

对于主营业务为单一税纳税人的法人所取得的《税法典》第 132 条规定的其他收入不应当征收单一税，但纳税人合营获得的收入、利息和红利以及租金收入除外。

单一税纳税人的财产租赁收入应当按照《税法典》规定的程序征收普通税或营业税收款。

单一税的征税对象为法律规定的单项业务的实际指标，计税依据为纳税人从事单项业务的实际数量。

单一税金额根据规定税率和计税依据确定。

单一税的纳税期为一个月。

单一税的纳税人应当向税务登记所在地的国家税务机关进行纳税申报。新成立的纳税人应该在国家注册之日起的 10 日内向税务登记所在地的国家税务机关进行纳税申报。

缴纳单一税的法人企业应当在每月 25 日之前，缴纳上一纳税期（即上一个月）的税款。缴纳单一税的个体企业应当在当月 25 日之前，缴纳本纳税期的税款。

三、对于个体企业适用单一税的特殊规定

根据乌国《税法典》第 373 条的规定，缴纳单一税的个体企业还应该缴纳以下税种的税款：（1）关税；（2）矿产资源使用者税和专项规费；（3）当使用水资源用于经营活动时缴纳水资源使用税；（4）生产应征消费税产品时的消费税；（5）预算外养老金保险费；（6）印花税；（7）国家公路基金车辆购入税或临时进口税。

如果个体企业具有应税财产或土地，还应当按照法律的规定，缴纳自然

人财产税和土地税。

如果个体企业暂停经营活动的，则应当在暂停业务前向国家注册机关提交临时暂停业务的申请，同时交付国家注册证书。有雇佣工人的个体企业还应当在规定期限内向税务登记所在地的国家税务机关交付每位雇员的计算卡。

国家税务机关根据国家注册机构提交的个体企业暂停业务的信息，在该个体企业暂停业务期间终止计算单一税。

四、对于从事贸易活动的个体企业适用单一税的特殊规定

乌国税法规定，从事贸易活动的个体企业应当在商品交易和收入登记簿上统计收入和商品交易。其中，商品交易和收入登记簿包括商品交易和收入登记册、商品支票本。

商品交易和收入登记簿的格式由乌国国家税务委员会审定。

商品交易和收入登记簿的使用应当根据个体企业申请，由个体企业所在地的国家税务机关进行登记。

商品交易和收入登记簿应当由个体企业保存5年，国家税务机关应当对其进行编号、装订和盖章。

个体企业业务报告提交规定如下：（1）从事贸易活动的个体企业（运送商业活动商品的个体企业除外）应当在每个季度结束后的10日内向税务登记所在地的国家税务机关提交个体企业业务报告。（2）运送商品的个体企业应当在次月10日前向税务登记所在地的国家税务机关提交个体企业业务报告。

五、对雇佣员工的个体企业适用单一税的特殊规定

雇佣员工的个体企业应当负责缴纳其每位雇员的单一税，税款金额为个体企业所从事的业务规定税率的30%。

当个体企业从事多种业务时，每位雇员的单一税按照相关业务规定的单一税最大税率的30%计算。

当个体企业从事经营业务时，征税根据业务实际指标进行，个体营业者每位员工的单一税按照每月实际指标规定的单一税税率的30%缴纳。

个体企业每位员工的单一税，在劳动合同签订月的次月开始缴纳。

不是在国家注册所在地从事经营活动的个体企业，按其注册所在地和实际业务所在地之间最大税率的30%给其注册所在地的每位员工缴纳单一税。

国家税务机关获取的每位员工计算卡系该期限内终止计算个体企业每位

雇员单一税的依据。

当终止业务的个体企业在规定期限未向国家税务机关交付其员工的计算卡时，个体企业的单一税照常征收。

如果个体企业的员工是职业学院的应届毕业生，自这些应届生员工毕业之日起的12个月内，免除个体企业的单一税。

当个体企业免除缴纳单一税时，该个体企业的员工也同时免除缴纳单一税。

六、纳税申报和税款缴纳

单一税按照规定税率和纳税人经营活动的种类进行核算与缴纳，与纳税人每月的工作天数无关。

从事多种业务的纳税人，按照每种业务单独规定的税率计算和缴纳单一税。单一税的应纳税额由纳税人税务登记所在地的国家税务机关进行核算。

纳税人应该在每月25日前，按照纳税人国家注册所在地规定的税率缴纳单一税。如果纳税人经营活动所在地的单一税率与其国家注册所在地的单一税率不同，则按照最大税率来计算应纳税额。

职业学院毕业生在毕业后的12个月内注册为个体企业时，6个月内免除缴纳单一税。在注册为个体企业起的12个月内终止业务时，缴纳整个营业期的单一税。

第十二章 对特殊纳税人的特别规定

第一节 对外国私人投资者的特殊规定

根据乌国《税法典》第29章的规定，为了吸引外国公民、无国籍者、常住乌国境外的自然人以及外国非国有法人企业投资生产乌国法律审定清单上的产品，乌国税法对其规定了单独适用的税种和规费优惠制度。

当上述法人企业的投资额达到法律规定的额度时，在一定期限内免除缴纳法人所得税、法人财产税、社会基础设施开发和公用事业经营税、营业税和国家公路基金。

适用上述优惠制度的法人企业必须满足下列各项条件：（1）法人企业必须处于法律规定的区域内；（2）属于未获得乌国担保、由外国投资人直接进行私人投资；（3）法人固定资本中外国合伙人份额不超过33%；（4）以可自由兑换货币或新型现代化工艺设备的形式进行投资；（5）因享受上述优惠制度而获得的收入不小于50%时，在进行再投资时继续使用优惠政策，便于法人进一步发展。

对于适用免于缴纳上述各项税费优惠制度的外国投资者，在享受优惠制度结束后的1年内，如果要把投资资本和利润输出乌国，则必须把因享受优惠制度而免于缴纳的税款和规费返还给乌国政府。

外国私人投资直接参与的法人企业在享受优惠制度期间出现不符合规定要求的情况时，应当缴纳普通税和各项规费，并应当受到金融处罚。

对于适用上述优惠制度的法人企业，应当将开始享受优惠政策的日期按照乌国国家税务委员会规定的格式书面通知税务登记所在地的国家税务机关。

对于不再适用上述优惠制度的法人企业，应当在纳税期内将其不再适用优惠制度的日期按照乌国国家税务委员会规定的格式书面通知税务登记所在地的国家税务机关。

第二节　对合营业务的特殊规定

一、一般规定

根据乌国《税法典》第 279 条的规定，从事合营业务的普通公司的合伙人（股东）投资到合营业务中的财产应当计入合伙人（股东）个人的资产负债表。

因销售合营产品而发生的税款和其他规费，由销售合营产品的人员（委托人）负责缴纳。如果合伙人（股东）中有法人的，则由该法人负责缴纳税款和其他规费。

行使委托人职能的法人，应当对征税对象和合营业务的涉税标的物进行单独核算。

负责缴纳税款和其他规费的委托人，应当在合营业务开始前 10 日内，在税务登记所在地的国家税务机关登记为合营业务的税款缴纳人。

二、委托人的纳税程序

委托人应当根据法律规定对合营产品的销售和生产进行单独核算。

合营产品的销售委托人应当按照法律规定缴纳增值税、消费税（当销售应税消费品时）和国家专项基金。

非增值税纳税人的委托人应当在国家税务机关登记为合营业务增值税的纳税人。

委托人销售合营产品的，应当办理发票。

合营业务收入定义为扣除国家专项基金后的合营产品销售净收入同所销售合营产品的业务投资额之差。

合营业务的收入根据合伙人（股东）的投资份额或合同的规定在合伙人（股东）之间分配。

当终止合营合同并将财产返还给合伙人（股东）时，每位合伙人（股东）获得的投资返还款不应视为合伙人的（股东）收入。

在分配合伙人（股东）之间的收入时，对于未销售的合营产品，委托人根据法律规定从合伙人（股东）处获得的增值税金额，应当按照法律规定的程序进行调整，退还给合伙人（股东）。

将合营产品转让给合伙人（股东）的委托人办理发票时，应当在发票上注明增值税的金额。当计算增值税时，合营产品转让发票是结算合伙人（股东）增值税款的依据。

三、合伙人（股东）的征税程序

根据乌国《税法典》第381条的规定，财产转让作为合营业务投资，应当按照合伙人（股东）之间的协商价格或资产负债表来确定，不视为销售商品、工程、服务。

对购入和转让的财产，其增值税由从销售合营产品的委托人进行结算，其他合伙人（股东）不对增值税金额进行结算。如果合营财产在转为合营财产之前已经缴纳了增值税，则在该财产转为合营财产时，扣除先前缴纳的增值税金额。

当合伙人（股东）将自产产品作为合营投资时，不计算和缴纳增值税。对于先前已经缴纳的增值税金额，应当进行调整。

合伙人（股东）将财产作为合营财产投资时，不论其是否为增值税的纳税人，都应当办理转让财产发票，在发票上注明已经缴纳的增值税金额。当计算合营产品的增值税时，发票系委托人结算该税款的依据。

对于合伙人（股东）的其他业务收入应当征税。

四、对个体企业合营业务的征税

当个体企业从事合营业务时，销售合营产品的委托人对该产品销售收入按照小型企业规定的税率缴纳营业税和消费税。

对于未销售的合营产品应当缴纳的营业税，由合伙人（股东）分担。营业税的税额根据合营产品的成本计算。

个体企业合营业务的营业税计算方式由乌国国家税务委员会和乌国财政部审定。

第三节 对农场的特殊规定

根据乌国《税法典》第383条的规定，对于农场，无论是法人组织还是非法人组织，都应当按照自然人纳税人对待，缴纳自然人纳税人应当缴纳的税款和规费。

农场应当缴纳以下各种税收和规费：(1) 自然人土地税；(2) 水资源使用税；(3) 自然人财产税；(4) 关税；(5) 印花税，如果《税法典》第17篇未另行规定；(6) 国家公路基金车辆购入税或临时进口税。

农场在缴纳上述各项税收和规费时，还必须按照法律规定的程序，缴纳预算外养老基金保险费。

农场的成员从事同自产农产品生产、加工和销售无关的业务时，应当注册为个体企业，并缴纳法律规定的税款和规费。

第四节　对市场的特殊规定

根据乌国税法的规定，市场应当按照法律规定程序建立法人组织。对市场的税收包括一次性收费和其他收入两种。

一、一次性收费

乌国法律规定，在市场上销售商品、制品和农产品的自然人都应当缴纳一次性收费。一次性收费的对象为每个销售场所或每件交易的商品、制品及牲畜。一次性收费按照单一税进行征收。

自然人租赁销售场所时，租金中应当包含一次性收费。

一次性收费金额由地方性国家权力机关按照法律规定的程序审定。

二、其他收入

根据乌国税法的规定，市场的其他收入包括：(1) 租金收入，法人和自然人向市场管理处租用建筑物、构筑物和其他财产的租金；(2) 向买家和卖家提供服务的收入；(3) 市场管理处农产品销售、采购和收购收入；(4) 其他收入。

市场管理处提供服务的价格和租金金额由地方性国家权力机关按照法律规定的程序审定。

三、纳税程序

对于上述各项市场收入不应当征收其他的税款和规费，但应当征收源泉扣缴的税收和规费以及下列各项税收和规费：（1）关税；（2）统筹费；（3）印花税；（4）单项服务和单项商品零售贸易权费；（5）国家专项基金；（6）国家公路基金车辆购入税或临时进口税。

每月10日前，市场应当将收入信息按照乌国国家税务委员会规定的格式报告给税务登记所在地的国家税务机关，并同时缴纳相应的税款。

对于法定基金（固定资本）中国有份额超过51%的商场法人组织，也应当按照上述规定缴纳相应的税收和规费。

第五节 对从事音乐表演的法人和自然人的特殊规定

根据乌国《税法典》第388条的规定，从事音乐表演的法人和自然人应当根据按照法律规定的程序签发的许可证从事音乐表演活动。取得音乐表演活动许可证的法人和自然人应当按照规定的税率缴纳印花税。

对于从事音乐表演活动的法人和自然人，除了缴纳以下的税收和规划外，不再缴纳其他的税收和规费：（1）印花税；（2）关税：（3）统筹费；（4）国家专项基金；（5）国家公路基金车辆购入税或临时进口税；（6）源泉扣缴的税款和其他规费。

当法人纳税人从事与音乐表演活动无关的业务时，应当对该业务进行单独核算，并缴纳法律规定的税款和其他规费。从事其他业务的小型企业保留税制选择权，可以缴纳普通税或按照规定缴纳营业税。

缴纳音乐表演活动许可证印花税的自然人，除了缴纳关税和国家公路基金车辆购入税或临时进口税外，就此类活动不再缴纳单一税。

如果缴纳音乐表演活动许可证印花税的自然人具有应税财产或土地时，也应当按照法律的规定，缴纳自然人财产税或土地税。

另外，从事音乐表演活动的自然人，除了缴纳上述各项税收和规费外，还应当缴纳预算外养老基金保险费。

第六节 对律师行业的特殊规定

根据乌国税法的规定，律师协会、律师公司和律师事务所在律师提供法律援助（服务）的相关业务时，除了缴纳以下税款和规费外，免于缴纳其他的税款和规费：(1) 关税；(2) 统筹费；(3) 国家公路基金车辆购入税或临时进口税；(4) 源泉扣缴的税款和其他规费。

当律师协会、律师公司和律师事务所从事与法律援助无关的经营活动时，对于从事经营活动的法人，应当按照法律规定缴纳税款和其他规费。

律师因提供法律援助（服务）而获得的酬金应当按照规定缴纳个人所得税。个人所得税的征税对象为律师收入。它是律师提供法律援助（服务）获得的酬金同律师协会、律师公司和律师事务所管理费之差。

计税依据根据扣除计入律师酬金中的统筹费之后的律师收入确定。

律师协会、律师公司和律师事务所的税务员根据法律规定对律师收入进行征税。

第三编　乌国规费法律制度

第十三章　社保基金

第一节　养老保险费和统筹费

根据乌国《税法典》第51章的规定，为了解决公民的养老保障问题，国家专门开征了预算外公民养老保险费和统筹费两种收费项目。

一、缴费人

根据法律规定，养老保险费和统筹费分别是由不同的对象缴纳的。其中，统筹费的缴费人为：(1) 乌国居民法人；(2) 在乌国境内通过常设机构、代表处和分支机构从事业务的非居民法人。

养老保险费（以下简称保险费）的缴费人为乌国公民自然人，常住乌国的外国公民和无国籍者。除法律规定的特殊情况外，保险费计算、扣除和申报缴纳的义务，应当由雇主履行。

二、征费对象和计费依据

统筹费和保险费的征费对象为个人所得税法中规定的劳动报酬收入。

对于乌国领事机构和外交使团的员工，以及借调至国际政府组织工作的人员，统筹费和保险费的征税对象是其前往境外工作前从事的最后一份工作的劳动报酬收入，按照乌国政府机构员工工资增长情况重新计算的收入。

非居民法人支付给其外国员工的收入也必须缴纳统筹费，并且计费收入不得低于合同规定总工资额的90%。

三、优惠

根据乌国《税法典》第308条的规定，对于以下两项收入不征收保险费和统筹费：

1. 因工伤或其他健康损害超出规定范围的赔偿款。

2. 以下机构提供的一次性劳动报酬收入：（1）国家、各国政府、国际和国外政府机构；（2）列入乌国政府清单的国际和国外非政府机构；（3）根据国际条约确定的其他机构。

另外，对于以下两项收入，不征收统筹费：（1）乌国国家安全局、乌国紧急情况部、内务部、国防部为履行公职的士兵、军士、军官和海关员工支付的津贴、奖金和其他付款；（2）普通法院和经济法院、宪法法院向审判员，检察院向具有官衔（军衔）的工作人员因履行公职而支付的收入。

四、缴费申报与费用缴纳

根据法律的规定，缴费期为1年，会计期为1个季度。

统筹费和保险费根据征费对象和规定的费率每月进行核算。

统筹费应当用法人资金缴纳，保险费应当从员工工资中扣除缴纳，由税务员转账。

缴费人应当在每季度结束后的25日内向税务登记所在地的国家税务机关提交统筹费和保险费的累计申报，年终结算应当在年度财务报告提交期限内提交。

每月结束后的10日内缴费人应当缴纳统筹费和保险费。

五、对个别自然人保险费缴纳和核算的特殊规定

根据法律的规定，下列的企业或人员无论每月工作天数多少，都必须在每月25日之前缴纳保险费：（1）个体企业计算缴纳保险费的金额不低于最低月工资；（2）个体企业员工计算保险费的收入不得低于最低工资的50%；（3）对于家族式经营活动的非法人组织，注册为个体企业的家庭成员的保险费计费金额不得低于最低月工资；其他家庭成员（除未成年人外）的保险费

的计费金额不得低于最低月工资的50%。

法人或非法人农场的成员自愿缴纳保险费，金额不少于年最低工资的4.5倍。

对于领取退休金的人员，以及Ⅰ类和Ⅱ类残疾人，保险费金额应当不少于其规定最低金额的50%。

新注册的个体企业和从事家族式经营活动的非法人组织，保险费从完成国家注册的次月开始缴纳。

第二节 养老金强制扣款

在乌国，为了解决养老保障的资金问题，除征收养老保险费和统筹费之外，还开征了养老金强制扣款。

一、缴费人

根据乌国《税法典》第52章的规定，养老金强制扣款的付款人包括：(1) 乌国居民法人；(2) 法人公司的股东（合伙人）。

为了进一步明确养老金强制扣款付款人的范围，乌国税法规定，下列人员或组织不是养老金强制扣款的付款人：(1) 非营利性组织，从事经营活动获利的非营利性组织除外；(2) 缴纳统筹费或统一土地税的法人；(3) 缴纳普通税的小型企业（生产应征消费税产品和征收矿产资源使用税的企业除外）。

二、缴费对象和计费依据

养老金强制扣款的征费对象和计费依据为净收入。它具体包括以下各项：

1. 对于市政系统的供热、供水和供气企业，计费收入为扣除增值税和企业购买热力、水、天然气等费用后的产品、工程、服务的销售额。

2. 对于建筑、建筑安装、建筑维修、启动调试、设计勘察和科研单位，计费收入为扣除增值税后完成建筑、建筑安装、维修建筑、启动调试、设计勘测和科研工作的收入额。如果建筑材料是由业主免费提供的，则计费收入中不包含业主的材料费用。

3. 对于提供中介服务的法人，计费收入为扣除增值税之后的酬金。

4. 对于贸易企业，计费收入为其贸易额。

5. 对于信贷和保险机构，计费收入按照《税法典》第 148 条和第 150 条有关法人所得税的规定确定。

6. 对于从事财产信托业务的法人，计费收入为金融租赁（信托）的利息收入。

另外，为了进一步明确保险强制捐款的范围，法律规定对以下各项收入不进行保险强制扣款：(1)《税法典》第 132 条规定的法人企业的其他收入；(2) 人寿保险的保险费、再保险合同的转让费等。

对于缴费人多个不同的征费对象应当分别进行核算。

三、缴纳申报和费款缴纳

根据法律的规定，缴费期为 1 年，会计期为一个季度。

养老金强制扣款根据计费依据和规定的费率每月进行核算。

缴费人必须在每季度结束后的 25 日内向税务登记所在地的国家税务机关提交养老金强制扣款的累计结算，并在年度财务报告提交期限内提交年终结算。

小型企业应当在申报期内缴纳费款，非小型企业在每月 25 日之前缴纳上一个月的费款，并在年度财务报告提交期限内缴纳当年的费款。

第十四章　国家公路基金

第一节　公路基金强制扣款

根据乌国《税法典》第16篇的规定，国家公路基金规费包括公路基金强制捐款和公路基金税两种。本节首先介绍公路基金强制扣款，下一节介绍公路基金税。

一、缴费人

根据法律的规定，公路基金强制扣款的缴费人包括：(1) 乌国居民法人；(2) 普通法人公司的股东（合伙人、委托人）。

为了进一步明确公路基金强制扣款付款人的范围，乌国税法规定，下列人员或组织不是公路基金强制扣款的付款人：(1) 非营利性组织，从事经营活动获利的非营利性组织除外；(2) 缴纳统筹费或统一土地税的法人；(3) 缴纳普通税的小型企业（生产应征消费税产品和征收矿产资源使用税的企业除外）。

二、征费对象和计费依据

依据乌国税法的规定，公路基金强制扣款的征费对象和计费依据为缴费人的净收入。它具体包括以下各项：

1. 对于市政供热、供水和供气企业，计费依据为扣除增值税和企业购买热力、水、天然气等费用后的产品、工程、服务的销售额。

2. 对于建筑、建筑安装、建筑维修、启动调试、设计勘察和科研的单位，计费依据为扣除增值税后完成的建筑、建筑安装、建筑维修、启动调试、设计勘测和科研工作的收入额。如果建筑材料是由业主免费提供的，则计费收入中不包含业主的材料费用。

3. 对于提供中介服务的法人，计费收入为扣除增值税之后的酬金。

4. 对于贸易企业，计费收入为其贸易额。

5. 对于信贷和保险机构，计费收入按照《税法典》第 148 条和第 150 条有关法人所得税的规定确定。

6. 对于从事财产信托业务的法人，计费收入为金融租赁（信托）的利息收入。

另外，为了进一步明确公路基金强制扣款的范围，法律规定对以下各项收入不进行保险强制扣款：（1）《税法典》第 132 条规定的法人企业的其他收入；（2）人寿保险的保险费、再保险合同的转让费等。

对于缴费人多个不同的征费对象应当分别进行核算。

三、缴费申报和费款缴纳

根据法律规定，缴费期为 1 年，会计期为 1 个季度。

公路基金强制扣款根据计费依据和审定的费率每月进行核算。

缴费人必须在每季度结束后的 25 日内向税务登记所在地的国家税务机关提交公路基金强制扣款的累计结算，并在年度财务报告提交期限内提交年终结算。

小型企业应当在申报期内缴纳费款，非小型企业应当在每月 25 日之前缴纳上一个月的费款，并在年度财务报告提交期限内缴纳当年的费款。

第二节　公路基金税

根据乌国《税法典》第 54 章的规定，公路基金税包括车辆购入税和临时进口税（即购入或临时进口至乌国境内的车辆），还包括外国车辆的入境税和过境税。

一、纳税人

根据法律规定，车辆购入税或临时进口税的纳税人为购入或临时进口车辆的乌国居民和非居民。

外国车辆的入境税和过境税的纳税人为这些车辆的拥有者或使用者。

二、征税对象和计税依据

根据法律规定，公路基金税的征税对象为购入或临时进口的车辆，以及入境和过境的外国车辆。公路基金税的计税依据为：对于车辆购入税和临时进口税，计税依据为购入或临时进口车辆的发动机马力或车辆价格：对于过境税和入境税，计税依据为过境和入境的外国车辆。

三、优惠

乌国《税法典》第324条规定，对于下述的车辆免除车辆购入税和临时进口税：

1. 各类残疾人购买的手动挡轿车或四轮摩托车。

2. 乌国公民根据赠与协议或亲属继承协议获得的汽车和四轮摩托车。

3. 有法律规定资质的汽车客运企业从事客运的车辆（轿车和中巴车除外）。

4. 法人购入的载重量超过40吨的露天矿自卸车。

5. 幼儿园、特殊寄宿学校、残疾儿童中心、老年和青少年残疾寄宿学校，以及医疗机构以无偿赞助的形式获得的汽车。

6. 在国家和经济管理机关内部无偿转让的车辆。

7. 因企业重组而获得的车辆。

8. 出租人购入转让给上述第3、4项规定法人用于出租的车辆。

四、纳税申报与税款缴纳

根据法律规定，在以下情况下，当这些车辆在乌国内务部机关进行国家注册和再注册时，征收车辆购入税或临时进口税：

1. 根据买卖合同、置换合同、赠与协议、无偿转让协议，以及其他法律未禁止的交易获得的车辆。

2. 作为法人固定资产（固定资本）或按法律规定程序作为红利获取的车辆。

3. 购入用于租赁的车辆。税费从承租人和出租人处征收，按照双方书面协商。当出租人为非居民时，税费从承租人处征收。租赁合同期满重新注册为租赁（转租）车辆时，税费不重复征收。

4. 临时进口的车辆。

对没有提交车辆购入税或临时进口税缴纳文件的车辆不得进行注册、再注册和技术检查。

外国车辆的入境税和过境税在外国车辆入境时征收。

第十五章　专门学院和医疗机构改建、大修和装备预算外基金强制扣款

根据乌国税法的规定，专门学院指的是普通教育学院、职业学院和专科学院。为专门学院和医疗机构改建、大修和装备基金的强制扣款是根据乌国法律的规定设立的。

一、缴费人

根据法律规定，专门学院和医疗机构改建、大修和装备基金的强制扣款的缴纳人包括：(1) 乌国居民法人；(2) 普通法人公司的股东（合伙人、委托人）。

为了进一步明确专门学院和医疗机构改建、大修和装备基金的强制扣款付款人的范围，乌国税法规定，下列人员或组织不是强制扣款的付款人：(1) 非营利性组织，从事经营活动获利的非营利性组织除外；(2) 缴纳统筹费或统一土地税的法人；(3) 缴纳普通税的小型企业（生产应征消费税产品和征收矿产资源使用税的企业除外）。

二、征费对象和计费依据

依据乌国税法的规定，专门学院和医疗机构改建、大修和装备基金的强制扣款的征费对象和计费依据为缴费人的净收入。它具体包括以下各项：

1. 对于市政供热、供水和供气企业，计费依据为扣除增值税和企业购买热力、水、天然气等费用后的产品、工程、服务的销售额。

2. 对于建筑、建筑安装、建筑维修、启动调试、设计勘察和从事科研的单位，计费依据为扣除增值税后完成的建筑、建筑安装、建筑维修、启动调试、设计勘测和科研工作的收入额。如果建筑材料是由业主免费提供的，则计费收入不包含业主的材料费用。

3. 对于提供中介服务的法人，计费收入为扣除增值税之后的酬金。

4. 对于贸易企业，计费收入为其贸易额。

5. 对于信贷和保险机构，计费收入按照《税法典》第 148 条和第 150 条有关法人所得税的规定确定。

6. 对于从事财产信托业务的法人，计费收入为金融租赁（信托）的利息收入。

另外，为了进一步明确专门学院和医疗机构改建、大修和装备基金的强制扣款的范围，法律规定对以下各项收入不进行强制扣款：（1）《税法典》第 132 条规定的法人企业的其他收入；（2）人寿保险的保险费、再保险合同的转让费等。

对于缴费人多个不同的征费对象应当分别进行核算。

三、缴费申报和费款缴纳

根据法律的规定，缴费期为 1 年，会计期为 1 个季度。

专门学院和医疗机构改建、大修和装备基金的强制扣款根据计费依据和审定的费率每月进行核算。

缴费人必须在每季度结束后的 25 日内向税务登记所在地的国家税务机关提交专门学院和医疗机构改建、大修和装备基金的强制扣款的累计结算，并在年度财务报告提交期限内提交年终结算。

小型企业应当在申报期内缴纳费款，非小型企业应当在每月 25 日之前缴纳上一个月的费款，并在年度财务报告提交期限内缴纳当年的费款。

第十六章　国家规费（印花税）

印花税是对经济活动和经济交往中书立、使用、领受具有法律效力的凭证的单位和个人的征税。它起源于1624年的荷兰，因为是通过在应税凭证上粘贴印花税票的方式完成税款的征收与缴纳，故而得名印花税。它被认为是广义财产税的一种，是一个世界性的税种。根据乌国《税法典》第326条的规定，印花税是对进行法律行为和主管机关或职务负责人签发文件征收的规费。对于乌国领事机构进行的领事行为，印花税以领事签证费的形式征收。

第一节　纳税人和征税对象

一、纳税人

根据乌国《税法典》第328条的规定，印花税的纳税人是提请进行法律行为或主管机关及其职务负责人签发文件的法人和自然人。

二、征税对象

根据乌国税法的规定，印花税的征税对象包括以下几类行为或证书：

1. 按照法院判决监督程序向法院提交对职务负责人和机构行为的起诉书、申诉书、特殊诉讼起诉书、上诉书、抗议书，撤销仲裁法院判决的申请书，仲裁法院签发判决强制执行的执行令，申请法院签发文件的复印件。

2. 起诉书，公司和个人的破产声明，申请以第三方人员身份独立处理争议事务的声明，确定具有法律意义的申请书，向经济法院提起的关于终止生产、未经审查撤诉、法院罚款判决的上诉书和申诉书，申请仲裁法院撤销判决和仲裁法院强签发制执行令的申请书、申请经济法院撤销仲裁法院判决的申请书，以及对仲裁法院判决签发强制执行令和拒绝签发执行令的申诉书和上诉书。

3. 乌国领事和公证人的公证行为。

4. 户籍登记，以及签发公民户籍登记证明和户籍登记记录修改、补充和恢复的证明。

5. 签发乌国入境邀请函、签发居留证或居留证延期、签发外国护照签证或其出入境替代文件的签证，以及乌国入籍申请和脱籍申请。

6. 签发乌国公民护照或其他相同性质的文件。

7. 乌国公民居住地登记、注册和记录，以及外国公民和无国籍者的登记和记录。

8. 法人和个体企业国家注册。

9. 签发单项经营活动的营业执照。

10. 签发狩猎许可证。

第二节 免税

根据乌国税法的规定，基于国家社会经济外交等政策的考虑，对下列的事项免征印花税。

一、对普通法院的免税

根据税法规定，对于在普通法院从事的下列活动，免于征收印花税：

1. 追缴工资案件及其他劳务法律关系诉讼案件中的原告。

2. 知识产权诉讼案件中的原告。

3. 追缴赡养费诉讼案件中的原告。

4. 因工伤残或死亡导致的赔偿诉讼案件中的原告。

5. 追究自然人刑事责任，并要求处以行政处分及赔偿损失案件的原告。

6. 刑事附带民事诉讼案件的原告。

7. 对刑事案件的赔偿判决不服提出申诉和上诉的人员。

8. 对离婚判决结果不服（该离婚与财产分割无关）提出申诉和上诉的人员。

9. 请求法院签发赡养费支付令的法人和自然人。

10. 根据法律规定提起公益诉讼的法人和自然人。

11. 申请以下事项的法人和自然人：（1）撤诉或撤销法院终止案件的裁定；（2）缓刑，修改执行程序和方式；（3）诉讼担保或替换诉讼担保方式；（4）重新开庭复审判决、裁定或决议；（5）增加或减少法院判处的罚金，重新执行法院判决，恢复放弃的权利。

12. 对法院执行行为（不作为）提出申诉，对法院拒绝增加或减少罚金的裁定提出自诉和对法院其他裁定提出自诉的法人和自然人。

13. 因负责人的作为（不作为），导致国家和其他机构的裁定损害了其经营活动的合法权益而提起诉讼的企业实体。

14. 涉及违反消费者合法权益的诉讼案件中的消费者；涉及对商品、工程、服务的质量和安全进行监督的国家机构的诉讼案件中的消费者；有关消费者利益的诉讼中的消费者社会团体。

15. 因违反森林法的规定，要求对擅自砍伐森林资源造成损害的当事人进行处罚案件中的原告。

16. 涉及拆除违法建筑诉讼中的国家机构，以及将自然人具有历史、艺术或其他价值的财产收归国有的案件中的国家机构。

17. 涉及工商局成员利益的诉讼中的乌国工商局及其地区管理局、国家和管理机构裁定及其职务负责人作为（不作为）损害其利益的申诉中的乌国工商局及其地区管理局。

18. 因国家机构错误决定及其职务负责人的作为（不作为）侵犯其合法权益而向法院提起上诉的非政府非营利性组织。

19. 残疾人社会团体及其机构、残疾人培训和生产企业及协会提起的所有诉讼。

20. 涉及住宅私营业主合作社的诉讼。

21. 因企业未向居民履行合同规定的公共住宅服务义务或履行不当造成的损失赔偿诉讼中的住宅私营业主合作社、公共管理组织以及公民。

22. 追缴住宅私营业主合作社或公共服务供应商公共服务费和强制付费债务诉讼案件中的市政府、区政府。

23. 乌国财政部预算外养老金区（市）部门涉及的下列诉讼：（1）要求责任人员赔偿损失的诉讼；（2）向受害者及其家属支付退休金及津贴的诉讼；（3）培训残疾人驾驶车辆，车辆及其配件技术维护、维修、汽油消耗的补偿金，以及追缴错误支出退休金和津贴的诉讼。

24. 未迁居至规定的迁居点或自行迁居者提起的迁居费用赔偿诉讼案件中

的乌国居民社会保障和劳动部及其地方性机构。

25. 环境污染损害赔偿诉讼案件中的乌国国家环境保护委员会及其地方性机构。

26. 对违反水利法导致国家损失的责任人员的赔偿诉讼案件中的乌国农业和水利部及其地方性机构。

27. 涉及强制保险业务的诉讼案件中的保险业务监督管理机构。

28. 有关保护合法权益以及国家利益的诉讼案件中的国家证券监管主管机关。

29. 涉及国家税务机关、财政机构和海关机构的所有案件和文件。

30. 调查逃避支付赡养费和其他费用人员费用追缴案件中的内务部。

31. 涉及国家、法人和自然人利益的申请和诉讼案件中的检察机关。

32. 涉及国家、法人和自然人利益的申请和诉讼案件中的司法机关。

33. 调查债务人赔偿案件中的追偿者或法院执行员。

34. 涉及保护知识产权所有者权利的诉讼案件中的乌国知识产权署。

35. 因州和地区的农民委员会、卡拉卡尔帕克斯坦共和国农民委员会、乌国农民委员会，及其国家和管理机构的裁定，或其职务负责人的作为（不作为）损害农场利益而提起申诉的申诉案件中的州和地区、卡拉卡尔帕克斯坦共和国农民委员会、乌国农民委员会。

36. 乌国私有化、取消垄断权和竞争发展国家委员会及其地区性机构提交法院的申请和诉讼。

37. 国家和其他机构、公民自治机构的裁定损害了私有者合法权益而诉诸法院的私有者。

二、对经济法院的免税

根据乌国《税法典》第330条的规定，对于在经济法院从事下列活动的，免于征收印花税：

1. 涉及采办和服务单位未履行合同义务的诉讼案件中的农产品生产者。

2. 国家和其他机构的裁定违反其经营活动合法权益而诉诸法院的企业实体。

3. 不从事金融经济活动或在法律规定期限内不成立自己法定基金（法定资本）企业的清算案件中的申请人和被告。

4. 因违反森林法的规定，要求对擅自砍伐森林资源造成损害的当事人进行处罚案件中的原告。

5. 涉及工商局成员利益的诉讼中的乌国工商局及其地区管理局、国家管理机构裁定及其职务负责人作为（不作为）损害其利益的申诉案件中的乌国工商局及其地区管理局。

6. 因国家机构错误决定及其职务负责人的作为（不作为）违反其合法权益而向法院上诉的非政府非营利性组织。

7. 涉及公共服务费缴纳和强制付费债务追缴诉讼中的住宅私营业主合作社和公共管理组织。

8. 因企业未向居民履行合同规定的公共住宅服务义务或履行不当造成的损失赔偿诉讼中的住宅私营业主合作社、公共管理组织。

9. 追缴住宅私营业主合作社或公共服务供应商公共服务费和强制付费债务诉讼案件中的市政府、区政府。

10. 涉及残疾人社会团体及其机构，残疾人培训和生产企业及协会的所有诉讼。

11. 乌国财政部预算外养老金区（市）部门，从赔偿责任人处追缴钱款的诉讼：（1）向受害者及其家属支付的退休金及津贴；（2）培训残疾人驾驶车辆，车辆和摩托车及其配件技术维护、维修、汽油消耗的补偿金。

12. 涉及强制保险业务的诉讼案件中的原告和被告。

13. Ozagrosugurta 国有股份保险公司及其地方性管理机构和部门追偿农业企业债务的诉讼。

14. 对违反水利法导致国家损失的责任人员的赔偿诉讼案件中的乌国农业和水利部及其地方性机构。

15. 涉及农产品生产者利益的诉讼案件中的区农业和水利处。

16. 对自然环境擅自开发，以及其他违法行为给环境造成污染损害的赔偿诉讼案件中的乌国环境保护委员会及其地方性机构。

17. 乌国标准化计量认证机构及其地方性机构提起的追缴法人罚款的诉讼。

18. 乌国私有化、取消垄断权和竞争发展委员会及其地区性机构向法院提出的申请和诉讼。

19. 国家证券监管主管机关为保护合法权益以及国家利益而提起的诉讼。

20. 国家税务机关、财政机构和海关机构向法院提起的所有诉讼案件和文件。

21. 涉及国家、法人和自然人利益的申请和诉讼的检察机关。

22. 调查债务人或其财产费用的债务人赔偿案件中的追偿者或法院执行员。

23. 对法院执行员作为（不作为）提出申诉的法人和自然人。

24. 涉及供应商（承包商）未履行合同义务的诉讼案件中的国家机构和组织。

25. 负责国际和国外政府贷款的国家机关追偿借款人债务的诉讼。

26. 乌国知识产权署为保护知识产权所有者权利而提起的诉讼。

27. 涉及农场利益的诉讼、国家和管理机构裁定及其职务负责人作为（不作为）损害农场利益的申诉中的州和地区、卡拉卡尔帕克斯坦共和国农民委员会、乌国农民委员会。

28. 因职务负责人作为（不作为），国家和其他机构、公民自治机构裁定损害了私有者合法权益而诉诸法院的私有者。

29. 适用法律影响措施的案件中的申请人和被告人。

三、对公证行为的免税

根据《税法典》第331条，对于下列的公证行为，免于征收公证印花税。

1. 对获取国家养老金和津贴所需文件进行公证，以及监护和领养（收养）文件进行的公证。

2. 对财产赠予合同和遗嘱进行的公证。

3. 对国家税务机关和财政机构签发遗产国家权利证书（证书副本），以及所需文件的公证。

4. 残疾人社会团体及其机构，残疾人培训和生产企业及协会的所有公证。

5. 签发下列各项遗产权利证书的行为：（1）因履行国家或社会义务而牺牲人员的财产公证；（2）继承人在被继承人死亡之日他们登记为一起居住，且在被继承人死亡之后，继承人继续居住在被继承人所有或持有股份的住宅（公寓）的公证；（3）人身和财产保险的保险费、银行存款、债券、工资的公证；（4）对知识产权及其收益的公证。

6. 领取退休金和津贴委托书公证。

7. 对多子女母亲获得的勋章和奖章、奖励文件复印件的公证。

8. 对寄宿学校进行有关父母债务追缴的执行背书（包含其子女在寄宿学校的债务）的公证。

9. 对财政机构进行有关父母债务追缴的执行背书（包含其子女在乌国教育部专业学校的债务）的公证。

10. 对因生产事故死亡的自然人的继承人签发保险费继承权证明的公证。

11. 对患有慢性精神病，按法律规定需要监护的人员获取继承财产的证书的公证。

12. 对乌国居民社会保障和劳动部及其地方性机构验证的劳动合同的公证。

13. 对在1941—1945年战争期间在苏联军队中履行公职的伤残人员、参战人员、失踪或牺牲人员家属，在阿富汗履行国际主义义务的人员，以及在切尔诺贝利事故中受到影响的人员或死亡人员的家属提供优惠权利所需文件的复印件的公证。

14. 对乌国知识产权署追缴版权和相关权利应缴酬金的执行背书的公证。

15. 对签发旅客强制保险保险金和公民财产强制保险保险费继承权证书的公证。

16. 对继续农场经营的继承人签发的农场财产继承权证书的公证。

17. 对住宅私营业主合作社和公共管理组织公共服务费缴纳和强制付费债务追缴执行背书的公证。

四、对户籍登记的免税

《税法典》第332条规定，对于下列的户籍登记行为，免于征收印花税：

1. 教育机构、未成年人事务委员会重新签发出生证明，从而将孤儿和无父母照顾的留守儿童送往儿童福利机构和学校。

2. 自然人的出生、死亡登记，领养（收养）登记，确定父亲身份、改变性别的登记，以及由于户籍登记的错误，而向其签发变更、补充和修正出生证书的证明。

3. 根据法院的判决，向自然人签发由于心理障碍（精神疾病或痴呆）失去行为能力的证书，或按规定程序确认失踪人员的证书，或向同不少于3年有期徒刑的犯罪人员离婚的离婚证书。

4. 向自然人重新签发或替换以前签发的恢复亲属死亡权利的证明。

5. 向遭受自然灾害的自然人签发遭受自然灾害的证明。

五、对乌国公民办理护照和出境文件的免税

根据《税法典》第333条的规定，对于乌国公民办理下列事项的护照和

出境文件，免于征收印花税。

1. 签发外交护照。

2. 签发出境许可：（1）亲属死亡或前往其墓地扫墓；（2）根据民事和刑事案件法律援助合同（协议），以案件当事人、证人和鉴定人身份被国外法院传讯。

3. 给未满 16 岁的乌国公民签发身份证。

4. 给享受全额国家保障的公民签发乌国公民护照。

六、对办理领事签证的免税

根据《税法典》第 334 条，对于下列办理领事签证的事项，不征收印花税。

1. 按照国际条约免除征收领事签证费的。

2. 办理乌国公民遣返案件的签证的。

3. 对等签发外国外交护照的。

4. 办理追缴赡养费案件时所需的公民社会保障、工龄等文件的。

5. 办理外国常驻代表处，国际机构和外国政府机构代表处，国际和国外非政府非营利性组织员工（及其亲属）的签证的。

6. 办理按规定程序派驻的媒体代理人（及其亲属）的签证的。

7. 办理进行人道主义援助的外国公民的签证的。

8. 办理 16 岁以下儿童签证的。

9. 办理乌国总统、乌国议会、乌国内阁，以及政府组织邀请来访乌国的外国公民签证的，如果按照合同条件，获取签证的费用由接收方负责。

10. 法律规定的其他情况。

七、对其他行为的免税

根据《税法典》第 335 条的规定，对于下列各项行为或人员，免于征收印花税。

1. 办理居住地登记或户口登记的。

2. 居住在老年人和残疾人寄宿公寓的老年人和残疾人。

3. 享受全额国家担保的寄宿学校、专科学校和职业学校的寄宿生。

4. 以国有企业、非政府非营利性组织为基础创建的农场、股份公司，以及住宅私营业主合作社。

第三节　税款计算、缴纳和退税

一、税款计算和缴纳的一般规定

乌国税法规定，除法律规定的情形外，印花税可以以现金或非现金形式缴纳。如果是以非现金的方式缴纳，则必须要提供注明其执行银行的付款委托书，或银行给付款人签发的规定格式的凭证，或职务负责人给付款人签发的凭证，或按乌国财政部和乌国国家税务委员会规定形式进行支付的国家机构和组织收款处的证明。

根据征税对象或纳税人的不同，印花税的缴纳方式和纳税义务有所不同。

除根据法律规定由国家机关保留的部分外，印花税收入根据付款文件计入预算。

当向法院提交财产纠纷起诉书，以及公证买卖合同、财产交换、赠与协议，办理继承权时，如果诉讼费用、合同金额或继承财产为外币时，则在法律规定情况下印花税可以按照乌国内阁确定的程序以外币形式进行征收。

二、不同种类印花税缴纳的特殊规定

（一）法院缴纳印花税的特殊性

根据乌国税法的规定，法院在缴纳印花税时，必须按照以下的情况来确定。

1. 向法院提交起诉书、特殊诉讼起诉书、行政法律关系案件申诉、法院判决的上诉、申诉和监督申诉，以及法院签发的文件复件，印花税按以下程序征收：（1）确认合同无效、终止合同、修改和补充合同条款的起诉书，按照签订合同前的争论申请规定税率缴纳，不论是否质疑整个合同或是部分合同；（2）反诉状，以及第三方人员参加诉讼的申请，印花税按照一般基准征收。

2. 当法院根据原告的意愿将原告更换为其他人员时，该人员应当按照一般基准支付印花税。如果退出之前的原告未缴纳印花税，则该人员应当缴纳印花税。

3. 当法官将一个诉分成若干个诉之后进行单独处理时，提交诉讼时缴纳

的印花税不重新计算且不返还，进行单独处理时印花税不进行二次缴纳。

4. 重新提交先前未经审查而被终止的诉讼申请时，印花税重新按照一般基准缴纳。对于未经审查而终止的诉讼申请，印花税应当返还。但是对于重新提交的诉讼申请，已经缴纳的印花税不予返还。如果自印花税计入预算之日起未超过民事法律规定的诉讼时效，则应当提交印花税缴纳的原始凭证。

5. 诉讼费用的印花税由原告计算和确定。在法律规定情况下，由法院根据民事和经济诉讼法确定。

6. 对于原告申请终止追缴赡养费的案件，如果案件还没有进入审理程序，则不从被告处征收印花税。

7. 当原告减少诉讼请求时，已经计算缴纳的印花税不重新计算。当原告请求增加诉讼金额时，印花税不足金额根据增加的诉讼金额征收。

8. 对于法律规定原告免除缴纳印花税的，印花税应当根据诉讼裁定由被告缴纳。

9. 当若干个原告共同起诉一个或若干个被告时，印花税根据诉讼总额计算，并按照每个原告的诉讼请求所占的比例由各个原告缴纳。

10. 在以下情况下印花税根据诉讼总额征收：（1）一名原告起诉若干名被告；（2）联合参与起诉书的多名法官单独处理若干条同类要求。

11. 当免除印花税的一名或若干名原告起诉若干名被告完全或部分胜诉时，印花税按照法院裁定的债务金额从每位被告处征收。当法院判决其他人员为第二被告，并判决部分诉讼费由第一被告承担，而其余部分由第二被告承担，并且原告免除缴纳印花税的，印花税根据胜诉总金额计算，按照诉讼裁定金额比例大小从被告处征收。

12. 当原告在起诉书中未注明起诉金额时，受理起诉书的法官根据起诉假定的价格确定应缴印花税金额。如果法院做出判决时起诉金额增加，印花税根据增加的起诉金额计算。同时形成的差价应当从原告处征缴，或当完全胜诉时，从被告处征缴。在法律规定情况下，法院判决超出原告诉求时，按照同样的程序计算印花税。当部分满足诉讼请求时，印花税按满足部分的比例从被告处征收，而剩余部分则应当从原告处征缴。

13. 当法院做出有关财产继承权的判决时，印花税由法院根据财产总值计算、按财产继承比例向每位继承人征缴。

14. 财产所有权起诉书、财产申领起诉书、财产份额权确认起诉书、财产份额划分起诉书和继承人申领属于其份额财产的起诉书，应当根据该财产或其份额缴纳印花税。

15. 同时带有财产和非财产性质的起诉书，印花税单独根据每项要求，按照财产性质和非财产性质起诉书规定的税率计算和缴纳。

16. 非财产性质起诉书包括不应当估价的请求（有关腾出擅自占用房间、有关提供实际面积，涉及强迫采纳转让资产负债表的争论等）。

17. 对于离婚同时分割财产的起诉书，分别针对离婚和分割财产征收印花税。

18. 当申请人胜诉被免除印花税时，如果被告未免除印花税，印花税按照诉求比例金额从被告处征缴。

19. 当撤销法院命令时，印花税不向征收者返还。当征收者向债务人按照诉讼程序提交诉讼时，该印花税被计入印花税应缴账户。

20. 从事经营活动的法人和自然人，按照经济法院、普通法院的裁定，经开户银行确认缺少资金时，可以提请延期缴纳印花税。银行证明应当在提交诉讼至普通法院、经济法院之日前的3日内确认。

（二）公证缴纳印花税的特殊规定

根据乌国《税法典》第338条的规定，对于公证行为印花税的计算与缴纳，应该按照下述的规定办理。

1. 公证行为印花税的征税对象，包括对于公证行为、公证处签发案件文件副本、文件复印件三个方面。

2. 对于交易印花税，可由一方全额缴纳，另一方免除缴纳。

3. 当公证的存款金额来自邮局或银行时，应缴印花税从进款中扣除，而其剩余部分存入存款。当公证处按照银行单据向银行定期交付存款时，扣除的印花税金额应当计入国家预算。

4. 对于公证处在室外进行的公证行为，征收双倍印花税，但监禁人员或在押人员委托的公证证明除外。

5. 对于签发继承权证书：（1）印花税在继承人继承财产之日（被继承人死亡之日），按照继承程序，根据继承的财产总值计算和征收。（2）当有若干名继承人（其中包括法定继承人、遗嘱继承人和具有强制继承权的继承人）时，印花税根据每位继承人的继承份额计算和征收。（3）当有未成年继承人时，印花税同样按照继承财产总值计算，但是仅按照未成年人继承财产的份额征收。（4）对于按照继承人的申请签发继承财产的继承权公证书的，印花税按照该部分财产总值的规定税率计算，并在签发的证书中注明。当签发剩余部分财产的公证书时，印花税按照财产总值计算，并根据第一次签发证书缴纳金额同计算金额之差缴纳。（5）在同时具有其他法定继承人的情况下，继承的财产转移给遗嘱继承人时，印花税按照遗嘱财产总值单独计算，而剩余财产按照一般程序计算。（6）对于法定继承、遗嘱继承及按照强制继承份额划分的财产，印花税按照法定继承的财产（包括强制份额划分的继承财产）总值计算。（7）对于依据法院撤销原公证书并作出的新判决而签发的继承权证书，印花税按照一般基准征收。同时如果自费用计入国家预算之日起未超过民法规定的诉讼时效，对被撤销的公证书缴纳的印花税应当返还，或按照纳税人申请，抵消签发新证书应缴费用。法院裁定失效的任何协议需再次证明时，按上述程序处理。应当将新的证明和协议记录在公证处，并在相关栏目注明印花税的征缴时间和金额，以及征缴记录。同时公证处案件中保留的主要文件应当附上确认相关证明和协议失效的法院判决。

6. 对于信贷机构签发的继承权证明、证书和信用证，印花税按照一般基准征收。

7. 对于签发夫妻共同财产和丧偶之后遗留财产继承权证书，印花税根据实际继承的财产总值征收。

8. 对于法人和自然人的住宅、公寓、别墅、车库、其他建筑、房屋和构筑物转让合同的公证，印花税根据居住面积或总面积计算。

9. 当对定期付款的合同进行公证时，印花税根据合同有效期内的付款总额进行计算和缴纳。如果合同没有注明合同有效期，则印花税根据 3 年合同付款额进行计算和缴纳。当合同中规定了最大和最小付款金额时，印花税根据最大金额计算和缴纳。

10. 当对有关债务转让、延长合同有效期或增加合同金额的合同进行公证时，印花税根据未行使的权利和未履行的义务评估或增加的金额进行计算和征收。

11. 对于易货合同的公证，印花税根据财产价值计算。

12. 当对财产租赁合同进行公证时，印花税的计算应该根据合同条款，并参考承租人建造的建筑物和其他构筑物的费用、房间设备的价值、进行大修的费用，以及生产成本等来计算和征收。

13. 对于应缴纳印花税的执行背书，当法律规定免除征收者的印花税时，在追缴背书债务时由债务人缴纳印花税。

（三）领事签证缴纳印花税的特殊规定

乌国《税法典》第 339 条规定，对于领事签证的印花税，按照下列程序缴纳。

领事签证印花税在完成领事签证前缴纳。

领事签证印花税应当计入预算收入。

已经缴纳的领事签证印花税不应返还。

领事签证印花税的计算、征缴和计入预算的程序，以及海外缴纳的领事签证印花税应当计入乌国外交使团和领事机构银行专用账户的程序，由乌国财政部、乌国中央银行和乌国外交部制定。

（四）其他国家机关和单位缴纳印花税的特殊规定

根据乌国《税法典》第340条的规定，其他国家机关和单位缴纳印花税应当按照下列程序进行。

户籍登记印花税在进行户籍登记时缴纳。签发户籍登记证明的印花税，在签发证明时缴纳。

办理乌国入境邀请函、出境文件，修改这些文件，签发居留证或居留证延期，进行无国籍者验证，办理外国人护照签证或其出入境替代文件的印花税，在获取这些文件前缴纳。办理乌国入籍申请和脱籍申请的印花税，在这些申请提交前缴纳。

对于签发出入境文件，签发或是延长居住证，进行无国籍者验证，办理乌国入籍和脱籍申请，以及企业、机构和组织因公差出境提交公民出境文件的，印花税由这些企业、机构和单位按规定程序缴纳。

随同出差员工出行的妻儿，在其整个出差期间，印花税按照相同程序和出差人员等额标准缴纳。当家属探访国外出差人员时，印花税按照一般基准征收。

对于给外国公民签发乌国出境签证，向每位年满16周岁的人员征收印花税。

对于乌国公民居住地登记，狩猎权许可证签发，印花税在签发文件时缴纳。

三、印花税的计算和统计

根据乌国税法的规定，以非现金方式缴纳印花税的，应该把印花税非现金转账付款委托书、印花税缴纳收款单据附在案件保留的相关材料之中。

对于纳税人缴纳的印花税，应该在公证登记簿中注明印花税金额、日期和印花税缴纳的文件号。

当免除付款人缴纳印花税时，应当在相关文件（登记簿、册子等）中注明证明文件的复印件。

征收印花税的国家机关和单位按照乌国财政部和乌国国家税务委员会规定的程序，对印花税收入进行统计。

征收印花税的国家机关和单位应当在每一个季度结束后的10日（即下一个季度的前10日）内向所在地国家税务机关提交印花税收入报告。

四、印花税的退税

根据乌国《税法典》第342条的规定，当出现以下情况时，印花税应当全额或部分退还：（1）印花税高于法律规定金额的；（2）拒绝向法院申请（申诉），以及拒绝公证的；（3）将公证申请（申诉）退回申请人的；（4）对不属于法院管辖的案件终止诉讼的；（5）丧失劳动力人员提起的且未经法院审查撤销申请的；（6）案件当事人死亡，且引起争议的法律关系不允许法律继承的；（7）未按照诉前调解程序进行调解，且法律对此类案件有规定并丧失调解可能性的案件；（8）无未成年子女的夫妻协商离婚登记，因夫妻和解或是一方缺席而未达成离婚登记的；（9）作为案件当事人的法人清算的；（10）拒绝接受法院的命令；（11）拒绝签发乌国公民出境文件的；（12）乌国内阁确定的其他情况。

退还印花税应当根据纳税人的书面申请或法院的判决进行。为了退还印花税，申请人应当向征缴印花税的相关国家机关或单位提出请求。当征缴印花税的国家机关或单位领导确认退还合法时，国家机关或单位及其他法律规定的印花税收受人退还先前计入己方账户的相应金额的印花税。同时，国家机关或单位以书面形式向相关国家税务机关发送先前计入预算收入应当退还的印花税退还通知。

第十七章　海关手续费（关税）

按照法律规定，关税是对从海关进出口的产品征收的一种商品劳务税。乌国从独立之初就制定了《海关关税法》，对从乌国海关进出口的产品征税。乌国现行的关税法律制度是由《税法典》中的原则性规定和《海关关税法》中的具体规定共同构成的。

第一节　一般规定

根据乌国《税法典》第343条的规定，海关机构有权对从事海关事务的企业和人员按照海关法的规定征收关税。从事海关事务的企业和人员也必须按照海关法的规定核算缴纳关税。

进口至乌国关境内的商品，必须依照法律的规定核算和缴纳增值税和消费税。

乌国税法还规定，对于进出乌国海关的车辆和商品，必须缴纳关税、增值税、消费税和海关费。

第二节　征税对象和税率

按照世贸组织的分级标准，乌国的关税税率可归入“开放类”（加权平均税率低10%）。在现行税率中进口关税税率分4级：0%、5%、10%及30%。

乌兹别克斯坦主要进口商品进口税率（2013年12月25日）见表17－1所示。

根据乌兹别克斯坦总统卡里莫夫2015年8月13日签署的《关于进一步采取措施调整乌兹别克斯坦对外经济活动的命令》，自当年9月1日起乌国开

表 17－1　　关税税率

商品种类	税率（%）
钢材	5/10
服装	30
童装	10
汽车	30
农机	10
空调	5
钟表	30
家具	30
化工产品	5/10
聚乙烯产品、各种塑料制品	30
汽车轮胎	10
化肥	10
水泥	5

始执行新的进口关税税率和消费税税率。大多数进口商品的关税约为其价格的30%，汽车的税率为价格的70%加3美元/立方厘米。

第三节　税收优惠

根据乌国《海关关税法》第33章及1998年3月31日政府《关于对外贸易自由化的补充措施》规定，免征关税商品如下：

1. 实施国际物资、行李及旅客运输的运输工具，技术材料、供给和装备物品、燃料、食品及其他用于其在行程中、中转停靠站正常运转所必需的或在国外由于处理上述运输工具的交通事故而获得的物资。

2. 乌兹别克斯坦货币、外币（不包括用于古钱收藏目）、合法有价证券。

3. 技术材料供给及装备物品、燃料、食品及其他运出海关区域用于保障乌兹别克斯坦船舶及乌兹别克斯坦法人及自然人租用（包租）的进行海上捕鱼作业运营的物资，还包括进入乌兹别克斯坦海关区域的渔业产品。

4. 在法律规定的情况下应转为国家财产的商品。

5. 运入或运出海关区域用于有权在乌兹别克斯坦法律或国际协定基础上

免税运入这些物品的外国代表、自然人、官方或个人使用的物品。

6. 运入乌兹别克斯坦关税区域用于在自然灾害、武装冲突、不幸事件或事故情况下作为人道主义援助及无偿技术援助而提供的商品，包括一些国家、政府及国际组织以慈善目的运入的商品。

7. 为义务教学、学前及治疗机构提供的教学参考书。

8. 处于海关监管之下经过关税区且用于转运到第三国的商品。

9. 自然人遵照《海关法》携带经过口岸且不用于生产或其他商业目的的商品。

10. 商品产自并来自与乌兹别克斯坦实行自由贸易制度的国家。

11. 根据以乌兹别克斯坦政府名义或在其担保之下签订的政府间协议及贷款协议购买的商品。

12. 注册资金占股不少于33%的外国投资者运入乌兹别克斯坦，用于自己生产所需的财产，期限自国家注册之日起不超过2年。

13. 居留在乌兹别克斯坦的外国投资者及外国公民根据与乌兹别克斯坦签订的劳动合同运入的自用财产。

14. 向乌兹别克斯坦经济领域实施直接投资逾5000万美元的外国法人运入的用于自主生产产品的商品。

15. 用于按照产品分配协议进行作业并根据外国投资者或其他按照产品分配协议参与实施工程人员的规划书运入乌兹别克斯坦的商品、工程及服务，以及按照产品分配协议运出属于投资者的产品。

16. 用于广告和推介的商品。

17. 供货合同中规定的、依法批准的运入乌兹别克斯坦境内的技术工艺设备、成套设备和配件，但上述商品如3年内被销售或出口，则中止优惠政策并征收自获得优惠之日起应当缴纳的关税。

18. 经授权机关书面批准，由通信运营商或运营系统工具专门鉴定机构购入的运营系统技术工具。如合同有规定，优惠政策可适用于成套设备和配件。

根据乌国2018年2月6日第3512号总统令《关于进一步整顿个人在海关边境的货物运输的措施令》的规定：

1. 个人携带下述规定限额内的物品入境时免征关税：（1）通过乌兹别克斯坦共和国国际机场入境时不超过2000美元；（2）通过乌国边境的铁路和河流检查站入境时不超过1000美元；（3）通过乌国边境的公路（行人）检查站入境时不超过300美元；（4）在一个月内通过国际快递运至个人地址的、价格在 1000 美元以内的货物。

2. 个人携带符合表 17－2 标准的货物入境时免征关税。

表 17－2　　个人携带入境货物的免税清单

编号	货物名称	个人携带的限额
1	酒精饮料，包括啤酒	总量不超过 2 升
2	各类烟草产品	总量不超过 10 包
3	香水类	总量不超过 3 个（瓶）
4	珠宝首饰	总重量不超过 65 克

3. 个人携带 3000 美元以内的物品出境的，无须提交海关申报单。

4. 个人携带出境的物品种类符合表 17－3 规定限额的。

表 17－3　　个人携带出境货物的免税清单

编号	货物名称	个人携带的限额
1	大米	总重量不超过 3 千克
2	面包类食品	总重量不超过 5 千克
3	肉类及可食用的肉类制品	总重量不超过 2 千克
4	糖	总重量不超过 2 千克
5	植物油	总重量不超过 2 千克
6	新鲜的水果和蔬菜产品，葡萄，瓜类产品，豆类产品以及脱水蔬菜和水果	总重量不超过 40 千克

第四节　纳税申报

验收海关申报单前或验收海关申报单的同时缴纳关税。当运输非商业用途货物时，验收海关申报单的同时缴纳关税。

关税缴纳期限始于海关申报单递交期届满日的下一日。

第十八章　单项服务和单项商品零售贸易权费

根据乌国《税法典》第 19 篇的规定，对于从事商品贸易和提供服务并进行收费的法人及个体企业征收单项服务和单项商品零售贸易权费。

一、缴费人

单项服务和单项商品零售贸易权费的缴费人为按照规定程序从事商品贸易和提供服务并进行收费的法人及个体企业，法律另有规定的情况除外。

二、缴费对象

单项服务和单项商品零售贸易权费对象为法律规定的商品和服务清单。

三、缴费申报和费款缴纳

单项服务和单项商品零售贸易权费按照法定费率以月金额进行核算。

单项服务和单项商品零售贸易权费具体费率由地方性政府代理机构确定，但不得超出法定费率范围。

缴费人应当在每月 25 日之前缴纳上个月的单项服务和单项商品零售贸易权费。

第四编 乌国税收征纳法律制度

第十九章 税务报表与税款缴纳

第一节 征税对象的确定

乌国《税法典》第6章对征税对象的划分与登记进行了专门的规定。根据规定，对征税对象进行划分与登记的目的，是为了确定征税对象所应缴纳的税金和规费。

一、确定征税对象的一般原则

根据法律的规定，在计算征税对象所应缴纳的税金和规费时，纳税人的收益和相应的扣除都应按照相应的会计期来确定，而与实际支付的时间和款项到账的时间无关。

对征税对象进行登记应当按照会计结算法规的规定进行。

二、确定征税对象的特殊规定

纳税人登记文件灭失的，国家税务机关应当按照乌国国家税务委员会和乌国财政部规定的程序，依据已有的纳税人信息和其他类似纳税人的数据，来计算纳税人的应纳税金和规费。

对于关联企业之间进行的关联交易，在确定其应纳税额时，国家税务机关应当按照独立交易原则来调整交易的价格。其中，关联企业是指：（1）在乌国注册的法人，其创立者（股东，成员）是外国法人的；（2）外国法人，其创立者（股东，成员）是在乌国注册的法人的；（3）在乌国注册的法人和外国法人，其创立者（股东，成员）是同一个法人或自然人的。

三、会计文件及其编制与保存

根据乌国法律的规定，会计文件是进行会计统计的原始凭证，也是确定征税对象和计算税金和规费的依据。因此，会计文件以纸质或电子文档的形式进行编制，并按照法律的规定在相应的纳税期线束后保存5年。

法人重组的，会计文件应当由重组后的法人保存。

法人被清算的，会计文件应当按照法律规定的程序交由相应的国家档案馆保存。

四、分类记账及其办法

对于税法中规定了不同征税办法的征税对象，纳税人必须依据会计核算数据对其进行分类记账，并根据相应的会计文件对各种征税对象的费用和收益进行确定。

分类记账可采用比例法和直接核算法两种不同的方法。纳税人一旦确定了所使用的记账方法之后，在1年内不得变更。

采用比例法记账时，对于某一征收对象的收益、费用和其他收入，都应当按照该征税对象的净销售额占净销售总额的比例进行核算。

在采用直接核算法时，如果无法确定某一征收对象的收益、费用和其他收入时，则应当采用比例法来确定该征税对象的收益、费用和其他收入。

第二节　税务报表

根据乌国税法的规定，税务报表是按照乌国国家税务委员会和乌国财政部规定的格式编制的纳税人的文件。它包括各税种和规费的计算、申报和缴纳的文件及其附件。

一、税务报表的编制

税务报表应当以纸质或电子文档的形式编制。

税务报表应当由纳税人签名。如果纳税人是法人，还需盖章确认。纳税人提交电子税务报表时，还应该采用数字签名予以确认。

对法人纳税人进行重组或者清算的，每个纳税人都应根据资产负债表独立编制重组或清算完成之日所在的纳税期的税务报表，并在资产负债表被批准的3个工作日内，提交税务报表。但法人改组、与其他法人合并的，不适用此项规定。

对于自愿清算的企业法人，需要编制自纳税期开始到开始进行清算之日期间的税务报表。

纳税人有义务保证税务报表中的数据真实准确。

二、税务报表的提交

一般情况下，纳税人都应该在法律规定的期限内将税务报表提交至纳税人注册所在地的国家税务机关。对于税法规定的个别税种，纳税人必须向注册项目所在地的国家税务机关提交有关个别税种的税务报表。

自然人应当在规定的限期内向居住地的国家税务机关提交纳税申报单。

除法律的规定外，纳税人有权以下列方式自行提交税务报表：（1）未经许可的提交；（2）通过挂号信邮寄提交；（3）通过电讯网络提交电子报表。

从事经营活动的企业必须通过电讯网络提交电子报表。

向国家税务机关提交税务报表的日期为：（1）未经许可提交税务报表的日期是指国家税务机关受理税务报表的日期；（2）通过挂号信邮寄提交税务报表的日期时是指通信机构钢印上注明的发件日期；（3）通过电讯网络提交电子报表的日期是指国家税务机关收到电子文件的日期。

国家税务机关无权拒绝受理未经许可提交的税务报表，并有义务根据纳税人的申请在税务报表副本上标记报表的受理日期。

对于通过电讯网络提交电子报表的，国家税务机关有义务向纳税人发送已受理电子报表的确认函。

国家税务机关无须进行预先财政审核即可受理税务报表，不需要对税务报表的内容进行审议。

下列情况下视为税务报表未被提交至国家税务机关：（1）报表中未注明或者未正确注明纳税人识别号的；（2）未注明纳税期或税款、规费金额的；（3）税务报表的编制不符合法律规定的其他要求的。

如果纳税人提交的税务报表不符合规定的格式，国家税务应当在收到报表后的3日内向纳税人发送书面通知，并将报表返还给纳税人进行修改。

在将税务报表提交至国家税务机关后的5年内，如果发现该报表中存在错误，则纳税人有权提交修改后的税务报表。如果根据修改后的税务报表应该减少税金和规费，且该修改后的税务报表是在国家税务机关进行财政经济活动检查时提交的，则不适用该项规定。

如果根据修改后的税务报表计算的税款或规费金额高于根据之前提交的报表计算和缴纳的税款或规费金额，则纳税人应该补缴税款、规费的差额和滞纳金。

如果根据修改后的税务报表计算的税款或规费金额低于根据之前提交的报表计算和缴纳的税款或规费金额，则自修改后的税务报表提交之日起，应当在纳税人的分户卡中记载税款或规费金额减少的情况。多缴的税款、规费和滞纳金应该按照法律规定的程序进行抵扣或者返还。

根据法律规定，国家税务机关和纳税人应当将税务报表在相应的缴纳期结束后妥善保存5年

第三节　税款和规费缴纳

一、一般原则

纳税人必须履行缴纳法律规定的税金和规费的义务，并根据法律规定清偿欠税。

在银行账户资金充足的情况下，纳税人向银行提交缴纳税金和规费的付款委托行为，就应当认为纳税人已经履行了缴纳税金和规费的义务。对于用现金支付税金和规费的，纳税人把现金存入银行或交给主管部门的行为，就应当认为纳税人已经履行了缴纳税金和规费的义务。纳税人向国家税务机关提交将额外计算的税金和规费金额缴入执法部门提存账户的证明副本，也就应当认为纳税人已经履行了缴纳税金和规费的义务。

纳税人拒绝通过银行转账方式缴纳税金和规费，或银行将委托支付的税金和规费退回给纳税人的，应当视为纳税人未缴纳税金和规费。

纳税人向银行提交委托付款申请时，其账户内的资金在偿还法律规定应该优先偿还的债务后的余额不足以缴纳税款和规费的，应当视为纳税人未缴

纳税金和规费。

税金和规费应该采用本国货币支付，在法律规定的情况下可以采用外币支付。

纳税人应该在法律规定的期限内支付税金和规费。在法律规定的情况下，纳税人可以延期或分期缴纳税金、规费以及滞纳金。

纳税人不履行纳税义务或者未按照法律规定的程序履行纳税义务时，国家税务机关将对其采取履行纳税义务的保证措施。

对于课赋征收的，纳税人纳税义务的产生之日为收到国家税务机关书面通知之日。

税金、规费以及罚款将按照下列顺序缴纳：(1) 本金；(2) 滞纳金；(3) 罚款。

纳税人应按照会计结算法对税金和规费进行支付统计。

纳税人有权要求国家税务机关编制税金和规费缴纳对账单。国家税务机关无权拒绝纳税人出具对账单的要求。

二、税款和规费缴纳的特殊规定

(一) 法人清算时税金和规费的缴纳

法人作出清算决定的，清算人应在5日内书面通知国家税务机关。法人自愿清算时，国家法人注册机关应当按照法律规定的程序通知国家税务机关。

法人有义务向国家税务机关提交税金和规费报告及计算书，同时还需提交资产负债表。

法人被清算时，税金和规费由清算人使用法人的资金缴纳。法人的资金包括按照法律条文规定的次序处置资产的所得。

被清算法人未按照规定清偿的欠税应当认定为坏账。

如果被清算的法人有溢缴税金和规费的，溢缴部分的金额应当按照法律规定的程序扣除或者返还。

经济法院认定法人破产的，在清算期间中止计算财产税、土地税以及之前已计算但未追缴的税金和规费的滞纳金和罚金。

经济法院做出的法人破产判决可作为中止计算财产税、土地税以及之前已计算但未追缴的税金和规费的滞纳金和罚金的依据。

(二) 法人重组时税金和规费的缴纳

对于法人重组的，税金和规费的纳税义务由重组后的法人按照规定的程序履行。

无论重组后的法人在重组完成之前是否了解重组前的法人不履行或不正确履行纳税义务的事实或情况，重组后的法人都必须履行支付税金和规费的义务。

法人重组不会改变重组后的法人支付税金和规费的期限。对于重组前法人缴纳税款和规费的义务，应该按照法律的规定由重组后的各位法人按比例履行。

法人重组前多缴纳的税金和规费，应该在法人完成重组后1个月内返回到重组后的法人的分户卡中。

（三）纳税人死亡、失踪时税金和规费的缴纳

已死亡自然人税金和规费的缴纳义务，应该由其财产继承人在开始继承财产之日起的1年内，在所继承的财产价值范围内履行。继承人不承担被继承人因死亡而产生的税款和规费的滞纳金和罚金的缴纳义务。

被继承人欠缴的税金和规费金额超过被继承的财产价值时，超额部分应该被认定为坏账。

已死亡的自然人没有继承人时，其欠缴的税款和规费应该被认定为坏账。

存在欠税的自然人死亡时，其注册地或其财产所在地的国家税务机关，应该在收到其继承人有关被承继人死亡报告后的3日内，向继承人通报被继承人欠税的情况。

对于被法院宣告失踪的自然人的欠税，应由依法享有其财产支配权的人员在失踪人员的财产范围内偿还。

对于被法院认定为无行为能力的自然人的欠缴税金和规费，应由其监护人在被监护人的财产范围内进行偿还。

被法院认定为失踪或无行为能力人的财产不足以清偿欠税时，超出其财产的部分应该被认定为坏账。

法院决定撤销对失踪或者无行为能力自然人的认定时，或者决定认定该自然人有行为能力时，无论是否在诉讼时效期内，都应当恢复之前已注销的税收债务。

死亡自然人生前欠缴的个人所得税和固定税应当被认定为坏账。

（四）银行税金和规费的支付委托和托收委托

根据乌国《税法典》第53条的规定，银行有义务履行纳税人划拨税款或规费的付款委托，也有义务履行相应主管机关追缴税金和规费的托收委托。

银行在收到纳税人的付款委托或相应主管机关的托收委托后的1个工作日内，应当履行支付或托收的义务。银行将税金和规费划拨进入财政账户或者国家专项基金账户，就视为银行已经履行了税金和规费的支付义务。

当纳税人的账户内存有资金时，银行无权延期履行划拨税金和规费的付款委托或相应主管机关的托收委托的义务。

纳税人账户内的资金不足以履行纳税人的付款委托或相应主管机关的托收委托时，银行应当按照法律的规定，在纳税人的每笔资金进入规定账户后的1个工作日内履行支付义务或托收义务。

银行不收取托收委托服务费。

由于银行的过错而未履行或逾期履行纳税人的付款委托、相应主管机关的托收委托的，应当对银行征收滞纳金，滞纳金的数额为银行按照每逾期1天未划拨税金和规费金额的0.5%。

三、延期纳税和分期纳税

根据乌国税法的规定，乌国内阁或者相关主管机关批准延期纳税或分期纳税的期限为1—24个月。

法人和个体企业在向国家税务机关发送书面通知后，有权依据审查结果支付税金和规费，有权在收到追缴判决书后的6个月内分期支付罚款。

对于延期缴纳和分期缴纳的税款和规费，不得计算和加收滞纳金。

延期纳税和分期纳税的办法由乌国内阁予以规定。

海关费用和国家规费应当按照海关法和其他法律的规定执行。

在批准的延期缴纳或分期缴纳的有效期届满后，纳税人延期缴纳或分期缴纳的效力终止。

纳税人在延期缴纳或分期缴纳的有效期届满前缴纳了全部的税款或规费时，或者在此期间违反了有关延期缴纳或分期缴纳的相关时，延期缴纳或分期缴纳的效力提前终止。

四、溢缴税费的抵扣与返还

（一）溢缴税款的抵扣与返还

根据乌国《税法典》第56条的规定，溢缴税款应该按下列顺序冲抵应付税费：（1）冲抵该税种的滞纳金和罚金；（2）冲抵其他税种的应付税费；（3）冲抵其他税种的滞纳金和罚金；（4）冲抵列入该税种的预提费用；

(5) 冲抵列入其他税种的预提费用。

对于纳税人溢缴的税款，无须纳税人的申请，国家税务机关应当自动用来冲抵该税种的滞纳金和罚款，并在完成冲抵操作后的3日内书面通知纳税人。

对于上述第（2）、（3）和（5）种情况，在国家税务机关作出可抵扣的结论后，依据纳税人的书面申请，财政机关应当进行抵扣。国家税务机关在纳税人提交书面申请后的3日内向财政机关提交可抵扣的决定。

对于上述第（2）、（3）种情况，纳税人在提交税务报表后的10日内未提交书面申请的，国家税务机关可主动向财政机关提交可抵扣的决定。

财政机关应该在收到可抵扣决定后的10个工作日内对溢缴税款进行抵扣。

溢缴税款不得冲抵其他纳税人的应缴税费。

溢缴税款在完成上述抵扣后，剩余部分应该汇入纳税人的银行账户，返还给纳税人。

国家税务机关作出可返还的决定后，财政机关应该在纳税人提交返还申请后的30个工作日内将剩余的资金返还给纳税人。

（二）溢缴规费的抵扣与返还

按照乌国税法的规定，对于纳税人溢缴的各项规费，应当由主管机关进行抵扣与返还。

收取规费的国家机关在收到纳税人书面申请后的30个工作日内，应当从财政账户或者国家专项基金账户中对溢缴规费进行返还。

由海关机关按照海关法的规定对溢缴的海关费用进行抵扣与返还。

第四节　欠税追缴

根据乌国《税法典》第59条的规定，纳税义务人无论在银行账户中是否存有资金，都必须在税款和规费缴纳期内向开户银行提交税款支付委托。

为了促使纳税人履行纳税义务，国家税务机关必须在纳税期满后的3个工作日内向纳税人发送要求纳税人履行义务、追缴欠税的强制性措施的通知；如果纳税人是自然人（包括个体企业），国家税务机关必须在税金和规费缴纳期届满后的30日内向纳税人发送要求纳税人履行义务、追缴欠税的强制性措施的通知。

一、追缴欠税通知书及其期限

根据法律规定，追缴欠税通知应该采取书面形式。追缴欠税通知书应该包括下列内容：（1）纳税人的姓、名、父称或全称；（2）纳税人识别号；（3）通知书的编制日期；（4）税款、规费、滞纳金以及罚款的金额；（5）纳税人在收到通知后仍不履行义务时，将采取的强制追缴措施和期限；（6）提供与欠税的纳税人相互结算对账单的说明。

国家税务机关应当确保将追缴欠税通知书送达纳税人或纳税代理人。

通过邮局挂号信寄送追缴欠税通知书的，送达日期为挂号信的收取之日，即寄送回执登记表中的记录日期。

追缴欠税通知书的格式由乌国国家税务委员会予以批准。

法人在收到追缴欠税通知书后的10日内仍未清偿欠税的，或者由于纳税人的银行账户中没有资金或资金不足导致欠税未被偿清的，国家税务机关有权按照法律规定的程序对纳税人的债务人的债务进行追缴。

法人在收到追缴欠税还款通知书后30日内仍未清偿欠税的，或者在采取了上述措施后仍然没有清偿欠税的，国家税务机关有权按照法律规定的程序对纳税人的财产进行追缴。

自然人在收到追缴欠税通知书后的10日内仍未清偿欠税的，国家税务机关应当按照法律规定向法院提起诉讼，申请向自然人追缴欠税，但自然人的欠税金额低于法律规定的最低财产追缴金额的情况不在此列。

二、追缴欠税的强制措施

根据乌国税法的规定，追缴欠税的强制措施包括：（1）从纳税人的银行账户中强制扣款；（2）通过纳税人的债务人追缴属于纳税人的款项；（3）对纳税人的财产进行扣缴。

国家税务机关在采取了上述所有措施后纳税人仍未清缴欠税的，国家税务机关应按照规定向法院提起诉讼，申请认定纳税人破产。

对于欠缴税款的自然人，只有在司法程序中才可以适用追缴欠税的强制性措施，但不包括从自然人的账户中强制划拨、追缴自然人的债务人的款项，以及对自然人的财产进行追缴等措施。

对于个体企业，在追缴欠税时，应当采取与法人企业相同的强制措施。

依据税务检查结果追加的欠税强制追缴措施，在纳税人对税务检查结果进行申诉期间暂停。

（一）从纳税人银行账户中强制扣款

根据法律规定，国家税务机关可通过向纳税人活期存款账户开户银行开具划拨欠税的托收委托书的方式，从纳税人的银行账户中强制扣除欠税。

划拨欠税的托收委托书由国家税务机关在税金和规费缴纳期满后的3个工作日内开具，对于个体企业，应该在税金和规费缴纳期满后的30日内开具。

由于纳税人账户内没有资金或者资金不足致使无法全部或部分履行托收委托的义务的，银行在收到托收委托书后的3日内，应该将带银行标记的托收委托书副本发送给国家税务机关和纳税人。

如果在开具托收委托书之时纳税人到银行办理了划拨欠税的付款委托，则银行应该将托收委托书退还给国家税务机关，并附上纳税人的付款委托书。

应当利用纳税人所有银行账户中的资金清缴欠税，但依法无法扣款的账户不在此列。

（二）通过纳税人的债务人扣除属于纳税人的欠款

欠税法人在收到清缴欠税通知书后的10日内，必须向国家税务机关提交其与债务人之间的结算对账单，或者书面通知国家机关其不存在期限届满的应收账款。

国家税务机关在收到欠缴税款的纳税人与债务人之间的结算对账单后的3个工作日内，可向纳税人的债务人追缴属于纳税人的欠款。

纳税人的债务人无正当理由拒绝签署结算对账单时，纳税人有权向国家税务机关提交单方签署的对账单，并附上证实存在该债务的证明文件。

根据纳税人提供的单方签署的结算对账单，国家税务机关应当向纳税人的债务人发送关于该债务人存在债务的书面通知，并附上由纳税人提供的证实存在该债务的证明文件副本和需要债务人签署的对账单。

纳税人的债务人有义务在收到书面通知后的3个工作日内签署结算对账单。如果纳税人的债务人拒绝签署对账单的，应当提供不存在该对账单债务的证据。如果纳税人的债务人认可的债务金额与对账单上的金额不一致，则纳税人的债务人有义务在3个工作日向国家税务机关提交对账单，并注明自己认可的债务金额。

无论纳税人是否签字，纳税人的债务人签署的结算对账单将成为通过该债务人追缴纳税人欠税的依据。如果纳税人的债务人因为认可的债务与纳税人提供的债务不一致而拒绝履行清缴欠税的义务时，可依据纳税人提供的对账单进行追缴。

纳税人及其债务人之间的结算对账单应该包括下列信息：(1) 纳税人及其债务人的名称及识别号；(2) 纳税人及其债务人进行税务登记的国家税务机关的名称；(3) 纳税人及其债务人的银行账户信息；(4) 债务金额；(5) 纳税人及其债务人的签字、盖章；(6) 结算对账单的编制日期。

纳税人与其债务人之间的结算对账单应该在国家税务机关发出清缴欠税通知书之后编制。

依据结算对账单，国家税务机关应当向债务人的银行账户开具追缴纳税人欠税的托收委托书。

(三) 追缴纳税人的财产

根据乌国税法的规定，追缴欠税的纳税人的财产时，应当依据国家税务机关的起诉书并按照规定的司法程序进行。

要求追缴纳税人财产的起诉书应该由纳税人税务登记所在地的国家税务机关领导或其代理人签署。起诉书应附有下列文件：(1) 纳税人分户卡中关于存在税收债务的摘要；(2) 银行关于纳税人银行账户中没有资金的证明；(3) 对于经过税收审查的，应当提供按照税收审查结果编制的税收债务证明；(4) 纳税人在最近一个申报期的资产负债表副本。

由法院执行员按照法律规定的程序和法院的判决书对纳税人的财产进行追缴。

法院执行员出具追缴欠税的托收委托书时，无须再出具国家税务机关的托收委托书。

国家税务机关应当按照法律规定的程序注销税务坏账。

第二十章　税务监督

为了督促纳税人及时完整地履行纳税义务，国家税务机关除了应当给纳税人提供必需的帮助与便利之外，还应该对纳税人的纳税情况进行监督。为此，乌国《税法典》第3篇专门对税务监督的主要内容进行了规定。

第一节　税务监督的主要方式

一、税务监督的方式

根据乌国《税法典》第67条的规定，税务监督主要包括以下10种形式。

1. 纳税人登记。鉴于本部分内容比较庞杂，故在本章第二节专门进行介绍。

2. 征税对象登记。根据乌国《税法典》第6章的规定，纳税人为了履行纳税义务，必须对征税对象进行登记。为此，乌国《税法典》第12章第68条规定，国家税务机关应当构建和使用专门的数据库（包括电子数据库），对纳税人的征税对象进行登记。数据库中登记资料的来源包括纳税人提供的财务和税务报表，纳税人缴纳的所有税金和规费，法律规定的机构和组织提供的数据，以及国家税务机关通过其他途径收集的信息（包括税务审查资料。数据库构建与使用的具体办法，应当由乌国国家税务委员会具体规定。

3. 财政和国家专项基金的收入统计。根据乌国税法的规定，国家税务机关、海关机构、其他征收税款和规费的国家机构，都应该按照预算分类对税金和规费的收入进行统计。国家税务机关应当针对纳税人的不同税种和规费类别分别设立分户卡。纳税人分户卡的使用办法由乌国国家税务委员会会同乌国财政部共同商议决定。国家税务机关应当通过对纳税人分户卡上体现的税金、规费、滞纳金和罚金的统计来确定财政和国家专项基金的收入。对于进出口货币的税收，应当由海关机关进行统计。对于由其他机关和单位征收的规费的统计办法，由乌国国家税务委员会会同乌国财政部共同商议确定。

4. 财政审查。根据乌国《税法典》第70条的规定，财政审查是指按照规定程序，对纳税人提交的财务报表和税务报表，以及国家税务机关持有的纳税人经营活动的相关文件进行的研究、分析和检查。财政审查由纳税人所在地的税务机关进行。在进行财政审查时，无须纳税人到场。国家税务机关在审查过程中发现税务报表填写错误、税报表中的信息与国家税务机关掌握的信息不一致的，应当书面通知纳税人，并要求纳税人进行改正。纳税人应当在收到税务机关通知后的10日内，向税务机关提交修改后的税务报表，或者提交对出现误差的解释文件。

5. 对销售现金的跟踪检查。根据乌国税法的规定，对销售现金跟踪检查的目的在于确定纳税人在一定时期内的实际收入。对销售现金的跟踪检查应当由纳税人所属的国家税务机关直接在商品销售、提供服务的现场进行。在对征税对象进行登记过程中，一旦发现纳税人有减少销售额的情况时，国家税务机关的领导或代理人有权下令对销售现金的收入进行跟踪检查。跟踪检查的命令中必须注明接受检查的纳税人、跟踪检查的地点和时间、检查的期间以及负责跟踪检查的人员等。检查人员应当通过观察和记录销售现金收入的方式对销售现金收入进行跟踪检查。在对销售现金收入进行跟踪检查的过程中，不允许向纳税人核对、索取任何信息或解释，也不允许向纳税人提出要求或者以其他方式干预纳税人的活动，但读取税控收款机上的数据则不在此列。税务机关的相关人员应当根据检查结果编制调查表。调查表的副本应当发送给纳税人。检查结果只用于分析纳税人提供的税务报表是否准确，以及纳入到对征税对象进行登记的数据库之中。而不得把检查结果用作追究纳税人责任的依据。对销售现金收入进行跟踪检查的具体办法由乌国国家税务委员会和乌国中央银行予以规定。

6. 税务检查。鉴于本部分内容比较庞杂，故在本章第三节专门进行介绍。

7. 税控收款机。根据乌国税法的规定，除个别法人和自然人之外，在乌国境内销售商品、工程施工、提供服务时，如果采用现金结算，必须采用税控收款机。税控收款机必须进行注册登记。税控收款机的注册应当按照乌国内阁批准的程序进行。当税控收款机出现临时技术故障或者停电时，允许销售者向购买者开具收据、凭证、副联或其他合法的凭证。纳税人在使用税控收款机时必须：（1）由经营活动所在地的国家税务机关对税控收款机进行登记，并颁发税控收款机登记卡；（2）对税控收款机进行技术维护；（3）为商品、工程、服务的购买者提供由税控收款机开出的票据；（4）允许国家税务机关相关人员接近税控收款机。国家税务机关有权对纳税人使用税控收款机的情况进行监督，并在税务检查时使用从税控收款机中提取的数据。对于在收取现金时不使用税控收款机的个别法人和自然人，由乌国内阁批准确定。

8. 对特种应税消费品粘贴防伪标识，对特定企业设置财政监察员。根据乌国税法规定，对于烟草和酒精制品（不包括啤酒），应该按照乌国内阁的规定，由其生产商或进口商负责为商品贴上防伪标识。国家税务机关和海关对应税消费品防伪标识的使用情况进行监督。在消费税的纳税企业和一些特定企业，应当由财政部设立专门的财务监察员职务。设立财务监察员职务的企业名单应当由乌国内阁决定。

9. 对财产销售现金收入上缴国库的情况进行稽查。根据法律规定，应当由国家税务机关对应该收归国库的财产销售现金是否及时完全上缴国库的情况进行监督和稽查。

10. 对征收规费的国家机关和单位的稽查。乌国税法规定，由国家税务机关对征收规费的其他国家机关和单位对规费的计算、征收和入库等的情况进行监督和稽查。

二、涉税信息保护

根据乌国税法的规定，国家税务机关获得的有关纳税人（扣缴义务人）的任何资料都属于涉税秘密信息，但是下列信息不在此列：（1）纳税人自动披露或者得到纳税人书面许可后披露的信息；（2）纳税人名称和识别号；（3）法人法定基金（注册资本）的相关信息；（4）违反税收法律的情况；（5）其他国家的税务机关和相关部门按照国际条约提供的信息。

对于国家税务机构收集的纳税人的涉税秘密信息，应当建设专门的保存和访问制度。只有乌国国家税务委员会批准名单上的国家税务机关的相关人员才有权接触涉税秘密信息。

税务机关在进行税务监督时，不允许非法收集、保存、使用和散播纳税人的信息，不得泄露涉税秘密信息。国家税务机关不得使用纳税人的生产或商业机密或将这些机密转交给其他方，也不允许将这些机密告知国家税务机关的责任人、聘请的鉴定人员或翻译人员。

非法获取的纳税人资料或其他信息不能作为追究纳税人违反税法的依据

丢失包含涉税秘密信息的文件或者泄露涉税秘密信息，都应依法承担责任。

第二节　纳税人登记

一、一般规定

国家税务机关应当对纳税人进行登记。纳税人登记通过两种方式来进行：一是纳税人的注册登记，二是建立纳税人的相关数据。

在对纳税人进行登记时，应当编定纳税人识别号，并将纳税人的登记数据录入乌国纳税人统一登记表。乌国纳税人统一登记表由乌国国家税务委员会进行管理。

纳税人的登记文件是指国家税务机关颁发的纳税人识别码编定文件，还包括纳税人进行国家注册并在国家税务机关和国家统计部门进行登记时的国家注册证明。

二、纳税人识别号

纳税人识别号是指纳税人在进行注册时，由国家税务机关编定并指派给纳税人的一组号码。

每个纳税人只能有一组纳税人识别号。纳税人识别号一经授予纳税人之后便不再更改。在纳税人注销后该识别号也不会授予其他纳税人。

法人所属的独立部门，应当被授予该法人的纳税人识别号，并在其上增加检验字符。

必须在下列文件上注明纳税人识别号：（1）在法人和自然人的国家注册证明中，由国家注册机关、国家税务机关和国家统计机关同时注明纳税人识别号；（2）在特种经营活动许可证中注明纳税人识别号；（3）在付款凭证中（收款单不在此列）和电子付款凭证中注明纳税人识别号；（4）在提交给国家税务机关的财务报表和税务报表文件中注明纳税人识别号；（5）在法人和自然人签订的经济合同、民法合同和劳动合同中注明纳税人识别号；（6）在法人和个体企业完成交易的证明文件中（包括发票和运输单据）中注明纳税人识别号；（7）在其他的证明文件中注明纳税人识别号。

三、纳税人登记的范围与地点

对纳税人的登记，乌国税法规定：（1）乌国居民法人在所在地（通信地址）的国家税务机关进行登记；（2）单独履行纳税义务的法人独立部门，在其独立部门的所在地或者在经营活动所在地的国家税务机关进行登记；（3）乌国居民自然人在其居住地的国家税务机关进行登记；（4）通过常设机构在乌国境内开展经营活动的非居民法人，在常设机构所在地或经营活动所在地的国家税务机关进行登记；（5）按照规定应该缴纳财产税和土地税的乌国法人和非居民自然人，在征税对象所在地的国家税务机关进行登记。

纳税人在注册之后才产生土地税、财产税或者水资源使用税的，纳税人不应当在注册所在地国家税务机关进行注册，而应当在征税对象所在地的国家税务机构进行登记。

四、纳税人登记的程序

在进行国家注册时也必须同时在国家税务机关和国家统计机关注册的法人和自然人，应该按照法定程序在国家注册的所在地进行登记。

乌国居民法人应当在国家注册后的10日内向国家税务机关提交登记申请书，申请书应附有国家法人注册的文件副本。

独立履行纳税义务的法人的独立部门在进行登记时，法人应当在决定创建该独立部门或划分独立的资产负债表后的10日内，向国家税务机关提交登记申请书。在申请书中必须注明该法人的纳税人识别号。申请书应附有法人创建独立部门的决议、该独立部门领导人的任命书。

乌国的居民自然人应当按照法律的规定，在产生征税对象后的10日内向国家税务机关提交登记申请书。

在乌国境内通过常设机构开展业务活动的非居民法人，应该在开始开展活动后的183日内向国家税务机关提交常设机构注册申请书。登记申请书应当附有以非居民法人名义在乌国开展业务的合同或者委托书。如果常设机构是为了履行某项合同而专门设立的，则应附上该合同。

按照法律规定缴纳土地税、财产税的乌国法人和非居民自然人，应当在对土地权、财产权进行登记后的10日内，向国家税务机关提交登记申请表。登记申请书应当附有申请书中所注明信息的证明文件。

法人通过加油站销售运输工具使用的汽油、柴油和天然气的，应该在对加油站进行国家注册之后的10日内，向加油站所在地的国家税务机关提交登记申请书。登记申请书应当附有申请书中所注明信息的证明文件。

国家税务机关应当依据登记申请书附带文件为纳税人编排纳税人识别号，并在3日内将纳税人的登记信息录入纳税人统一登记表，同时向纳税人颁发登记证明。

如果乌国居民法人同时具有多个独立部门，应当由相应的国家税务机关对每个独立部门进行登记。

如果乌国的非居民法人在乌国境内有多个常设机构，则必须在相应的国家税务机关对每个常设机构进行登记。国家税务机关不得将非居民法人多个常设机构的税务报表合并。

如果纳税人在纳税人注册地以外的地区产生了土地税、财产税或者水资源使用税的缴纳义务，则纳税人应该在对土地权、财产权进行国家注册之日起的10日内，或者在纳税义务产生之后，到征税对象所在地的国家税务机关进行登记。

五、纳税人登记的内容

根据乌国《税法典》第82条的规定，在对纳税法人进行登记时，登记内容主要包括：(1) 纳税人识别号；(2) 纳税人的全称和简称；(3) 纳税人所在地（通信地址）。

对于乌国居民法人，除登记上述内容外，还应该登记下列信息：(1) 法律组织形式；(2) 对于独立履行纳税义务的法人的独立部门，以及对于属于经营管理机构的法人，应注明纳税人所属的单位；(3) 进行国家注册的日期、地点和国家注册号；(4) 对于商业组织应注明法定基金（注册资本）的金额；(5) 全体创始股东，并注明乌国创始股东的纳税人识别号，对于商业组织（不包括股份公司）还应注明每个创始股东在法定基金（注册资本）中所占的份额。

在对自然人纳税人进行登记时，登记内容应当包括：(1) 纳税人识别号；(2) 纳税人的姓、名、父称；(3) 纳税人的国籍；(4) 对于乌国公民，还应当包括公民识别号（个人代码）；(5) 纳税人的护照序列号和编号、发证日期和地点；(6) 纳税人的居住地（地址）。

在对个体企业的纳税人进行登记时，登记内容包括：(1) 国家注册日期、地点和国家注册号；(2) 经营活动类型；(3) 进行经营活动的地点。

六、对纳税人登记信息的管理

除法律规定的情形外，有关机关应当依据纳税人提供的信息，对纳税人的登记信息进行登记、修改和补充。

发现纳税人未进行税务登记时，国家税务机关应当要求该纳税人按照规定程序进行登记，并承担相应的法律责任。

乌国法人和非居民自然人的登记信息发生变化时，应当在10日内将发生变化的情况通知登记所在地的国家税务机关。

自然人的常住地发生改变时，纳税人原常住地的国家税务机关应当将该纳税人的所有材料转交给纳税人新居住地的国家税务机关。

国家税务机关应当根据纳税人的要求出具该纳税人的登记证明文件，并在文件中注明经过修改的登记信息。

当出现下述情况时，应当将纳税人从乌国纳税人统一登记表中除名：（1）对于乌国的居民自然人，在死亡后其继承人缴纳了全部的税金和规费，或者按照规定程序注销了税收债务的；（2）对于乌国的居民法人，在被清算之后缴纳了全部的税金和规费，或者按照规定程序注销了税收债务的；（3）对于乌国的非居民法人，因情况发生变化而不符合纳税人统一登记的条件，在缴纳了全部的税金和规费的。

七、国家登记机关的权利与义务

法人在进行国家注册后的10日内，国家注册机关应当将法人注册副本转交给登记所在地的国家税务机关。国家法人统一登记表中的信息发生变化时，国家注册机关应当在对变化的内容进行登记后的10日内向国家税务机关通报该法人的变化事项。

颁发许可证或其他许可文件的机构，应当将颁发许可文件的情况通报给领证法人所在地的国家税务机关。

乌国内务机关应当每月向其所在地的国家税务机关通报护照发放、更换、作废等情况。

国家不动产登记机构应当在每年2月1日前向其所在地的国家税务机关通报至本年1月1日本区域土地及其他不动产所有者（持有者）的信息。如果在一年内土地或其他不动产的所有权发生变动的，应该在该土地、不动产所有权进行国家注册后的10日内将相关事宜通知国家税务机关。

国家水资源统计机关，应该在每年2月1日前根据上一年的汇总情况，将水资源使用情况通知用水所在地的国家税务机关。

国家公证处应当在完成下列公证事项后的10日内将相关事项通知公证处所在地的国家税务机关：(1)不动产买卖合同；(2)财产租赁合同和租金金额；(3)继承或赠予的财产价值。

国家土地资源登记评估机构应当向土地所在地的国家税务机关通报土地所有权的变动情况，以及农业用地的标准价值。

国家地下资源登记机关应当在对本区域地下资源的使用权进行登记后的10日内，将地下资源区域位置、该资源的使用权人等相关信息通报给该国家注册机关所在地的国家税务机关。

中央证券交存处应当每月10日前向乌国国家税务委员会提交上一纳税期在该交存机构注册的股票交易信息。

银行只有在法人和个体企业提供税务登记证明的前提下，才可以为法人和个体企业开设银行账户，并在开设账户后的1日内将开设账户的情况通报给相应的国家税务机关。在法律规定的情况下，银行还应该根据法律的规定向国家税务机关提供其他信息。

海关机关应当每月向国家税务机关通报进出口的信息和商品转移的相关信息。

第三节 税务检查

一、税务检查的一般规定

根据乌国《税法典》第85条的规定，税务检查是指由国家税务机关对税收法律法规执行情况进行的检查。根据法律规定，检察机关也可以进行税务检查。税务检查分为对纳税人财务经营活动的检查和短期检查两种方式。其中，对纳税人财务经营活动的检查是指通过研究和比对纳税人的会计、财务、统计、银行等文件，对纳税人执行税收法律法规的情况进行的检查。短期检查是指对纳税人的某些经营活动或操作是否符合税收法律法规的检查。短期检查与纳税人的财务经营活动无关。

(一) 税务检查的类别

乌国税法规定，税务检查共分为三类，即计划税务检查、临时税务检查和反向检查。

计划税务检查是指依据税务稽查主管机关专门批准的检查实施计划而对纳税人的财务经营活动进行的检查。

临时税务检查是指在下列情况时，对纳税人财务经营活动进行的检查：（1）法人清算；（2）按照乌国总统或者乌国政府决议必须进行的检查；（3）国家税务机关收到有关纳税人违反税收法规的信息；（4）对纳税人的某些经营活动或操作是否符合税收法律法规而进行的短期检查。

反向检查是指通过比对规范性文件与纳税人持有文件的差异而进行的检查。税务机关在进行税务检查时可以根据需要对与纳税人相关的第三方进行反向检查。

（二）税务检查的参加人

根据规定，税务检查的参加人是指国家税务机关的负责人员、纳税人及其代理人。

根据法律规定，可以聘请与税务检查无利害关系的鉴定人员、翻译人员参与税务检查。

根据法律规定，在进行税务检查时，可聘请见证人。见证人应当为与税务检查无关的成年自然人。见证人应当见证证明书中的事实、内容和自己在场时发生的行为结果，并有权对于发生的行为进行批注。见证人所做的批注将被录入证明书。国家税务机关的工作人员不能作为见证人参与税务检查。

（三）税务检查的依据

根据法律规定，税务检查的依据包括：（1）由税务稽查主管机关或该机关地区分支机构颁发的检查计划摘录。检查计划摘录应当签字和盖章，并注明摘录内容准确无误；（2）国家税务机关根据税务检查计划颁布的检查命令。检查命令应当注明检查的目的、检查人员、实施检查的时间和检查期限。

进行临时税务检查的依据包括：（1）税务稽查主管机关作出的进行税务检查的决议。决议中应当注明被查对象的名称、纳税人识别号、检查目的、检查周期、检查的期限和依据的理由；（2）国家税务机关依据税务稽查主管机关的决议颁布的命令。命令中应当注明检查的目的、实施检查的期限、检查负责人员的组成和实施检查的时间。

在市场、商场及临时停车场进行短期检查的依据是国家税务机关的分支机构领导发布的命令。命令中应当注明检查的目的、实施检查的时间、检查人员。在进行短期检查后的1个工作日内，国家税务机关的分支机构应当通知税务稽查主管机关或该机关的地区分支机构进行检查的相关事宜。

进行反向检查的依据是：（1）税务稽查主管机关作出进行反向检查的决议。决议中应当注明被检查对象的名称、检查的目的和期限、与检查有关的对象等；（2）国家税务机关依据税务稽查主管机关的决议颁布的命令。命令中应当注明检查的目的、实施检查的期限、检查人员等。

对被清算法人进行临时税务检查的依据是：（1）国家法人注册机构或者清算人发出的对法人进行清算的书面通知；（2）国家税务机关的命令。命令中应当注明实施检查的目的和期限，实施检查的人员等。

（四）税务检查的期限

根据乌国税法的规定，对纳税人财务经营活动进行的计划税务检查，每年不超过一次。对于完全遵守法律法规的纳税人，每2年不超过一次。法律另有规定的除外。

对地方银行和其他地方财政机构的财务经营活动进行的计划税务检查，每5年不超过一次。对于小型公司、小型企业和农场，每4年不超过一次。对于其他企业，每3年不超过一次。

对于刚刚创建的小公司、小型企业和农场，在国家注册后的3年内，不应对其财务经营活动进行计划税务检查，法律另有规定的除外。

对于刚刚创建的生产应税消费品的小公司、小型企业和农场，对使用财政资金或政府专项资金的小公司、小型企业和农场，在国家注册后的2年内不应对其财务经营活动进行计划税务检查。

乌国税法规定，实施税务检查的期限不应超过30日。在特殊情况下，依据稽查主管机关的决议，该期限可以延长，但小公司、小型企业和农场除外。

根据国家税务机关的补充命令可以延长税务检查的期限。补充命令中应注明之前命令的编号和登记日期、之前进行检查的负责人员的姓、名、父称。

短期检查的期限不应超过1个工作日。不允许延长实施短期检查的期限。

如果法院决定中止履行进行税务检查命令时，实施检查的期限也应该中止。

（五）税务检查的补充要求

只有根据法律规定的依据才可以进行税务检查。

国家税务机关应当在开始检查30日之前，以书面方式通知纳税人有关计划税务检查的内容和期限。

国家税务机关在对纳税人按规定程序提交的财务报表和税务报表、国家税务机关掌握的纳税人的相关文件进行研究和分析后，只有在发现审核结果存在违规情况时，才可以决定对纳税人的财务经营活动进行检查。

进行税务检查时不应中止纳税人的经营活动，法律另有规定的情况除外。

不应对纳税人进行重复检查。

税务检查应当按照国家税务机关领导人或其代理人批准的税务检查实施纲要进行。税务检查实施纲要应该包括如下内容：（1）进行税务检查时所要解决的问题；（2）进行税务检查时应当遵守的税收法规列表；（3）其他资料。

反向检查的范围仅限于与被检查的纳税人具有关联关系的内容。

国家税务机关在进行反向检查时，禁止纳税人在场，也禁止向其索要财务会计文件或者其他与检查内容无关的文件。

进行税务检查时，国家税务机关有权按照法律规定的程序进入纳税人的业务场所进行检查，清查登记财产，索取文件，没收文件和物品，接受纳税人及其主要领导、财务会计人员和其他责任人员的解释，冻结纳税人的银行账户，聘请鉴定人员进行鉴定，要求消除违反税收法规的行为，履行法律法规规定的其他义务。

在税务检查期间，纳税人不得对被检查期间的税务报表进行补充和修改。

二、税务检查的主要方法

（一）进入纳税人的业务场所进行检查

根据乌国税法的规定，在进入纳税人的业务场所进行检查之前，国家税务机关负责人有义务：（1）使纳税人了解税务检查的目的；（2）出示自己的工作证以及进行检查的专用证明；（3）按照法定程序填写检查登记册；（4）将检查计划摘录副本或者进行临时税务检查或反向检查的决议的副本、国家税务机关的检查决定和制定税务检查计划的命令等交给纳税人，并由纳税人签字确认。

将上述文件交给纳税人之时视为税务检查已经开始。纳税人拒绝接收上述文件不能成为取消税务检查的依据。当纳税人拒绝接收上述文件时，国家税务机关的负责人应编写证明，并与纳税人一起在证明上签字。纳税人拒绝在证明上签字时，应在证明上做相应记录。在此情况下，签署证明的时间视为税务检查的开始时间。

纳税人应当允许国家税务检查人员进入纳税人的生产经营场所进行检查。

但在下述情况下，纳税人有权拒绝国家税务检查人员进入纳税人的生产经营场所进行检查：（1）未送达或者未按照规定程序送达上述文件，纳税人拒绝接收的情况不在此列；（2）在税务检查命令中未注明检查人员、检查人员不出示工作证以及进行检查的专用证明；（3）尚未到达命令上注明的、进行税务检查的日期或者已过期；（4）检查人员拒绝填写检查登记册。

纳税人阻止税务检查人员进入纳税人生产经营场所进行检查时，国家税务机关的负责人应当编写证明，并与纳税人一起在证明上签字。纳税人拒绝在证明上签字时，应在证明上做相应记录。

纳税人阻止税务检查人员履行职责、进入纳税人生产经营场所进行检查时，应当承担法定的责任。

纳税人承担了阻止国家税务机关人员履行职责的责任后，仍不能取消税务检查。

国家税务检查人员不得违背被检查纳税人的自然人成员的意愿，强行进入其所居住房屋内进行检查。但法律另有规定或依据法院判决的情况除外。

（二）对纳税人厂房及财产的清查登记

税务检查人员在税务检查过程中，如有必要，可对纳税人生产经营场所的房屋进行调查，对纳税人的财产进行清查登记。税务检查人员可以拍照、摄像、录像，也可以复印证明书中规定的文件。在检查的过程中，纳税人或其代理人有权参与调查。

（三）索取文件

税务检查人员有权向纳税人索取相关的文件。纳税人拒绝提供相关的文件时，税务检查人员应当按照法律规定扣押这些文件。

（四）扣押文件和物品

在进行税务检查过程中，税务检查人员可以根据检查决议，扣押违反税收法规的文件和物品。但扣押文件或物品会中断纳税人的业务活动的，需要依据法院判决方可执行。

不得在夜间（在23：00—6：00）扣押纳税人的文件和物品。

禁止扣押与税务检查无关的文件和物品。

在扣押文件和物品之前，税务检查人员应当向纳税人出示扣押文件和物品的命令，并向在场人员说明其权利和义务。

税务检查人员应当建议纳税人自愿提供文件及物品，如遭拒绝将采取强制扣押措施。

税务检查人员在扣押纳税人的文件或物品时，纳税人应该在场。税务机关还应该邀请见证人在场。税务机关应当向见证人和参与扣押的其他人员展示所有被扣押的文件和物品。

被扣押的文件应当包括文件正本和经纳税人签字盖章的副本。在扣押文件正本时，应当制作文件副本，并将副本经税务机关认可后，在扣押文件正本后的5日内转交纳税人。

税务检查人员在扣押文件和物品时，应当按照法律规定制作证明书。在证明书或附带的表格中，应当列出文件和物品的名称、数量和特征，并尽可能注明物品的价值。证明书应该一式两份，其中一份交由纳税人签字。纳税人绝接收证明书时，税务检查人员应当在证明书上对该情况进行记录，并将其中的一份证明书通过邮局挂号信发送给纳税人。证明书在发送满3日后视为已经送达。

（五）冻结纳税人的银行账户

税务检查人员可以依据法院的判决，冻结纳税人的银行账户。但对于发现纳税人将犯罪收入合法化以及为恐怖主义活动拨款的情况不在此列。

纳税人阻止进行税务检查或拒绝税务检查人员进入纳税人的生产经营场所进行调查、纳税人不在申请的地址、纳税人不提交税务报表或财务报表的，国家税务机关有权进行起诉，并申请冻结纳税人的银行账户。

（六）鉴定

在税务检查过程中，如果需要对相关问题和材料所涉及的科学、艺术、技术和专业知识进行解释，则应当按照规定聘请鉴定人员进行鉴定。

国家税务机关的领导人应当依据税务检查人员的申请发出鉴定命令。命令中应当注明鉴定的依据，接受鉴定的单位名称，或者鉴定人的姓、名、父称，鉴定人需要处理的问题，供鉴定人使用的资料等。

国家税务机关和鉴定人之间应当签订鉴定合同。

鉴定人有权查阅属于鉴定对象的相关资料，提出提供补充资料的要求。

鉴定人以自己名义做出书面结论。结论应说明鉴定人所做的调查、鉴定过程中的推断和对问题的论证答案。

鉴定人应当将鉴定结论或者无法作出结论的公告送交给被检查的纳税人。被检查的纳税人有权对鉴定结论作出解释或提出异议。被检查的纳税人可以请求税务检查人员向鉴定人提出补充问题，要求进行补充鉴定或再次鉴定。税务机关可以委托该鉴定人或其他的鉴定人对相关的问题进行补充鉴定或再次鉴定。

三、检查资料及检查结论

（一）税务检查证明书

根据乌国税法的规定，税务机关在进行税务检查时，需要制作税务检查证明书。税务检查证明书中应注明：（1）被检查单位或人员的名称（姓、名、父称）；（2）税务检查的依据、类型和时期；（3）税务检查的实施日期和地点；（4）税务检查开始的时间和结束的时间；（5）税务检查证明书制作人员的职务、姓、名、父称；（6）税务检查人员和在场人员的姓、名、父称，必要情况下还需要注明地址；（7）税务检查的内容和检查顺序；（8）税务检查过程中发现的事实和情况。

在实施税务检查时，所有的检查人员和在检查现场的人员均应阅读税务检查证明书。上述人员有权对税务检查证明书作出批注。所做的批注将被录入税务检查证明书或者纳入税务检查资料。税务检查证明书由税务机关的负责人、税务检查人员和在场的人员编制。证明书可附上照片和底片、电影胶卷、视频录像和采取行动时制作的其他资料。

（二）税务检查报告

税务机关应当根据税务检查的结果，编制税务检查报告。在税务检查报告中应当注明：（1）实施税务检查的地点，报告编制日期；（2）实施税务检查的依据；（3）税务检查的类别和检查时间；（4）税务检查人员的姓、名、父称；（5）被检查的个体企业的姓、名、父称；（6）被检查的法人全称，被检查的法人的领导人或会计核算责任人员的姓、名、父称；（7）纳税人所在地（通信地址）、银行信息，纳税人识别号；（8）上一次检查的相关信息；（9）纳税人提供被检查期间的文件概况；（10）税收违法行为的详细描述（如有），所援引的税收法规；（11）检查结论和意见。

如果在税务检查结束后未发现纳税人有违反税收法规的情况，税务检查报告应当对此进行记录。

税务检查报告不应少于三份。所有的税务检查报告都应由税务检查人员签字。税务检查人员应当将一份税务检查报告交给纳税人，将其余的税务检查报告归入税务检查材料。纳税人应当在所有的报告上签字确认，并注明收到税务检查报告的日期。

纳税人在税务检查报告上的签字并不代表纳税人同意税务检查结果。

纳税人逃避或拒绝接受税务检查报告时，税务机关的负责人应将此情况记录在税务检查报告中，并将其中一份报告通过邮局挂号信寄给纳税人。国家税务机关将税务检查报告交给或邮寄给纳税人，表明税务检查已经结束，法律另有规定的情况除外。

税务机关在制作税务检查报告时，应当附上税务检查依据的文件副本、税务检查证明书、财产清查登记报告、鉴定人结论、税务检查过程中获取的材料以及其他证明材料等。

根据乌国国家税务委员会的规定，在税务检查结束后的 1 日内，应当将税务检查材料在纳税人国家注册所在地的国家税务机关进行注册。

（三）税务机关研究税务检查材料

在税务检查结束后的15 个工作日内，税务机关的领导或其代理人应当对税务检查的材料进行研究，从而确定下面的问题：（1）税金和规费的计算是否准确、是否存在多缴税金和规费的情况；（2）是否存在违反税收法规的情况；（3）罚款的性质和数额是否准确；（4）是否存在减轻或者加重处罚的情节；（5）其他情况。

税务机关在研究税务检查材料时应当编写备忘录，备忘录中应注明：（1）研究税务检查材料的地点和日期；（2）研究税务检查材料的人员职务、姓、名、父称；（3）研究税务检查材料人员的出席情况；（4）所研究的税务检查材料；（5）研究税务检查材料人员的观点、提出的请求和研究结果；（6）所研究账务的资料；（7）其他资料。

备忘录应当由所有参与研究的人员共同签字确认。

在税务检查结束后的10 个工作日内，纳税人有权对税务检查报告提出书面说明或异议。在此情况下，税务机关在研究税务检查材料时须有纳税人到场。税务机关应当在开始研究检查材料的 2 个工作日之前，将研究税务检查材料的日期、时间和地点通知纳税人。如果纳税人确有正当理由无法在指定的时间到场时，国家税务机关应当推迟研究税务检查材料的日期，但推迟的时间不超过 3 个工作日。如果税务机关将推迟的日期通知了纳税人但纳税人仍未到场的，则税务机关应当在纳税人不在场的情况下对税务检查的材料进行研究。

税务机关在对税务检查材料进行研究时，备忘录上应有税务检查人、纳税人、参与研究的其他人员的签字。纳税人拒绝在备忘录上签字或者在纳税人不在场的情况下对税务检查材料进行研究时，应该在备忘录上对该情况进行记录。

备忘录一式三份，其中一份应当交给纳税人。纳税人有义务在所有的备忘录上签字确认，并注明收到的日期。

纳税人拒绝或回避接收备忘录时，税务机关的责任人员应当将此情况记录在备忘录中，并将备忘录归入税务检查材料。

（四）税务机关作出税务检查结论

在开始研究税务检查材料后的5个工作日内，国家税务机关应当做出是否对纳税人重新计算税款、规费、滞纳金，以及是否对纳税人追究法律责任的决定。决定书中应该包括以下内容：（1）税款、规费和滞纳金的金额，罚款的金额；（2）纳税人税收违法的情况及证明文件和其他资料；（3）纳税人应当承担的法律责任，并注明所依据的法律条款和法律规定承担的责任措施；（4）改正税收违法行为和支付计算的税款、规费和滞纳金的期限；（5）罚款的数额。

在国家税务机关做出检查结论后的2个工作日内，国家税务机关应当将决议的副本送达纳税人签字确认，或者以其他可证明纳税人收取日期的方式将决议副本转交给纳税人。如果决议副本无法送达纳税人，国家税务机关应当通过邮局挂号信的方式将副本寄送给纳税人。决议副本发送后满3日即视为已送达。

（五）纳税人执行国家税务机关的结论

除法律规定的情形外，纳税人在收到国家税务机关税务检查决定副本后的30日内，应当改正税收违法行为并缴纳税款、规费和滞纳金。

纳税人在规定的期限内改正了税收违法行为并缴纳了税款、规费和滞纳金后，国家税务机关对纳税人的罚款决议将被视为已撤销。但纳税人隐藏（减少）商品、工程、服务的销售额、储存未入账商品、违反税控收款机使用办法、从事未得到许可的活动等情况，不适用本规定。

纳税人在规定的期限内未改正税收违法行为、未缴纳税款、规费和滞纳金的，国家税务机关应当按照法律的规定，对纳税人采取强制措施追缴税款、规费和滞纳金，并向法庭提交起诉书请求对纳税人处以罚款。

对于纳税人的税收违法行为并未造成税金或规费少缴或不缴的，在收到国家税务机关作出罚款决定后的5个工作日内，纳税人应当向国家税务机关提交报告，对是否承认税收违法行为及是否自愿缴纳罚款的情况进行说明。如果纳税人承认存在税收违法行为，则纳税人应当在5个工作日内向国家税务机关提交申请书，请求税务机关确定纳税人自愿缴纳罚款的期限（并注明具体日期）。国家税务机关应该在收到申请书后2个工作日内对纳税人自愿缴纳罚款的期限作出规定。根据法律规定，纳税人自愿缴纳罚款的期限不得超过30日。对于依照法律规定追加的税金、规费和罚款，纳税人自愿缴纳的期限为6个月。如果决议副本无法送达给纳税人时，国家税务机关可通过邮局挂号信的方式送达，副本发送后满3日视为已送达。

对于纳税人未向税务机关提交报告，或者在提交的报告中拒绝履行税务机关的决定，或者在规定的期限内未缴纳罚款的，国家税务机关应当向法院起诉纳税人，请求法院对纳税人进行罚款。

根据乌国行政责任法的规定，对于在税务检查过程中发现的纳税人的行政违规行为，应当给予行政处罚。

（六）税务检查的无害化处理

税务机关在进行税务检查时，不允许采取不当的行为对纳税人或归属于纳税人的财产造成损害。对于国家税务机关及其工作人员在税务检查过程中采取不当行为对纳税人造成的损失，国家税务机关或其责任人应承担法律责任，并由国家税务机关对损失给予全额赔偿。国家税务机关的工作人员应当根据法院的判决承担赔偿责任。

第二十一章　税收法律责任

第一节　税收法律责任的概念与一般规定

一、税收违法行为的概念与追责原则

根据乌国《税法典》第106条的规定，税收违法行为是指纳税人的过失违规作为和不作为。

所有人都只能按照《税法典》的规定承担税收违法责任。其中，自然人应当自年满16周岁开始承担税收违法责任。

任何人都无须为同一件税收违法行为重复承担责任。

对于个体企业的税收违法行为，应当按照对法人的规定进行金融处罚(即罚款)。

法人在被追究税收违法责任后，如果法律有规定的，法人的责任人还必须承担行政、刑事和其他责任。

纳税人被追究税收违法责任后，仍须缴纳税金和规费。

如果按照法律规定的程序不能够证实纳税人有过错的，则该纳税人不是税收违法的过错人。被追责的纳税人不需要证实自己的税收违法行为存在过错。

纳税人存在多项税收违法行为时，只对其中最严重的违法行为进行罚款而不再对其他的违法行为进行罚款，或者降低每一个违法行为的罚款额或降低部分违法行为的罚款额，然后按各项违法行为的罚款总额进行处罚，但罚款总额不得超过法律规定的对此项违法行为的最高罚款额。

当法院对纳税人的违法行为作出处罚后，发现纳税人在此前还存在其他的税收违法行为，则法院还应当对新发现的违法行为进行罚款。

纳税人发生税收违法行为且接受了金融处罚后的1年内未再发生该类违法行为，则应该认定该纳税人未接受过金融处罚。

二、税收违法责任的加重、减轻和免除

（一）税收违法责任的加重

根据乌国税法的规定，如果纳税人在对其进行税收违法处罚前已经多次发生过与此相类似的税收违法行为，则应当对其加重处罚。

（二）税收违法责任的减轻

根据乌国《税法典》第111条的规定，减轻税收违法责任的规定适用于下述各种情况：（1）由于严重的个人或家庭状况而导致发生的税收违法行为；（2）在遭受威胁或暴力，或由于物质、工作和其他制约因素而发生的税收违法行为；（3）法院认为可导致纳税人责任减轻的其他情况。

（三）税收违法责任的免除

根据法律规定，当出现下列情况时，纳税人可免于承担税收违法责任：（1）没有税收违法的行为或事实；（2）纳税人不存在过错；（3）法律规定的其他情况。

在税务机关开始进行税务检查前纳税人自动改正错误的，纳税人可以免于承担责任，但缴纳罚款不在此列。

当纳税人出现下述情况时，也应当免于承担税收违法责任：（1）纳税人的税收违法行为是由于自然灾害或其他不可抗力的因素造成的（该情况是指存在众所周知的事实、通过大众媒体或其他不需要专门证明的方式进行公告）；（2）自然人纳税人的税收违法行为是在该自然人不了解产生的影响或处于病态状况下做出的行为（该情况通过提交文件方式证实，所提交文件的作用、内容和日期属于产生税收违法行为的纳税期）；（3）法律规定的其他情况。

另外，对于违法行为发生时自然人纳税人不满16周岁的，以及已经超过税务诉讼时效的，都不再追究其法律责任。

（四）金融处罚

根据乌国《税法典》第112条的规定，金融处罚是指对税收违法行为作出的处以罚金（罚款和滞纳金）的处罚措施。

乌国税法规定，对法人纳税人和个体企业纳税人进行金融处罚，计算延期缴纳税金和规费的滞纳金等，只能通过司法程序，由法院负责进行。纳税

人承认税收违法行为且自愿缴纳罚款的情况不在此列。

如果纳税人存在减轻处罚的情节时，考虑到纳税人的经济状况，法院可以对纳税人减轻金融处罚，但罚金的数额不得低于法律规定的最低罚金额的25%，且必须注明缘由和依据。

如果在向法院提交材料后30日内自愿缴纳税款、规费和滞纳金，纳税人可免于缴纳法院判处的罚款。

第二节 税收违法行为的种类及责任

乌国税法规定的税收违法行为，主要包括以下9类。

（一）未办理税务登记

除在国家注册并同时在国家税务机关和国家统计部门登记的纳税人外，纳税人（也包括乌国非居民纳税人）应当在税务机关办理税务登记，否则就会被判处罚款：（1）如果经营活动不超过30日，则需缴纳最低工资额50倍的罚款，但不得低于从事该经营活动获取的净销售收入的10%；（2）如果经营活动超过了30日，则需缴纳最低工资额100倍的罚款，但不得低于从事该经营活动获取的净销售收入的50%。

纳税人（也包括乌国非居民纳税人）未在国家税务机关办理征税对象登记的，应当被判处罚款：（1）超过规定的登记日期未满30日的，应当处以50倍最低工资额的罚款；（2）超过规定的登记日期30日及以上的，应当处以100倍最低工资额的罚款。

（二）商品或商品、工程、服务的销售收入未入账

根据法律规定，除能够证实商品合法产地的情况外，纳税人存放未入账的商品，属于税收违法行为，应当被处以与未入账商品价值等额的罚款。但在办理行政违法案件或刑事案件过程中将未入账的商品收入国库的情况除外。

纳税人隐瞒或部分隐瞒商品、工程、服务的销售收入，属于税收违法行为，应当被处以隐瞒或部分隐瞒商品、工程、服务的销售收入额20倍的罚款，并对被隐瞒或部分隐瞒的商品、工程、服务的销售收入计算税金和规费。依照法律规定，隐瞒或部分隐瞒商品、工程、服务的销售收入是指：（1）有文件能够证明商品、工程、服务销售的事实，但在核算登记册中未能体现商品、工程、服务的销售金额；（2）替换、伪造或者销毁证明商品、工程、服务销售事实的文件；（3）仓库和商品销售地都没有作为未售品登记在册的商品。

（三）违反税务报表提交办法

乌国税法规定，纳税人不及时提交税务报表，或者未按照稽查要求在规定期限内提交修改后的税务报表的，法人纳税人的责任人员或者自然人纳税人都必须承担行政责任。

（四）违反会计核算办法

法人纳税人缺少会计核算或者违反规定程序进行会计核算，致使无法确定应纳税金和规费金额的，法人纳税人的责任人员应当承担行政责任。

法人纳税人被给予行政处分后，仍然必须履行核算税款和规费的义务。

（五）无证照经营

纳税人在进行经营活动时应当办理而未办理许可证和其他许可证件时，有关各方都应当承担法律责任。

（六）违反发票开具办法

不属于增值税纳税人的销售商在销售不应缴纳增值税的商品、工程、服务时，如果开具的发票中含有增值税，则销售商应当缴纳该罚金，罚金金额为发票中记载的增值税金额的20%。商品、工程、服务的购买方不需要缴纳罚金，但需要重新计算增值税。

（七）违反税控收款机和POS机使用办法

纳税人在进行交易时应当使用但未使用税控收款机或POS机的，等同于销售商品、工程、服务时未向消费者提供收据、出具副联、收款单或其他必须提供的凭证，应当被处以最低工资额30—50倍的罚款。对于在被处罚后的1年内再次出现上述违法行为的，应当被处以最低工资额70—100倍的罚款。

纳税人使用不符合技术要求的收款机或者违反规定程序使用收款机，拒绝刷卡付款的，应当被处以最低工资额100倍的罚款。对于在被处罚后的1年内再次出现上述违法行为的，应当被处以最低工资额200倍的罚款。

（八）违反税金和规费的缴纳期限

纳税人没有在规定的期限内缴纳税款和规费的，从规定的缴纳期限之后一天开始直至缴清之日，纳税人每天都必须缴纳滞纳金。滞纳金金额为应当缴纳而未缴纳的税金和规费的0.033%。

纳税人缴纳的滞纳金金额不得超过相应税金和规费的欠款金额。

纳税人在缴纳滞纳金之后，仍然必须履行相应的税收债务。

企业法人在进行自愿清算时，自国家法人注册机关作出同意进行清算决定之日起，停止对所有的税金和规费计算滞纳金。当企业法人未在规定的期限完成自愿清算，或者终止清算程序恢复经营的，应当计算和缴纳在清算期间的滞纳金。

（九）无证使用土地

乌国税法规定，对于未办理土地使用文件而使用土地的，以及对于超出土地使用文件规定的面积使用土地的，应当被处以罚金：（1）如果土地的使用者是法人，则罚金数额是土地税金额的2倍；（2）如果土地的使用者是自然人，则罚金数额是土地税金额的1.5倍。

第三节　对税务机关及其工作人员的决定、行为的申诉

乌国《税法典》第122条规定，对于国家税务机关作出的决定、国家税务机关工作人员的作为或不作为等行为，每个纳税人都有权按照法律规定的程序，向上级税务机关进行投诉或向法院提起诉讼。

纳税人在知道或应该知道自己的权利受到侵害之日后的30日内，可以书面形式向上级税务机关进行投诉，并提供相应的证明文件。

纳税人在向上级税务机关进行投诉或向法院提起诉讼时，应当通知国家税务机关，并提供相应的证明文件。

在上级税务机关对纳税人的投诉做出处理决定之前或者在法院对纳税人提起的诉讼判决生效之前，将分别冻结被投诉的决议或行为（包括追缴追加的税金和规费），暂停采取金融处罚措施。

上级国家税务机关在收到投诉书后的30日内，应当对纳税人投诉的内容进行审理。上级国家税务机关根据审理的结果，应当作出对投诉不予支持、废除或修改被投诉的国家税务机关的决定等的结论。审理结论应当在3日内以书面方式告知纳税人。

附录 中乌《关于对所得避免双重征税和防止偷漏税的协定》解读

为了协调中乌两国的税收管辖关系，妥善处理对跨国纳税人的征税事务，防止双边经济活动中的重复征税和偷漏税现象发生，中国政府和乌国政府以《经济合作与发展组织关于对所得和财产避免双重征税的协定范本》（以下简称 OECD 范本）和《联合国税收协定范本》（以下简称 UN 范本）为蓝本，在双方平等的基础上通过谈判，于 1996 年 7 月 3 日在乌兹别克斯坦共和国首都塔什干签订了《中华人民共和国政府和乌兹别克斯坦共和国政府关于对所得避免双重征税和防止偷漏税的协定》（以下简称中乌税收协定）。该协定已自签订之日起生效，自 1997 年 1 月 1 日起执行。

2011 年 4 月 18 日中乌两国在北京正式签署了《关于修订 1996 年 7 月 3 日签订的〈中华人民共和国政府和乌兹别克斯坦共和国政府关于对所得避免双重征税和防止偷漏税的协定〉的议定书》，对中乌税收协定中的部分内容进行了修订，自 2011 年 12 月 30 日生效。由于该协定是处理中乌两国公民在双边经济活动涉税问题的基本法律规范，故有必要对其基本内容加以解读。

第一节 中乌税收协定的适用范围与一般定义

一、协定的适用范围

一般而言，在一个税收协定中，首先需要解决的问题是协定的适用范围。它一般包括了人的适用范围和税种的适用范围两个方面。

（一）人的范围

人的适用范围，实际上就是关于该协定适用于哪些纳税人的问题。一般而言，晚近的税收协定在其适用范围的确定过程中，基本都以居民原则取代了之前的国籍原则，即将协定的适用范围限定为居民。之所以如此，是因为居民对于其所属国负有无限纳税义务，需要对其全部所得（包括境内所得和境外所得）对所属国纳税。因此，在居民税收问题上，可能就会发生居住国和所得来源国税收管辖权的重叠，这也正是税收协定所要解决的问题。故OECD 范本第 1 条明确规定："本协定适用于缔约国一方或者同时为缔约国双方居民的人"，从而明确了居民原则。中乌税收协定在第 1 条中也明确采纳了居民原则。它规定："本协定适用于缔约国一方或者同时为双方居民的人"。这表明，中乌税收协定只适用于中国和乌兹别克斯坦一方或双方的居民，而不适用于第三方的居民。

（二）税种的范围

税种的范围，实际上就是关于该协定在适用过程中主要涉及哪些税种的问题。总体而言，国际上一般把那些基于同一征税客体，但基于各国税收管辖权的冲突而导致可能重复征税的税种都列入协定的税种范围。一般来讲，这主要指的是直接税。鉴于中乌税收协定主要是协调解决对所得的征收问题，故该协定的税种范围主要限于双方的所得税。为此，协定明确规定：第一，协定适用由缔约国一方或其地方机构对所得征收的所有税收，不论其征收方式如何。第二，所得包括了全部的所得或某项所得，也包括转让动产或不动产的收益以及资本增值，对企业支付的工资或薪金总额征收的税收，以及对资本增值征收的税收，都应当视为对所得的征税。第三，本协定特别适用的现行税种在中国主要指个人所得税和外商投资企业和外国企业所得税两个税种（以下简称中国税收），在乌国主要指企业、协会及社团组织所得税和乌国公民、外籍人员及无国籍人员个人所得税两个税种（以下简称乌兹别克斯坦税收）。第四，本协定也包括缔约国双方在之后新增加的、对所得征收的税种，也包括以后代替上述税种以及与上述税种相同或实质相似的税种。如果缔约国一方的税法有了实质性的变动，则该缔约国的主管当局应在其变动后的适当时间内通知对方。

二、协定中的一般定义

在当代世界，没有两个国家的税收制度是完全相同的。不仅每个国家的税收制度都各不相同，而且各个国家税法中所使用的概念和术语也各有特定的内涵和外延。因此，为了避免由于所使用的概念的差异而导致不必要的混乱，双边或多边税收协定都首先会对所涉及的一些比较重要的概念或用语加以规定。中乌税收协定也不例外。该协定第3条首先对协定所涉及的“中国”、“乌兹别克斯坦”、“缔约国一方”和“缔约国另一方”、“税收”、“人”、“公司”、“缔约国一方企业”和“缔约国另一方企业”、“国民”、“国际运输”、“主管当局”等10组概念进行了界定。例如，“缔约国一方”和“缔约国另一方”指的中国或者乌兹别克斯坦；“税收”指中国税收或者乌兹别克斯坦税收；“人”的概念包括了个人、公司和其他团体；“公司”一语是指法人团体，包括合资企业或者在税收上视同法人团体的实体；“缔约国一方企业”和“缔约国另一方企业”分别指缔约国一方居民经营的企业和缔约国另一方居民经营的企业；“国民”一语是指任何具有缔约国一方国籍的个人，以及任何按照缔约国一方现行法律建立的法人、合伙企业或团体；“主管当局”一语在中国方面是指国家税务总局或其授权的代表，在乌兹别克斯坦方面是指国家税务委员会或其授权的代表。除此之外，对于协定中未进行明确定义的用语，除上下文另有解释的以外，应当具有该缔约国适用于本协定的税种的法律所规定的含义。

另外，由于“居民”和“常设机构”这两个概念在中乌税收协定中有着非常重要的意义，故协定第4条和第5条还分别对这两个概念作了专门的界定。

（一）居民

鉴于现代各国对居民认定的条件比较宽泛，故有可能出现一个人同时成为两个或两个以上国家的居民的情况。为了解决这一问题，中乌税收协定明确规定，缔约国一方居民指的是按照该缔约国法律，由于住所、居所、注册所在地、总机构所在地，或者其他类似的标准，在该缔约国负有纳税义务的人。当根据上述定义和缔约国各方的规定，出现了某个个人同时为缔约国双方居民的情况时，为了确定其纳税义务，协定明确规定了确定其居民身份的具体规则。

第一，永久性住所标准。中乌税收协定规定，应以其永久性住所所在地作为确定其居民身份的标准。当该个人只在缔约国一方拥有永久性住所的，则应该认定其为该国的居民。

第二，重要利益中心标准。中乌税收协定规定，应以其重要利益中心作为确定其居民身份的标准。当该个人在缔约国双方同时拥有永久性住所的，则应认定其是与其个人经济关系更密切（重要利益中心）的所在缔约国的居民。

第三，习惯性居住地标准。中乌税收协定规定，应以其习惯性居住地作为确定其居民身份的标准。如果该个人重要利益中心所在国无法确定，或者在缔约国任何一方都没有永久性住所，则应认定其是有习惯性居所所在国的居民。

第四，国民身份标准。中乌税收协定规定，应以其国民身份作为确定其居民身份的标准。如果该个人在缔约国双方都有或者都没有习惯性居所，应认定其是其国民身份所属缔约国的居民。

第五，协商。中乌税收协定规定，如果该个人同时是缔约国双方的国民，或者不是缔约国任何一方的国民，则缔约国双方主管当局应通过协商确定其居民身份。

另外，对于同时为缔约国双方居民的非自然人，缔约国双方主管当局应通过协商解决其居民身份。

（二）常设机构

在国际税法中，“常设机构”与“居民”的概念一样，是一个非常重要的概念。它的主要作用在于确定跨国企业是否和某国有实质性的联系从而使该国能对归属于该常设机构的所得进行征税。因此，确定常设机构的概念就成为税收协定的重要内容。根据中乌税收协定的规定，“常设机构”的内涵是指企业进行全部或部分营业的固定营业场所。在其外延上，一般包括了以下的对象：（1）管理场所；（2）分支机构；（3）办事处；（4）工厂；（5）作业场所；（6）矿场、油井或气井、采石场或者其他开采自然资源的场所。另外，建筑工地，建筑、装配或安装工程，或者与其有关的监督管理活动也被视为常设机构，但仅以该工地、工程或活动连续12个月以上的为限。

为了进一步明确常设机构的概念，中乌税收协定还明确规定，以下各项不得包括在常设机构的范围之内：（1）专为储存、陈列或者交付本企业货物或者商品的目的而使用的设施；（2）专为储存、陈列或者交付的目的而保存本企业货物或者商品的库存；（3）专为另一企业加工的目的而保存本企业货物或者商品的库存；（4）专为本企业采购货物或者商品，或者搜集情报的目的所设的固定营业场所；（5）专为本企业进行其他准备性或辅助性活动的目的所设立的固定营业场所；（6）专为上述各项活动的结合所设的固定营业场所，如果由于这种结合使该固定营业场所的全部活动属于准备性质或辅助性质。

当一个人在缔约国一方代表缔约国另一方的企业进行活动，有权并经常行使这种权力以该企业的名义签订合同，则这个人为该企业进行的任何活动，都应该认定为该企业在该缔约国一方设有常设机构。但是，如果这个人通过固定营业场所进行活动，根据上述规定被明确认为是不属于常设机构的，则这个固定营业场所不能认为是常设机构。

当缔约国一方企业在缔约国另一方仅通过常规的经纪人、一般佣金代理人或者其他独立代理人进行营业的，不应认为该企业在缔约国另一方设有常设机构。但是，如果这个代理人的活动全部或几乎全部都代表了该企业的，则不应认为其是独立代理人。

缔约国一方居民公司，不论是否通过常设机构控制缔约国另一方的居民公司，或者被缔约国另一方居民公司控制，或者在该缔约国另一方进行营业的，都不能认为任何一方公司构成另一方公司的常设机构。

第二节　征税权的分配

和世界上其他税收协定范本和双边税收协定、多边税收协定一样，中乌税收协定的主要目的在于避免对纳税人的跨国所得进行双重征税。为此，两国政府通过协商做出承诺，各自放弃对部分所得的征税权，以消除可能出现的双重征税。故在该协定中，根据纳税人的不同所得，两国政府就其征税权的分配作出了明确的规定。

一、不动产所得

关于对不动产所得的征税权力，中乌税收协定规定，缔约国一方居民从位于缔约国另一方的不动产取得的所得（包括农业或林业所得），可以在该缔约国另一方征税。这表明，不动产的所在国享有对不动产所得的征税权。

对不动产所得的定义，中乌税收协定中完全采纳了 OECD 范本的规定。即“不动产”一语“应当具有财产所在地的缔约国的法律所规定的含义。该用语在任何情况下应包括附属于不动产的财产，农业和林业所使用的牲畜和设备，有关地产的一般法律规定所适用的权利，不动产的用益权以及由于开采或有权开采矿藏、水源和其他自然资源取得的不固定或固定收入的权利。船舶和飞机不应视为不动产”。

关于不动产所得，中乌税收协定规定，它包括了“从直接使用、出租或者任何其他形式使用不动产取得的所得”。从这个定义可知，它涵盖了对不动产的直接使用、出租以及其他任何形式的使用而取得的收入，但不包括出售不动产而取得的财产收入。

二、营业利润

关于营业利润，中乌税收协定在借鉴 OECD 范本和 UN 范本的基础上，确定了对营业利润进行征税的基本原则。

1. 利润归属原则。对于缔约国一方企业的营业利润如何分配，中乌税收协定以常设机构为标准，首先确定了利润归属的基本原则。根据第 7 条第 1 款的规定，缔约国一方企业所获得的利润应仅在该缔约国征税，故该缔约国一方对该利润具有独占征税权。但是，如果缔约国一方企业在缔约国另一方设有常设机构，并且通过该常设机构进行营业的，对归属于该常设机构的利润，缔约国另一方则享有征税权。

2. 独立企业原则或独立交易原则。由于在法律上常设机构并不是独立的企业法人，其经营行为必须由总机构加以控制，利润分配也应该由总机构来决定。故为了保证利润来源国享有相应的征税权，一般都将常设机构认定为一个独立企业，假定其为一个在相同或类似情况下从事相同或类似活动的分设机构。这样，就把它与其总机构所隶属的其他企业完全独立开来。它与总机构所隶属的其他企业之间的交易被视为一种内部交易，由此所可能产生的利润也应该归属于该常设机构。

3. 合理计算原则。为了确定归属于常设机构的利润，中乌税收协定在借鉴其他国际税收协定范本等的基础上，对利润计算规定了三个方面的内容。

(1) 费用扣除。借鉴国际上的一般做法，中乌税收协定明确规定，在确定常设机构的利润时，应当允许扣除其为进行营业活动而发生的各项费用。这些费用包括行政费用和一般管理费用。对于这些费用，不论其发生于该常设机构所在国或者其他任何地方，都允许进行扣除。但是，除银行企业外，常设机构因使用专利或者其他权利而支付给总机构或该总机构所属企业其他办事处的特许权使用费、报酬或其他类似款项，具体服务或管理的佣金以及向其借款所支付的利息，都不得作任何扣除（属于偿还代垫实际发生的费用除外）。另外，除银行企业外，在确定常设机构的利润时，也不考虑该常设机构从企业总机构或该企业其他办事处取得的专利或其他权利的特许权使用费、报酬或其他类似款项，具体服务或管理的佣金，以及贷款给该企业总机构或该企业其他办事处所取得的利息（属于偿还代垫实际发生的费用除外）。

（2）常设机构利润归属方法的一致性。为了确定营业利润的分配方法，中乌税收协定规定了两方面的内容：第一，对于缔约国一方以将总利润按比例分配给所属各单位的方法来确定常设机构利润的做法，并不违背独立企业原则或独立交易原则。但其分配的结果，应与有关营业利润分配的原则相一致。第二，常设机构利润的分配方法，应该保持其一致性。除非有适当的和充分的理由需要变动外，每年应采用相同的方法。

（3）常设机构为企业采购货物或商品的行为。由于采购行为不是一个完整的商业循环，故采购能否获得利润其实在现实中可能无法确定。因此，对于常设机构为总企业采购货物或商品的行为，不应当将其利润归属于该常设机构。在计算其应税所得时，也不得列支采购费用。

4. 特定种类所得条款优先原则。由于企业的利润除了营业利润之外，可能还包含许多其他的所得，如不动产所得、投资所得、租赁所得、劳务所得等，故如果协定中对上述各项所得的分配或归属的规定与对营业利润的分配或归属的规定不一致的，中乌税收协定在借鉴其他税收协定或税收协定范本的基础上，明确规定，“利润中如果包括本协定其他各条单独规定的所得项目时，本条规定不应影响其他各条的规定”，从而明确了特定种类所得条款的优先原则。

三、国际运输

对于从事跨境海运、空运或陆上运输的企业而言，它可能涉及多个国家。因此，如果按照常设机构原则对其征税，则一方面利润分配难以实际进行，另一方面由于从事国际运输的利润不高，如果允许多国同时对其征税就会导致其税负过重。为了解决这一问题，当代一些主要的税收协定范本和双边或多边协定，都对此做了特别规定。中乌税收协定也不例外。该协定第 8 条规定，缔约国一方居民以船舶、飞机或公路车辆经营国际运输所取得的利润，应仅在该国征税。这一规定，确立了对从事国际海运、空运和陆运的居民国独占征税权的原则。根据此原则，缔约国一方企业从事国际海运、空运和陆运而从缔约国另一方所获得的利润，仅在该缔约国一方征税，而不能由缔约国另一方征税。对于参加合伙经营、联合经营或者参加国际经营机构从事国际海运、空运和陆运业务而取得的利润，其征税权的行使也应按照上述规定执行。

四、联属企业

联属企业也叫关联企业。在现实中，联属企业主要有两种不同的类型：一种是直接或间接的控制，一种是由同一人控制多个受控企业。鉴于联属企业之间存在关联关系和关联交易，会导致账面利润不符合独立企业原则或独立交易原则，而使缔约国一方无法确定其纳税义务时，就需要对其进行账务调整。否则，如果联属企业之间的交易属于正常的独立企业之间的交易，则不需要对其进行账面调整。

根据 OECD（2014）范本的规定，无论哪一类联属企业，当这样的“两个企业之间在商业或财务关系中达成的交易条件不同于独立企业之间达成的交易条件，此时，本应由其中一个企业取得，但由于这些条件而没有取得的利润，可以计入该企业的利润，并据以征税”。中乌税收协定第 9 条第 1 款直接采用了这一表述，对联属企业进行账面调整的条件进行了明确的规定：第一，必须是联属企业；第二，其交易行为不符合独立企业原则或独立交易原则；第三，本应按照独立企业原则或独立交易原则而使其中的一个企业所获得的利润，由于联属关系而使其没有获得应有的利润。只有企业满足了这三个条件，才可进行账面调整。

缔约国一方将缔约国另一方已征税的企业利润，而这部分利润本应由该缔约国一方企业取得的，包括在该缔约国一方企业的利润内，并且加以征税时，该缔约国另一方应对这部分利润所征收的税额加以调整。根据条约的规定当关联交易中国居民企业一方被实施转让定价调整（初次调整），缔约国另一方应进行相应调整，以避免双重征税。因为如果中国税务机关调增了该国居民企业的应税所得，而该居民企业的关联方所在国如并不因此调减该关联方的应税所得并退还相应已经缴纳的税款，则被中国实施的转让定价初次调整所对应的利润就会被双重征税（经济性双重征税，即同一笔所得由两个不同纳税主体被两个主权国家课征税赋）。相应调整是缔约国一方实施转让定价初次调整后，缔约国另一方为履行条约义务，而做出的调整。当然，条约只是要求缔约国另一方进行相应调整的义务，换言之，并没有规定缔约国另一方彻底消除双重征税的义务。而且缔约国另一方认为缔约国一方调整的利润符合了独立交易原则，才会做出相应的调整。税收条约联属企业条款通常都会规定缔约国另一方在确定相应调整时，应适当考虑协定中的其他规定，如有必要，缔约国双方主管当局应相互协商。相互协商程序的引入在于缔约国一方所进行的转让定价初步调整通常情况下并不会被缔约国另一方主动接受并因此做出相应调整，所以缔约国另一方所做出的相应调整是两国税务主管当局通过税收协定的相互协商程序来实现的。

五、股息

在中乌税收协定中，对“股息”的定义是，从股份或者非债权关系分享利润的权利取得的所得，以及按照分配利润的公司是其居民的缔约国法律，视同股份所得同样征税的其他公司权利取得的所得。根据这个定义，股息应该是指通过持有证券而享有参与公司利润分配的权利而获取的所得。另外，任何在公司所在的缔约国被认为是股份所得的所得，也都被认为是股息。

对于股息的征税权，中乌税收协定第 10 条第 1 款规定，缔约国一方居民公司支付给缔约国另一方居民的股息，可以在该缔约国另一方征税。由此可见，收取股息的居住国对此拥有征税权。同时，第 2 款也规定，这些股息也可以在支付股息的公司是其居民的缔约国，按照该缔约国法律征税。由此可见，股息的来源国也可以对此拥有征税权。不过，如果股息的收取人是股息的受益所有人，则来源国的征税额度不得超过股息总额的百分之十。

如果股息受益所有人是缔约国的一方居民，支付股息的公司是缔约国的另一方居民，股息受益所有人是通过设在缔约国另一方的常设机构进行营业或者通过设在该缔约国另一方的固定基地从事独立个人劳务，据以支付股息的股份与该常设机构或固定基地有实际联系的，在这种情况下，该股息应被视为营业所得或独立个人劳务所得。由此可见，该项规定实际上是将股息归于该常设机构所有。

中乌税收协定第 5 款还规定，缔约国一方居民公司从缔约国另一方取得利润或所得，该缔约国另一方不得对该公司支付的股息征收任何税收。这一规定表明，来源国的征税权是基于股息的支付，而不是来源于支付股息的利润。故股息来源国不得因为股息来源于国内而对支付给作为缔约国另一方的股息征税。当然，如果支付给该缔约国另一方居民的股息或者据以支付股息的股份与设在缔约国另一方的常设机构或固定基地有实际联系的，则应按归属于常设机构的收入来处理。同时，中乌税收协定还禁止对公司未分配的利润征税。

六、利息

在中乌税收协定中，对“利息”的定义是，从各种债权取得的所得，不论其有无抵押担保或者是否有权分享债务人的利润；特别是从公债、债券或者信用债券取得的所得，包括其溢价和奖金。对于延期支付的罚款，不应视为协定所规定的利息。

对于利息的征税权，中乌税收协定第11条第1款规定，缔约国一方居民公司支付给缔约国另一方居民的股息，可以在该缔约国另一方征税。由此可见，收取利息的居住国对此拥有征税权。同时，第2款也规定，这些利息也可以在该利息发生的缔约国，按照该缔约国法律征税。由此可见，利息的来源国也可以对此拥有征税权。不过，如果利息的收取人是利息的受益所有人，则来源国的征税额度不得超过利息总额的百分之十。

除上述规定外，中乌税收协定还规定了利息取得国的征税独占权，即在利息来源国发生的利息归于缔约国另一方的政府、地方当局及其中央银行或者完全为其政府所有的金融机构，则利息收取国享有征税独占权，利息来源国不得对其征税。

如果利息受益所有人是缔约国的一方居民，在利息发生的缔约国另一方，通过设在该缔约国另一方的常设机构进行营业或者通过设在该缔约国另一方的固定基地从事独立个人劳务，据以支付该利息的债权与该常设机构或者固定基地有实际联系的，则该利息应被视为营业所得或独立个人劳务所得。由此可见，这一规定实际上是将该利息归于常设机构所有。

如果利息支付人为缔约国一方政府、地方当局或该缔约国居民，应认为该利息发生在该缔约国。然而，当利息支付人不论是否为缔约国一方居民，在缔约国一方设有常设机构或者固定基地，支付该利息的债务与该常设机构或者固定基地有联系，并由其负担利息，上述利息应认为发生于该常设机构或固定基地所在的缔约国。

如果利息支付人与受益所有人之间或者他们与其他人之间由于存在特殊关系，导致就有关债权所支付的利息数额超出支付人与受益所有人没有这种特殊关系时所能同意的数额的情况，则只要能根据一种没有这种特殊关系时的利息来确定其征税权的分配。前述规定只适用于公平的利息。对于超出公平利息的部分，仍应在本协定规定的基础上，按照各缔约国的法律征税。

七、特许权使用费

在中乌税收协定中，对于“特许权使用费”的定义是，使用或有权使用文学、艺术或科学著作，包括电影影片、无线电或电视广播使用的胶片、磁带的版权，专利、商标、设计或模型、图纸、秘密配方或秘密程序所支付的作为报酬的各种款项，或者使用或有权使用工业、商业、科学设备或有关工业、商业、科学经验的情报所支付的作为报酬的各种款项。

对于特许权使用费的征税权，中乌税收协定第 12 条第 1 款规定，发生于缔约国一方而支付给缔约国另一方居民的特许权使用费，可以在该缔约国另一方征税。由此可见，收取特许权使用费的居住国对此拥有征税权。同时，第 2 款也规定，这些特许权使用费也可以在其发生的缔约国，按照该缔约国法律征税。由此可见，特许权使用费的来源国也可以对此拥有征税权。不过，如果特许权使用费的收取人是特许权使用费的受益所有人，则来源国的征税额度不得超过特许权使用费总额的百分之十。

如果特许权使用费受益所有人是缔约国一方居民，在特许权使用费发生的缔约国另一方，通过设在该缔约国另一方的常设机构进行营业或者通过设在该缔约国另一方的固定基地从事独立个人劳务，据以支付该特许权使用费的权利或财产与该常设机构或固定基地有实际联系的，在这种情况下，该特许权使用费应被视为营业所得或独立个人劳务所得。由此可见，此处的规定，实际上是将这些股息归于常设机构所有。

如果支付特许权使用费的人是缔约国一方政府、其地方当局或该缔约国居民，应认为该特许权使用费发生在该缔约国。然而，当支付特许权使用费的人不论是否为缔约国一方居民，在缔约国一方设有常设机构或者固定基地，支付该特许权使用费的义务与该常设机构或者固定基地有联系，并由其负担这种特许权使用费，上述特许权使用费应认为发生于该常设机构或者固定基地所在缔约国。

由于支付特许权使用费的人与受益所有人之间或他们与其他人之间的特殊关系，就有关使用、权利或情报支付的特许权使用费数额超出支付人与受益所有人没有上述特殊关系所能同意的数额时，则只能根据一种没有这种特殊关系时的特许权使用费来确定其征税权的分配。前述规定只适用于公平的利息。对于超出公平利息的部分，仍应在本协定规定的基础上，按照各缔约国的法律征税。

八、财产收益

对于转让财产的收益，中乌税收协定第 13 条作出了如下的规定：

1. 缔约国一方居民转让位于缔约国另一方的不动产取得的收益，可以在该缔约国另一方征税。

2. 转让缔约国一方企业在缔约国另一方的常设机构营业财产部分的动产，或者缔约国一方居民在缔约国另一方从事独立个人劳务的固定基地的动产取得的收益，包括转让常设机构（单独或者随同整个企业）或者固定基地取得的收益，可以在该缔约国另一方征税。

3. 转让从事国际运输的船舶、飞机或车辆，或者转让属于经营上述船舶、飞机或陆运车辆的动产取得的收益，应仅在经营上述船舶、飞机或陆运车辆的企业为其居民的缔约国征税。

4. 转让一个公司财产股份的股票取得的收益，该公司的财产又主要直接或者间接由位于缔约国一方的不动产所组成，可以在该缔约国一方征税。但转让其他股票所取得的收益，该项股票又相当于缔约国一方居民公司至少25%的股权，则可以在该缔约国一方征税。

5. 转让上述财产以外的其他财产取得的收益，应仅在转让者为其居民的缔约国征税。

九、独立个人劳务

中乌税收协定第14条规定，独立个人劳务包括独立的科学、文学、艺术、教育或教学活动，以及医师、律师、工程师、建筑师、牙医师和会计师的独立活动。

对于独立个人劳务的征税权，中乌税收协定规定，缔约国一方居民由于专业性劳务或者其他独立性活动取得的所得，应仅在该缔约国征税。但是，如果出现下述两种情况，则缔约国另一方有权征税：第一，在缔约国另一方为从事上述活动设有经常使用的固定基地。在这种情况下，该缔约国另一方可以仅对属于该固定基地的所得征税；第二，在一年中在缔约国另一方停留连续或累计达到或超过183天。在这种情况下，该缔约国另一方可以仅对在该缔约国进行活动取得的所得征税。

十、非独立个人劳务

除中乌税收协定规定的特殊情况以外，缔约国一方居民因受雇取得的薪金、工资和其他类似报酬（不包括在缔约国另一方从事受雇的活动的报酬），应仅在该缔约国一方征税。而在该缔约国另一方从事受雇的活动取得的报酬，可以在该缔约国另一方征税。但是，如果缔约国一方居民因在缔约国另一方从事受雇的活动取得的报酬，同时具备以下三个条件的，应仅在该缔约国一方征税：（1）收款人在有关日历年中在该缔约国另一方停留连续或累计不超过183天；（2）该项报酬由并非该缔约国另一方居民的雇主支付或代表该雇主支付；（3）该项报酬不是由雇主设在该缔约国另一方的常设机构或固定基地所负担。

另外，在缔约国一方企业经营国际运输的船舶、飞机或陆运车辆上从事受雇活动取得的报酬，应仅在经营上述船舶、飞机或陆运车辆的企业为其居民的缔约国征税。

十一、董事费

缔约国一方居民作为缔约国另一方居民公司的董事会成员取得的董事费和其他类似款项，可以在该缔约国另一方征税。

十二、艺术家和运动员

对于艺术家和运动员，中乌税收协定第17条规定：

1. 缔约国一方居民，作为表演家，如戏剧、电影、广播或电视艺术家、音乐家或作为运动员，在缔约国另一方从事其个人活动取得的所得，可以在该缔约国另一方征税。

2. 艺术家或运动员从事其个人活动取得的所得，并非归属艺术家或运动员本人，而是归属于其他人，则可以在该艺术家或运动员从事其活动的缔约国征税。

3. 作为缔约国一方居民的艺术家或运动员在缔约国另一方按照缔约国双方政府的文化交流计划进行活动取得的所得，在该缔约国另一方应予免税。

十三、退休金

中乌税收协定规定，因以前的雇佣关系支付给缔约国一方居民的退休金和其他类似报酬，应仅在该缔约国一方征税。

缔约国一方政府或地方当局按社会保险制度的公共福利计划支付的退休金和其他类似款项，应仅在该缔约国一方征税。

十四、政府服务

这是税收协定中对于缔约国政府及其地方政府或行政机关支付给其雇员

的工资、薪金及其他报酬的征税规定。协定规定，支付国对于支付给受雇于该国政府的个人的工资、薪金及其他的报酬享有排他性的征税权。雇员的居住国必须对这些收入免税。但是，如果该项服务是在缔约国另一方提供，而且提供服务的个人是该缔约国另一方居民，并且该居民是该缔约国另一方国民，或者他不是因为提供该项服务而成为该缔约国另一方的居民，则该雇员的居住国享有排他性的征税权。

协定还规定，缔约国一方政府或地方当局支付或者从其建立的基金中支付给向其提供服务的个人的退休金，则该缔约国一方对其享有排他性的征税权。但是，如果提供服务的个人是缔约国另一方居民，并且是其国民的，该缔约国另一方对该项退休金应享有排他性的征税权。

十五、学生和实习人员

对于学生、企业学徒或实习生，如果在紧接前往缔约国一方之前是、或者曾经是缔约国另一方居民，仅由于接受教育或培训的目的，停留在该缔约国一方，对其为了维持生活、接受教育或培训的目的收到的来源于该缔约国以外的款项，该缔约国一方应免予征税。对于学生、企业学徒或实习生取得的赠款、奖学金和劳务报酬，在接受教育或培训期间，应与其所停留国居民享受同样的免税、优惠或减税。

十六、其他所得

对于缔约国一方居民取得的协定中未规定的其他所得，无论发生在什么地方，应仅在该缔约国一方征税。对于不动产所得以外的其他所得，如果收款人为缔约国一方居民，通过设在缔约国另一方的常设机构在该缔约国另一方进行营业，或者通过设在该缔约国另一方的固定基地在该缔约国另一方从事独立个人劳务，据以支付所得的权利或财产与该常设机构或固定基地有实际联系的，应该按照营业所得或独立个人劳务所得的规定征税。

第三节　消除双重征税的方法及特别措施

从上述规定我们可以看到，中乌税收协定在上述所得征税权的分配过程中，除了对一些项目规定了排他性的征税独占权外，还对许多项目的所得规定了来源国与居住国都享有征税权，这就会产生双重征税的问题。为了解决这一问题，中乌税收协定专门规定了解决双重征税的具体方法和手段。

一、消除双重征税方法

根据中乌税收协定第 23 条的规定，对于涉及中乌双重征税的所得，中乌两国分别采取了两种不同的办法。其中，中国一方采取了抵免法，乌国一方采取了免税法。

根据规定，对于中国居民从乌兹别克斯坦取得的所得，按照中乌税收协定的规定在乌兹别克斯坦已经缴纳的税额，中国税务机关在对该项收入征税时，应该从按照中国税法规定计算的税额中抵免。但是，抵免额不应超过对该项所得按照中国税法和规章计算的中国税收数额。

对于乌兹别克斯坦居民从中国取得的所得，按照中乌税收协定的规定，可以在中国纳税的，乌兹别克斯坦将允许在其缴纳的所得税中扣除从中国取得的所得缴纳的所得税。但是，根据上述规定扣除的税额不应超过视具体情况可以在中国征税的那部分所得在扣除前计算的所得税。

二、无差别待遇

无差别待遇也叫做非歧视待遇。它是税收协定中一个比较常见的内容，其目的在于消除一个国家在税收问题上的歧视，以协调缔约国之间的税收权利、税收利益。一般来讲，它包括了国籍非歧视、常设机构非歧视、支付非歧视和资本非歧视四个方面。中乌税收协定也在第 24 条专门规定了无差别待遇，以消除上述四种可能的歧视。

1. 国籍非歧视。根据第 1 款的规定，缔约国一方国民（前文出现皆为“居民”，是否不同）在缔约国另一方负担的税收或者有关条件，在相同情况下，不应与该缔约国另一方国民负担或可能负担的税收或者有关条件不同或比其更重。这就是国籍非歧视。它要求缔约国一方的所有国民，在缔约国另一方，都应该与该国国民享受相同的税收待遇，而不应该受到歧视。这一规定，对于不是缔约国国民的第三国居民，也同样适用。

2. 常设机构非歧视。根据第 2 款的规定，缔约国一方企业在缔约国另一方建立的常设机构，其在缔约国另一方的税收负担不应高于该缔约国另一方对其本国进行同样活动的企业。但是，缔约国一方由于民事地位、家庭负担给予该缔约国居民的任何扣除、优惠和减免也不一定必须给予该缔约国另一方居民。

3. 支付非歧视。中乌税收协定第 3 款规定，除中乌税收协定中对联属企业、利息和特许权使用费等的特别规定外，缔约国一方企业支付给缔约国另一方居民的利息、特许权使用费和其他款项，在确定该企业应纳税利润时，应与在同样情况下支付给该缔约国一方居民同样予以扣除。但是，这一规定不影响缔约国一方税法关于防止旨在避税的交易或安排活动的规定。

4. 资本非歧视。中乌税收协定第 4 款规定，缔约国一方企业的全部或部分资本，直接或间接为缔约国另一方一个或一个以上的居民拥有或控制，该企业在该缔约国一方负担的税收或者有关条件，不应与该缔约国一方其他同类企业的负担或可能负担的税收或者有关条件不同或比其更重。

三、相互协商程序

相互协商程序是指税务协定缔约国的主管当局，用于协调缔约国之间的涉税事项和税务争端的解决机制。它是国际税收协定中必不可少的内容。OECD 范本、UN 范本以及双边和多边税收协定中都对此有专门的规定。中乌税收协定也不例外。其在内容上也与 2000 年 OECD 范本的内容基本一致。

中乌税收协定第 25 条第 1 款规定，当一个人认为，缔约国一方或者双方所采取的措施，导致或将会导致对其不符合中乌税收协定规定的征税时，他就可以将案情提交本人为其居民的缔约国主管当局，而可以不需要考虑各缔约国国内法律的补救。这说明：第一，该程序的提起并不是因为缔约国的主管当局实施了双重征税，而是因为其所采取的措施与税收协定中规定的内容不符。故只要纳税人认为缔约国一方或双方所采取的措施，导致或可能会导致对其的征税不符合中乌税收协定的内容时，就可以提起该程序。第二，该程序的提起不以寻求国内法的救济为前提条件。换言之，纳税人可以在不提起国内法的救济的情况下，直接向本人为其国民的缔约国主管当局提起。至于提起的时间，应该在不符合本协定规定的征税措施第一次通知之日起的三年内。

对于纳税人提出的意见，如果主管当局认为是合理的但又不能单方面圆满解决时，主管当局应设法同缔约国另一方主管当局相互协商解决，以避免不符合本协定的征税。达成的协议应予执行，而不受各缔约国国内法律的时间限制。

缔约国双方主管当局应通过协议设法解决在解释或实施本协定时所发生

的困难或疑义，也可以对本协定未作规定的消除双重征税问题进行协商。

缔约国双方主管当局为达成解决上述问题的协议，可以相互直接联系。双方主管当局的代表可以进行会谈，口头交换意见。

四、情报交换

由于在国际法中不允许一个国家在未经其他国家同意的情况下在该国进行税务调查，故为了保证税收协定的执行，各种税收协定范本和各个双边或多边税收协定都规定了情况交换的内容。中乌税收协定第 25 条对中乌两国税收情报交换的内容进行了规定。

根据规定，缔约国双方主管当局交换的情况包括以下两类：第一类为实施中乌税收协定的规定所需要的情报。第二类为缔约国双方关于本协定所涉及税种的国内法律规定所需要的情报。但这些情报只限于那些依据国内法律的规定征税不与本协定相抵触的情况。另外，情况交换的范围，并不仅限于缔约国双方的居民。换言之，它可以涉及非缔约国的居民。

中乌税收协定对税收情报交换的保密进行了规定。对于缔约国一方提供的情报，收到情报的缔约国另一方应作密件处理。这些情报告知的范围，仅限于与本协定所含税种有关的评估、征收、执行、起诉或上诉裁决有关的人员或当局（包括法院和行政管理部门）及其监督部门。这些情报只能由上述人员或当局仅用于本协定所含税种的评估、征收、执行、起诉或上诉裁决，而不能用于其他的目的。但是，在公开法庭的诉讼程序或法庭判决中可以公开披露有关信息。

另外，中乌税收协定还对情报交换的限制范围进行了规定。依据本条第 2 款的规定，缔约国一方或双方有权拒绝交换以下三类的情报：第一，使缔约国一方或另一方采取与其国内法律和行政惯例相违背的行政措施的情报。第二，按照缔约国一方或缔约国另一方法律或正常行政渠道不能得到的情报。第三，提供泄露任何贸易、经营、工业、商业或专业秘密、贸易过程的信息或者泄露会违反公共政策（公共秩序）的信息。

另外，中乌税收协定还规定，如果缔约国一方根据协定的规定请求缔约国另一方提供信息，即使缔约国另一方可能并不因为税务目的而需要该信息，缔约国另一方也应当使用信息收集手段取得所请求的信息。这一规定在范围上仍然要受上述三个方面的限制。但是，这些限制在任何情况下都不应被理解为允许缔约国任何一方仅仅因为该信息没有国内利益而向缔约国的另一方拒绝提供。

另外，对于上述三个方面的限制，在任何情况下都不应当理解为允许缔约任何一方仅仅因这些信息是由银行、其他金融机构、名义代表人、代理人或受托人所持有，或因信息与人的所有权益有关，而拒绝向缔约国另一方提供这些信息。

五、外交代表和领事官员

对于按国际法一般规则或特别协定规定的外交代表或领事官员的税收特权，并不受本协定的限制。

参考文献

1. 刘晓红主编:《“一带一路”法律研究》(第1卷),知识产权出版社2020年版。

2. 奋迅·贝克麦坚时联营办公室编著:《“一带一路”国别投资法律指南》,中国法制出版社2020年版。

3. 蓝琪主编:《中亚史》,商务印书馆2020年版。

4. 莫纪宏、廖凡、孙南翔等著:《“一带一路”法律风险防范与法律机制构建》,中国社会科学出版社2019年版。

5. 周晓沛主编:《中国和乌兹别克斯坦的故事》,五洲传播出版社2019年版。

6. 中国国际贸易促进委员会法律事务部,中国经济信息社编著:《“一带一路”国别法律研究》(第三辑),新华出版社2018年版。

7. 王瀚主编:《“一带一路”与人类命运共同体构建的法律与实践》,知识产权出版社2018年版。

8. 单文华主编:《“丝绸之路经济带”贸易投资便利化法律框架研究》,法律出版社2018年版。

9. 漆彤:《“一带一路”国际经贸法律问题研究》,高等教育出版社2018年版。

10. 任飞、狄飞编著:《中亚五国与南高加索三国投资环境》,经济科学出版社2018年版。

11. 周建英编著:《“一带一路”国别概览·乌兹别克斯坦》,大连海事大学出版社2018年版。

12. 赖小民:《“一带一路”沿线国家和地区法律与税收政策研究》(上册、下册),中国金融出版社2017年版。

13. 中华全国律师协会编:《“一带一路”沿线国家法律环境国别报告》(第1卷),北京大学出版社2017年版。

14. 中华全国律师协会编:《“一带一路”沿线国家法律环境国别报告》(第2卷),北京大学出版社2017年版。

15. 杜剑、杨杨编著:《“一带一路”国家税制研究》,经济管理出版社2017年版。

16. 中国税务学会编:《“一带一路”税收服务文集》,中国税务出版社2017年版。

17. 陈正、崔敏利、张伟波、吴林强、蒋峥等编著:《乌兹别克斯坦能源资源投资分析》,地质出版社2017年版。

18. 孙志壮、苏畅、吴宏伟编著:《乌兹别克斯坦》,社会科学文献出版社2016年版。

19. 张春敏主编:《中亚四国经济》,中国经济出版社2016年版。

20. 刘国胜、程静:《中亚五国宪法制度概论》,知识产权出版社2015年版。

21. 包毅:《中亚国家的政治转型》,社会科学文献出版社2015年版。

22. 陈彤主编:《中亚经济法律问题研究论文集》,企业管理出版社2014年版。

23. 新疆师范大学中亚法律资政研究中心编著:《中亚经济法律问题研究》,企业管理出版社2014年版。

24. 郭学兰:《中亚五国企业法律概论》,知识产权出版社2013年版。

25. 马幸荣:《中亚五国税收法律概论》,知识产权出版社2012年版。

26. 中国石油天然气集团公司国际部编:《乌兹别克斯坦法律法规汇编》,世界知识出版社2012年版。

27. 张宁:《乌兹别克斯坦独立后的政治经济发展》,上海大学出版社2012年版。

28. 中国国际税收研究会编:《中国居民企业对外投资与税收研究报告》(续篇),中国税务出版社2012年版。

29. 中国国际税收研究会编:《中国居民企业对外投资与税收研究报告》,中国税务出版社2010年版。

30. 新疆中亚科技经济中心、新疆对外贸易经济信息中心编:《中亚五国及俄罗斯经贸法律法律汇编》,新疆人民出版社2005年版。

31. 伊斯拉姆·卡里莫夫著:《乌兹别克斯坦沿着深化经济改革的道路前进》,陈世忠、邱冰译,国际文化出版公司1996年版。

32. 中国驻中亚五国大使馆经济商务参赞处：《中亚法律汇编》，未公开出版，具体汇编时间不详。

33. 国家税务总局国际税务司国别投资税收指南课题组：《中国居民赴哈萨克斯坦投资税收指南》，载国家税务总局官网 2020 年 11 月 27 日，http：//www. chinatax. gov. cn/chinatax/n810219/n810744/n1671176/n1671206/c2581646/5116189/files/8f9e79b1fada408393b3274dbd196855. pdf.

34. 商务部国际贸易经济合作研究院、中国驻乌兹别克斯坦大使馆经济商务处、商务部对外投资和经济合作司：《对外投资合作国别（地区）指南——乌兹别克斯坦》（2020 年版），载中国商务部官网，http：//www. mofcom. gov. cn/dl/gbdqzn/upload/wuzibieke. pdf.

35. 中国商务部欧洲司综合处：《乌兹别克斯坦主要经贸法律法规》，载《俄罗斯中亚东欧市场》2007 年第 8 期。

36. 曹佩浩、吴建荣、李文：《乌兹别克斯坦共和国税法简介》，载《中国税务报》2016 年 6 月 24 日。

下篇

吉尔吉斯斯坦税收法律制度

第一编 吉国税法总论

第一章 吉国税法概论

第一节 吉国税法的制定与发展

吉尔吉斯斯坦共和国（本书以下简称吉国）在独立之前是苏联的一个加盟共和国。1991 年 8 月 31 日，吉国最高苏维埃通过《独立宣言》，宣布吉国为独立的享有主权的民主国家。1992 年 3 月 2 日吉国正式加入联合国，成为联合国成员国。

在独立之前，吉国的支柱产业是有色金属采掘、水力发电和棉花种植，经济结构单一，对苏联中央政府和其他加盟共和国的依存度很高。独立之后，随着俄罗斯停止向吉国提供财政补贴，以及吉国与其他加盟共和国之间的经济联系中断，从而导致吉国的经济状况出现了严重的下滑。为了挽救急速恶化的国民经济，吉国政府在独立之初就开始寻求与西方国家以及国际货币基金组织、世界银行、亚洲开发银行等国际金融机构进行合作，并在这些国家和国际机构的协助下，以建立市场经济体制为导向，对本国的财政、税收、金融体制进行了大刀阔斧的改革。在此过程中，吉国逐步建立起了统一的预算制度和税收制度，发行了本国货币索姆，实现了自由汇率等。这一系列的改革措施，使吉国的经济形势从 1996 年开始止跌回升，并在此后的 20 多年间，虽然也经历了一些波动和起伏，但总体而言发展良好。在此过程中，吉国的税收法律制度不仅为作为吉国政府筹集财政收入的主要手段和国家对国民经济进行宏观调控的重要手段，在发挥吉国政府职能、促进吉国经济发展等方面起到了非常重要的作用，而且它本身也随着吉国社会政治经济形势和法律制度的发展，经历了初创、成形到完善这三个发展阶段。

第一阶段为吉国税法的初创阶段，时间从1991年吉国独立起至1996年5月。独立初期，为了扭转封闭落后的局面，摆脱经济困难，实现社会稳定和发展，吉国政府在实行对外开放政策的同时，在国内开始实行系统性、结构性的经济体制改革。这些改革措施包括经济自由化、私有化，发展私人经济，改组农业、工业和金融部门，控制通货膨胀，促进生产发展，建立社会保障体系等。在此过程中，进行税制改革，以适用于市场经济发展的税收制度取代苏联计划经济时代时的税收法律制度，就是吉国政府首先面临的重要任务。为此，在1991年7月1日吉国还没有宣布独立之前，吉国政府就制定颁布了《税收业务法》，对其境内税收业务的地位以及税务机关的职能和权利义务等进行了明确。由于《税收业务法》是吉国的第一部税收法律，因此，它的制定与实施，就标志着吉国政府迈出了国家税收法律制度建设的第一步。

吉国独立之后，随着吉国税制改革的深化，吉国政府又相继通过了《向企业、公司和团体征税法》、《向居民征税法》、《国家税务法》和《地方税捐法》等一系列税收法律法规。同时，为有效地吸引外资，吉国政府还先后制定了《外国投资法》、《对外活动基本法》、《外国租赁经营法》、《自由经济区法》等一系列鼓励外国投资的法律和法规。在这些法律法规中，吉国政府规定了许多税收优惠制度。这样，经过大约5年的时间，吉国政府通过制定上述税收法律和法规，就逐步建立起了自己的税收法律体系。虽然这一时期吉国的税收法律制度在现实中发挥了比较重要的作用，但总体而言，由于吉国的税收立法人才短缺，税收立法水平低下。再加上吉国没有制定税法典或税收基本法，税收立法和执法缺乏统一的原则与标准。因此，导致吉国当时的税收法律不仅数量众多而且体系混乱，内容庞杂，执行不力，税收流失极为严重。

第二阶段为吉国税法的发展阶段，时间为1996年6月至2008年9月。1996年吉国经济开始止跌回升，国家经济状况大为好转。在此条件下，吉国通过全民公决对1993年制定《宪法》进行了重大修改和完善，从而为国家的发展提供了较为稳定的政治制度。在这样的背景下，吉国政府在学习借鉴外国税收立法经验的基础上，于1996年6月26日颁布了吉国独立之后的首部

《吉尔吉斯斯坦税法典》（以下简称《税法典》），从当年 7 月 1 日起开始实施。根据《税法典》的规定，在吉国开征的税种共有 20 个，并分为国家税和地方税两大类。其中，国家税包括 5 个 5 种，分别为增值税、消费税、利润税、所得税、土地税；地方税包括 15 个税种，分别为广告税、交通税、养狗税、狩猎税、捕鱼税、旅馆税等。同时，《税法典》还对吉国税收法律制度的基本原则和税收征管的基本制度进行了规定。《税法典》的颁布和执行，对吉国税收法律制度的发展和税收职能的发挥起到了积极的作用。根据笔者手头的统计资料，1997 年吉国的税收收入只有 37.43 亿索姆，到了 2011 年则达到了 539.77 亿索姆。《税法典》在筹集政府财政资金，使政府运用税收手段对经济进行宏观调控方面发挥了比较重要的作用。从这种意义上来讲，《税法典》的制定与实施，表明吉国的税收法律制度进入到了一个新的阶段。

尽管如此，但是，由于受到吉国当时的政治经济社会文化发展条件和法制发展水平的制约，故《税法典》虽然在此后相继修改了 10 多次，但还是存在明显的缺点与不足。这主要表现在：第一，《税法典》对税收活动的许多基本的和重要的事项和内容的规定不够全面和科学。这使得吉国的税收法律制度和税收法律体系缺乏具有普遍指导意义的共同准则，从而导致对吉国税法在思想认知上的混乱，在内容上的不一致，以及在执行上的各行其是。第二，《税法典》并未穷尽所有的税种。许多当时实际开征的税种如紧急情况税、矿区发展和再生产税、土地租赁税等都没有被纳入到《税法典》之中，而是由其他法律法规规定的。这就造成了税法典与其他诸多法律法规共存的情况。税种杂乱，法出多门。再加上对《税法典》进行频繁的修改，以及吉国政府制定了名目繁多的税收优惠制度，从而破坏了税法的稳定性和严肃性，提高了纳税人税法遵从的难度和成本。第三，税收负担较重。为了提高政府的税收收入，《税法典》对许多税种都设置了较高的税率，从而导致纳税人的税收负担较重。在世界银行 2006 年根据税收制度对企业经营的干预程度、税率、税种数量、税收制度透明度等指标对全球 175 个国家和地区进行的排名中，吉国位列第 150 位。另有研究显示，2006 年吉国由于税费负担过重导致 30% 多的企业转入了地下，使得吉国当年的地下经济规模占到了国内生产总值的 53%，导致吉国的税收流失情况极为严重。

第三阶段为吉国税法的完善阶段，时间为 2008 年 10 月至今。进入 21 世纪以来，随着吉国政治经济形势的发展，《税法典》越来越难以发挥其应有的作用。于是，2008 年 10 月 17 日，吉国政府颁布了新的《税法典》（即现行的《税法典》)，于2009年1月1日生效。本着“简便和减负”原则，新法典对原有的税收制度进行了重大修改。一是调整和减少税种。新《税法典》通过取消或合并方式对原先种类繁多的税种进行了较大幅度的调整。将按照正常程序征收的税种从16个合并缩减到了8个，另外设立了按照简易程序或特殊程序征收的税种7个（其中特别资金税已被废止）。如将原先的公路税、预防和消除紧急情况后果税、零售税和提供有偿服务税四个税种合并为统一的销售税，另外针对自由经济区和纳税大户制定专门的特殊税收安排等。二是调整和规范税率。一方面降低了部分税种的税率，以降低纳税人税负水平。如将增值税税率由20%降到12%，所得税和利润税的税率统一降为10%，小企业统一税的税率由10%降到6%。另一方面提高了部分税种的税率，以弥补国家税收收入的不足。如上调了酒类、燃料等产品消费税的税率和土地税的税率。另外，新《税法典》还对原先纷繁复杂的税收优惠措施进行了清理和规范。三是简化了税收征纳的程序和手续。比如免费提供税收表格，将月度财税报表和季度财务报表的填报内容缩减到了原先的1/3。四是建立健全税收管理机制。吉国税务部门通过建立计算机信息管理系统实现了网络纳税申报和税款缴纳。这大大提高了税务管理的透明性和规范化，对于减少税务人员的腐败问题，提高纳税人的税法遵从水平，都会产生重要的作用。五是进一步明确和规范了税务机关及税务人员的权利义务。新《税法典》明确规定纳税机关及其工作人员只能依照税法的规定管理税务事务，指导和帮助纳税人履行纳税义务，并接受纳税人的监督。这就大大提高了税务管理和税务执法的能力和水平。新《税法典》实施之后，吉国政府先后对它进行了近百次的修订与完善，从而使其更加科学、规范和完善。它对于规范政府征税行为，保障国家税收收入，促进吉国社会经济政治文化的发展发挥了重要的作用。

第二节 吉国税收法律制度

一、税法的概念与内容

根据吉国《税法典》第2条第1款的规定，税法是调节税收法律关系的法律文件。它所调整的税收法律关系在内容上包括四个方面，即：(1) 在吉国设立、实施并征收的税收；(2) 在税务管理过程中出现的关系；(3) 追究违反《税法典》的责任；（4）对税务管理过程中所作出的决定、税务工作人员人作为或不作为进行的申诉。同时，对于通过关税同盟关境进出口商品的征税，《海关法》在不与《税法典》冲突的前提下，对《税法典》中没有规定的事项，也可以作出相应的规定。另外，为了维护税收关系的稳定性，税收法律关系还必须受到吉国投资法的调整，但投资法的相关规定不适用于间接税的缴纳。

基于上述规定，吉国税法在体系上包括两个层次：一是由《税法典》所确立的税收基本制度，即税法；二是根据《税法典》的规定制定的规范性法律文件，即税收法规。其中，税法的主要功能在于确定以下事项或内容：（1）征税原则；（2）税收制度；（3）税种；（4）地方税收的实施和终止的办法；（5）纳税义务的产生、变更、终止的理由及其履行程序；（6）纳税人、税务机关和税收法律关系其他参与者的权利与义务；（7）税务管理的形式和方法；（8）违法吉国税收法律法规的规定所应承担的责任；（9）对税务机关决定、税务工作人员的作为或不作为的申诉程序。

二、税收法律制度

根据吉国《税法典》第40条的规定，税收法律制度是指根据吉国税收法律法规的规定，计算和缴纳税收的程序。

依照税收管理体系，吉国税收体系分为工商税收和关税两大类（即国税系统和海关税）。工商税收由税务机关负责征收，针对社会生产、流通、分配、消费的各领域和各环节，以从事农业、工业、商业和服务业的法人和个人为纳税对象。关税由海关负责征收，针对进出口货物及物品，包括进出口关税、由海关代征的进口环节增值税和消费税等。

按照吉国税法的规定，对于工商税收，吉国实行一般税收法律制度与特殊税收法律制度两类。

一般税收法律制度是指由《税法典》所确定的税收制度。它分为国家税收和地方税收两种。

1. 国家税收。国家税收是指由《税法典》规定的并在吉国全境内强制缴纳的税种。它具体包括以下6个税种。

（1）所得税，即个人所得税，是对自然人从吉国取得的收入的征税。

（2）利润税，即企业所得税，是对吉国的国内组织、通过常设机构在吉国从事经营活动的外国组织、个体企业等经营活动所取得的收入的征税。

（3）增值税，是对在吉国从事商品生产销售的增值额或进口商品的增值额的征税。

（4）消费税，是对在吉国生产销售特定的商品或进口的特定的商品的征税。

（5）地下资源使用税，是对在吉国从事地下资源的开采销售等的征税。

（6）销售税，是对在吉国的本国组织和通过在吉国的常设机构从事经营的外国组织，以及个体经营者销售商品、工程和服务的征税。

2. 地方税。地方税是指由《税法典》规定并根据地方议会规范性法律文件生效，在各行政区划范围内强制征收的税种。它包括以下两个税种。

（1）土地税，是指对土地的所有者或使用者的征税。

（2）财产税，是指对国有财产、市政财产以及私有财产（包括住宅、楼房、别墅以及运输工具等）的征税。

特殊税收法律制度是指由《税法典》规定的，针对个别特殊行为、对象或地区实施的，具有优惠性质的税种。现行有效的特殊税收制度包括以下6个税种。

（1）强制执照税，是指对开设桑拿浴室、台球室、外币兑换点、舞厅、当铺等从事经营活动的人员的征税。

（2）自愿执照税，是指对从事吉国议会或吉国政府批准的清单项目中的事项的人员的征税。

（3）统一简化税，是指对《税法典》中规定的中小企业的征税。

（4）签订税收合同税，是指对从事经营活动的组织和个体企业的征税。

（5）自由经济区税，是指对在吉国自由经济区内从事商品生产销售的经营主体及对外经济活动主体的征税。

（6）高科技园区税，是指对在高科技园区内从事商品生产销售的经营主体及对外经济活动主体的征税。

三、税法的构成要素

根据吉国《税法典》第32条的规定，对于上述任何一个税种，都只有在《税法典》明确规定了纳税人和纳税构成要素的情况下才能成立。这些构成包括以下6项内容。

1. 征税对象。根据吉国税法的规定，征税对象是发生纳税义务的权利或行为。每一税种的征税对象都应当根据《税法典》确定。

2. 税基。税基是征税对象的实物、价值或其他特性，据以计算应交税费的基数。

3. 税率。税率是指按照单一税基计算税额的单位，可以采用比例税率或固定税率。

4. 纳税期。纳税期是确定税基和计算税额的时间阶段。对于《税法典》中没有规定纳税期的，其纳税期是纳税义务发生的日期。除《税法典》另有规定之外，每一税种的纳税期是：（1）对于纳税人是在一个纳税期内办理税务登记的，则纳税期是从该税种的纳税人进行税务登记的次日至该纳税期结束前的时间段；（2）对于纳税人是在一个纳税期内办理税务登记注销的，则纳税期是指该纳税人自纳税期开始至纳税人被从国家纳税人名单中注销之日前的时间段；（3）如果纳税人的税务登记和税务登记注销是在同一个纳税期内的，则纳税期是指从税纳税人注册的次日至纳税人税务登记注销之日前的时间段。

5. 计税方式。纳税人应自主计算每一个纳税期的应交税费。计算方法为考虑在税收优惠和免税的基础上按照税基乘以税率的方法来计算应交税费。对于特殊税种的应缴税额，应当根据《税法典》规定，由税务机关负责计算。

6. 纳税期限。每个税种的纳税期限应当按照《税法典》的规定单独确定。纳税期限的变更只能根据《税法典》的规定进行。纳税人违反纳税期限就应当被追究法律责任。

7. 税款缴纳方式。根据吉国《税法典》第 39 条的规定，每个税种的税款缴纳方式应当单独确定。纳税人在缴纳税款时，可以采取以下方式：（1）缴纳全部或部分税额；（2）延期或者分期缴纳税额；（3）产生纳税义务的日期前或当日缴纳；（4）由纳税人直接缴纳或由其代表以其名义缴纳；（5）直接在纳税人的所在地或者独立经营部门的所在地缴纳；（6）以现金或非现金形式。

第三节　吉国税法概念与税法基本原则

一、税法概念

在许多国家，税法都是最专业和最复杂的法律。它不仅大量地吸纳了许多其他法律中的概念，而且也使用了许多其他法律中所没有的特有概念。因此，为了使税法在内容上具有确定性和明确性，许多国家都在税法中对比较重要概念进行了专门的规定。吉国也是如此。根据吉国《税法典》第 4 条的规定，对于《税法典》中所使用的吉国民法、家庭法、海关法及其他法律的制度、术语和定义，如果在《税法典》中没有特别的规定，则其含义应该以这些制度、术语和定义在上述各自法律中的规定为准。尽管如此，但为了使这些概念的内容在税法中更加确定和明确，吉国《税法典》中还专门对其中的一些概念，如代理人、财产、预算、银行、收入、主体、账户、固定资产、应交税费、欠缴税费、纳税人认可的欠缴税费、税收管理机关、税务总局、税务机关、近亲属、税务监督结论、居民结算、利息收入、商品出口、关税同盟法规、间接税税务报表等 23 个概念进行了专门的规定。例如，它规定，税收管理机关是指具有调节税收法律关系、实现税收和关税政策的职能和权限的吉尔吉斯共和国国家机关；税务总局是指吉国中央国家税务机关；税务机关是指税务总局的区域或职能部门。再如，它规定，税务监督结论是指税务机关依据《税法典》作出的非法规性文件，可向税务总局或法院提出异议；间接税税务报表是指在关税同盟成员国到吉国境内的商品进口时征收的增值税和消费税的税务报表。又如，它规定，关税同盟法规是指调整关税同盟成员国经营活动主体相互关系的、按照吉国《税法典》和关税同盟成员国国际条约通过的一系列规范性法律文件。它包括：(1)《税法典》；(2) 关税同盟成员国间调整海关和税收法律关系的国际条约；(3) 按照吉国《税法典》和关税同盟成员国国际条约通过的，调整海关法律关系的关税同盟委员会决定，等等。

除在《税法典》第 4 条对上述概念作了规定外，吉国《税法典》还用了从第 19 条到第 30 条共 12 个条文，分别对下述概念进行了界定。

1. 税收。税收指的是按照吉国税收法律法规向纳税人强制和无偿征收的款项。

2. 间接税。间接税是指对商品、工程和服务的征税，通过提高价格或收费标准的方式来确定，不直接涉及纳税人的所得或财产，如增值税、消费税和销售税。

3. 经济活动。经济活动包括经营活动和其他活动。其中，经营活动是指吉国民法中规定的活动；其他活动包括：(1) 根据吉国劳动法的规定实施的活动；(2) 将资金存入银行；(3) 购买、转让或出售有价证券、法定资本中自然人或法人的份额；(4) 根据法定资本中自然人或法人的股份获得的任何款项；（5）获得的违约金、罚款、精神损害赔偿；（6）根据保险合同获得的保险金（赔偿）；（7）不属于经营活动的其他活动。

4. 组织、独立经营单位。组织是指：（1）根据吉国民法规定创立的法人（以下简称为国内组织）；（2）根据机构所在国法律成立的集团公司、公司、商行、基金、机构或其他构成或者国际组织（以下简称为外国组织）。其中，国际组织是根据国际条约或协定成立的国际法主体。独立经营单位是指符合下列所有条件的分支机构：（1）从事经营活动；（2）在主要的经营管理地外，拥有管理场所和财产独立；（3）拥有由吉国劳动法调节的法律关系相关的员工。

5. 自然人。自然人包括吉国公民、外国公民和无国籍者。其中，居民自然人是指在吉国境内一年内居留超过183天（含183天在内）的自然人，或者在吉国驻外国国家机关中担当职务的自然人。吉国非居民自然人是指按照《税法典》不被承认为居民自然人的自然人。

6. 个体经营者。个体经营者是指：（1）没有成立组织而从事经营活动的居民自然人，包括根据临时执照从事经营活动的居民自然人。他必须履行《税法典》规定的义务。（2）通过设在吉国的常设机构从事经营活动的非居民自然人。

7. 常设机构。常设机构是指外国组织或者非居民自然人（以下简称非居民）进行全部或部分经济活动的固定经营场所。"常设机构"这一概念主要包括：（1）管理场所；（2）分部；（3）事务所；（4）工厂；（5）修理厂；（6）矿井、油井或天然气井、露天开采场或者其他开采自然资源的场所；（7）地段；（8）建设工地，或建筑、安装及装配工程，或者与这些工程监督相关的服务，只要此类工地或工程、服务在任意12个月内存在或运行183日以上（包括183日在内）；（9）用于勘探自然资源的设备或设施，或与监督这些工程相关的服务，或用于自然资源勘探的钻井机或钻探船，只要此类设备、设施、服务、钻井机或钻探船在任意12个月内存在或运行183日以上（包括183日在内）；（10）提供服务，包括非居民自然通过雇佣的人员提供的咨询服务，如果该工作人员在任何12个月内从事此类活动达到或超过183日。另外，吉国《税法典》第25条还规定，"常设机构"这一概念不包括：（1）主要用于非居民进行商品储存、展览或者交付而使用的设施；（2）主要用于非居民主要储存、展览或者交付而存贮的库存商品；（3）非居民主要用于为其他组织或自然人进行加工而存贮的商品库存；（4）主要用于非居民购买商品或收集信息而设立的经营场所；（5）主要用于非居民从事准备或辅助性质的经营活动而设立的固定经营场所；(6) 非居民为从事第 (1) 至 (5) 项的经营活动而设立的、具有准备或辅助性质的固定经营场所；(7) 通过代理人、代销人或其他的独立人员在吉国从事经济活动，并且这些代理人、代销人或其他独立人员的经济活动是在其经营活动的范围内进行的。

8. 商品销售。商品是指具有实物形式的财产。商品销售是指商品所有权的有偿或无偿转让，包括商品交换。

9. 工程施工或提供服务。商品销售以外的全部经营活动都属于工程施工或提供服务。

10. 纳税人的电子文件和数字签名。纳税人的电子文件和电子数字签名是根据吉国电子数字签名法规定编制和签署的文件。

11. 不可抗力。不可抗力是因自然灾害（如地震、洪水或其他情况）而发生的非常的和不可避免的情况，这些情况不可预见或不可预防，或是可以预见但不可避免。不可抗力可通过众所周知的事实、大众传媒公告和其他不需要证明的方式证实。

12. 关联主体。关联主体是指主体之间的关系可能影响到各自的，或者他们所代表的主体的经营条件或经济利益，即：(1) 主体直接或间接地参股组织，并且参股股权超过总股权的 20%；(2) 由第三方主体参股的两个组织，第三方主体在这两个组织中的直接或间接的参股股权都超过总股权的 20%，或者这些组织由该第三方主体控制；(3) 按照职位或地位的规定，一个自然人从属于另一自然人；(4) 由吉国劳动法调整相互间关系的主体；(5) 近亲属；(6) 委托人和受托人。吉国《税法典》还规定，除上述各种关系之外，法院还可以根据其他的关系来认定主体之间的关联关系，只要这些关系能够影响各主体之间的交易结果。同时，吉国《税法典》还规定，对于一个主体通过一个组织间接参股其他组织，应当依据股权的发生形式进行确定。

二、税法基本原则

在税法中，基本原则是所有税收活动都必须共同遵守的一般规则，对所有的税收活动都具有规范性和制约性。根据吉国《税法典》规定，税收法律不能违背该所法确定的原则。

（一）税收法定原则

税收法定原则是当代世界大多数国家的宪法原则和税法的基本原则。吉国不仅在宪法中对税收法定原则作了概括性的规定，而且还在《税法典》第

5条作了比较详细具体的规定。

1. 在吉国，税收立法权属于吉国议会；只能根据《税法典》的规定设置或取消税种；对于应缴纳的税和费，免税决定必须依据专门制定的法律作出。

2. 对于地方税，应当根据《税法典》的授权，由地方议会制定法规。

3. 严禁在吉国法律法规的范围之外制定和适用调整税收法律关系的规范，但《税法典》规定的情况除外。

4. 不能要求纳税人和扣缴义务人缴纳没有法律法规依据的税收。

（二）税法的其他原则

吉国除在《税法典》第5条对税收法定原则作出了规定外，还用第6条至13条共8个条文分别对其他8项税法原则作了规定。

1. 税收合法性原则。任何人不得承担缴纳《税法典》中未规定的税款缴纳义务，也不得承担虽然具有《税法典》所规定的税收特征，但是是依据《税法典》以外的其他法律法规确定或生效的税款缴款义务。

2. 税收的义务性原则。每个人都必须按照《税法典》规定的方式和情况纳税。税收法律关系的所有参与者都必须遵守吉国税收法律法规。

3. 税制体系统一性原则。吉国的税制体系在整个吉国境内都是统一的。

4. 税收法规分开性原则。调节税收法律关系的法律法规必须按照吉国法律规定的方式进行公布。

5. 税收的公正性原则。它包括：(1) 税收在吉国是普遍征收的。(2) 禁止提供针对个人性质的税收优惠，除非《税法典》中另有规定。(3) 税收不得具有歧视性，税法也不得基于性别、社会、种族、民族和宗教标准区别适用。

6. 诚信推定原则。在没有被合法有效的证据证明之前，纳税人和扣缴义务人就当被认为是诚信的。

7. 无过错推定原则。(1) 在税收法律关系当中，纳税人和扣缴义务人的作为或不作为在所有情况下都就当被认为是合法有效的，除非这种作为或不作为是由吉国税收法律禁止的情况，并同时满足以下条件：a. 作为或不作为不违反吉国税收法律规定的原则；b. 作为或不作为不妨碍纳税义务的正确履行。(2) 在税收法律关系当中，税务管理机关、税务机关、海关以及地方自治机关的作为或不作为都是合法有效的，如果这些作为或不作为是由吉国税收法规所规定。严禁税务管理机关、税务机关、海关以及地方自治机关从事吉国税收法律未规定的行为。

8. 税收的确定性原则。(1) 税收应当是确定的。税收的确定性是指在吉国税收法律中可以查到纳税义务产生、履行和终止的依据。(2) 在设立税种时，应该确定每一税种的税收构成要素，但地下资源使用税和特殊税收制度除外。

第四节　吉国税法的渊源与效力

一、税法的渊源

作为法学的专门术语，关于法的渊源这一概念，存在多种不同的含义与解释。但就通说来看，法的渊源通常指法的存在或表现形式，即任何具有法律效力的规范或非规范性文件都必须以一定的法律形式表现出来。此外，法的渊源还与法的效力存在直接联系，即只有具有法的效力的相关文本或规范才可能被视为是法的渊源。根据吉国《宪法》和《税法典》的相关规定，吉国税法的渊源一般包括以下几种：

(一) 宪法

宪法作为国家的根本大法，应当对国家的基本政治制度、经济制度和社会制度等作出明确的规定。由于税收一方面是国家财政收入的主要来源，是国家存在与运行的经济基础，另一方面又来自于对公民财政权的征收，是对公民权利的限制。因此，在当代绝大多数国家，都把税收法定原则上为了一项宪法原则，在宪法中对税收的相关问题作了专门的规定。吉国也不例外。吉国《宪法》第 13 条第 3 款明确规定：“吉国境内实行统一的税收制度。征税权属于议会。实行新的税收并使纳税人处境恶化的法律没有追溯效力。”这一规定就为吉国税收法律制度的设立奠定了合法性的基础。另外，吉国《宪法》第 55 条规定：“公民有义务在法律规定的情况下，按照法律规定的方式缴纳税款和费用。”这一规定也使得公民的纳税义务得到了国家宪法的确认。

(二) 税收法律

吉国《税法典》第 2 条第 2 款的规定，吉国税收法律包括《税法典》以及基于《税法典》制定实施的规范性法律文件。同时，根据第 2 条第 2 款的规定，税收法律的功能在于确定以下内容：(1) 吉国的征税原则；(2) 税收制度；(3) 征税对象；(4) 地方税收的设立与终止；(5) 纳税义务的产生、变更与终止；(6) 纳税人、税务机构及其人员的权利与义务；(7) 税务管理的形式与方法；(8) 税收法律责任；(9) 对税务机关及其工作人员的作为或不作为的申诉。由此可见，《税法典》是吉国税收法律的主要部分。此外，《吉尔吉斯斯坦海关监管法》《吉尔吉斯斯坦投资法》以及《吉尔吉斯斯坦自由经济区法》等法律中的相关规定，亦成为吉国税收法律的重要组成部分。

（三）税收法规

根据吉国《税法典》第18条第2款的规定，吉国政府必须颁布吉国税收法律适用的规定、条例、细则及其他文件。这些规定、条例、细则及其他文件必须通过吉国政府的规定印刷物或电子出版物进行颁布，并在税务管理机关或税务总局的网站上公开发布。这些规定、条例、细则及其他文件所规定的内容对纳税人具有义务性，纳税人必须遵守。

同时，吉国《税法典》第15条规定：（1）吉国税收法规和其他规范性法律文件不应当与《税法典》中的规定相抵触。吉国税收法规和其他规范性法律文件与《税法典》中的规定相抵触的，必须按照《税法典》的规定执行。（2）《税法典》以及税收法规中的各项规定之间存在抵触或者缺乏法律法规规定的情况下，税务机关和司法机关应当作出有利于纳税人的决定。

另外，吉国《税法典》还规定，当存在下列情况之一时，应当认定规范性法律文件与《税法典》的规定不符：（1）由无权机关通过或颁布的法令，或者违反吉国法律规定的程序通过的法令；（2）法令废除或限制了《税法典》规定的税收法律关系参加者的权利；（3）法令实施、变更或废除《税法典》确定的税收法律关系参加者的义务内容、行为理由、条件、顺序或方式；（4）法令禁止《税法典》中允许或规定的行为；（5）法令允许或准许《税法典》所禁止的行为；（6）法令改变《税法典》规定的术语和定义的内容，或术语和定义与《税法典》中使用的术语和定义不同的。

（四）国际条约和协定

吉国《税法典》第3条对国际条约及协定的效力作了规定。就国际条约而言，吉国加入的国际条约的规定与吉国税收法律的规定之间存在冲突的，应当优先适用国际条约的规定。就其他协定而言，如果由吉国议会批准的协定与吉国税收法律存在冲突的，则应当适用该协定的规定。据此可知，国际条约与协定也成为吉国税法的渊源，具有调整税收关系的效力。

二、税法的效力

税法的效力也可称之为税法的适用范围，指的是税法的强制力所能达到的范围。税法的效力源于税法的渊源，一般包括了主体上的效力、时间上的效力和空间上的效力三种情况。吉国《税法典》第 14 条主要从空间效力、时间效力两个方面对该国税法的效力进行了规定。

（一）空间效力

吉国《宪法》第 13 条第 3 款规定吉国境内实行统一的税收制度。吉国《税法典》第 14 条对其进行了进一步明确，指出吉国税收法规在吉国全境有效，但在相应区域内有效的地方议会规范性法律文件除外。

（二）时间效力

关于税法的时间效力问题，吉国《税法典》第 14 条从以下几个方面进行了规定。首先，通常情况下根据《税法典》的规定设置新税种、提高税率的吉国法律在下一年纳税期的第一天起生效，且不早于官方公布这些法律后的 2 个月。其次，关于税法的溯及力问题。由于吉国《宪法》第 13 条第 3 款规定实行新的税收并使纳税人处境恶化的法律没有追溯效力，这实际上就为税法追溯力问题规定了一个基本的原则。依据这一原则，吉国《税法典》规定，如果法律涉及取消税种、降低税率、免除税收法律关系参与者的义务、免除或减轻违反税法所应承担的法律责任、进一步保障税收法律关系参加者的权利以及通过其他方式改善税收法律关系参与者处境等情况，则该税收法律可以具有追溯力。如果法律涉及规定新税种、提高税率、确定或减轻税务违法行为的责任、确定税收法律关系参与者新的纳税义务等情况，则该法律不具有追溯力。事实上，关于税法之溯及力问题，吉国《宪法》中也存在相应规定。

第五节　吉国《税法典》的结构与特点

如前所述，吉国《税法典》是吉国最重要、最全面的税收法律性文件，它规定了吉国税收法律制度的基本框架和主要内容。自 2008 年现行《税法典》通过以来，经历了多次的修改与完善，从而使其更加规范与科学。

一、吉国《税法典》的基本结构

吉国《税法典》由两大部分 15 篇 59 章 400 多个条文组成，译成中文约 30 万字。

第一部分为概论，由 6 篇 20 章组成。

第1篇为“总则”，共2章。第1章为一般规定，对吉国税法调整的关系、税收法律的范畴、税法的原则和效力以及税法中涉及的相关概念等内容进行了规定。第2章为吉国税收制度，对吉国税种、征税对象、税基、税率、纳税期限和程序等事项作了规定。

第2篇为“税收法律关系的参加者”，共2章。该篇对纳税人和扣缴义务人的相关权利义务以及税务机关及其工作人员的权利和义务等内容进行了明确。

第3篇为“纳税义务和应交税费”，共7章。该篇对纳税义务的产生、变更、履行和终止以及应交税费的缴纳清偿等相关问题进行了规定。

第4篇为“税务管理”，共6章。该篇对税务登记、税务检查等税务管理的相关事项和内容进行了规定。

第5篇为“税务违法行为及其责任”，共2章。该篇对税务违法行为的种类及责任进行了明确。

第6篇为“对税务机关的决定及其工作人员的作为和不作为的申诉”，共1章。该篇就纳税人对税务管理结论的申诉程序进行了规定。

第二部分为特殊部分，由9篇39章组成。

第7篇为“所得税”，共6章，主要规定了吉国个人所得税法的基本制度、征收管理等事项。

第8篇为“利润税”，共7章，主要规定了企业所得税法的基本制度、征收管理等内容。

第9篇为“增值税”，共6章，主要规定了增值税法的基本制度、征收管理等内容。

第10篇为“消费税”，共2章，主要规定了消费税法的基本制度、征收管理等内容。

第11篇为地下资源使用税，共3章，主要规定了纳税人在从事地下资源开采使用时所缴纳的签字费和产出提成费的具体内容。

第12篇为“销售税”，共2章，主要规定了销售税法的基本内容、征收管理等内容。

第13篇为“财产税”，共1章，主要规定了财产税法的基本内容、征收管理等内容。

第14篇为“土地税”，共4章，主要规定了土地税法的基本内容、征收管理等内容。

第15篇为“特殊税收制度”，共8章，主要对吉国的中小企业、经营由吉国政府确定的特殊商品或行业的企业、或在特定区域内生产经营的企业适用吉国税法时一些特殊要求作了规定。

二、吉国《税法典》的特点

与中亚其他国家的《税法典》不同，吉国的《税法典》在经过多次修订完善之后，呈现出了以下两个方面的特点。

第一，吉国《税法典》的修改极为频繁。吉国现行的《税法典》是2008年制定的。鉴于近年来，一方面，吉国国内围绕着政治权力分配的斗争十分激烈。不同的政治团体都企图从政治权力中得到更多的利益或好处，因此导致各政治团体和党派对《税法典》中的许多内容持有各自的观点或诉求。另一方面，吉国不仅在经济上存在着地区发展不平衡、产业结构不平衡等问题，而且还存在着政府经济发展战略模糊、地下经济规模很大、腐败问题比较突出等问题。这些问题的存在，导致吉国的国家经济政策常常发生变动或修改。再加上吉国的社会动荡、吉国政府对增加税收收入的渴望等因素，从而导致吉国《税法典》的修改变动较中亚其他国家更为频繁。据不完全统计，从2009年1月至今，吉国《税法典》的修改就达到了百次左右。其中仅2013年就修改了13次之多。这是中亚其他国家的《税法典》都不可能做到的。

第二，吉国《税法典》表现出了较为先进的立法理念和较高的立法技术水平。吉国《税法典》不仅在第5条用第3款、第4款、第5款、第6款、第7款等5个条款对税收法定原则作了具体明确的规定，使《税法典》与吉国《宪法》的相关规定很好地衔接起来，而且它通过第6条、第7条、第8条、第9条、第10条、第11条、第12条、第13条等8个条文明确规定了税收的合法性原则、义务性原则、统一性原则、公正性原则、诚实推定原则、无过错推定原则和确定性原则等。通过确立这些原则，从而真实地体现了现代税法规范国家征税权力、维护税收征纳关系、保障纳税人合法权益的根本目的。同时，为了使吉国《税法典》的内容明确，在法典中除了对税收制度的构成要素作了专门系统的规定之外，还对于税法中的许多重要概念，包括税法中所使用的其他部门法的概念，如“税收”、“税收法律关系参加者”、“金融租赁”、“坏账”、“中型企业”、“债务证券贴现”、“签字费”等进行了规定。另外，整部法典结构比较完整，各部分之间逻辑关系比较清晰，用语比较规范准确。这些特点的存在，使得吉国《税法典》不仅具有较为先进的立法理念，而且也具有较高的立法技术水平。

第二章 税务机关、纳税人及其权利与义务

第一节 税务机关及其权利与义务

根据吉国《税法典》的规定，税务管理职能由税务总局与税务机关承担，税务机关具有法人地位，且不隶属于地方政府和地方自治机关，其在吉国法律规定的职权范围内开展税收管理，以及参与实施吉国的税收政策。由此可见，吉国承担税收征管职能的税务机关主要包括税务总局和税务机关。但由于作为国家机关的海关以及地方自治机关也承担了部分税种的征收管理职能，因此吉国《税法典》也对海关及地方自治机关在税收法律关系中的权利和义务进行了必要的规定。

一、税务机关的任务

吉国《税法典》规定，税务机关的工作任务主要为监督吉国税收法律的遵从情况以及根据吉国税收法律的规定协助纳税人或扣缴义务人履行纳税义务。

二、税务机关及其工作人员的权利

根据吉国《税法典》的规定，税务机关及其工作人员享有以下权利：(1) 按照《税法典》规定的方式制定和批准由吉国的税收法律规定的规范性法律文件；(2) 按照《税法典》规定的方式实施税务管理；(3) 在实施税务管理时，要求纳税人提交税款计算、扣除及相关的纳税文件；(4) 在实施税务管理时，要求纳税人提交税款计算、税款扣除及纳税文件的填写说明以及确认税款计算正确性及其税款扣除和纳税及时性的文件；(5) 在实施《税法典》规定的税务管理过程中自纳税人处获得相关文件的副本；(6) 按照《税

法典》的规定对与纳税有关的地区、场所、文件和对象进行检查；（7）在对纳税人进行税务检查时，按照《税法典》规定的方式从银行获取纳税人的银行账号、账户内资金的结余和资金流动的信息，同时应当遵守吉国法律对商业秘密、银行秘密及其他受保护秘密的信息披露的规定；（8）按照《税法典》的规定，采用间接评估方法确定纳税人的纳税义务；（9）按照吉国法律的规定向法院起诉纳税人，其中包括清算（包括强制清算）起诉；（10）要求纳税人消除税收违法情况，并对其进行监督；（11）根据《税法典》的规定，要求其他国家机关和地方自治机关提供有关纳税对象和纳税义务计算的信息；（12）监督征税；（13）签订税收合同；（14）监督地方自治机关履行《税法典》授权的执行情况；（15）《税法典》和吉国法律规定的其他权利。

三、税务机关及其工作人员的义务

根据吉国《税法典》的规定，税务机关及其工作人员必须履行的义务共分为三大类。

1. 税务机关及其工作人员的一般义务。包括：（1）维护纳税人的权利和合法利益；（2）遵守吉国税收法律并要求纳税人执行吉国的税收法律；（3）协助纳税人履行纳税义务；（4）通过官方媒体告知纳税人有关税务报表的规定格式及其填写方式，以及向税务机关提交税务报表的方式和期限；（5）在吉国税收法律规定的情况下答复纳税人的书面请求；（6）对纳税义务的履行情况进行监督；（7）对纳税人、征税对象、计算和缴纳税款的情况进行核查；（8）除《税法典》另有规定外，提供由国家预算资金支付的、由税务机关签发的规定格式的税务报表；（9）说明税务报表的填写方式；（10）严格按照规定实施税收检查；（11）在税务检查书中登记税收检查和其他税务检查的形式；（12）保守公务秘密、商业秘密、涉税秘密信息、银行秘密和受吉国法律保护的其他秘密；（13）根据《税法典》的规定向纳税人送达要求纳税人履行纳税义务的决定；（14）根据《税法典》的规定，按照纳税人的书面请求，在收到纳税人书面请求后的 2 个工作日内，向纳税人发布要求其提供有关税款计算及缴纳日期、税务处罚、滞纳金和利息的决定，以及税务机关通过的要求纳税人履行纳税义务和应交税费的决定；（15）保证在 6 年内完善保存确认纳税义务履行情况的文件；（16）采用《税法典》规定的纳税义务履行的保证方法；（17）按照《税法典》的规定对纳税人进行税务处罚，以及按照吉国行政责任法的规定对纳税人进行处罚；（18）按照《税法典》规定的方式审核纳税人的申诉。

2. 税务机关发布工作报告的义务。《税法典》规定，税务机关必须在每年3月1日前在税务总局的网站上公布税务机关上一年的工作报告。工作报告应当包含以下信息或内容：(1) 税务避征收的税种名称和金额；(2) 欠交税费；(3) 税务机关在征税过程中产生的费用；(4) 有关税收优惠、延期缴纳欠税、分期缴纳欠税的统计数据；(5) 税务机关工作的成绩和不足；(6) 欠税金额超过5000个计算指标的自然人姓名、组织名称清单，并说明欠税金额。

3. 向检察机构移送涉嫌税收犯罪的义务。吉国《税法典》规定，在税收检查过程中发现纳税人欠缴税款超过刑事法律规定的标准涉嫌构成税收犯罪的，在下列情况下，税务机关应当将税收检查资料提交检察机构审核：(1) 纳税人未在税务机关的决定生效前，或者未在《税法典》规定的申诉期内向税务总局提出申诉的；(2) 虽然纳税人进行了申诉，但税务总局认定纳税人欠缴税款涉嫌犯罪的决定在法律上已经生效，且纳税人未在税务总局向其送达该决定之日起的30日内向法院提出申诉的；(3) 根据已生效的法院判决，证实纳税人欠缴税额超过了追究刑事责任的界限。如果纳税人在规定期限内缴纳了税务总局的决定或法院判决中认定的欠税，则税务机关不得通过向检察机构提交税收违法事实信息的决定。

4. 税务机关及其工作人员应履行吉国税收法律规定的其他义务。

四、税务机关同其他主体的相互配合

税收征管的顺利开展，离不开相关主体的参与和配合。因此，为了保障税收征管工作的顺利开展，吉国《税法典》对税务机关与海关、金融情报机关、金融警察机关、司法机关、征税对象登记机关、银行、户籍登记机关、纳税人组织、地方自治机关，以及自然人许可证发证机关等相关主体在税收征管活动中的衔接与配合进行了明确规定。

五、海关在税收法律关系中的权限

吉国《税法典》规定海关机关根据关税同盟海关立法、吉国海关法律和吉国税收法规在商品通过关税同盟关境时征税。

六、地方自治机关在税收法律关系中的权利和义务

根据吉国《税法典》规定，地方自治机关及其工作人员享有以下权利：

1. 地方自治机关及其工作人员有权：(1) 依照《税法典》的规定征收财产税、土地税、税务执照税和其他执照税；(2) 根据《税法典》的规定进行税务监督，除非法律另有规定；(3) 要求纳税人消除税收违法情况并监督这些要求的执行；(4) 接收来自税务机关和其他国家机关依照法律规定提供的有关税种、征税对象和纳税义务计算的信息；(5) 在实施税务监督过程中从纳税人处获得文件副本；(6) 根据法律规定向护法机关提交材料以及向法院提出上诉。

2. 地方自治机关有权实施《税法典》第 108 条第 1 款第 1 项和第 3 项规定的税务抽查。

3. 根据授权，地方自治机关有权：(1) 在税务监督过程中要求纳税人提交规定税种的缴纳文件；(2) 对于遥远及难以到达的住宅区缺少银行机构的，有权要求纳税人按照吉国政府规定的方式，用现金缴纳规定的税收。

根据吉国《税法典》规定，地方自治机关及其工作人员应当履行以下义务：(1) 尊重纳税人的权利和合法利益；(2) 遵守吉国税收法规并要求纳税人履行；(3) 协助纳税人履行纳税义务；(4) 根据《税法典》第 74 条和第 75 条的规定，对纳税人采取纳税义务履行保证方法；(5) 依照《税法典》的规定，对纳税人缴纳财产税、土地税、税务执照税和其他执照税的纳税义务履行情况实施税务监督；(6) 按照法律规定的程序进行税务抽查；(7) 在稽查书中记录税务监督形式；(8) 遵守公务秘密、商业秘密、涉税秘密信息、银行秘密和受吉国法律保护的其他秘密；(9) 在 6 年的期限内确保完善保存确认纳税义务履行事实的文件；(10) 按照税务总局规定的方式和期限，向税务机关提交计算和收到税款、收据和文件使用，以及银行或地方自治机关缴纳税款的报告；(11) 协助税务机关统计纳税人。

第二节 纳税人及其权利与义务

在学理和现实中，对“纳税人”这一概念的理解及其范围的认定，存在广义与狭义两种不同的认识。狭义上的纳税人仅指纳税义务的承担主体，而广义上的纳税人则还包括了扣缴义务人、税务代理人及其相关人员。从吉国《税法典》第 3 章对纳税人和扣缴义务人的区分以及第 41 条对纳税人的定义来看，其采用的是狭义的理解。但即便如此，由于扣缴义务人与纳税人同为税收法律关系中的同一方参与主体，且其两者之间存在着密切联系。因此，吉国《税法典》第3章对纳税人及扣缴义务人的权利与义务都作了相应的规定。

一、纳税人的权利

吉国《税法典》规定，纳税人享有以下权利：（1）要求税务机关及其工作人员遵守吉国税收法规；（2）在税收法律关系中亲自或通过扣缴义务人参与税收征纳活动；（3）从政府部门获得吉国税收法规的信息，以及国家主管机关和税务总局制定的规则、条例和其他方法的指南；（4）不采用未在官方媒体上颁布的税务报表；（5）通过书面申请免费获取税务机关记录的关于纳税人本人的有关信息；（6）对溢缴或多征的税款进行抵扣或返还；（7）享受法律规定的税收优惠；（8）要求对涉税秘密信息进行保密；（9）获得税务管理的结论；（10）向税务机关提交对税务管理决定的说明；（11）不提供未涉及纳税义务履行的信息和文件；（12）对税务机关的决定及其工作人员的作为和不作为提出申诉；（13）依照吉国法律赔偿因税务机关的非法决定及其工作人员的不法行为和不作为所造成的损害或损失；（14）吉国税收法规规定的其他权利。

二、纳税人的义务

根据吉国《税法典》的规定，纳税人的义务包括：（1）按照法律规定的方式在税务机关进行税务登记；（2）履行纳税义务；（3）根据《税法典》的规定进行纳税义务的核算；（4）按照法律规定的方式和期限提交税务报表；（5）按照法律规定的情况和方式提供相关的说明、信息和文件；（6）执行税务机关有关改正税务违法行为的后果或者停止税务违法的行为或不作为的合法指令；（7）不得干扰税务机关及其工作人员合法履行职务；（8）按照法律规定，应当允许税务机关工作人员在跟踪调查时进行现场检查、税务抽查和建立税务所等，允许税务机关工作人员在纳税人的现场或所在地以现金方式追缴纳税人的应交税费；（9）保存纳税义务核算和履行的证明文件。其中纸质和电子文件不少于6年，根据自愿性营业执照所缴纳的税款和纪录不少于3年；（10）向进行检查的税务机关工作人员出示检查记录簿，对进行的检查或稽查进行记录；（11）在银行开立账户或销户后的15天内，报告开户销户信息，包括在吉国境外的账户信息；（12）向税务机关通报下列信息：a. 从关税同盟成员国进口的应税消费品；b. 从关税同盟成员国临时进口的商品，这些商品随后在不改变进口商品的性质和特性的情况下出口；c. 从吉国临时出口到关税同盟成员国的商品，这些商品随后在不改变进口商品的性质和特性的情况下进口到吉国境内；（13）吉国法律规定的其他义务。

三、扣缴义务人的权利和义务

吉国《税法典》第46条规定：（1）扣缴义务人有权以被代理纳税人的名义参加税收法律关系。（2）纳税人亲自参与税收法律关系并不影响其雇佣扣缴义务人，同样，雇佣扣缴义务人并不影响纳税人亲自参与税收法律关系的权利。（3）扣缴义务人的权利与义务应当根据吉国税收法律、纳税人和扣缴义务人之间签署的民事合同以及纳税人签发给扣缴义务人的委托书进行确定。

第二编 吉国税种法律制度

第三章 所得税法

根据吉国《税法典》的规定，吉国的所得税，实际上就是吉国的个人所得税。对此，吉国《税法典》第 7 篇共用 23 个条文对其具体内容进行了规定。

第一节 纳税人

根据吉国《税法典》第 161 条的规定，所得税的纳税人包括以下 4 类对象：

1. 获得收入的具有吉国公民身份的自然人。
2. 获得收入的不具有吉国公民身份的居民自然人。
3. 从吉国境内获得收入但不具有吉国公民身份的非居民自然人。
4. 从吉国获得收入并给自然人支付工资的扣缴义务人。

个体企业不是所得税的纳税人，除非该个体企业是扣缴义务人。由此可见，吉国所得税主要是针对自然人设立的税种，其纳税主体并不包含企业。仅在企业作为所得税扣缴义务人的情形下，才将其纳入到所得税纳税人的范畴。

第二节 征税对象

一、征税对象的范围

根据吉国《税法典》第162条的规定，所得税的征税对象是包括了以下两大类收入。

1. 纳税人从事经营活动取得的收入，但企业从事经营活动所取得的收入除外：(1) 该收入是吉国公民和吉国居民自然人从吉国境内和境外获得的；(2) 该收入是不具有吉国公民身份的非居民自然人从吉国境内获得的。

2. 任何其他的收入。

二、计税依据

吉国税法规定，个人所得税的计税依据是纳税人在一个纳税期内所获得的年度总收入与法律规定的扣除额之间的差额，法律另有规定的情况除外。

对于具有吉国劳动法所调整的劳动关系的纳税人，其每月应当缴纳所得税的收入不得低于法律规定的最低结算收入。

对于下一年度每月最低结算的收入金额，根据吉国政府规定的方式，依据国家统计数据，按不同的地区和城市，确定为上一年度员工月平均工资的40%。

月最低结算收入金额，由吉国政府与吉国议会职业委员会协商，在本年10月1日前确定。如果下一年度的最低结算收入金额没有按照规定的程度确定，则按照上一年度的最低结算收入金额执行。

最低结算收入金额不适用于下列各种情况：(1) 由国家预算资金支付收入的人员；(2) 兼职的收入；(3) 从事低薪服务工作的人员，包括值班门卫、清洁员、庭院看管人员、护士、实验员、消防员、试用人员、学徒、门卫；(4) 住宅所有人、集体公寓的所有人、住宅建设合作社、车库、农业商品服务合作社以及园艺合作社；(5) 一级、二级和三级残疾人；(6) 服刑期间在监狱或服刑地工作的人员。

对于下列人员利用业余时间兼职的，其最低结算收入由雇主按照实际工作时间的比例结算：(1) 丧失劳动能力和产假补贴的；(2) 无全日制工作的；（3）休假（包括无薪休假的）；（4）工作不到1个月被重新聘任或解雇的。

三、年度总收入

根据吉国《税法典》的规定，年度总收入是指纳税人在纳税期内所有以货币、实物形式以及工程、服务形式获得的收入。具体包括以下几类：

1. 职工的收入。具体包括：（1）劳动所得，包括奖金和根据吉国劳动法的规定获得的保障金、劳动补助金及其他收入；（2）职工获得的作为劳动补偿的商品、为职工利益而修建的设施以及提供给职工的服务；（3）职工从第三方获得的、由雇主支付的商品、设施和服务；（4）参加组织管理而获得的奖金和补助收入；（5）雇主按照保险合同为职工支付的保险金。

2. 获得的物质利益形式的收入。具体包含以下几种：（1）提供无息借款或贷款，以及以低于吉国国家银行规定的利率提供的借款或贷款；（2）无偿提供的商品；（3）向职工销售商品时雇主提供的折扣。

3. 无偿获得的资产。

4. 利息收入，包括按照保险合同获得的利息收入，但不征税的收入和在吉国已经源泉征税的收入除外。

5. 红利。

6. 出售购买时间在1年内的属于个人财产的交通工具所获得的增值收入。

7. 出售不动产所获得的增值收入。该不动产已被国家不动产产权统一登记管理机关列入住宅登记，而且购买该不动产的时间不到2年的。

8. 销售有价证券后减去购买时的价值所获得的收入款（包括财产继承或赠予）。

9. 补贴。

10. 因精神损害赔偿所获得的收入。

11. 退休金。

12. 奖学金。

13. 津贴。

14. 以奖金形式获得的收入。

15. 因出现下列情况而终止纳税义务时所获得的收入：（1）免除贷款债务；（2）按照吉国民法规定超过诉讼时效而注销的债务；（3）纳税人履行纳税义务，包括由第三方履行的纳税义务。

16. 按照保险合同获得的保险赔偿。

17. 使用费。

18. 缴纳各种累积型保险所获得的收入（按照保险合同或在保险合同获得的利息收入）。

吉国《税法典》还规定，对于预期获得但实际上没有获得的收入不能认为是收入，也不纳入年度总收入。

年度总收入不包括免税收入。

另外，吉国《税法典》还规定，纳税人收入的取得时间应当按照下列规定确定：(1) 纳税人收到货币的，为支付货币的日期，其中包括向纳税人银行账户汇款或根据纳税人向第三人账户汇款指令进行的汇款；(2) 纳税人收到以商品支付收入的，为商品所有权转移的日期；(3) 纳税人收到以工程、服务形式支付收入的，为全部或部分工程的完工日期或服务的提供日期；(4) 纳税人获得以物质利益方式支付收入的，为纳税人根据所获得的贷款，以及所获得或购买的商品而缴纳的费用或利息的日期；(5) 纳税人义务终止的，为终止义务的日期。

四、免税收入

吉国《税法典》第 167 条规定，免于缴纳所得税的收入包括：

1. 符合吉国法律规定的补贴。

2. 由吉国总统基金、吉国议会议长储备基金和由吉国政府后储备基金拨付的款项。

3. 依据国家社会保险支付的补贴和补偿金。

4. 依据吉国法律规定支付的退休金。

5. 由国家预算资金支付的补贴和补偿金。

6. 吉国教育机构依据吉国法律规定支付给学生的奖学金。

7. 因不可抗力情况而无偿获得的款项。

8. 军人、国家安全部门、执法机关的公职人员和国家公务员在执行任务时因公牺牲或受伤而从国家预算资金中获得的补贴和抚恤金。

9. 雇主向去世职工的近亲属或对近亲属去世的职工提供的无偿物质援助。

10. 健康损害补偿金以及按照吉国法律给因公致残或死亡的职工提供的补偿金。

11. 工作服和工作鞋、个人劳保用具、肥皂、消毒剂，依据吉国法律规定向从事高危工作的职工发放的牛奶和保健食品。

12. 依据吉国法律为职工提供必要的体检和医疗服务。

13. 职工出差补助费，以及管理机构成员履行职责的出差费用，包括：(1) 往返于指定地点的交通补助（凭单据）；(2) 住宿补助（凭单据）；(3) 按照吉国政府规定标准提供的每日出差补助。如果没有规定的单据，出差补助应该按照吉国政府规定的标准免交税款。

14. 雇主按照规定为职工支付的保险金以及按照吉国法律规定签订保险合同的费用。

15. 依据法律规定由雇主支付的职工培训和再培训费用。

16. 残疾人、参加过国内战争或卫国战争的公民、参加阿富汗战争或其他国家战争的军人、二次世界大战期间因工作或参军而获得奖章的获奖者、荣获苏联勋章或奖章的公民、参加过巴特肯事件的人员、参加过切尔诺贝利核电站事故救助的人员、在国内战争或卫国战争中牺牲军人的家属等所获得的收入，但上述人员从事经营活动获得的收入除外。

17. 自然人销售农产品所获得的收入，个体企业除外。

18. 雇主为职工不满 14 岁的儿童（抚养人）提供的、金额不超过 10 个结算指标的新年礼物。

19. 从国家预算资金中支付给奥运会冠军和得奖者、吉国体育代表队成员的奖金以及奥运会、世界锦标赛、亚洲锦标赛、亚运会冠军和获奖者代表队成员的一次性奖金。

20. 吉国内务部、国家安全局、国家禁毒署、国防部、国家保卫局、国家边防局、吉国刑罚系统执行机关的公务员、消防局人员和吉国国民防御部队工作人员的收入、津贴和作为津贴的定量供应粮。

21. 公民从事由就业机构组织的有报酬的社会工作所获得的劳动报酬。

22. 工会组织支付给残疾人、退休工人、孤儿、多子女母亲或父亲的补助金。

23. 退休人员、残疾人、参加过国内战争或卫国战争的公民、参加阿富汗战争或其他国家战争的军人、第二次世界大战期间因工作或参军获得奖章的获奖者、荣获苏联勋章或奖章的公民、参加过巴特肯事件的人员、参加过切尔诺贝利核电站事故救助的人员，以及 1 级残疾人员、2 级残疾人员在吉国银行的存款利息。

24. 吉国居民自然人参加本国组织所获得的，以及吉国非居民自然人获得的按照《税法典》第221－2条以零税率计算缴纳利润税的红利。

25. 从第三方获得的收入。包括：（1）残疾人获得的为其制造使用工具的款项；（2）残疾人获得的定期检查费、康复治疗费以及盲人使用导盲犬的费用；（3）残疾人、退休人员、孤儿、多子女家庭（有4个或更多未成年子女的家庭）获得的补助；（4）无社会保障人员的免费午餐。

26. 依照吉国法律献血和以其他形式献血的人所获得的补助。

27. 依据吉国法律的规定获得的赡养费。

28. 夫妻或离异夫妻因财产相互转让所获得的收入。

29. 自然人接受继承或者接受馈赠所获得的财产、工程和服务，但因经营经济业务而获得的财产、工程和服务除外。

30. 自然人获得人道主义援助的财产。

31. 获得不超过10个结算指标的，以中奖奖金形式的各种收入。

32. 出售纳税人自己使用的和出售非企业经营使用的动产和不动产所获得的收入，但以下情况除外：（1）出售购买不到1年并属于本人财产的汽车所获得的收入；（2）出售属于住宅的不动产所获得的收入，且该住宅在国家不动产产权统一注册中心登记为私有财产不足2年的。

33. 返还参股股份或有价证券的金额。

34. 在吉国银行存款所获得的利息。

35. 因有价证券增值所获得的收入和利息收入。

36. 国家、非营利组织无偿转让给需要进行社会康复和医疗保健的，其收入低于生活标准的难民及重病人员的资产。

37. 依据吉国法律对在山区和边远地区工作的人员提供的补贴和地区补助。

38. 参加国际比赛和演出获得的奖金。

39. 由国际组织颁发的奖金。

40. 吉国外交部门的公务员，在吉国驻外机构以及吉国驻国际组织代表处工作的吉国公务员和其他雇员的工资。

41. 宗教组织发给其员工的工资、奖金、补助金以及带有激励性质的款项。

42. 返还的保险金及赎回金额，以及按照自然人签订的保险合同支付的事故赔偿金，但《税法典》第165条第1款第18项规定的、企业缴纳各种累积保险所获得的收入除外。

五、税前扣除

吉国《税法典》第 24 章对所得税的税前扣除项目作了详细规定。所得税税前扣除包括标准扣除、社会扣除和财产扣除三类。

1. 标准扣除。具体包括：（1）个人所需的扣除，每月按照 6.5 个结算指标扣除；（2）纳税人赡养他人所需的扣除，每月按照每个赡养人 1 个结算指标扣除；（3）国家社会保险缴款的扣除，依据《税法典》规定不缴纳所得税的国家社会保险缴款除外；（4）商业养老基金缴款的扣除，但不得高于纳税人计税依据的 8%。

2. 社会扣除。具体包括：（1）纳税人有权扣除纳税人本人及其年龄不大于 24 岁的抚养人用于教育的费用；（2）纳税人用于学前教育、小学、中学和高等教育的扣除数额为纳税人向吉国国家教育机构缴纳的费用，但不得超过计税依据总额的 10%；（3）为了扣除上述费用，纳税人应当凭借所提交的书面纳税表和已缴纳教育费用的凭证进行确认；（4）如果社会扣除额超过了法律规定的限额，则超出部分在下一个纳税期不再扣除。

3. 财产扣除。吉国《税法典》第 172 条规定：（1）纳税人有权扣除偿还住房按揭贷款的实际金额，但每年最多不超过 23 万索姆。按揭贷款是指为购买或者建造房屋和住宅，并以房屋和住宅为抵押所获得的贷款。（2）为了扣除上述费用，纳税人应当凭借所提交的书面纳税表和偿还按揭贷款和利息的凭证进行确认。（3）前述规定的财产扣除不适用于下列情况：雇主或其他人员以自己的资金为纳税人购买或者建造住宅、套房承担所支付的费用，或者进行住宅、套房或房间买卖交易的自然人之间存在着关联交易的关系。

第三节　税率、税额计算和税款缴纳

一、税率

根据吉国《税法典》的规定，所得税的税率为 10%。

二、纳税期

吉国所得税的纳税期为 1 年。

三、税额计算与缴纳

吉国《税法典》第 174 条规定，所得税的计算办法为计税依据乘以所得税税率。

吉国《税法典》第 175 条规定，所得税纳税人应在提交统一纳税申报表之日前计算和缴纳最终的应纳税款。所得税最终的应纳税额为计算的税额与扣缴义务人扣除的税额之间的差额。

所得税的缴纳地点为纳税人税务登记的所在地。

四、税款扣缴

（一）一般规定

除法律另有规定外，根据吉国《税法典》的规定，扣缴义务人系指承担计算、扣除所得税款并代缴到国家预算的组织或人员。

扣缴义务人代扣所得税的计税依据是指应税收入数额与标准扣除数额的差额。

如果所得税计税依据比最低结算收入低，则所得税的计税依据为最低结算收入。扣缴义务人应当从该收入中扣除所得税。

在计算当月纳税义务时，所得税的计税依据和最低结算收入的金额，由扣缴义务人按照职工自本纳税期开始到当前实际工作月份的数额进行累计计算。

扣缴义务人在计算应当扣除的所得税税额时，不包括职工的免税收入。

通常情况下，扣缴义务人只能按照劳动合同或者自然人与扣缴义务人确立的劳动关系，在支付月份内工作时间不少于 15 天的情况下，行使标准扣除权。扣缴义务人在对劳动关系确立不到 15 天或对从事兼职工作的员工进行支付报酬时，只能对国家社会保险提成款进行扣除。

（二）扣缴程序

吉国《税法典》第 177 条规定，扣缴义务人应当在收入支付月结束后的 20 日内（即下月 20 日之前）将扣缴的税款缴入国家预算，法律另有规定的情况除外。

扣缴义务人是小型企业或非营利组织的，则应当在扣缴税款的季度结束后的 20 日内（即下一季度第 1 个月 20 日之前）将扣缴的税款缴入国家预算。

扣缴义务人应当将扣缴的税款缴入扣缴义务人税务登记地。如果扣缴义务人是独立的分支机构，由应当将扣缴的税款缴入独立的分支机构的税务登记地。独立分支机构扣缴的所得税税额应根据该独立分支机构支付给职工的收入数额确定。

对于来源于吉国境内的收入，不论支付方式和地点，扣缴义务人都应当实行源泉扣缴。

扣缴义务人不履行扣缴义务或不完全履行扣缴义务的，则应当承担未履行或未完全履行的纳税义务，但支付给个体企业的收入除外。

（三）扣缴义务人提交所得税纳税申报表

根据吉国《税法典》第178条的规定，扣缴义务人应当在支付收入月份后的20日前（即下一月的20日前）向税务机构提交所得税纳税申报表，法律另有规定的情况除外。

扣缴义务人是小型企业或非营利组织的，则应当在扣缴税款的季度结束后的20日内（即下一季度第1个月20日之前）向税务机构提交所得税纳税申报表。

向自然人支付收入（包括物质利益形式）事实及其数额的信息格式由吉国政府确定。

五、对特殊纳税人的规定

（一）对外国使领馆或国际组织代表处工作人员的征税

吉国《税法典》第179条规定，在对外国使领馆或国际组织代表处的工作人员进行所得税征收时，下列收入不缴纳所得税：（1）外国使领馆的领导和工作人员的收入以及和他们共同居住且不具有吉国公民身份的家庭成员的收入，但从吉国获得的与使领馆服务无关的收入除外；（2）外国使领馆的行政技术人员和服务人员的收入以及和他们共同居住且不具有吉国公民身份的家庭成员的收入，但从吉国获得的与使领馆服务无关的收入除外；（3）在吉国作为其成员国的国际组织中工作的不具有吉国公民身份的自然人的收入。

（二）对非吉国国籍的居民自然人和非居民自然人的征税

在向不具有吉国公民身份的吉国居民自然人支付收入时，所得税的纳税义务应当由扣缴义务人计算，并按照相关规定的标准扣除。

在向非吉国国籍的非居民自然人来源于吉国境内的所得征税时，由扣缴义务人计算应纳税额，且在计算应纳税额时不得进行税前扣除。

此外，在确认来源于吉国境内的收入时，不考虑实际的支付地点。它还包括了在吉国境外支付的收入。

（三）避免双重征税

为了避免针对所得的双重征税，吉国《税法典》第182条规定，按照吉国与其他国家签订的关于避免双重征税协定的规定，纳税人在外国取得的收入并且按照外国法律应当缴纳所得税的，其在外国缴纳的所得税，应当冲抵按照吉国法律规定计算缴纳的所得税税额，但冲抵的金额不得超过按照吉国法律规定计算的税额。

第四章 利润税法

根据吉国《税法典》的规定，吉国的利润税，实际上就是吉国的企业所得税。对此，吉国《税法典》第 8 篇对其具体内容进行了较为详尽的规定。

第一节 纳税人

根据吉国《税法典》第 184 条的规定，吉国利润税的纳税人主要包括以下四类：

1. 国内组织。

2. 在吉国境内通过常设机构从事经营活动的外国组织。

3. 个体企业。

4. 与在吉国境内的常设机构无关，向外国组织支付吉国源泉收入的扣缴义务人。

吉国《税法典》规定，利润税的扣缴义务人是支付收入给外国组织的组织或个体企业。

此外，该条还明确规定，吉国国家银行、存款保护机构、存款保护基金和社会基金不是利润税的纳税人。

第二节 应税收入

一、征税对象

吉国《税法典》第 185 条规定，利润税的征税对象是纳税人从事下列经济活动所取得的利润：（1）国内组织或个体企业在吉国国内从事生产经营活动所取得的收入和在其他国家从事生产经营活动所取得的利润；（2）外国组织和非居民自然人通过在吉国的常设机构开展生产经营活动从吉国所取得的利润。

二、计税依据

根据吉国《税法典》第 186 条的规定，利润税的计税依据为根据吉国《会计法》和《税法典》相关规定所计算出的利润。其中，利润系指在一个纳税期内纳税人的年度总收入和法律规定的扣除项目之间的正差。因此，利润税的税基计算可用公式表示为：

利润税税基 = 年度总收入 - 扣除项目

其中，在确定计税依据时，外国组织从吉国境内获得的、与在吉国常设机构无关的收入不得进行税前扣除。

另外，《税法典》还规定，根据吉国会计核算法进行资产评估和债务评估所产生的收入与支出，不得增加或减少利润税的计税依据。

三、年度总收入

（一）年度总收入的构成

吉国《税法典》第 188 条规定，年度总收入包括按照吉国会计核算法规定确定的所有类型的收入，具体包括以下各项：

1. 商品、工程和服务的销售收入，但属于税务折旧的固定资产销售收入除外。

2. 不应折旧的资产销售收入，包括报废的固定资产拆除或清算时取得的材料或其他财产形式的收入。

3. 特许权使用费收入。

4. 无偿取得资产的价值。

5. 租金收入。

6. 利息收入。

7. 红利。

8. 使用费。

9. 参加组织管理获得的奖金和补助形式的收入。

10. 财产租赁收入。

11. 财产增值收入。

12. 销售下列各项财产的收入：(1) 股票增值收入；(2) 衍生证券；(3) 债券增值的收入；(4) 财产权的增值收入；(5) 股权溢价收入。

13. 补贴。

14. 在纳税期结束时对折旧资产进行税务核算所产生的负值。

15. 盘点时发现的资产结余价值。

16. 因下列情况导致纳税人债务终止而产生的收入：(1) 债权人注销债务，但根据特别法的规定注销的债务除外；(2) 第三方履行纳税人义务（其中包括纳税义务）。

17. 债权转让的收入。

18. 保险赔款，固定资产的保险赔款除外。

19. 呆账金额。

20. 社会设施运营获得的利润。

除上述规定外，吉国《税法典》第 191 条规定，纳税人弥补以前扣除的支出、亏损或呆账时所取得金额，为进行弥补时所在纳税期的收入。对于以前按照法律进行扣除的储备金缩减，缩减的金额应当根据吉国会计核算法的规定列入收入，或者冲减支出。

另外，吉国《税法典》第 192 条对长期合同的收入和扣除进行了规定。根据规定，长期合同是指生产、安装的工程合同或相关服务合同，该合同不是在合同规定工程或服务开始的纳税期内完成，但自合同规定的工程动工之日起 12 个月内预计应当完成的合同除外。纳税人在确定长期合同的收入和支出时，每个纳税期内的收入和扣除额应当根据合同的履行比例确定。在纳税人采用简化方法确定收入和支出时，长期合同的收入和扣除按照纳税年度内实际完成和已交付工程和服务确定。

（二）免税收入

由于年度总收入构成中并不包含免税收入，因此，税法有必要对免税收入的类型进行明确。吉国《税法典》第 189 条规定，对下列收入不征收利润税：

1. 作为注册资本出资，或股东对企业的其他形式的投资所获得的收入。

2. 按照吉国政府或地方自治机关的决定，组织所获得的基本建设投资资金。另外，国有股权超过 50% 的经营性公司和吉国政府或地方自治机关所有的专门机构无偿获得的社会和文化项目（包括社会文化项目、住房和公用生活项目、道路、电网、变电站、锅炉房和供热管网、煤气管道网、水电站项目、热电站项目、水利工程建筑项目、取水设施、矿山设备、民防设施以及土地使用权）的资金，也免于征税。

3. 非营利组织获得的：(1) 会员费和入会费；(2) 用于法定用途的人道主义援助和资助金；(3) 无偿获得且用于法定用途的资产；(4) 住宅楼及其附属建筑物和构筑物的维护服务费用；(5) 农民用水协会为成员提供灌溉用水而收取的服务费；(6) 提供宗教礼仪、宗教仪式、典礼与朝圣组织和实施服务的收入，以及自愿捐赠。

4. 纳税人参股国内企业取得的红利。

5. 从投资合伙企业中获得的收入。

6. 信托公司接受托管的财产价值。

7. 股票溢价收入。

8. 股票增值收入。

9. 在一级和二级证券交易市场销售有价证券的利息收入和增值收入。

10. 销售固定资产取得的收入。

四、税前扣除

(一) 经营支出的扣除

吉国《税法典》第193条对经营支出的扣除作了如下规定：(1) 纳税人有权仅扣除与获得收入相关的有凭证的支出，以及负汇价差对正汇价差的超出额和呆账金额，但法律另有规定的除外。(2) 未来的支出应在相关纳税期内扣除。(3) 如果同一费用被列入了数个支出项目，则这一费用只能从收入中扣除一次。(4) 对于个别纳税人在征税时支出的确定方法或由于特殊情况而产生的支出的确定方法，由《税法典》规定。

(二) 公务出差费用和招待费的扣除

吉国《税法典》第194条规定，应扣除的公务出差费用包括：(1) 实际发生的往返路费，包括支付的预约费用；(2) 实际发生的生活费用，包括支付的预约费用；(3) 在吉国国内外出差停留期间支付的、在吉国政府规定范围之内的每日费用。应扣除的招待费包括与取得收入相关的、纳税人用于接待或招待与企业具有合作关系或交易关系的人员的费用，以及出席股东大会的股东的费用。招待费包括上述人员的交通费和酒店费用，以及临时聘用的翻译人员的费用。

(三) 员工培训费的扣除

吉国《税法典》第195条规定，为了提高员工的技术水平，企业在对员工进行培训时，满足下列条件的支出应当扣除：(1) 培训的目的是使企业员工能够获得用于完成新型职业活动的补充知识、能力和技能；(2) 培训对象是企业编制内从事全日制工作的、年龄为23岁或以上的人员；(3) 培训是由国内的组织提供。

（四）利息支出的扣除

吉国《税法典》第196条规定：(1) 纳税人为了从事生产经营活动而产生的债务，依据税务会计方法计算或支付的利息应当扣除。(2) 纳税人依据税务会计方法计算或支付的，由于收购折旧固定资产或形成折旧固定资产的利息，或者在折旧固定资产投产前支出的利息不应从年度总收入中扣除，而要增加折旧固定资产的价值。

（五）科学研究、试验设计和勘察设计的支出扣除以及地下资源枯竭的扣除

吉国《税法典》第197条第1款明确规定，与纳税人经济活动相关的科学研究工作、试验设计工作和勘察设计工作的支出准予扣除。其中，此类支出中用于固定资产购买或用于与生产相关的支出，就当按照规定《税法典》对固定资产折旧的规定进行扣除。

《税法典》第196条第3款规定，采矿企业的计税依据应当减少15%，并应当将缩减的金额储备在企业专项基金中，以用于矿产报废储量的再生产。此处所指的专项基金应当由该企业在5年内将其投资到采矿用地和地质用地的地质勘探工作。专项基金资金在5年内不按照规定用途使用的，应上缴预算。另外，法律还规定，在采矿用地和地质用地范围内依靠专项基金资金进行的地质勘探工作的支出，不得扣除。

（六）固定资产折旧

吉国《税法典》规定，固定资产和无形资产的价值应按照法律规定的方式和条件通过折旧提成计算进行扣除。

1. 固定资产、无形资产和存货的确定。根据吉国《税法典》第198条的规定，固定资产、无形资产和存货应当按照法律规定确定。

(1) 固定资产。根据吉国法律的规定，固定资产的原始价值包括：固定资产的实际购买成本，包括与自用固定资产的购买和生产相关的利息支出；固定资产的制造、装配、安装和调试的费用；关税和收费、税收（应扣除的增值税除外）、固定资产运输时的保险费用以及其他增加固定资产价值的费用，但不包括纳税人根据法律规定进行扣除的支出构成计算的税额。

固定资产的价值在对其进行改建、扩建、现代化、技术改装、部分清算的情况下发生变化。

企业创始人、股东将固定资产作为注册资本投资的，该资产的原始价值为这些固定资产在登记之日纳税人进行会计核算的价值，但该价值不得高于市场价值。

对于无偿获得的固定资产，其原始价值为该资产的转让证书中所记载的价值，但该价值不得低于其账面价值。

固定资产的账面价值在下列情况下为零：1）取得无偿转让的社会文化项目的；2）非商业组织取得下列形式的资产的：a. 会员费和入会费；b. 人道主义援助金和资助金；c. 无偿获得资产。

(2) 无形资产。根据法律的规定，无形资产的原始价值包括无形资产的购买支出和建立支出，以及利息支出和调试支出。

企业创始人作为注册资本投资的无形资产的价值由双方按照吉国法律的规定协议确定。

向其他组织和自然人支付购买的无形资产的价值，根据购买该资产和调试时实际产生的费用确定。

由组织自身创建的无形资产的价值，是企业进行无形资产创建、制造的实际支出金额，其中包括物资储备购买支出、工资支出、第三方服务支出、与获得专利证和证书相关的纳税支出。

(3) 存货。吉国法律规定，存货的价值根据这些存货购买时的价格确定，其中包括支付给中介机构的佣金、进口关税和税收、间接税（应扣除的增值税除外）、运输费用和与商品物资购买相关的其他费用。

(4) 其他规定。吉国法律规定，固定资产和无形资产的价值应按照法律规定的方式和条件通过折旧提成计算进行扣除。

另外，吉国法律规定，固定资产、无形资产和存货的价值包括不应扣除的、在购买这些对象时发生的增值税。

2. 固定资产折旧的一般规定。根据吉国《税法典》第199条的规定，固定资产折旧是指纳税人所有的、用于取得收入的投产和使用的、价值大于100个结算指标的固定资产（包括无形资产）。土地和其他自然资源（比如水、矿产和其他自然资源），以及物资储备、未完成的基本建设项目、有价证券、金融衍生工具、未安装设备、纳税人在商品生产和销售、完成工程和提供服务时未使用的固定资产和无形资产、在本纳税年度内其价值已完全转移到商品工程和服务中的财产等，不应当折旧。

另外，吉国税法还规定，下列固定资产为不应当进行折旧的资产：（1）根据合同转让供无偿使用的固定资产；（2）封存的固定资产；（3）改建和更新持续期限超过12个月的固定资产。

3. 固定资产的分类与折旧率的确定。吉国税法规定，应折旧的固定资产分为6组。每组固定资产及其折旧率规定如下：

第1组包括轻型轿车；公路上使用的汽车拖拉机机械；专用工具、器材和用具；计算机、电话机、外部设备和数据处理设备，其折旧率为30%；

第2组为道路机械：货车、公共汽车、特种车辆和汽车拖车；建筑设备、所有工业部门和铸造行业的机械设备；锻压设备；电子设备和普通设备、电信设备；农业机械；办公家具；无形资产，其折旧率为25%；

第3组为未列入其他组别的应折旧固定资产，以及与其相同的支出，其折旧率为20%；

第4组为铁路、海运和内河运输工具、动力机械和设备；热工设备、涡轮设备、电动机和柴油发电机、输电力传输和通信设备、管道，其折旧率为10%；

第5组为楼房、设施和建筑物，其折旧率为10%；

第6组为纳税人用于矿床地质准备、设计和工程勘察、获取地下资源使用权、为后续采矿进行基建和准备工程的支出，以及采矿企业或采矿加工企业已投产和实际使用的固定资产，其折旧率为50%。吉国税法规定，对于本组的折旧对象，允许纳税人选择使用较低的折旧率。纳税人选择使用较低的折旧率的，在后续的纳税期不允许变更所使用的折旧率。

吉国税法规定，固定资产的折旧额，由纳税人按照上述规定的方式确定。每一类固定资产的折旧额应当分别按照上述规定的折旧率进行计算。

对于楼房、设施和建筑物（以下简称建筑），每个建筑应当单独计算折旧。建筑自投产和使用之日起20年期满后，每一个建筑以每年20%的标准按照直线法进行折旧。

除法律另有规定的情形外，长期租赁固定资产的承租人应当按照法律规定的方式对所租赁的固定资产进行折旧。

（七）修理费扣除

吉国《税法典》第203条规定，纳税人维修拥有所有权的固定资产，包括进行长期租赁的固定资产的费用，依照《税法典》第200条确定的方式进行扣除。对于此类固定资产，每个纳税期应扣除的修理费限制为该组固定资产年初计税价值的15%，该计税价值确定为减去上年计算的折旧提成金额的每组上年年底的计税价值。

超过本条第2部分规定限制的金额应视为添加到该组的固定资产价值，并增加该组会计年度年底的计税价值。

承租人经营租赁固定资产产生的实际修理费应按照规定扣除。

（八）国家社会保险缴款的扣除

根据吉国《税法典》第204条的规定，国家社会保险金额可得扣除。

（九）有价证券销售时的亏损

吉国《税法典》第205条规定，有价证券销售的亏损包括：（1）有价证券的销售价值和购买价值之间的负差，但不包括长期有价证券；（2）对于长期有价证券，为其销售之日贴现折旧或溢价折扣的销售价值和购买价值之间的负差。

有价证券销售时产生的亏损，由销售其他有价证券取得的收入弥补。

有价证券销售时的损失如果不能在亏损发生当年弥补的，则亏损弥补应该延期5年，并在这5年内利用有价证券销售收入进行弥补。

（十）与经济活动有关的亏损结转

吉国《税法典》第206条规定，纳税人扣除额超出收入额的金额，应当认定为亏损，由纳税人在不超过5年的期限内，从之后纳税期的应纳税所得额中扣除。但纳税人在免征利润税的纳税期所产生的亏损，则不允许在后续的纳税期内从应纳税所得额中扣除。

纳税人在两个或两个以上的纳税期内发生亏损的，则所发生的亏损应当按照亏损发生的顺序，结转到后续的纳税期。

在纳税人因为重组终止活动的情况下，纳税人的法定继承人有权按照上述规定的方式和条件从应纳税所得额中减去重组之前纳税人产生的亏损额。

（十一）弥补潜在损失和亏损的储备金、存款保护基金的银行费用

吉国《税法典》第207条规定，银行用于弥补潜在贷款和租赁损失和亏损的储备金，只能用于保证银行发放的贷款和类似资产，该金额应当从年度总收入中扣除。其中，类似的资产是指长期金融租赁以及银行所有的抵押资产。

储备金的提成方式和额度由吉国国家银行确定。银行用于存款保护基金的费用为营业费用，并自其年度总收入中扣除。

(十二) 慈善事业的扣除

吉国《税法典》第208条规定，无偿转让给任何所有制形式的慈善组织以及文化和体育组织的包括货币资金和财产（以账面值计算），在一个纳税年度内不超过应纳税所得额10%的，只要这些资产不是用于纳税人，则应当从年度总收入中扣除。

(十三) 不应扣除的支出

吉国《税法典》第209条规定，除按照法律规定可在年度收入中扣除的支出项目外，下列支出不应扣除：(1) 与固定资产生产、购买和安装相关的支出和其他费用；(2) 应当缴纳的税务罚款、滞纳金和利息；(3) 应当缴纳的下列各项税款：1) 利润税；2) 增值税，但根据法律规定不应扣除的增值税除外；3) 销售税，但纳税人在购买商品、工程和服务时支付给销售商的销售税除外；4) 消费税，但根据法律规定不应扣除的消费税除外；(4) 储备金提成形式的支出，但法律另有规定的情形除外；(5) 按照吉国政府批准的清单，社会设施运营时产生的支出超过这些设施运营时取得的收入；(6) 为他人产生的任何支出，除非有证据能够证明这些费用是用来支付他人提供的服务并且这些服务是生产必需的；(7) 收购、管理或维护所有形式的财产的支出，按照法律规定这些财产所带来的收入为不应征税的收入；(8) 纳税人将财产销售或交换给其家庭成员或关联主体时所发生的任何亏损；(9) 纳税人向其近亲属以及其他与经济活动无关人员的支出；(10) 以优惠价格或费率，或以低于市场商品、工程和服务价格销售给员工时的差价款支出，扣缴义务人的应征所得税除外； (11) 自然损耗和超过吉国法律规定标准的损失；(12) 无法由证明文件确定性质和额度的支出，但《税法典》规定的情况除外；(13) 与取得收入无关的支出；(14) 与取得不征利润税的收入有关的支出；(15) 出差期间支付的、金额超过吉国政府规定范围的支出，但应征所得税的超出额除外；(16) 举办宴会、休闲、娱乐及休养的支出；(17) 发行股票的支出。

吉国税法规定，纳税人上述与固定资产生产、购买和安装相关的支出和其他费用，通过折旧的方式补偿。

第三节 对计税依据的特殊规定

吉国《税法典》除对通常情况下利润税计税依据的确定方法进行规定外，

还对一些特殊情形下计税依据的确定方法与程序进行了相应明确。

一、财产信托管理合同当事人计税依据的确定办法

吉国《税法典》第210条规定，按照财产信托管理合同转让的财产不认定为受托人的收入。

受托人在财产信托管理合同有效期内取得的酬金为该受托人的收入。这时与信托管理相关的支出，如果在财产信托管理合同中未规定委托人补偿上述支出的，则认定为受托人的支出。

受托人必须确定在纳税期内财产信托管理的收入和支出，并向委托人（受益人）提交取得收入和支出资料以便于委托人（受益人）按照法律确定计税依据。

如果按照信托合同的约定委托人是受益人的，则根据财产信托管理合同，委托人的收入应当列入委托人的年度总收入中。同时，与履行财产委托管理合同相关的支出（包括财产折旧以及受托人报酬），应当认定为与取得收入相关的支出，也应当认定是委托人的支出。

如果按照信托合同的给定委托人不是受益人的，则根据财产信托管理合同，受益人的收入应当列入受益人的年度总收入中，并按照既定程序征税。同时，与履行财产信托管理合同相关的支出，如果信托合同规定的报酬支付不是通过减少履行合同取得收入的方式进行的，除受托人的报酬外，委托人在确定计税依据时不考虑，但在纳税时作为受益人的支出计算。

在信托管理合同有效期内，因使用信托管理财产而发生的损失，不认定为根据法律规定征税时计算的委托人（受益人）的损失。

在信托管理合同终止时，托管的财产按照信托管理合同的约定条款可以返还给委托人，也可以转让给他人。

在财产返还时，无论转交的托管财产是否增值或者贬值，都不形成委托人的收入或者亏损。

二、普通合伙的合伙人计税依据的确定办法

吉国《税法典》第211条规定，根据普通合伙合同承担普通合伙核算义务的合伙人，必须按照合伙企业的经营活动和普通合伙的经营项目进行单独核算。

承担核算义务的普通合伙人必须根据法律规定计算纳税义务，但利润税

除外。

根据普通合伙合同，税前损益应当按照合同在合伙人之间分配，且每个合伙人单独统计。

普通合伙人作为出资的财产转让不是销售。

在履行普通合伙合同后，合伙人的出资应当以现金或实物形式返还给合伙人。返还的出资额不认定为合伙人的收入。

三、中小型企业确定计税依据的简易程序

考虑到中小型企业的特殊情况，吉国《税法典》第 34－1 章专门对确定其利润税计税依据的简易程序进行了规定。

（一）一般规定

根据吉国《税法典》的规定，中小型企业有权按照法律规定的简易程序确定利润税的计税依据。

纳税年度内收入超过 3000 万索姆的中小型企业自下一年 1 月 1 日起，不得再适用简易程序确定利润税的计税依据。

在纳税年度终了时有权适用简易程序确定利润税计税依据的纳税人，有权自下一年 1 月 1 日起采用该简易程序。

在由利润税计税依据的简易程序改为一般程序时，以及由利润税一般程序转为简易程序时，在计算折旧时所计入的固定资产的原始价值，等于纳税人根据一般规则缴纳利润税的纳税年度 1 月 1 日根据吉国会计核算法确定的固定资产的剩余价值。

（二）年度总收入

根据吉国税法的规定，对适用简易征税程序的中小企业，其年度总收入应当包括不计间接税的商品、工程和服务销售收入。同时，年度总收入也不包括《税法典》第 189 条规定的免税收入。

另外，吉国法律规定，固定资产的销售收入（但所有固定资产销售情况下的负余数除外）不属于商品、工程和服务的销售收入，而在计算折旧计提时会减少固定资产的价值。

（三）经营费用扣除

除法律另有规定的情形外，适用计税依据简易程序的纳税人有权扣除与取得商品、工程和服务销售收益相关的、已经被证实的费用支出，包括不能抵扣的、取得物资资源时的税收，按照法律规定计算的折旧计提，以及不受

《税法典》第203条规定的限制而计算的固定资产的支出。

（四）利息支出扣除

吉国税法规定，纳税人已经用于从事经济活动的贷款所产生的、按照法律规定的税务会计方法计算或支付的利息，应当扣除。

由于收购或形成折旧固定资产，或者与折旧的固定资产相关的支出，按照法律规定的税务会计方法计算或支付的利息，不列入上述固定资产的价值，并应从年度总收入中扣除。

（五）固定资产、无形资产和存货

固定资产或无形资产的原始价值包括固定资产或无形资产收购或生产的实际支出。

固定资产和无形资产的原始价值不应改变。

固定资产和无形资产的价值应当按照折旧计提的方式扣除。

存货的价值为该货物的购买价值减去应抵扣的增值税以及按照法律规定应当扣除的消费税后的余额。

（六）折旧资产

属于纳税人所有的固定资产和无形资产，包括根据长期租赁合同取得的固定资产和无形资产，以及用于取得商品、工程和服务的固定资产和无形资产，应当进行折旧。

（七）折旧计提的确定

吉国税法规定，用于确定利润税计税依据的折旧提成额由纳税人每年按照40%折旧率乘以固定资产当年年底计税价值的方式来确定。其中，固定资产年底的计税价值的计算方法为，固定资产年初的税收价值（该价值为该固定资产去年年底的税收价值减去去年计算出的折旧提成额），加上在本纳税期内取得的固定资产的价值，再减去在本纳税期内销售的固定资产的价值后的数额。

如果固定资产在本纳税年度年底的税收价值小于零，则税收价值等于零。此时，纳税人应当将上述负数列入纳税人的收入之中。

如果固定资产在本纳税年度年底的税收价值小于100个结算指标，则这一数额应当被认定为折旧计提。

所有固定资产已经被销售的，则剩余的税收价值应当认定为折旧计提并应当扣除。

（八）与经济活动有关的损失结转

吉国税法规定，纳税人的扣除额超过纳税人收入的金额应当被认定为损失，由纳税人在以后5个纳税期的应纳税所得额中扣除。

纳税人在两个或两个以上的纳税期发生的损失，由纳税人在后续纳税期内按照损失产生的顺序进行结转。

纳税人因为重组终止生产经营活动的，纳税人的法定继承人有权自计税依据中减去重组之前纳税人发生的损失。

（九）不应扣除的支出

吉国《税法典》第223－9条规定，下列项目不应扣除：（1）应当缴纳的税务罚款、滞纳金和利息；（2）应当缴纳的下列税款：1）利润税；2）增值税，但根据法律不应扣除的增值税除外；3）销售税，但纳税人在购买商品、工程和服务时支付的销售税除外；4）消费税，但根据法律不应扣除的消费税除外；（3）为他人产生的任何支出，除非有证据能够证明这些费用是用来支付他人提供的服务并且这些服务是生产必需的；（4）收购、管理或维护所有形式的财产的支出，按照法律规定这些财产所带来的收入为不应征税的收入；（5）纳税人将财产销售或交换给其家庭成员或关联主体时所发生的任何亏损；（6）纳税人向其近亲属以及其他与经济活动无关人员的支出；（7）以优惠价格或费率，或以低于市场商品、工程和服务价格销售给员工时的差价款支出，扣缴义务人的应征所得税除外；（8）无法由证明文件确定性质和额度的支出；（9）与取得收入无关的支出；（10）与取得不征利润税的收入有关的支出；（11）储备金提成形式的支出，但法律另有规定的情形除外。

第四节　税收优惠

吉国《税法典》第212条规定，对于下列机构所取得的利润免征利润税：（1）慈善组织获得的利润；（2）I和II类残疾人协会获得的利润；吉尔吉斯盲人聋人协会、聋哑人协会组织获得的利润；残疾人、盲人和聋哑人数量超过员工总数的50%且其工资总数不低于工资总额的50%的个体企业获得的利润；这些协会、组织和个体企业清单由吉国政府确定；（3）农业生产者获得的利润；（4）吉国刑事惩罚教育机关获得的利润；（5）农业商品服务合作社获得的利润；（6）信贷协会获得的利润；（7）租赁公司获得的利润；（8）学前教育机构（私营幼儿园）获得的利润；（9）民营心脏外科医疗机构获得的利润；（10）民营普通教育组织获得的利润；（11）吉国内政部国家专业安全局主要部门获得的利润。此外，该条还明确规定，免缴利润税并不免除纳税人提交利润税申报的义务。

第五节　税率、税款缴纳与纳税申报

一、利润税的税率

吉国《税法典》第213条规定，利润税的一般税率为10%。

从事含金矿石、含金精矿、金合金和精炼金开采和销售的纳税人利润税的税率为零。

租赁公司利润税的税率为5%。

另外，吉国《税法典》规定，对于该法第159-1条规定的适用税收优惠的工业活动，其利润税的税率为零。这一规定适用的最长期限为5年，并有权延长至10年，具体取决于产品销售收入和缴纳所得税的总额。

二、利润税的计算

吉国《税法典》第214条规定，利润税根据本法第37条第1部分规定的方式计算。即在税收优惠和免税的基础上通过税基乘以税率的方式计算应纳税额。

三、利润税的缴纳

（一）源泉扣缴利润税纳税申报表的提交期限

吉国《税法典》第215条规定，扣缴义务人必须在完成收入支付后的次月20日前向税务机关提交源泉扣缴税款申报表。

（二）利润税的确定方法、缴纳期限和地点

吉国《税法典》第216条规定，利润税纳税人应当在提交纳税申报表之前计算并缴纳利润税。

纳税人最终缴纳的税款应当是所计算的税款和下列各项税款之间的差额：（1）纳税申报期初步应计算的税款；（2）纳税人按照《税法典》第220条的规定在外国缴纳的税款；（3）根据税控收款机或经营数据传输设备所确定的税款。

纳税人有权减少根据税控收款机或经营数据传输设备所确定的税款，但不得超过结算指标的100倍，并必须满足以下条件：（1）税控收款机或经营数据传输设备是在本纳税期内购买的；（2）从税控收款机或经营数据传输设备所写的注册日期起至纳税期结束，纳税人在其活动期间使用税控收款机或经营数据传输设备；（3）纳税人没有因违反吉国关于使用税控收款机的要求而承担责任。

利润税在纳税人税务登记地缴纳。

（三）预缴利润税

吉国《税法典》第217条规定，除适用利润税零税率的纳税人和免缴利润税的纳税人外，利润税的纳税人必须自第二个季度开始，在利润税预缴税额的纳税申报期结束后的第二个月20日之前，提交纳税申报表并缴纳预计的税额。

利润税预缴税额的纳税申报期是每年的第一个季度、上半年、前9个月。

利润税预缴金额为根据吉国会计核算法规定计算的利润的10%。

在计算利润税预缴金额时，不计算法律规定的不征收利润税的收入。

应缴利润税的预计金额为本报告期计算的利润税预计金额和前一报告期计算的利润税预计金额之间的正差。

纳税人在进行亏损结转时，应当将按照上述规定计算的利润税预计金额，和根据法律规定在纳税申报期作为应纳税所得扣除的应结转损失10%计算出的金额之间的正差上缴预算。

纳税人不支付或不及时支付利润税预计金额的，应当按照法律缴纳滞纳金。

第六节 特殊规定

一、对特殊纳税人和收入的征税

（一）保险机构保险储备金的扣除

吉国《税法典》第218条规定，在计算计税依据时，吉国内的保险机构有权根据吉国政府批准的标准，扣除提取的保险储备金。

（二）在吉国通过常设机构开展经营活动的外国企业的征税

吉国《税法典》第219条规定，在吉国通过常设机构开展经营活动的外国企业，其利润税的计税依据为其与常设机构相关的收入和支出。

外国企业在吉国境内具有一个以上的独立经营单位，并且这些独立经营机构都形成了常设机构时，每个常设机构的计税依据和应纳税额应当分别计算。

外国企业的常设机构在纳税期结束前终止经营活动的，最后一个纳税申报期的纳税申报表由该企业在常设机构终止活动之日后的一个月内提交。

(三) 避免双重征税

为了避免双重征税，吉国《税法典》第 220 条规定，纳税人在外国缴纳的税额，按照吉国与该国签署的避免双重征税的协议规定，该项收入应当在外国纳税的，在吉国计算其应纳税额时应当扣除。但扣除额不得超过在吉国按照吉国税率计算的应纳税额。

在外国缴纳的利润税额扣除程序由吉国政府确定。

(四) 利息税的税率和缴纳期限

吉国《税法典》第 221 条规定，由纳税人支付的利息按照支付金额 10% 的税率进行源泉扣缴征税。但这一规定不适用于吉国保险基金、常驻银行、租赁公司提供的利息。

已在吉国源泉扣缴税款的利息，如果能够提交扣缴证明文件的，则不得计入应纳税利息额。

扣缴义务人扣除的利息税款，应当在支付利息后的次月 21 日前上缴预算。

(五) 对采矿企业和采矿加工企业的征税

吉国《税法典》第 221 - 1 条规定，从事含金矿石、含金精矿、金合金和精炼金开采和销售活动的机构应当缴纳利润税。该纳税人缴纳的利润税的征税对象是含金矿石、含金精矿、金合金和精炼金开采和销售活动。该纳税人缴纳的利润税的计税依据为：(1) 金合金或精炼金销售收入（不计增值税和销售税)；(2) 按照世界市场价格和吉国政府规定的程序计算的含金矿石和含金精矿中金的价值。

根据法律规定，该利润税的税率如下（见表 4 - 1)：

表 4 - 1　　金矿石、含金精矿、金合金和精炼金的税率

黄金价格（每盎司/美元）	1300 以内	1301—1400	1401—1500	1501—1600	1601—1700	1701—1800	1801—1900
税率（%）	1	3	5	7	9	11	13

续表

黄金价格（每盎司/美元）	1901—2000	2001—2100	2101—2200	2201—2300	2301—2400	2401—2500	2501 以上
税率（%）	14	15	16	17	18	19	20

利润税的纳税期为 1 个月。

利润税按照吉国《税法典》第 37 条第 1 款规定的程序计算。

纳税人应当提交纳税申报表，并在申报期结束后的 20 日内（即下个月 20 日前），向办理企业注册登记地的税务机关缴纳税款。纳税人没有办理企业注册登记的，向办理税务登记地的税务机关缴纳税款。

（六）对大规模投资所得利润的征税

根据吉国《税法典》第 221 -2 条的规定，对进行大规模投资所获利润的征税，应当按照下列规定执行。

国内企业（即纳税人）通过使用新设备从事商品生产和销售活动取得的利润，在同时满足下列各项条件时，应当按照 0% 税率征收利润税：（1）在纳税期内取得不低于 1.7 亿索姆的产品销售收入；（2）每个月在纳税期内缴纳所得税不低于 15 万索姆；（3）具有不小于 1000 万索姆的实收资本。

上述规定中的新设备，是指进口到吉国境内、并在 2015 年 5 月 1 日之前在吉国境内未使用的固定资产，以及所使用的为国内企业所有或者国内企业按照长期租赁合同使用的不动产。它不包括纳税人在 2015 年 5 月 1 日之后进口并用于纳税人在 2015 年 5 月 1 日之前取得或生产的固定资产，以及对生产车间进行扩建或更新的固定资产。对于进口的新设备，应当依据进口时吉国海关依据法律规定办理的文件或吉国边防机关领土部门签发的检查文件确定。

纳税人自新设备运营取得首期利润的纳税期结束后的下一纳税期开始，对于在连续五个纳税期所获取的利润，都有权按照上述规定纳税。

吉国税法同时规定，纳税人从事下列各项生产经营活动所获得的利润，不得适用上述规定：（1）矿产开采，但不包括从矿产加工取得的商品生产和销售利润，以及采矿、选矿、焦化和冶金生产废料处理的利润；（2）完成工程或提供服务，但本条规定的商品加工、工程和服务除外；（3）软件开发，其中包括：1）信息系统分析、设计和程序设计，包括成品推广；2）用户信息需求和问题分析；3）个人或定型软件的设计、开发、供应和办理文件，其中包括满足特定客户的订单；4）根据用户的需求修改程序；（4）实施商业活动；（5）酒类产品和烟草制品的生产和销售。

二、对外国组织来源于吉国收入的征税

（一）对外国组织来源于吉国境内且与常设机构无关的收入的利润税计算和缴纳

吉国《税法典》第222条规定，外国组织自吉国取得的、与在吉国境内的常设机构无关的所得，其应纳税额应当由向外国组织支付收入的组织和个体企业，在每次向其支付给付时按照《税法典》第223条规定的税率和方式进行计算并代扣税款，除非收入获得者通知扣缴义务人关于所获得的收入归属于收入获得人在吉国的常设机构，以及收入获得人将登记卡复印件和税务机关的税务登记证明提交给扣缴义务人。

扣缴义务人应当将扣缴的税款，按照《税法典》第168条的规定，在扣除税款次月21日之前，缴入预算。

（二）对外国组织来源于吉国境内且与常设机构无关的收入的利润税的税率和扣缴方法

吉国《税法典》第223条规定，外国组织取得的、来自吉国境内且与在吉国的常设机构无关的收入，应当由扣缴义务人按照下列税率，在不得扣除的情况下计算应纳税额，法律另有规定的情形除外：

（1）红利和利息收入，税率为10%，但在吉国一级和二级证券交易所挂牌的有价证券所得的利息收入除外；

（2）按照下列各项保险合同取得的保险费：1）保险合同或风险再保险合同，税率5%，但强制保险合同除外；2）强制保险合同或风险强制保险再保险合同，税率10%；

（3）稿费、使用费，税率为10%；

（4）工程、服务，税率为10%；

（5）国际电信或国际运输服务，税率为5%。

与在吉国境内的常设机构无关的、在吉国境内的外国组织完成和提供的工程和服务收入应当由扣缴义务人按照上述规定的税率，在不得进行税前扣除的情况计算的扣缴税款源。

与在吉国境内的常设机构无关的外国组织自租赁公司取得的收入，应当由租赁公司按照下列规定的税率，在不得进行任何税前扣除的情况下，计算和扣缴税款：

（1）红利和利息、工程或服务的收入，税率为1%；

（2）稿费、使用费，税率为0%。

与在吉国境内的常设机构无关的外国组织取得的，按照《税法典》第221-2条规定适用零税率的所得，应当按照0%的税率进行源泉征税。

第五章　增值税法

根据吉国《税法典》第 225 条，增值税是对在吉国境内所有应税销售和应税进口的征税。其中，销售应税是指纳税人从事商品、工程和服务的销售，包括：（1）在吉国境内销售；（2）吉国境内的工程和服务的购买；（3）出口商品。但应税销售不包括不征增值税的商品销售和根据《税法典》规定不是增值税征税对象的销售。应税进口是指依照关税同盟海关法或吉国海关法进口商品到吉国境内，但免征增值税的商品除外。工程和服务的出口是指由吉国纳税人完成和提供的工程和服务的销售，但该工程和服务的供应地点在吉国境外。

第一节　纳税人

根据吉国《税法典》第 226 条规定，增值税纳税人包括应税销售人和应税进口人。随后，吉国《税法典》第 228 条、229 条对增值税纳税人登记作了明确规定。

一、增值税纳税人登记的范围

根据吉国《税法典》第 229 条的规定，增值税纳税人必须按照下列规定进行纳税登记。

1. 从事经营活动的主体如果在 1 年内，或者在做生意连续的 12 个月内，从事应税商品、工程和服务的销售超过 800 万索姆（本书以下简称增值税登记门槛）的，必须登记为增值税纳税人。其中，从事应税商品、工程和服务的销售额是指：（1）对于本国组织，是根据该主体在吉国境内所有独立的应税销售额；（2）对于通过在吉国的常设机构进行经营活动的外国组织和个体企业，根据《税法典》第 96 条第 4 款的规定，登记为增值税的纳税人；

(3) 对于按照普通合伙协议从事普通合伙企业管理的主体，为根据普通合伙协议从事的经营额。

2. 当对财产进行委托管理时，受托人应当根据法律规定登记为从事信托合同经营的增值税纳税人。在此情况下，信托管理将被视为与托管人无关的、独立的增值税纳税人。

3. 纳税人必须在应税销售总额超过增值税登记门槛后的1个月内申请登记成为增值税纳税人。该项登记自纳税人提交申请的次月1日开始生效。

应当进行纳税人登记的人员不提交纳税人登记申请或不及时提交纳税人登记申请的，从该纳税人应当登记为增值税纳税人的次月1日起认定为增值税的纳税人。

4. 法律不要求进行增值税纳税人登记的其他企业或主体，在满足下列条件时，可以自愿登记为增值税纳税人：(1) 它在最近不少于12个月的纳税期内从事商品、工程和服务销售并提供税务报表的，但不包括根据法律规定免缴增值税的商品销售；(2) 计划在未来进行某项销售时能够满足以下条件：1) 有可以识别经营地点的法定地址，具有从事经营活动的场所；2) 拥有银行账户。该纳税人的税务登记自其提交登记申请后的次月1日起生效。

5. 被注销增值税纳税人登记的人员，只有在其销售额超过增值税登记门槛时，才可以登记成为增值税的纳税人。

6. 增值税纳税人登记应当在纳税人所在地进行。税务机构在对纳税人进行调查后，在10个工作日内完成登记。

7. 企业主管人员、具有关联关系的企业股东之前负责的企业工被税务机构注销了增值税纳税人登记，则不允许该企业登记为增值税的纳税人。

另外，《税法典》第228条规定，每个纳税人都有权查询增值税纳税人的信息，包括增值税纳税人的全称、纳税识别号、增值税登记日期；注销增值税登记的日期；发票被认定无效的情况等。

二、增值税登记注销

吉国《税法典》第230条规定，增值税纳税人在连续12个月内的销售额不超过增值税登记门槛的，有权申请撤销增值税登记。增值税登记文件在增值税登记撤销时应当返还给税务机关。登记撤销自提交撤销申请和登记文件的次月1日起生效。

增值税纳税人进行清算和进行重组的，应当撤销增值税登记。负责进行清算和重组的机构负责人应当在启动破产程序之日起10天内提出申请，要求撤销增值税登记。

纳税人因清算终止应税商品、工程和服务的销售的，则必须在作出清算决定的1月前向税务机关办理撤销登记。

根据纳税人的申请，税务机构应当在纳税人终止商品、工程和服务销售后，注销其增值税自愿登记。

在撤销登记时，纳税人溢缴的增值税税款应当进行抵扣或返还。

纳税人在法律规定的税务报表提交期限之后的连续两个纳税期内不提交税务报表的，税务机关有权作出决定，撤销纳税人的增值税登记，并同时通知纳税主体。

自愿进行增值税登记的纳税人自该登记生效之日起的24个月内不得撤销增值税登记。

申请撤销增值税登记或税务机关决定撤销增值税登记的，纳税人或其特别负责人必须在规定的期限提交税务报表。

增值税登记撤销并不免除纳税人应当履行的增值税纳税义务以及缴纳利息、滞纳金和税务处罚的义务。

第二节　征税对象

吉国《税法典》第231条对增值税的征税对象进行了规定。增值税的增税对象包括应税销售和应税进口两类。另外，在《税法典》中，还规定了不征增值税的销售、免征增值税的销售和适用零税率的销售等情况。

一、应税销售

（一）应税销售的范围

根据吉国《税法典》第232条的规定，增值税的应税商品、工程和服务的销售，一般包括了以下各项：

（1）应税商品的销售。它具体包括：1）纳税人将商品转交给其他人，包括雇主将商品作为员工工资或吉国劳动法规定的其他款项转交给员工的，或者抵扣人将抵押的财产转让的；2）财产租赁；3）提供电力、天然气和液化气、供热、供水、制冷和空调服务；4）出口商品的退货。

(2) 从事工程和服务的纳税人将企业的财产用于临时出租的，或者将工程或服务作为支付给雇员的工资而提供给雇员的。

(3) 主要从事商品销售的纳税人销售与商品相关的工程和服务的。

(4) 主要从事商品、工程和服务销售的纳税人销售与工程和服务相关的、由其完成的附属商品、工程和服务的。

(5) 销售与进口商品相关的工程和服务的。

(6) 违法进行的商品、工程和服务，应当依照《税法典》被认定为增值税应税销售或免税销售的。

(7) 在增值税登记撤销之时对结余的物资进行销售的。

(8) 因不可抗力而导致的商品损失不认定为商品销售。但损失商品的价值应当有书面证明。对于没有书面证明的，应当按照吉国法律的规定，由工商局和有关机构代表构成的独立专家委员会作出认定。

(二) 由代理人或员工实施的销售

吉国《税法典》第233条规定，纳税人的代理人进行的商品、工程和服务的销售应当认定为纳税人进行的销售，除非法律另有规定。商品由纳税人转让给代理人的行为不属于销售行为，但作为代理人报酬的商品转让除外。

员工在其职责范围内向雇主提供的工程或服务销售行为不是应税销售行业。

按照外国组织或者非居民自然人（不是增值税纳税人的主体）的委托，代理人销售应税商品、工程和服务的，应当认为是代理人的销售。

(三) 纳税义务的发生日期

根据吉国《税法典》第234条的规定，除另有规定的情况外，通常情况下增值税纳税义务的发生日期为交货日期。商品的交货日期为商品所有权转交购买者的日期。完工工程或已提供服务的交货日期通常为整个工程完工或提供服务的日期。已完工的建筑安装工程的交付日期为完成工程并付款之日。

如果在应税销售日期前开出增值税发票或收到付款，则纳税义务的发生日期为增值税发票开票日期或收到付款的日期，以较早的日期为准。

对于长期销售（超过1年）的商品、工程和服务，纳税义务的发生日期为增值税发票的开票日期，或定期开具发票或定期付款的日期，以较早的日期为准。

进口商品增值税纳税义务的发生日期应当按照关税同盟海关法和吉国海关法的规定确定，但来自关税同盟成员国的进口商品除外。

（四）商品销售地点

吉国《税法典》第235条规定，除法律另有规定外，商品的销售地点应为纳税人转交商品地点；如果销售包括商品运输的，则销售地点是运输开始时的商品所在地。

（五）工程、服务的销售地点

关于工程或服务的供应地点，吉国《税法典》第236条的规定如下：

（1）对于建筑工程、建筑安装工程、修理工程、修复工程、绿化工程、技术维修维护工程和服务，以及不动产临时使用或租用等的工程和服务，工程、服务的销售地点为与该工程、服务直接相关的不动产所在地，法律另有规定的情况除外。

（2）对于下列的工程、服务等，其销售地点为购买方的常设机构所在地或活动地：1）转让所有权或专利、许可证、商标、版权或其他类似权利的；2）在海关监管区内生产用于国内消费的商品的；3）销售给其员工的；4）以合同主要当事人名义吸引他人为完成本规定工程和服务的代理人提供服务的；5）提供咨询、法律、广告服务、进行试验分析、审计服务的；6）提供工程咨询服务、设计服务、可行性研究、企业计划和规划设计服务的；7）提供信息收集、汇编、处理服务的；8）提供动产的临时占有和使用的，但车辆除外。

（3）对于提供卫生、文化、艺术、科研、教育、旅游、体育运动服务的，服务提供地点是实际提供服务的地点。

（4）提供上述规定范围外的工程和服务的，工程和服务的提供地点为这些工程和服务的主体所在地。

二、应税进口

根据吉国税法的规定，对于纳税人从国外进口到吉国境内的商品征收增值税，但法律另有规定的情况除外。

三、不征税项目

根据吉国《税法典》第231条第2款的规定，下列项目不属于增值税的征税项目：

1. 增值税纳税人将企业或企业的独立经营单位出售给另一增值税纳税人，或类似的增值税纳税人的。

2. 增值税纳税人基于委托管理合同将其所有的财产转让给作为增值税纳税人的受托人，或者基于普通合伙合同将其所有的财产转交给承担该合伙企业管理的合伙人的。

3. 在委托管理合同或普通合伙合同终止时，将财产转交给作为纳税人的财产所有者的。

4. 吉国国家银行销售的商品、工程和服务，但用于休养、休闲和娱乐领域的工程和服务的销售除外。

5. 增值税纳税人将作为法定资本（如基金、出资等）的财产转让给另一个增值税纳税人，或另一个纳税人将受让的作为法定资本（如基金、出资等）的财产转让返还给该纳税人的。

6. 按照长期租赁合同提供固定资产的。

7. 提供宗教礼仪、宗教仪式、典礼与朝圣组织和服务的。

四、免税销售

根据吉国《税法典》第38章的相关规定，企业销售下列项目的商品、工程和服务的，免于征收增值税。

（一）土地和住宅

吉国《税法典》第237条规定，根据国家登记机构和文件，销售或出租属于住房基金的住宅，免征增值税，但出租酒店式客房、膳宿旅馆、休养和治疗用疗养院的房间除外。

销售或出租土地免征增值税，但商业广场用于车辆停车场、停车位的土地除外。

（二）农产品与浆果、果实和蔬菜加工产品

吉国《税法典》第239条规定，下列项目免征增值税：（1）农业生产者销售自产的农产品及其农产品的加工产品。（2）由浆果、果实和蔬菜工业加工企业销售由其直接生产加工的浆果、果实和蔬菜加工品。（3）农业商品服务合作社销售由来自于其成员并由其加工的农产品。（4）农业商品服务合作社向其合作社成员销售商品、工程和服务。（5）在吉国国内从事农业原料加工、食品加工企业销售的商品、工程和服务，按照吉国政府批准的清单免征增值税，但按照法律规定应当缴纳消费税的商品、工程和服务的除外。

（三）公共设施及吉国司法部惩教机构和企业生产的商品、工程和服务

吉国《税法典》第240条规定，企业销售用于自然人生活的给排水设施、

电梯、固体和液体废物运输服务，供应热水和冷水、热能、电能和气体（包括液化气钢瓶的灌装的气体）的，免征增值税。

由吉国司法部惩教机构和企业销售的自产商品、工程和服务，免征增值税。

在惩教机构内销售的商品免征增值税，但在惩教机构服刑的人员数量不低于惩教机构企业员工总数的60%。

（四）医疗用品和服务

吉国《税法典》第242条规定，销售和维修修复整形制品和残疾人专用产品，以及吉国政府清单中的药品，包括疫苗和动物药品、吉国政府清单中医疗产品，免征增值税。

（五）金融服务

吉国《税法典》第243条规定，提供金融服务免征增值税。其中的金融服务，根据吉国法律的规定，主要指的是以下各项服务：（1）计算和征收利息收入、提供和追偿债务、出具银行担保和保证、债券管理的代理服务；（2）存款业务、开立和管理企业和自然人的银行账户，包括代理行的账户；（3）付款、汇款、债券、支票和商业流通支付手段等业务、托收业务；（4）开立和管理企业和自然人的金属账户，账户反映属于该人的贵重精炼金属的实际数量；（5）合法支付手段的外汇、纸币和资金业务，以及精炼标准和计量合金业务，投资金银币业务，但古钱币和收藏钱币除外；（6）股票、债券及其他有价证券、支付卡以及消费税税票业务，但证券保管服务、参股经营公司的股权业务除外；（7）管理投资基金；（8）清算业务，包括收款、对账、分类和确认支付，以及确认银行和从事某些类型银行业务的组织之间的清算和净头寸的确认；（9）信用证开立和管理。

银行销售借款人偿还欠款取得的财产，在贷款欠款额度内免征增值税。

精炼标准和计量合金业务、投资金币或银币，是免征增值税的销售。

（六）保险服务

吉国《税法典》第244条规定，对于保险、共同保险和再保险业务，免征增值税。对于保险、共同保险和再保险业务经纪人或代理人提供的服务，免征增值税。

（七）退休金服务

吉国《税法典》第245条规定，对于提供支付退休金或与支付退休金相关的服务，以及提供退休基金财产（财产出租除外）委托管理的服务，免征增值税。

（八）运输服务

吉国《税法典》第246条规定，在吉国境内从事公路运输（但少于6个乘客座位的小型交通运输工具除外）和铁路运输（包括客运、货运和国际货物运输），免征增值税。

（九）吉尔吉斯语教材和学生用品、学术著作

吉国《税法典》第248条规定，销售吉尔吉斯语教科书、文选读本、科学文学艺术书籍、杂志、儿童读物，免征增值税。

（十）海关关区监管的商品和国内消费的商品

吉国《税法典》第249条规定：进口到关税同盟关境，并由海关在关境内监管的商品生产和用于国内消费的商品生产，免征增值税。

（十一）私有化的财产

吉国《税法典》第250条规定：销售私有化的国家财产，免征增值税。

（十二）慈善组织销售的慈善用品

吉国《税法典》第251条规定：慈善组织根据吉国资助科学艺术和慈善活动法的规定，销售用于慈善活动的商品，免征增值税。

（十三）学前教育机构（私营幼儿园）

吉国《税法典》第251-1条规定，对于学前教育机构（私营幼儿园）提供的服务，免征增值税。

（十四）民营心脏外科医疗机构

吉国《税法典》第251-2条规定，对于民营心脏外科医疗机构提供的医疗服务，免征增值税。

（十五）民营教育机构

吉国《税法典》第251-3条规定，对于民营教育机构提供的服务，免征增值税。

（十六）吉国内务部国家警卫服务管理总局

吉国《税法典》第251-4条规定，对于吉国内务部国家警卫服务管理总局提供的服务，免征增值税。

（十七）非营利组织的非营利收入

吉国《税法典》第252条规定，对非营利组织从事下列服务活动所取得的非营利性收入，免征增值税：（1）为儿童和低收入老年人提供社会保障和保护；（2）从事教育、医疗、科学、文化和体育活动。

（十八）无偿销售

吉国《税法典》第253条规定：（1）国有股权超过50%的经营性公司、吉国政府或吉国地方自治机关的专门机构无偿转让社会文化项目、体育健身项目、住房和公用生活项目、道路、电网、变电站、锅炉房和供热管网、煤气管道网、水电站项目、热电站项目、水利工程建筑项目、取水设施、矿山设备、民防设施等，免征增值税。（2）吉国政府或地方自治机关将其所有的固定资产无偿转让给企业或其他组织的。免征增值税。（3）按照吉国政府规定的方式无偿转让住宅项目工程管网的，免征增值税。

（十九）殡葬用品和殡葬服务

吉国《税法典》第254条规定：国家或市政组织对居民提供的殡葬用品和殡葬服务，免征增值税。

（二十）矿物肥料和植保化学药品、动物疫苗及药品

吉国《税法典》第255条规定，销售吉国政府规定清单中的矿物肥料、植保化学药品的，免征增值税。

（二十一）吉国企业生产的农业技术设备

吉国《税法典》第255-1条规定，吉国企业销售按照吉国政府批准清单由吉国企业生产的农业技术设备，免征增值税。

（二十二）销售和出口金属矿石、精矿、合金和精炼金属

吉国《税法典》第256条规定，销售和出口金属矿石、精矿、合金和精炼金属的，免征增值税。

（二十三）符合吉国公私合作伙伴关系法的私营合伙人和设计公司销售的商品、工程和服务

吉国《税法典》第256-1条规定：符合吉国公私合作伙伴关系法的私营合伙人和设计公司销售商品、工程和服务的，免征增值税。

（二十四）向从事国际运输的喷气式飞机销售燃油

吉国《税法典》第256-2条规定，向从事国际运输的喷气式飞机销售燃油的，免征增值税。

（二十五）根据公共设施项目合同销售的商品、工程

根据吉国《税法典》第256-3条的规定，根据公共设施项目合同销售商品、工程的，免征增值税。其中，公共设施项目合同是指在以下各方之间签署的生产、建设或获得社会意义项目的三方合同：（1）出资人为一方；（2）工程承包人或商品供应者为另一方；（3）国家机构、国家部门或地方自治机构为第三方。

公共设施项目合同满足以下条件时被认为是有效的：(1) 自该合同签署之日起在3年内进行建设，或将公共设施项目进口到吉国境内3年内，或自这一项目在吉国境内获得之日起3年内，将该工程转让或商品销售给国家机构或国家部门，或地方自治机构；(2) 工程承包人或商品销售人，在签署该合同之日起30天内通知税务机构签署了有关公共设施项目的合同。

对公共设施项目合同进行修改和补充的，应在修改和补充合同后的30天内通知税务机构。

属于公共设施项目的商品必须满足以下条件：(1) 用于满足居民在卫生、教育、文化、体育和社会基础设施方面的需求；(2) 由出资人出资生产、建设或获取的；(3) 转交给国家部门、国家机构，或地方自治机构未来使用的。

出资人是指根据公共设施项目三方合同提供资金进行项目生产、建设或获取，并将其交由国家部门、国家机构或地方自治机构使用的自然人或企业。

五、免税进口

(一) 进口商品

吉国《税法典》第257条规定，对于下列进口到吉国境内的商品，免征增值税：(1) 有价证券、空白护照和身份证；(2) 残疾人专用产品；(3) 教材和学生用品、学术刊物；(4) 根据关税同盟海关法和吉国海关法的规定免征增值税的商品；(5) 地质（地球物理、大地测量）考察队用于地震监测的科学仪器；(6) 消费税税票和外汇，但用于古钱币收藏的除外；(7) 用于处理自然灾害、武装冲突善后的商品；(8) 按照吉国政府规定的方式进口的人道主义援助物资；(9) 根据公共设施项目合同确定的商品；(10) 根据国际条约的规定，驻吉国的使领馆和国际组织用于公务活动的商品，以及外交代表（包括其家庭成员）私人使用的商品；(11) 儿童食品；(12) 天然气；(13) 药品，包括疫苗和动物药品，以及医用物品；(14) 用于玻璃熔炉和转炉（铁合金炉）修建改建的专门物品；(15) 银行设备（自动取款机、POS终端机、支付终端和银行亭）；(16) 电力。其中，上述第(2)、(3)、(10)、(12) 项和第(13) 项所指的商品进口，只有按照吉国政府的批准清单和欧亚经济共同体对外贸易商品目录（以下简称对外贸易商品目录），才能免征增值税。

(二) 进口农业种畜、种子、矿物肥料和化学植保药品

吉国《税法典》第258条规定，进口的农业种畜、种子、矿物肥料、化学植保药品以及动物疫苗和药物，根据吉国政府的批准清单和对外贸易商品目录，免征增值税。

（三）进口武器、军事技术装备、军用器材、特种技术装备和特种设备

吉国《税法典》第258－1条规定，由吉国国家预算提供资金的国家机关和组织进口的武器、军事技术装备、军用器材、特种技术装备和设备，按照吉国政府批准清单和对外贸易商品目录，免征增值税。

（四）进口固定资产

按照吉国《税法典》的规定，固定资产是指用于经营活动、使用或运营期限超过1年、海关课税价值不低于20万索姆的资产。对于进口固定资产，吉国《税法典》259条规定：（1）增值税纳税人进口到吉国境内自用的、在吉国对外贸易商品目录中编号为8401－8406、840710、8410－8414、8416－8447、8449－8465、8471、8474、8475、8477－8480、8504、8505、8514、8515、8525、8526、8529、8530、8601－8606、8608、8609、8701、8702（中型轿车除外）、8704、8705、8709、8716、8802、9018、9022、9027、9406003100的固定资产，免征增值税。（2）农业生产者与农业商品服务合作社按照长期租赁合同进口的，直接用于自身和合作社成员的固定资产，免征增值税，无论该经营主体是否登记为增值税纳税人。

（五）工程和服务的出口

吉国《税法典》第260条规定，对于出口的工程和服务，免征增值税。

六、零税率的商品销售

（一）出口商品

吉国《税法典》第261条规定，除金属矿石、精矿和精炼金属及其制品之外的其他出口商品，适用增值税的零税率。其中向欧亚经济同盟成员国出口商品、进行来料加工的，增值税纳税人在向税务机构提交增值税纳税申报表的同时，应当提交吉国政府通过的清单中规定的文件。

（二）国际运输

吉国《税法典》第262条规定，除国际铁路运输以外的国际客运、国际行李运输和国际货物运输，适用增值税的零税率。

（三）过境飞机的维护服务和与国际运输有关的服务

吉国《税法典》第263条规定，对于过境飞机的维护服务和与国际运输（除国际铁路运输外）有关的服务，适用增值税的零税率。其中，与国际运输相关的服务包括：(1) 装货、卸货、倒装、液体灌装等；(2) 发运；(3) 航空燃料的填充或排出；(4) 空中导航、气象、地面导航、机场和地勤服务；(5) 技术维护；(6) 机上食品和饮料的供应和输送；(7) 飞行器清理；(8) 机票销售和预订。

(四) 与农业灌溉和保障居民水泵站供电有关的服务

吉国《税法典》第 263－1 条规定，与农业用地灌溉和保障居民水泵站供电有关的服务，适用增值税零税率。

第三节 计税依据与税率

如前所述，吉国增值税的征税对象包括应税销售和应税进口两部分，与之相对应，增值税的计税依据也由应税销售的价值和应税进口的价值两部分组成。

一、应税销售额的确定

吉国《税法典》第 265 条对应税销售额进行了规定：

应税销售额是所有商品的购买者支付或应当支付的、扣除增值税和销售税后的总额，法律另有规定的情形除外。

以实物支付的，应税销售额为销售的商品工程和服务的、扣除增值税和销售税的市场价格。

应税销售额不能低于账面价值，但《税法典》第 120 条规定的、按照市场销售价格确定的进行销售的情况除外。同时，这一规定也不适用按照国家调节价格销售商品、工程和服务的情况。

商品、工程和服务以低于市场价格进行销售的，应当根据《税法典》第 119 条、第 120 条的规定对销售价格进行调整。

应税销售额还应当包括：(1) 销售商品中所包括的税款，但增值税和销售税除外；(2) 纳税人在采用国家调节价格或优惠价格销售商品时所获得的财政补贴款。

应税销售额中不包括根据吉国法律支付的国家手续费。

上述各项中的商品价值，对于储备物资来讲，是其购买和生产的费用；对于固定资产和无形资产来讲，是扣除了按照吉国会计核算法确定的折旧金额后的购买或生产的费用。

纳税人把商品、工程和服务无偿提供给其雇员或其他企业的，应当按照市场价格确定这些商品、工程和服务的销售价格。

出口后再进口的商品，其销售的应税价值，应当根据纳税申报表中反映的商品价值，按照进口该商品与之前出口该商品的比例确定。

二、应税销售额和应扣除增值税的调整

吉国《税法典》第266条对应税销售额和应扣除的增值税的调整进行了规定：

1. 已销售的商品、工程和服务发生下列情况的，应当对其销售价格进行调整：(1) 全部或部分退货，但出口后又再进口的商品除外；(2) 价格变更；(3) 拒绝完成工程或服务；(4) 退还商品、工程和服务的支付款。

2. 对于销售商品、工程和服务所形成的呆账，纳税人有权要求抵消相应的增值税额，但抵消日期不早于纳税期满后的、与呆账有关的增值税计税之日起的12个月。

纳税人在进行了呆账的增值税抵扣后获得了所销售的商品、工程和服务的付款的，应当将收到的付款计入该纳税期内的销售总额之中。

如果纳税主体的购买物资债务认定为呆账，包含在该债务中的增值税金额应当在债务认定为呆账的纳税期内的抵消中排除。

如果呆账已全部或部分支付，则购买物资时支付的增值税税额应在支付发生的纳税期内抵消。

3. 在下列情况下调整以前抵消的购买物资时支付的增值税金额：(1) 为了进行免税销售而使用购买物资的；(2) 不是为了进行应税销售而使用购买的物资的；(3) 根据修改后的吉国税法，之前的应税销售的商品变更成了免税销售的商品的；(4) 由于使用期、服务年限到期而注销的物资的；(5) 物资变质或损坏的，但不可抗力情况除外。对这些项目的增值税金额的调整，应当在发生上述情况的纳税期内进行。

4. 购买物资的价值在上述情况下发生改变的，对购买物资时支付的增值税也应当作出相应的调整。调整金额在发生上述情况的纳税期内抵扣或从抵扣中排除。

5. 依据被认定为无效或遗失的增值税发票确定的购买应税物资的价款和增值税金额，不应当进行调整。这一规定并不适用于此类调整会增加增值税

纳税义务的情况。

三、应税进口额

吉国《税法典》第267条规定，进口商品的应税价值是进口商品的海关课税价值、关税和这些商品进口时应支付的税款总和，但增值税除外。

四、税率

根据吉国《税法典》的规定，除适用零税率的商品销售、工程建设和提供服务外，通常情况下所有应税销售和应税进口的增值税税率为12%。

第四节 增值税征纳程序

一、纳税期

吉国《税法典》第268条规定，增值税的纳税期为1个月。

二、应纳税额的计算

吉国《税法典》第269条规定，增值税的应纳税额等于纳税人在1个纳税期内的进项税额与销项税额的差额，即公式：

应纳税额 = 销项税额 - 进项税额

（一）可以抵扣的进项税额

吉国《税法典》第270条规定，纳税人在缴纳增值税时，对于在购进货物时已经支付的或者应当支付的增值税款，享有抵扣权，但法律另有规定的除外。其中，购进货物是指纳税人通过交易获取或进口的固定资产、产品，包括原材料、燃料、成套产品以及工程和服务。

如果纳税人将购买的商品部分用于应税销售、部分用于免税销售和不征税销售的，则应当根据应税销售的比例来确定购买商品的增值税金额。

根据吉国税法的规定，增值税抵扣权的适用必须满足下列条件：（1）纳税人必须要有实际销售的产品、工程和服务；纳税人要开具从税务机关申领的、符合法律要求的增值税发票；要出具含有下列信息的现金收据或销售凭证，这些信息包括销售商的名称和纳税人识别号、产品名称、数量、价格及所包含的增值税金额等；（2）从关税同盟国以外的国家进口商品的，纳税人应当根据关税同盟海关法或吉国海关法的规定，进行报关验收并缴纳增值税；（3）从关税同盟成员国境内进口商品的，纳税人应当履行提交间接税税务报表的义务并按照法律规定缴纳增值税。

纳税人在购进货物时，应当按照货物的正常损耗来计算和缴纳增值税。对于个别纳税人购进货物的自然损耗或定额损耗，应当按照国家授权机关制定的标准由吉国政府批准。

进行建筑安装工程的纳税人有权抵扣购买用于建筑安装工程的物资缴纳的增值税。

（二）不得抵扣的进项税额

根据吉国《税法典》第271条的规定，下列情况下，纳税人在购进货物时所缴纳的增值税，在销售货物时不得进行抵扣：（1）购进的货物不用于应税销售的；（2）以休闲、娱乐为目的所购进的货物，但在娱乐和休闲领域从事经营活动的纳税人除外；（3）增值税的计算与缴纳违背法律规定的；（4）购进货物超过定额损耗（额定损失）的部分；（5）所购进的货物的增值税发票失效、丢失；（6）增值税发票填写不符合规定格式和要求；（7）除第（3）项和第（6）项规定的情况外，包括在所购物资账面价值中的增值税；（8）在一个纳税期内，在吉国境内使用超过30万索姆现金（不包括增值税及销售税）购买货物的。

（三）进项税额的确定

吉国《税法典》第272条规定，纳税人进行应税销售和免税销售时，如果在1个纳税期内免税销售的货物价值不超过销售总额的5%，则对于购进货物时缴纳的增值税全部予以抵扣。在其他情况下，予以抵扣的购进货物的增值税，应当按照下列方法进行计算：（1）对于用于应税销售的货物，其增值税予以抵扣；（2）对于用于免税销售的货物，其增值税不予抵扣；（3）增值税剩余未分配部分，抵扣额按照如下公式确定：

$$抵扣金额 = 未分配的增值税金额 \times A \div (A + B)$$

在该公式中，A 为应税销售的总额，B 为在该纳税期限内免税销售的总额。

（四）彩票业务的增值税

根据吉国《税法典》第273条的规定，从事彩票经营的增值税的计税依据，是销售彩票所得与支付的奖金金额和据此计算的增值税金额之间的差额。

但对于购买作为奖品的物资时所支付的增值税，不得抵扣。

三、纳税申报及缴纳期限

吉国《税法典》第274条规定，增值税纳税人应在每个纳税期结束后的25日内（即下个月25日前）向税务机关进行增值税申报，并缴纳增值税税款，但法律另有规定的情况除外。

进口商品增值税的缴纳应按照关税同盟海关法和吉国海关法规定的顺序和期限进行，但法律另有规定的情况除外。

受税务机关监管的纳税大户，应在每个纳税申报期（即每月）结束后的次月最后1日前进行增值税申报和缴纳。

四、税务报表的修改及补充

吉国《税法典》第275条规定，纳税人不能以被确认失效或丢失的增值税发票为依据，对增值税纳税申报表进行修改或补充，但这一规定不适用于涉及增加增值税纳税义务的情况。

五、几种特殊情况下增值税的确定

（一）农产品加工企业增值税的确定

吉国《税法典》第276条规定，农产品加工企业应当按照法律的规定缴纳增值税，但所加工生产的、缴纳消费税的农产品除外。其中，农产品加工是指经过加工的产品与之前未经加工的产品，在吉国对外贸易商品目录中分别使用不同的代码。

农产品加工不包括：（1）农产品出售、运输的准备工作及包装、拆装和组装工作；（2）不会导致生产的产品与原始材料发生实质性区别的农产品的混合加工；（3）宰杀牲畜、肉品分类及加工；（4）谷物、大米去壳，全部或部分增白、抛光、研磨；（5）果实、蔬菜和浆果（坚果）去皮、取核、加工；（6）对农产品进行筛选、分类、分级、挑拣（农产品捆扎）；（7）对农产品进行包装、分装及其他包装工作；（8）不会导致所生产的产品与原始产品之间产生实质性区别的农产品；（9）上述两个或两个以上业务的混合；（10）不会引起对外贸易商品目录代码发生变化的其他工作。

对于农产品加工企业，其增值税的应纳税额应该比按照正常规定计算的增值税金额降低35%。

吉国税法规定，对于农产品加工企业，其增值税进项税额只有在对购进商品和销售商品进行分别核算时，其进项税额才可以抵扣。

（二）合伙企业销售商品时增值税的缴纳

吉国《税法典》第277条规定，合伙企业增值税的计算及缴纳，应当按照法律规定的方法进行。合伙企业在购进货物时的进项税额，只有在按照合伙协议对购进货物与销售货物分别进行核算时，才允许抵扣。

六、溢缴税款的返还

（一）一般规定

吉国《税法典》第278条规定，增值税纳税人在一个纳税期内溢缴的税款（即一个纳税期内进项税额大于销项税额的部分），应当按照下列程序进行处理：（1）无须纳税人的申请用于缴纳纳税人所欠的滞纳金和罚款；（2）无须纳税人的申请，用于缴纳下个纳税期的增值税税款；（3）根据纳税人的申请，用于缴纳所欠进口商品增值税的税款。

（二）零税率销售的增值税溢缴税款的返还

吉国《税法典》第279条规定，纳税人销售适用零税率的商品，且该商物品在连续6个月内销售总额不低于应税销售总额的50%，则纳税人有权要求退还溢缴的增值税金额。其中，退还溢缴的增值税金额是指用溢缴的税款抵缴其他税款，或从国家财政账户中向纳税人账户中支付溢缴的金额。

吉国税法规定，应当按照下列规定向纳税人退还溢缴的税款：（1）用于支付纳税人其他税种的欠缴税款；（2）只有在纳税人没有其他税种的欠税的情况下，包括进行商品增值税的欠税的情况下，方可向纳税人的银行账户中支付溢缴的金额。

对于延期纳税和分期纳税的，溢缴的税款不予以返还。

（三）增值税溢缴返还的办法

吉国《税法典》第280条规定，纳税人对于溢缴的增值税款没有提出返还申请的，就应当用溢缴的税款缴纳滞纳金、赃款和下个纳税期的增值税税款。

税务机关应当在收到纳税人提交的增值税返还申请书及相关文件副本后的60日内返还纳税人溢缴的税款。其中，纳税人应当提交的文件副本包括：（1）增值税纳税申报表；（2）销售商品、工程、服务的协议或合同；（3）增值税发票；（4）能够证明销售商品、工程、服务及缴纳增值税税款事实的付款单据；（5）销售方和购买方各自提供的对账单；（6）商品出口时的出口商品报关单、商品出口目的国的报关单或其他确认进口到目的国的文件（如移交单、国际运单、国际铁路货运手续等），以及增值税税款支付凭证；（7）出境检查报告。

根据对纳税人溢缴增值税款的检查报告，返还金额超过30万索姆的，由增值税返还及赔偿委员会将溢缴的税款返还给纳税人；返还金额低于30万索姆的，由地区税务机构或税务职能部门把溢缴的税款返还给纳税人。

在对增值税溢缴税款进行调查的过程中，税务机关有权对纳税人的个人交易进行不定期或定期检查。

（四）外交机构及其办事处的增值税返还

吉国《税法典》第281条规定，在吉国注册的外国代表处、领事馆和国际组织的官方代表处，供其职员个人及与共同生活的家庭成员使用而购买的商品、工程和服务，在征收增值税之后，当出现下述的情况时需向其退还增值税税款：（1）外国相关法律规定对吉国外交机构代表处、领事馆或同级别的办事处，以及这些机构的外交人员和行政技术人员，包括与其共同生活的家族成员免税的；（2）吉国参与认可的国际条约中有类似的规定的。

七、增值税发票和文件

吉国《税法典》规定，增值税发票是由纳税人办理应税销售的文件。它应当符合下列要求：（1）增值税发票根据法律规定的方式获得序列号和编号；（2）增值税发票中应当填写由吉国法律规定必须填写的信息。

纳税人在销售货物时，应当向购买方开具增值税发票，并按规定的格式填写必要的信息。

在下列情况下，虽然不强制要求销售方开具增值税发票，但如果购买方要求开具增值税发票的，销售方应当为其开具增值税发票：（1）在零售店用现金结账的：1）已登记的纳税人应当在每个销售点设置出纳机、出纳簿，用于记录进行现金交易时的交易数据，并在每天结束时做现金账；2）在每个月末将销售商品征收的增值税数据计入核算簿。（2）用报表记载为居民用现金结算的工程和服务的，应当遵守吉国关于使用报表的规定。（3）购买车票。

以现金方式进行商品销售结算的，以及根据上述规定销售工程和服务的，应当每月底办理一次增值税发票。

出口商品的增值税发票应当包含：（1）出口纪录；（2）出口目的地。

应税销售额发生调整的，纳税人需要办理增值税补充发票。在办理补充发票时，应当注明以下事项：（1）原先开具的增值税发票的序列号和编号、增值税发票的开具日期；（2）被调整应税销售额的商品、工程和服务的名称；（3）在增值税发票中开出调整的销售额，以及调整的理由。

纳税人应当核算所销售的商品、工程和服务，以及所购买的物资的总纳税额。

增值税发票的序列号和编号，由纳税人根据向税务机构提交的申请，以及吉国政府规定的条件获得。

税务机关应当在接受纳税人申请的两天内，作出给予或拒绝给予纳税人增值税发票的序列号和编号的决定。

纳税人在提交申请后的10日内逃避接收税收机构关于给其授予增值税发票序列号和编号的决定的，税务机构应当作出取消给其授予增值税发标序列号和编号并将其注销的决定。

增值税发票的格式由吉国政府规定。

除无效的增值税发票外，增值税发票应当作为按照规定方式进行增值税抵扣的依据。

增值税发票在以下情况下是无效的：（1）增值税发票不符合法律规定的开具方式；（2）依据虚假合同开具的增值税发票。

第五节　与关税同盟成员国进行商品进出口、提供工程和服务时增值税的征缴

一、一般规定

与关税同盟成员国进行商品进出口、提供工程和服务时增值税的征缴，根据吉国《税法典》的规定，按照本节的规定进行。

本节中所规定的商品进出口、提供工程和服务时增值税的征缴，与《税法典》其他章节中的规定不一致时，应当依据本节的规定执行。

本节所使用的概念，由关税同盟成员国所签署的国际条约确定。

关税同盟成员国之间相互贸易过程中进行商品进出口、提供工程和服务所产生的增值税，由税务机关进行管理。

根据海关免税区或免税仓库程序运送的商品所产生的增值税，由海关进行管理。

二、增值税纳税人

关税同盟中的增值税纳税人包括：(1) 纳税主体；(2) 自关税同盟成员国向吉国进口商品的主体。

三、征税对象和税率

根据吉国《税法典》第282-3条的规定，关税同盟中的增值税的税率及征税对象根据《税法典》第227条和第231条要求确定。

(一) 商品、工程、服务的销售、出口及应税进口

关税同盟中商品、工程、服务的销售根据吉国《税法典》第232条规定确定。

自吉国向其他关税同盟成员国出口商品的行为属于销售。

下列商品属于自关税同盟成员国应税进口：(1) 向吉国进口或出口的商品，但根据法律规定免征增值税的商品除外，这一规定也同样适用于在吉国国家机关登记的进口或出口运输工具；(2) 自其他关税同盟成员国向吉国出口的来料加工商品。

(二) 商品、工程、服务的销售地点

商品的销售地点根据吉国《税法典》第235条的规定确定。

下列情况下，关税同盟成员国境内可作为商品或服务的交货点：(1) 商品或服务与该国境内的不动产有直接关系；(2) 商品或服务与动产有直接关系，包括位于该国境内的运输工具，但不包括租赁、信托以及其他动产的服务；(3) 在该国境内提供文化、艺术、教育、体育、旅游、休闲和竞技比赛等服务；(4) 该国纳税人购买的下列服务：1) 咨询、法律、会计、审计、工程、广告、设计、销售服务，信息处理服务，以及研究开发工作；2) 计算机程序和数据库开发（计算机技术软件和信息产品）、改编、修改及维护的工程和服务；3) 如工作人员在购买方的经营区工作，向工作人员提供的服务；(5) 向该国纳税人：1) 提交、转交、转让专利、许可证、其他受国家保护的工业产权、商标、商号、服务商标、著作权、邻接权或其他类似权利；2) 通过出租、长期租赁或以其他方式转交动产，但不包括运输工具的租赁、长期租赁以及其他形式的使用；(6) 其他由该国纳税人销售的工程和服务。

纳税人销售或提供的工程或服务为由纳税人提供的其他工程或服务的配套工程或服务，则纳税人主体工程或服务的销售地点可认为是配套工程或服务的供货地。

（三）商品、工程、服务和应税进口商品的销售日期

吉国税法规定，在销售出口商品时，为便于计算增值税，可将装运日期作为商品销售的日期。除法律另有规定的情形外，增值税的缴纳日期为进口商品的核算期。

（四）出口商品应税价格的确定

吉国税法规定，出口商品应税价格应当根据交易双方采用的价格和所销售商品的价值确定。

（五）进口商品应税价格的确定

吉国税法规定，进口商品的应税价格按照合同（协议）中规定的采购价格确定。

（六）工程、服务应税价格的确定

吉国税法规定，销售工程、服务的应税价格根据《税法典》第265条的规定确定，但法律另有规定的情形除外。

（七）税率

吉国《税法典》第282－10条规定，自吉国向关税同盟成员国出口商品时，增值税税率为零。

此时，增值税纳税人享有核算采购商品时的增值税金额及返还增值税溢缴金额的权利。这一规定也同样适用于在吉国制造后再出口到关税同盟成员国的商品。但来料加工产品不适用这一规定。

根据长期租赁合同、加工合同以及商品生产合同，自吉国运送到其他关税同盟成员国的商品，增值税为零。

四、对关税同盟成员国之间的国际运输业务的征税

除法律另有规定的情形外，对关税同盟成员国之间的国际运输业务的征税，应当按照《税法典》第262条的规定执行。

通过管道系统输送进出口商品的，应当认定为国际运输。

五、对关税同盟成员国来料加工业务的征税

吉国税法规定，按照吉国《税法典》第282－13条的规定，自关税同盟

成员国进口原料到吉国，加工后出口到关税同盟其他成员国的来料加工工程应按零税率缴纳增值税。

六、关税同盟成员国之间免征增值税的销售和进口

根据吉国的法律规定，以下两项为免征增值税的销售项目：（1）吉国《税法典》第 38 章规定的工程、服务，销售地点在吉国境内的；（2）自关税同盟成员国运送到吉国进行商品维修服务，包括修复、更换零部件。

根据吉国的法律规定，以下两项为免征增值税的进口项目：（1）吉国《税法典》第 38 章规定的商品；（2）在合同规定的保修期内进口的商品。

按照长期租赁合同的规定，吉国的承租人向其他关税同盟成员国的出租人支付的利息，免缴除增值税。

七、增值税抵扣及溢缴税款的返还

吉国《税法典》第 282 – 15 条规定，对于在关税同盟内购买商品时增值税的抵扣以及在关税同盟中增值税溢缴税款的返还，应当按照吉国《税法典》第 40 章的规定执行。

八、增值税发票

除法律另有规定外，增值税发票的开具流程，按照吉国《税法典》第 282 条的规定执行。

自关税同盟成员国进口原料在吉国加工为成品后又运送至其他关税同盟成员国的，发票开具的时间为来料加工完工证明文件签署之日。

吉国的承租人租赁其他关税同盟成员国的商品的，发票开具的时间为每次支付租赁费的日期。

九、进口商品增值税纳税人的确定办法

吉国纳税人根据与其他关税同盟成员国纳税人签订的合同采购商品进口的，则增值税由吉国的商品所有者或代售人、代理人、代理商缴纳。

吉国纳税人根据与其他关税同盟成员国纳税人签署的合同仍采购商品，且商品是从关税同盟第三国进口的，则增值税由吉国的商品所有者或代售人、代理人、代理商缴纳。

基于委托合同或吉国纳税人的委托书，关税同盟成员国的纳税人自所在

国家其他国家进口商品到吉国的，则进口商品的增值税由吉国的代售人、代理人、代理商缴纳。

吉国纳税人采购早期由吉国代理人向吉国进口的商品时，基于同关税同盟成员国签署的委托合同、委托书或代理合同要求，不缴纳进口商品增值税的，则增值税而由吉国进口商品的商品所有者、代售人、代理人或代理商缴纳。

根据与关税同盟以外的国家的纳税人签订的合同，吉国纳税人自关税同盟成员国进口商品产生的增值税由吉国商品的所有者、代售人、代理人或代理商缴纳。

十、从关税同盟成员国进口商品时增值税的核算及缴纳

吉国税法规定，根据委托合同、委托书及代理合同向吉国进口商品的，增值税的核算及缴纳义务由代售人、代理人、代理商承担，应税进口完成日期为进口商品代售人、代理人、代理商核算之日。

纳税人应当根据法律的规定，在进口商品所在的纳税期结束后的 20 日内（即次月 20 日前），向税务机关提交纳税申报表及吉国政府批准清单的文件，并缴纳税款。

进口商品增值税纳税申报表编制程序及格式、填写要求由吉国政府规定。

根据长期租赁合同，自关税同盟成员国向吉国进口属于租赁资产的商品（包括来料加工产品）时，增值税的核算及缴纳期限为进口商品核算当月。

自关税同盟成员国进口商品的增值税缴纳事实，由税务机关在商品进口和纳税申报表进行标记的方式予以批准。

十一、进口商品增值税的调整办法

在纳税期满前，由于质量不合格或不配套导致进口商品部分返还的，商品信息无须在纳税申报表和进口商品缴纳增值税申请书中说明。

在纳税期满前，由于质量不合格或不配套导致的进口商品全部返还的，纳税人无须向税务机关提交增值税纳税申报表和进口商品缴纳增值税申请书。

吉国税法规定，出现以下情况时免征增值税：（1）在吉国法律规定范围内，由纳税人承担的商品损耗或灭失；（2）因不可抗力导致的商品损坏。

第六章 消费税法

第一节 纳税人

根据吉国《税法典》的规定，通常情况下，吉国消费税的纳税人为在吉国境内生产应税消费品（包括来料加工的应税消费品）和进口应税消费品的主体。在免除来料加工应税消费品消费税的情况下，消费税纳税人为来料所有者。

第二节 征税对象

吉国《税法典》第284条规定，消费税的征税对象为在吉国境内生产或向吉国进口的应税消费品。

一、征税对象的具体范围

它具体包括以下5类产品：

1. 在商品名录2207项下含80%或以上浓度的非变性乙醇、乙醇和其他乙醇酊，以及其他任何浓度的变性乙醇。

2. 在商品名录2203、2204、2205、2206、2208项下的麦芽啤酒、天然葡萄酒，包括加了酒精的葡萄汁，除此之外，商品名录2009项下的苦艾酒、纯葡萄酒，其他含植物萃取物或香料的酒，其他发酵饮品（如苹果酒、梨酒或苹果梨酒、蜂蜜饮料）；发酵饮品混合品、发酵饮品与无酒精饮料及低度酒精饮品的混合品，没有名称或未列入名单的饮料，浓度低于80%的非变性乙醇；乙醇酊、甜酒和其他乙醇酊。

3. 在商品名录2402项下的烟草制品，如雪茄、切好的雪茄、小雪茄和烟叶或代用原料制成的烟。

4. 在商品名录2403项下的其他含烟草的制品，如其他工业制作的烟草、工业烟草替代品，均质窝边草或还原的烟草；烟草精和香精。

5. 在商品名录2709项、2710项下的原油、原油产品、除原油之外的石油和石油沥青产品；没有名称或未列入名单的、包含70%或以上石油或石油产品的产品以及已加工的石油产品。

二、计税依据

吉国《税法典》第286条规定，消费税的计税依据为：

1. 已标记消费税标签的应税消费品的实际数量。

2. 应税消费品的销售价格，但不含增值税、销售税和消费税。

3. 根据关税同盟海关法、吉国海关法确定的应税消费品的关税价值。

4. 生产厂家用不超过付款的产品、用作礼品送人的产品、交付的抵押品、互换交易的产品、免费赠送的商品，其价值为市场价（不含增值税、销售税和消费税）。

5. 未标记消费税标签的应税消费品的实际价值。

上述应税消费品与是否经过加工无关。

从关税同盟成员国进口应税消费品的，其计税依据应当按照《税法典》第282－20条的规定进行调整。

第三节　税率、纳税期限及税额计算

一、税率

吉国《税法典》第287条对消费税的基本税率作了如下规定（见表6－1）。

《税法典》明确规定，在基本税率的范围内，吉国政府可对具体适用的税率进行调整。此外，《税法典》还规定，乙醇的特定适用对象为医用或兽用，其清单应当由每年吉国政府批准。

二、计算办法

根据吉国《税法典》第289条的规定，消费税的纳税人应当自行计算消

表 6－1　征税对象和税率

应税消费品	商品名录代码	单位（计税依据）	基本税率
在具有制造许可权的情况下，商品生产者售出或进口的非变性乙醇、变性乙醇及其他任意浓度的变性乙醇酊，用于伏特加酒、酒精饮料、强化饮料、果汁、香脂、葡萄酒生产的乙醇除外	2207	升	350 索姆
伏特加	220860	升	300 索姆
甜烧酒	220830 220870 220890	升	300 索姆
含酒精饮料、含酒精果汁和药酒	220840 220850	升	300 索姆
葡萄酒	2204，220410 及 220430 除外，2205，2206	升	100 索姆
白兰地（白兰地酒精除外）	2208201200 －2208202900，2208206200 －2208208900	升	200 索姆
起泡的葡萄（包括香槟）	220410	升	140 索姆
罐装及非罐装啤酒	2203	升	30 索姆
酿酒材料	220430	升	35 索姆
低度酒精饮料	220890	升	200 索姆
烟草制品：			
过滤嘴香烟、无过滤嘴香烟雪茄 自 2021 年 1 月 1 日至 2021 年 12 月 31 日 自 2022 年 1 月 1 日起	2402	1000 盒	2000 索姆 2250 索姆
小香烟 自 2021 年 1 月 1 日至 2021 年 12 月 31 日 自 2022 年 1 月 1 日起	2402	1000 盒	1400 索姆 1610 索姆
香烟 自 2021 年 1 月 1 日至 2021 年 12 月 31 日 自 2022 年 1 月 1 日起	2402	1 件	175 索姆 200 索姆

续表

应税消费品	商品名录代码	单位（计税依据）	基本税率
烟斗烟草、咀嚼烟草、含吮烟草、鼻烟草（不包括生产烟草制品的原料烟草） 自2021年1月1日至2021年12月31日 自2022年1月1日起	2403	千克	700索姆 800索姆
石油产品：			
汽油、轻质馏分油、中质馏分油及其他汽油	2710121100－2710129009，2710191100－2710191500，2710192500－2710192900	吨	5000索姆
喷气机燃料	2710192100	吨	2000索姆
柴油	2710193100－2710194800，2710201100－2710201900	吨	800索姆
重油	2710195100－2710196809，2710203101－2710203909	吨	1000索姆
润滑油和凝析油	2709001001－2709001009，2710197100－2710199800	吨	2000索姆
原油、石油沥青产品	2709009001－2709009009	吨	0索姆

费税的应纳税额。其计算方法为在适用税收优惠和免税的基础上计税依据乘以税率。

三、纳税期限

吉国《税法典》第288条规定，纳税人生产或进口应税消费品的消费税纳税期限为1个月。

消费税的缴纳期限如下：

1. 生产（商品名录代码220860的伏特加酒除外）或进口的应当标记消费税标签的应税消费品，消费税纳税期为消费税标签获得当日或之前。

2. 自非关税同盟成员国进口的、不应标记消费税标签的应税消费品，消费税纳税期为关税同盟海关法或吉国海关法规定的缴纳关税的日期。

3. 自关税同盟成员国进口的、不应标记消费税标签的应税消费品，消费税纳税期为纳税申报期结束后的20日（即下个月20日之前）。

生产或从关税同盟成员国进口应税消费品的消费税纳税人，应当每月向税务机关提交消费税或间接税的纳税申报表，提交日期应当不晚于纳税申报期结束后的20日（即下个月20日之前）。

纳税人提交间接税纳税申报表时，应当同时提交《税法典》第282－19条规定的相关文件。

纳税人从关税同盟成员国进口应税消费品时，应当在纳税人的税务登记地缴纳进口消费品的消费税。

纳税人自关税同盟成员国进口商品所缴纳的消费税，由税务机关在纳税人提交的进口商品消费税纳税申报表或间接税纳税申请书中予以批准。

关税同盟成员国双边贸易中进出口商品消费税的征收与管理，由税务机关负责。

第四节　税款征收与管理

一、来料加工及出口的应税消费品纳税办法

（一）一般规定

吉国《税法典》第291条规定：（1）从事来料加工并出口应税消费品的纳税人，应当在签订来料加工协议或合同后的3日内，向税务机关进行报告，并同时提交协议或合同的副本。（2）加工企业在出口加工的消费品成品前，应当将根据协议或合同规定或计算的消费税税额（或保证金）缴纳到税务机关的专门账户。（3）吉国与关税同盟成员国之间的相互来料加工业务，其加工期限根据加工合同或协议确定，但不得超过自运送加工材料之日起的2年。

（二）具体办法

吉国税法规定，纳税人缴入税务机关的专用账户中的消费税金额，在纳税人向税务机关提交申请书及下列文件之日起的20日内，税务机关应当将税款返还至纳税人银行账户之中：（1）消费税纳税申报表；（2）出口应税消费品合同的副本；（3）发票或其他应税消费品运送文件（包括出口）的副本；（4）能够证明进行来料加工业务的付款单据；（5）能够证明出口应税消费品的付款单据；（6）出口货物报关单；（7）目的国货物报关单或其他能够确认进口到目的国的文件，如移交单、国际运单、国际铁路货运手续；（8）纳税人不存在欠缴税款的证明。

将来料加工的应税成品送交给来料人或者出口的应税成品自发送之日起的90日内，生产来料应税消费品的纳税人未提交或未完全提交上述各项文件，则其所缴纳的消费税（保证金）不予返还。

应税消费品不能确定出口的，纳税人缴入税务机关专门账户的消费税（保证金）金额将不予返还并缴入国家预算。

来料所有者存在欠税的，则存入专门账户的消费税（保证金）金额在该欠税额度内的资金不予返还。

（三）特殊情况下消费税缴纳办法

吉国《税法典》第293条规定：（1）纳税人在取得消费税标签后，消费税税率发生变动导致税额减少或增加的，已缴纳的消费税税额不再重新计算；（2）纳税人将应税消费品出口到吉国境外时，应当按照《税法典》第297条的规定，免于征收消费税；（3）向关税同盟成员国运送商品的，消费税缴纳办法按照关税同盟海关法和吉国海关法的规定执行。

二、消费税扣除

吉国《税法典》第294条规定，纳税人把已缴纳消费税的商品作为生产所需消费品的原料的，则纳税人在计算和缴纳所生产的应税消费品的消费税时，有权扣除之前已缴纳的、作为生产原料的产品的消费税税额。扣除数额应当根据应税来料的实际使用量和用应税来料制造的商品的成品率来确定。

三、消费税标签

吉国《税法典》第295条规定，消费税标签（以下简称标签）是一种贴在包装盒、包装瓶或其他用于销售消费税商品的容器上的，用于确认已缴纳消费税的标志性图案。

根据吉国税法的规定，在吉国境内生产以及向吉国进口的酒类制品和烟草制品，应当粘贴消费税标签，但啤酒（税号 2203）及葡萄汁（税号 220430）除外。另外，用于出口的酒类制品和烟草制品，以及根据吉国政府批准的数量、由自然人向吉国进口的酒类制品和烟草制品，不用粘贴消费税标签。

另外，吉国《税法典》第 296 条规定：（1）应税消费品损坏及丢失时，纳税人应当全额支付消费税或不得返还所缴纳的消费税，但不可抗力的情况除外。（2）消费税标签丢失的，纳税人所缴纳的消费税不得返还，但不可抗力的情况除外。（3）对于破损的消费税标签由银行根据授权接收的，不缴纳消费税。纳税人已经按照破损的标签缴纳了消费税的，则应当用新的标签替换已破损的标签，并不现重复缴纳消费税。（4）酒类消费品的消费税标签遗失的，其消费税额应当根据规定的最高税率与标签注明的数量或容量确定。

四、消费税的免税

吉国《税法典》第 297 条规定，对于以下几种情况，纳税人免于缴纳消费税。

1. 由自然人按照吉国政府规定的标准进口的应税消费品。

2. 从事国际货运和客运的运输工具运行过程中所需要的物品，以及在中转站点时所需要的物品；经过关税同盟成员国的边境运送的、根据关税同盟海关法或吉国海关法的规定免税的商品；被没收的物品、无主物品，以及由国家继承的物品。

3. 应税消费品生产企业生产并已经出口的商品。对于本项规定，纳税人应当在完成出口的纳税期结束后的 90 日内向税务机关提交应税消费品出口证明文件的副本。这些证明文件副本包括：（1）消费税纳税申报表；（2）应税消费品出口供货合同；（3）发票；（4）付款单据；（5）出口应税消费品的报关单；（6）目的国报关单或其他确认进口到目的国的文件，如移交单、国际运单、国际铁路货运手续。纳税人不提交或不完全提交上述文件，或纳税人的申请未获批准的，或纳税人的出口在下个税务检查过程中没有得到确认的，纳税人应当按照法律的规定计算和缴纳消费税。

4. 消费税的纳税人将应税消费品从一个生产分厂转移到其他生产分厂用于生产其他应征消费税的商品的，不征收消费税。

5. 向关税同盟成员国出口应税消费品时，为了免于缴纳消费税，纳税人应当向税务机关提交消费税纳税申报表，并在应税消费品发送之日起的180天内向税务机关提交《税法典》第282－10条第4款规定的、商品出口证明文件清单中规定的文件。对于能够证实纳税人已将上述消费品出口的，之前已经缴纳的消费税应当根据法律规定进行抵扣或者退还。对于不能证明纳税人将上述消费品出口的，已缴纳的滞纳金不予返还。

第七章　地下资源使用税法和销售税法

第一节　地下资源使用税法

一、一般规定

吉国《税法典》第299条规定，地下资源使用税包括红利税和特许权使用税两类。红利税是指为了获得矿产勘察、勘探和开采的权利而支付的一次性付款。特许权使用税是指为了获得矿产开采或地下水开采（提取资源）的权利而支付的日常性付款。

吉国《税法典》第300条规定，企业或组织从事下列活动时，就当免缴纳地下资源使用税：（1）土地所有人或土地使用者进行沙石、黏土、砾石砂开采及不影响企业经营的地下水开采的；（2）为了建设或形成具有生态保护、科学研究、历史文化价值的特殊自然保护区而获得地下资源区的；（3）对矿物废料进行筛选、加工、焦化的；（4）从事由国家财政支持的地质作业、地球物理作业和其他地下资源研究工作（包括地震预测、工程地质勘探和地区生态状况研究以及不损害地下资源价值的其他作业）的。

二、红利税

（一）纳税人

吉国《税法典》第301条规定，红利税的纳税人为获得地下资源使用权的本国组织、通过常设机构在吉国从事经营活动的外国组织，以及个体经营者。

（二）征税对象和计税依据

吉国《税法典》第302条第1款规定，红利税的征税对象包括以下各项：

(1) 矿产开采（包括地下水抽取）；(2) 矿产勘探；(3) 矿产勘查；(4) 用于商业目的的矿物、古生物标本的收集；(5) 用于装饰石材、手工石材和建筑材料使用的矿石材料的收集。

吉国《税法典》第302条第2款规定，红利税的征税对象还包括：(1) 由于追缴抵押而将资源使用权转让给他人；(2) 根据吉国《资源法》的规定向他人转让资源使用权，但不包括由于继承、不改变股东或注册资本结构的法人重组；(3) 法人变更注册资本中的股权，但不包括在交易所挂牌的法人和由于权利继承造成的股权转移；(4) 由于进行补充勘探、重新计算储量或其他原因，导致矿产储量增加的；(5) 资源使用区域面积增加；(6) 获得新的矿产使用权。

吉国《税法典》第303条规定，红利税的计税依据为：(1) 进行矿产开采时（不包括地下水抽取），为吉国国家矿产储备管理局计算的矿产储量；(2) 在抽取地下水时，为申报地的应抽取水量；(3) 进行矿产勘探和勘察时，为许可进行矿产勘探和勘察的区域面积；(4) 出于商业目的收集矿物、古生物标本、装饰石材、手工石材和建筑材料的，为许可进行上述工作的区域面积；(5) 转让资源使用权的，为剩余未开采的矿产储量，或者许可证区域面积；(6) 注册资本中的股权结构发生变更时，为未开采的矿产储量，或者许可证区域面积；(7) 矿产储量增加的，为吉国国家矿产储备局管理局计算的增加的矿产储量。

（三）税率与应纳税额

吉国《税法典》第304条规定，红利税的税率，由吉国政府根据矿产分类表，按照矿产的储量、价值、规模以及矿床普查范围、水文地质钻孔深度确定。

红利税应纳税额的计算方式由吉国政府规定。

（四）纳税申报和税款缴税

吉国税法规定，对于吉国《税法典》第302条第1款所规定的红利税的纳税人，在资源使用权证明文件签发之日起的30日内，向税务机构提交与国家资源管理机关协商确定的应纳税额，并缴纳税款。对于吉国《税法典》第302条第2款所规定的红利税的纳税人，应当在完成下述行为后的次月最后一日前，向税务机构提交与国家资源管理机关协商确定的应纳税额，并缴纳税款：(1) 由于追缴抵押而将资源使用权转让给他人的，为国家管理部门作出有关资源使用权转移决定的行为；(2) 股权变更的，为进行股权变更登记的行为；（3）矿产储量增加的，为国家管理机关作出储量增加决定的行为；（4）资源使用区域面积增加的，为国家相关管理机关作为相应决定的行为。

三、特许权使用税

（一）纳税人

吉国《税法典》第307条规定，特许权使用税的纳税人为进行如下作业的本国组织、通过常设机构在吉国从事经营活动的外国组织以及个体企业：（1）矿产开采；（2）地下水开采；（3）在油气田普查及勘探试验过程中附带提取石油天然气；（4）为进行试产或预防突发事件而进行的一次性开采。

（二）征税对象

吉国《税法典》第308条规定，特许权使用税的征税对象是以矿藏资源提取为目的的资源使用权。

根据吉国《税法典》第309条的规定，特许权使用税的计税依据为：（1）矿产产品或矿产销售收入（不包括增值税和销售税）；（2）以实物计算的销售产品量；（3）按水表计量的地下水用量，专业供水组织除外。

（三）税率、纳税期及计算方法

1. 开采地下水的税率为（见表7－1）：

表7－1　地下税的税率　单位：立方米

矿藏	单位（税基）	税率以百分比或以索姆计
饮用的矿泉水和淡水	立方米	200索姆
矿泉治疗用的矿泉水和温泉水	立方米	0.05索姆
供暖用的温泉水	立方米	0.12索姆
饮用淡水	立方米	0.15索姆
工业用淡水	立方米	0.10索姆
农业用淡水	立方米	0.01索姆

2. 以下征税对象的税率按其销售所得分别确定：

（1）金、银、白金：A. 储量超过10吨的矿床，税率为5%；B. 储量在3至10吨之间的矿床，税率为3%；C. 储量少于3吨的矿床，税率为1%；

（2）专业供水组织，税率为5%；

（3）石膏，税率为6%；

（4）天然石材，税率为12%；

(5) 煤、褐煤，税率为1%。

3. 纳税期。特许权使用税的纳税期为1个月。

4. 纳税申报和税款缴纳。吉国《税法典》第313条规定，纳税人应当在纳税期结束后的20日（即次月20日）内，进行纳税申报，并缴纳特许权使用税。中小型企业应当在纳税季度结束后的20日（即下一季度第1个月20日）内进行纳税申报，并缴纳特许权使用税。土地所有人或土地使用者进行沙石、黏土、砾石砂开采及不影响企业经营的地下水开采的，无须进行纳税申报。

第二节 销售税法

销售税是吉国《税法典》第14篇规定的一个税种。它与增值税一样，都属于对商品流转的征税，但它与增值税的不同之处在于，在计算销售税时，不考虑商品采购时的进项。同时，对于某些应税行为或对象，它需要同时缴纳销售税和增值税。

一、纳税人

吉国《税法典》第314条规定，销售税的纳税人为销售商品、工程和服务的本国组织、在吉国通过常设机构从事经营活动外国组织以及个体企业。

二、销售税的免除

吉国《税法典》第315条规定，以下企业或个人从事的销售行为，免于缴纳销售税：

1. 以下企业或个人销售商品、工程和服务：(1) 农业生产者；(2) 农业商品服务合作社；(3) 金融机构，但不包括金融机构提供修养、娱乐和休闲等服务所获得的利润；(4) 慈善组织；(5) 由吉国政府批准的一等、二等残疾人协会，吉国盲和聋哑学校，以及残疾人、盲人和聋哑人人数不少于职工总数的50%且工资不少于职工工资总额的50%的个体企业；(6) 学前教育机构（私营幼儿园）；(7) 民营心脏外科医疗机构；(8) 根据由地方自治机关政府决议批准的、给予税收优惠政策的投资协议，在税收优惠居民点开设的工业企业。该投资协议是由有权机关为吸引投资的目的签署的；(9) 吉国内务部国家专属警卫总署。

2. 非营利组织从事社会保障、儿童或低收入老年公民的保护，以及从事教育、医疗、科学、文化和体育活动所获得的不超过其支出的收入。

3. 向自然人销售用于日常生活的电能、热能和天然气。

4. 银行销售金币和银币。

三、征税对象

（一）一般范围

根据吉国《税法典》第316条第1款的规定，销售税的征税对象是纳税人销售商品、工程、服务的销售额。但该条第2款又同时规定，纳税人的下列行为不属于销售税的征税对象：（1）根据信托管理合同向信托公司转交财产的，根据普通合伙合同向合伙企业转交财产的；（2）依托管理合同或合伙合同终止时，向财产所有人把转回财产的；（3）根据长期租赁合同转交固定资产的；（4）从事宗教礼仪、宗教典礼等宗教活动的；（5）学前教育机构（私营幼儿园）提供的服务；（6）民营心脏外科医疗机构提供的服务；（7）进行商品、工程和服务的出口；（8）在吉国境外销售商品、工程、服务；（9）增值税纳税人将其企业或独立的分支机构转让给其他增值税纳税人或在转让之后成为增值税纳税人。

（二）计税依据

吉国《税法典》第317条规定，销售税的计税依据为：（1）一般情况下，为商品、工程、服务的销售收入（不包括增值税和销售税）。（2）财产出租的，为收取的租金（不包括增值税和销售税）。（3）进行矿石冶炼的，为冶炼后的销售价格与冶炼前购买价格之日的差额（不包括增值税）。（4）进行抽彩活动的，为彩票销售收入和支出的奖金或奖品价值之间的差额（不包括增值税）。（5）对于银行，为固定资产销售收入、商品销售收入，利息收入（但不包括依据长期租赁合同取得的利息收入）、销售工程和服务的收入，以及减去外汇业务损失后的外汇业务收入。（6）对于保险公司，为销售商品和工程（不计增值税和销售税）的收入、服务（不计销售税并扣除根据再保险合同支付给再保险人保险金）的收入。对于累积类的保险，为不计销售税的保险金金额扣除保险理赔款后的余额。（7）购买用于销售的金银制品的，为金银制品的销售价格与购买价值之间的差额。

此外，吉国《税法典》第318条还规定，当出现下述情况时，对计税依据应当进行调整：（1）商品全部或部分退货的；（2）销售合同的条款发生变更的；（3）销售合同未履行或未全部履行的。

四、税率、纳税期及计算方法

（一）税率

吉国《税法典》第319条规定，除法律另有规定的情形外，销售税的税率为：

为经营活动而销售应缴增值税或免缴增值税的商品、工程、服务，并以现金形式缴纳税款的，税率为1%；从事其他上述未规定的经营活动的，税率为2%。

销售应缴纳增值税或免缴增值税的商品、工程、服务，并以非现金形式缴纳税款的，税率为0。

银行销售税的税率为2%，移动通信领域从事经营活动时的税率为5%。

（二）纳税期

吉国《税法典》第320条规定，销售税纳税期为1个月。

（三）纳税申报与税款缴纳

纳税人应当在纳税期结束后的20日（即次月20日）内，进行纳税申报，并缴纳销售税。中小型企业应当在纳税季度结束后的20日（即下一季度第1个月20日）内，缴纳销售税。纳税人无注册登记地的，在税务登记地缴纳销售税。

第八章 财产税法和土地税法

第一节 财产税法

一、纳税人

根据吉国《税法典》第323条规定，财产税的纳税人通常为以下组织或自然人：

1. 对在吉国境内登记的财产拥有所有权的企业或个人。

2. 根据长期租赁合同或抵押贷款合同获得的、在吉国境内登记的财产的人员，自从获得该财产的次月起成为该财产的财产税纳税人。

3. 无法确定财产所有者所在地的，则使用该财产的组织或个人为该财产的财产税纳税人。

4. 对于没有进行财产权登记的财产，实际使用该财产的组织或个人是该财产的财产税纳税人。

5. 拥有财产管理权或对财产进行经营管理的国家机关、地方政府、国家机构、由预算资金或专项资金建立的市政机构、吉国国家银行、国家存款保障机构及基金会、吉国社会基金会等，对于其所拥有的财产，不是财产税的纳税人。但是，对于把全部或部分财产转移给市政机构、其他法律实体或个人有偿或无偿使用的，以及用于休闲、娱乐的，则财产的获得者应当成为该财产的财产税纳税人。

6. 对于属于下述第1类征税对象的共有财产，如果共有人没有在共有协议中明确各自的财产份额的，则每个共有人都是该财产的财产税纳税人。

二、征税对象

（一）征税对象的范围

吉国《税法典》第324条规定，财产税征税对象主要包括以下三类：(1)国有财产，是指具有经营权或经营管理权的国有机构及其他机构所拥有的财产；(2)市政财产，是指具有经营权的市政企业及经营管理权的其他机构所拥有的财产；(3)私有财产。

为了使财产税的征税对象具体和明确，根据财产的性质或功能，吉国《税法典》第324条第2款将财产税的征税对象分为以下4类：

第1类，为用于经常居住或临时居住而不用于开展业务活动的住宅楼、住宅、别墅；

第2类，为用于开展业务活动的住宅楼、住宅、别墅、旅馆、公寓、休养所、疗养院，以及其他用于工业、生产、行政活动的建筑物；

第3类，为钢结构或其他结构的、用于进行临时业务活动的建筑物，包括售货亭、货柜；

第4类，为运输工具，包括自行机械和自动式机构。

另外，吉国《税法典》还规定，对于不属于财产税的征税对象，由吉国政府与吉国议会协商确定其名单。

（二）计税依据

吉国《税法典》第325条规定，对于第1类、第2类、第3类财产，其计税依据根据法律规定的方法确定；对于第4类资产，按照下述方法所确定：(1)对于使用内燃机的自行运输机械，其计税依据为其发动机的功率或账面价值；(2)对于非自行运输机械，计税依据为其账面价值；(3)对于没有核算价值的，根据吉国政府的规定确定其价值。

三、纳税期

财产税的纳税期为1年。

四、应纳税额的确定

根据吉国《税法典》第327条的规定，对于第1类、第2类、第3类财产，其计税依据按照下列公式确定：

$$HC = C \times \Pi \times Kp \times K_3 \times Ko$$

在该公式中，HC 为该财产的应纳税额，用索姆计算；

C 为该财产每平方米的应税额，用索姆/平方米表示；

Π 为 1 类财产总面积减去吉国《税法典》第 330 条第 1 款第 2 项规定不纳税的面积后的余额，或第 2 类、第 3 类财产的总面积，按平方米计算；

Kp 为区域系数，根据财产在吉国境内位置确定；

K_3 为地区系数，根据财产在吉国境内的位置确定；

Ko 为行业系数，用于 2 组、3 组资产。其他类财产的行业系数为 1。

1. C 的确定（即第 1 类、第 2 类、第 3 类资产每平方米面积的税额）。根据吉国《税法典》327 条第 2 款的规定，C（即第 1 类、第 2 类、第 3 类资产每平方米面积的税额）的数据应当根据墙体材料及使用年限确定。具体规定如下（见表 8－1）：

表 8－1　　C 类墙体材料的使用年限所纳税率　　单位：平方米

墙体材料	使用年限	每平方米费用（索姆）
砖	5 年内	15000
	5—15 年	14000
	15—30 年	13000
	30—45 年	12000
	超过 45 年	10000
木	5 年内	13000
	5—15 年	12000
	15—30 年	11000
	30—45 年	10000
	超过 45 年	8000
现场浇注混凝土、钢筋混凝土、混凝土砖、砂砖、泡沫混凝土、玻璃	5 年内	14000
	5—15 年	13000
	15—30 年	12000
	30—45 年	11000
	超过 45 年	10000
黏土（土坯、捣实土、黏土球）	5 年内	10000
	5—15 年	9000
	15—30 年	8000
	30—45 年	6000
	超过 45 年	5000

续表

墙体材料	使用年限	每平方米费用（索姆）
矿渣砖、建筑用聚苯乙烯组件	5 年内	9000
	5—15 年	8000
	15—30 年	7000
	30—45 年	6000
	超过 45 年	5000
金属	30 年内	10000
	超过 30 年	8000
其他材料及临时安装材料	4000	

其中，在进行财产成本核算时，应当以主要的墙体材料为准。主要墙体材料的确定办法由吉国政府规定。

2. Π 的确定。

（1）对于第 1 类财产，总面积应当根据由国家不动产登记机关颁发的不动产证书中记载的财产总使用面积进行确定。不动产证书中没有记载该财产的总使用面积的，其总面积根据建筑面积确定。

（2）对于第 2 类和第 3 类财产，其总面积根据由国家不动产登记机关颁发的不动产证书中记载的行政楼、厂房和库房总面积的数据确定。

（3）没有办理财产登记的，或者登记的内容与实际情况不符的，其墙体材料、资产的使用面积，应当根据吉国政府确定的方法，按照财产建筑面积进行确定，并由税务机关、国家不动产登记机关、地方自治机关的全权代表和财产实际使用人构成的委员会校核。

3. *Kp* 的确定。根据吉国《税法典》327 条第 7 款的规定，在计算财产税时，*Kp*（区域系数）规定如下（见表 8 -2）。

4. K_3 的确定。根据吉国《税法典》327 条第 8 款的规定，在计算财产税时，其他地区 K_3（地区系数）的数值为 1；比什凯克市、奥什市和贾拉拉巴德市的 K_3（地区系数）的数值由吉国政府根据与吉国议会达成的协议，在当年 10 月 1 日前在 0.3—1.2 范围内进行 1 次调整。

5. *Ko*（根据吉国《税法典》327 条第 9 款的规定，在计算财产税时，*Ko*（行业系数）按照下列规定执行。

其中，对于征税对象的行业隶属关系，由吉国政府规定（见表 8 -3）。

表 8－2　区域系数

州、区名称	区域系数	州、区名称	区域系数
巴特肯州		巴特肯—阿京斯基区	0.2
巴特肯区	0.2	卡拉—布乌琳斯基区	0.2
利亚伊利亚克	0.2	纳伦州	
卡达姆贾伊斯基区	0.2	纳伦市	0.3
克孜勒基亚	0.1	塔林区	0.1
苏柳克塔市	0.1	巴申斯基区	0.1
贾拉尔—阿巴茨卡亚州		朱姆加尔区	0.1
阿克瑟区	0.2	科奇科尔斯基区	0.2
阿拉—布卡区	0.2	纳伦区	0.2
巴扎尔—科尔贡区	0.2	奥什州	
诺奥肯区	0.2	阿莱区	0.2
苏扎克区	0.3	阿拉万区	0.3
托古兹—托罗乌区	0.1	卡拉—伊宁区	0.2
托罗乌区	0.1	卡拉—绥斯基区	0.6
恰特卡尔区	0.1	诺奥肯区	0.3
贾拉尔—阿巴德市	0.8	乌兹根区	0.3
迈卢乌—苏乌市	0.1	乔纳—阿莱区	0.1
卡拉—库尔市	0.1	奥什市	0.9
塔什—库梅雷市	0.1	丘亚州	
伊斯瑟克—库利斯卡亚州		阿拉穆敦区	0.8
绥斯基区	0.3	扎伊厄尔区	0.4
杰蒂姆—奥古兹区	0.3	阿京斯基区	0.4
伊瑟克—库利斯基区	0.3	克明斯基区	0.3
通斯基区	0.2	莫斯科夫斯卡亚区	0.4
秋普斯基区	0.2	潘菲洛夫斯基区	0.2
卡拉阔尔市	0.6	索库卢克斯基区	0.7
巴雷克奇市	0.3	丘亚区	0.4
塔拉斯州		托克莫克市	0.6
马那斯区	0.1	卡拉—巴尔塔市	0.6
塔拉斯区	0.2	比什凯克市	1.0
塔拉斯市	0.4		

表 8-3　　　　行业隶属关系系数

行业隶属关系（对象功能）	系数
宾馆、典当行、外币兑换站	1.6
加油站	1.4
小市场、贸易中心、综合性超市	1.0
公共饮食企业、商店、服务业	0.8
火车站、汽车客运站、公共汽车站、铁路货运站	0.7
行政机关、办公楼、商务中心及银行	0.6
运输企业、汽车维修企业、通信及电力中心	0.5
国防、体育、技术组织	0.3
农业生产厂房	0.3
疗养所、寄宿公寓、休养所	0.2
工业企业、建筑公司	0.2

另外，吉国《税法典》规定，Kp、K_3、Ko 的具体系数未规定的，其数值全部按照 1 来计算。

五、税率

吉国《税法典》第 328 条规定，财产税的税率如下（见表 8-4）：

表 8-4　　　　财产税税率　　　　单位：立方厘米

运输工具种类	使用期限（包括出厂年份）	发动机每立方厘米排量税率（索姆）
轻型汽车、轻型汽车基础上的厢式汽车、皮卡	5 年内	0.90
	5—10 年	0.75
	10—15 年	0.60
	超过 15 年	0.45
载重汽车、公共汽车、小型客车	5 年内	0.75
	5—10 年	0.60
	10—15 年	0.45
	超过 15 年	0.30
自行机械或自动式机构：牵引车、联合收割机、筑路机械	15 年内	0.30
	超过 15 年	0.15
农用自行机械或自动式机构（牵引车、联合收割机）	15 年内	0.10
	超过 15 年	0.05

续表

运输工具种类	使用期限（包括出厂年份）	发动机每立方厘米排量税率（索姆）
摩托车、低座双轮摩托、摩托橇、摩托船、自动艇、船舶、柴油机船	10年内 超过10年	0.15 0.09
游船和水上摩托	5年内 超过5年	1.80 1.20

1. 第1类财产的税率为0.35%。

2. 第2类、第3类财产和税率为0.8%。

3. 第4类财产的税率为：

（1）内燃机：

（2）除上述规定外的内燃机或其他机械，为其账面价值的0.5%；

（3）不是内燃机或没有账面价值的，为根据吉国政府规定的方式确定的价值的0.5%。

六、纳税期

吉国《税法典》第326要规定，财产税的纳税期为1年。

七、税收优惠

吉国《税法典》第330条对财产税的税收优惠进行了规定：

1. 不征税财产。按照吉国《税法典》第330条第1款的规定，对下列财产不征收财产税。

（1）按照吉国所签署的国际条约，外国使领馆及国际组织代表处的资产；

（2）纳税人拥有的第1类私有财产中1个面积不超过表8-5规定部分的住宅楼、住宅或别墅。

表8-5　不征税的1类资产面积　单位：平方米

千人	5以下	5—10	10—20	20—50	50—100	100—200	200—500	500及以上
住宅楼、别墅（平方米）	360	330	300	270	240	210	180	150
公寓（平方米）	290	260	230	200	170	140	110	80

（3）一级和二级残疾人协会、吉尔吉斯盲人聋哑人协会组织、个体企业，残疾人、盲人和聋人数量不低于就业总人数的50%且其工资总额不低于工资总额的50%的个体企业，惩教机构和企业，以及吉国内务部警卫总署的企业。上述企业名单由吉国政府确定。

（4）从事科学、教育、卫生、文化、体育、社会保障及儿童和老年困难户保护机构所有的第2类财产。

2. 免于纳税的人员。吉国税法规定，下述两类人员，免于缴纳财产税。

（1）获得吉国最高级别功勋奖章“吉尔吉斯共和党人巴蒂尔”奖、苏联社会主义劳动英雄称号、英雄母亲称号的人员，获得三级劳动荣誉勋章的人员，卫国战争参与者及伤残人，参与过阿富汗或其他国家战争的现役军人，受伤的现役军人，重伤残老兵，其他获得抚恤金的伤残者，卫国战争伤残者的遗孀，一级和二级残疾人，可以免除其所拥有的第1类或第4类财产中某1个财产的财产税。

上述人员，免缴的第1类或第4类财产的财产税根据所计算的应纳税额的50%确定。

（2）拥有三轮或四轮摩托车、手动挡汽车的伤残人，按照汽车运输工具对其免税。

上述人员在每年8月1日前享有本项优惠的，应当在本纳税期内提交优惠权证明；在8月1日以后享有本项规定的优惠权的，应当在下一纳税期内提交优惠权利证明。

3. 地方议会有权：（1）在纳税人因不可抗力遭受物资亏损的情况下，有权给予纳税人最多在3年期限内免于缴纳全部或部分财产税的优惠；（2）对于新建的从事生产和加工制造的企业，在其保证能够每年生产或加工制造的产品总额不低于3000万索姆的前提下，有权免除其5年内的税款。5年期满后，根据其销售总额和缴纳利润税的情况，可以将优惠期延长至10年。

4. 收归银行所有的抵押财产，从该财产归于银行之日到该资产开始使用之日或销售之日的期限内（吉国法律规定），免于缴纳财产税。

5. 纳税人有权减少已缴或应缴的财产税额中根据财产所占土地面积计算的土地税的税额，但减少的数额不得超过该财产的财产税总额。

八、税款计算与缴纳

吉国税法规定，财产税的纳税人应当自行计算和缴纳财产税。

吉国《税法典》第331条规定，对于新建项目，财产税的纳税义务自项目投产验收完成后的次月1日或项目开始使用之日起产生。对于改建项目，财产税的纳税义务自项目验收完成后的次月1日起产生；对于改建前的项目，其财产税的纳税义务按照项目改建前的情况确定纳税义务；对于项目改建导致第2类财产停止使用的，在项目改造作业期间不计算财产税。

吉国税法规定，对于自然人纳税人，其所拥有的第1类财产，应当在每年9月1日前向资产注册登记地或所在地缴纳财产税；对其所拥有的第4类财产，应当在吉国政府规定的期限内，或者在财产所有权转让前向财产登记地缴纳财产税。

对于企业和个体企业所拥有的第2类、第3类财产，应当在每季度结束后的第3个月（即下一季度第3个月）20日之前，在财产登记地缴纳税款。比什凯克市在纳税人的登记地缴纳税款。

对于企业和个体企业所拥有的第4类财产，应当在吉国政府规定的期限内向财产登记地缴纳税款。

第1组、2组、3组的财产所有权和使用权发生变更的，原始的财产所有人应当缴纳自当年1月1日到财产转移当月月初之间的税款。后续的财产所有人应当缴纳自获得资产权利当月1日起所计算税款。

在进行财产权利变更登记时，可以协商由其中的一方缴纳该财产当年所有的财产税税款。

纳税人在变更财产权利的国家登记时拒付税款的，其纳税义务应当由后续纳税人承担。

偏远地区的住宅区没有银行机构的，允许自然人按照吉国政府规定的方式缴纳税款。

根据吉国税法的规定，为了确定财产税纳税人的纳税义务，企业或其他组织应当在每年3月1日前提交所拥有的第1类、第2类、第3类和第4类财产的本年度的财产概算；自然人纳税人应当在每年4月1日前提交所拥有的第1类、第2类、第3类和第4类财产的财产概算书。财产概算书的格式及填写要求由吉国政府规定。

第二节 土地税法

一、纳税人

根据吉国《税法典》第334条的规定，土地税的纳税人主要包括以下各类对象：

1. 土地税纳税人为根据吉国土地法的要求，取得国家土地私有权证、临时土地使用权证、土地证（以下简称权利证书）等的土地所有人或土地使用人，不论其是否实际使用土地。

2. 对于共同所有或使用的土地，土地税的纳税人为权利证书中规定或根据双方协议确定的所有人员。

3. 对于没有权利证书的土地，土地税的纳税人为土地的实际占有者或使用者，但不包括进行资源地质勘查区段的土地占有者或使用者，依靠国家财政拨款支持的地质、地球物理及其他地下资源勘察作业，科研工程，包括地震预测、工程地质勘探、地球生态研究，以及其他不损害地质资源完整性的作业等活动的土地占有者或使用者。

4. 国有土地及地方自治机构的土地（包括国家财政支持的农业用地）被使用或租赁时，土地税的纳税人为出租土地的国家或地方自治机构（出租人），法律另有规定的情形除外。

5. 国家或地方自治机构将在由国家财政资助、支持或使用的土地上建设的、由其所拥有的建筑物或设施，将管理权和使用权转交给他人的，不是土地税的纳税人，但将这些建筑物或设施出租给企业、私人所有制企业或自然人。

6. 土地的所有人和使用人（包括免于缴纳土地税的土地所有人和使用人）将其土地出租的，出租人为土地税的纳税人，但由国家农业用地基金提供支持的土地除外。

7. 在上述第4、第5、第6种情况下，根据土地出租合同，由出租人向承租人收取土地税。租赁由国家财政提供支持的农业用地的，土地税的纳税人为承租人。

二、征税对象

（一）征税对象的范围

吉国《税法典》第335条规定，土地税的征税对象为满足下列规定用途的土地所有权、临时所有权和使用权。具体包括：（1）住宅区的土地；（2）工业、交通、通信及其他用途的土地，包括国防用地；（3）自然保护、医疗保健、休养、历史文化遗址等的用地；（4）林地；（5）水资源的用地；（6）储备土地。这些土地按照吉国土地法的规定进行分类。对于共有土地，征税对象为土地份额的所有权。

（二）计税依据

吉国《税法典》第336条规定，土地税的计税依据下列规定确定：

（1）土地税的计税依据为权利证书中记载的土地面积。

（2）对于共同所有或使用的土地，每个纳税人的计税依据为权利证书中记载的个人所拥有的土地面积，或者根据合同由共同所有人协商确定的每个人所拥有的土地面积。

（3）对于租赁土地，计税依据根据土地租赁合同确定。

（4）对于由国家财政拨款支持的农业用地，计税依据根据相关规范性法律文件确定。

（5）对于没有权利证书的土地，计税依据由税务机构、国家不动产登记机构和地方自治机关代表构成的委员会实际丈量的结果确定。税务机关应在3日前通知土地的实际使用人丈量土地的日期和时间。

对于土地使用人在税务机关通知的日期和时间没有参加土地丈量的，应当由税务机关、国家不动产登记机构和地方自治机关代表构成的委员会对土地进行实际丈量。丈量结果的报告一式两份，一份提交给地区不动产登记机关或地方自治机关，另一份提交给税务机构，便于确定土地税的税额。

三、税率

吉国《税法典》第337条规定，土地税的税率根据土地的性质和功能的不同分别适用下列规定：

（一）农业用地

1. 农业用地的基本税率如表8-6所示。

表 8-6　　农业用地的基本税率　　单位：公顷

州、区名称	农业用地基本税率（索姆/公顷）				
	水浇地	旱田地	多年生植物	牧草	牧场
1	2	3	4	5	6
巴特肯州					
巴特肯区	268	41.3	149	—	7.7
利亚克区	268	41.3	149	24.3	7.7
卡达区	275	41.3	150	24.4	12.7
贾拉拉巴得市					
阿克瑟区	306	56.7	193	15.9	13.6
阿拉—布卡区	306	41.3	204	22.5	9.9
巴扎尔—科尔贡区	414	413	220	30.9	15.4
诺奥肯区	453	41.3	193	24.4	15.4
苏扎克区	414	41.3	220	30.9	15.4
托古兹—托罗乌区	223	62.3	—	33	12.9
托克托古区	239	62.3	201	30.4	12.9
恰特卡尔区	194	62.3	—	26.5	12.9
伊斯瑟克—库利斯卡亚州					
绥斯基区	373	87.5	173	30.4	10.6
杰蒂姆—奥古兹区	305	74.9	168	23.8	7.7
伊斯瑟克—库利斯卡亚区	280	68.6	155	23.8	7.7
通斯基区	236	39.2	119	20.4	7.1
秋普斯基区	379	87.5	174	29.1	15
纳伦州					
塔林区	205	37	—	25.1	4.5
巴申斯基区	191	54.3	—	21.7	4.5
朱姆加尔区	196	37	—	25.1	4.5
科奇科尔斯基区	215	37	—	25.1	4.5
纳伦区	196	54.3	—	21.1	5.3
奥什州					
阿莱区	232	62.3	—	27.7	5.3
阿拉万区	436	41.3	226	15.2	12.7
卡拉—库尔市	232	62.3	117	27.7	5.3

续表

州、区名称	农业用地基本税率（索姆/公顷）				
	水浇地	旱田地	多年生植物	牧草	牧场
卡拉—绥斯基区	453	41.3	246	27.9	12
纳卡茨区	413	62.3	233	27.8	12.7
乌兹根区	413	62.3	235	33.7	13.9
乔纳—阿莱区	183	—	—	21.1	5.5
塔拉斯州					
巴特肯—阿京斯基区	318	52.5	164	—	7.4
卡拉—布乌琳斯基区	350	36.4	165	11.2	4.8
曼纳斯区	331	36.4	166	11.2	4.8
塔拉斯区	297	52.5	164	11	4.8
丘亚州					
阿拉穆敦区	400	56.5	209	23.1	10.8
扎伊厄尔区					
a）丘亚区	329	67.9	213	20.4	10.8
b）托克莫克市	189	34.5	—	11.3	10
阿京斯基区	400	74.2	213	29.7	10.8
克明斯基区	354	80.5	211	29.7	10.8
莫斯科夫斯卡亚区	392	67.2	215	29.7	7.8
潘菲洛夫斯基区	362	67.2	215	23.1	7.8
索库卢克斯基区	407	67.2	211	13.9	7.8
丘亚区	400	74.9	211	32.4	10.8

2. 城市和居民点的农用地的基本税率按照附近行政区的税率确定。

3. 水库所占用土地的土地税基本税率，根据本地区灌溉用地的税率确定。

4. 用泵站灌溉土地的土地税基本税率，根据本地区旱田地的税率确定。

5. 对于山区和偏远地区的住宅区的农用地，应当按照该地区土地税基本税率的50%计算税款。

6. 地方权力机关有权根据土壤等级及农用地的闲置情况，调高农用土地的基本税率（在1年内不超过1次），不可抗力的情况除外。

（二）宅基地、自留地、园艺用地

吉国《税法典》第338条规定：

1. 宅基地、自留地、园艺用地的税率如下（见表8－7）：

表 8－7　　宅基地、自留地、园艺用地的税率　　单位：平方米

住宅区	土地税税率（索姆/平方米）
比什凯克市、奥什市	1.5
托克莫克市、卡拉—巴尔塔市、贾拉拉巴德市、卡拉阔尔市、塔拉斯市、秋阿塔市	1.0
本部分第 1 项和第 2 项未规定的城市以及村镇，农村住宅区除外	0.5
农村住宅区	0.1

2. 将宅基地、自留地和园艺用地用于经营活动的，则税率根据《税法典》第 339 条规定的住宅用地和非农业用地的税率计算。

（三）住宅用地和非农业用地

吉国《税法典》第 339 条规定：

1. 住宅用地和非农业用地的税率如下（见表 8－8）：

表 8－8　　住宅用地和非农业用地的税率　　单位：平方米

区域名称	千人居民区住宅用地税率（索姆/平方米）							
	5	5—10	10—20	20—50	50—100	100—200	200—500	500 及以上
巴特肯州	0.9	1.4	1.5	1.7	1.7			
贾拉尔—阿巴德市	1.2	1.6	1.8	2.0	2.1			
伊斯瑟克—库利斯卡亚州	1.2	1.6	1.8	2.0	2.1			
纳伦州	1.0	1.4	1.6	1.7	1.8			
奥什州	1.3	1.6	1.8	2.0	2.3	2.4	2.6	
塔拉斯州	1.1	1.5	1.7	1.9				
丘亚州、比什凯克市	1.2	1.6	1.8	2.0	2.3	2.4		2.9

2. 上述住宅区以外的非农业用地，采用容纳 5100—10000 人住宅用地的税率。

3. 对于住宅用地和非农业用地的土地税的税率，分别适用不同地区系数、区域系数 K_3 和商业用地系数 K_K。

区域系数 K_3 由地方议会根据经济规划情况，每 3 年调整 1 次。调整时间在 10 月 1 日之前。具体调整范围如下：（1）比什凯克市为 0.6 到 3 之间；（2）奥什市为 0.3 到 3 之间；（3）其他住宅区为 0.3 到 1.2 之间。

4. 转为租赁房或部分用房的宅基地、自留地和园艺用地的商业用地系数

K_k 为1.0。

5. 对于企业、个体经营者和自然人所拥有的、从事经营活动的用地，其商业用地系数 K_k 根据下列规定确定（见表8-9）：

表8-9　商店、售货亭、货柜及其他商业机构的商业用地系数 K_k

面积（平方米）	10以内	10—20	20—35	35—50	50及以上
K_k 值	22.5	16.5	10.5	7.5	6

（1）商店、售货亭、货柜及其他商业机构；

（2）小型市场、贸易中心、超市，商业用地系数 K_k 为7.5；

（3）家畜、饲料市场，商业用地系数 K_k 为4.5；

（4）公共饮食企业，商业用地系数 K_k 为3；

（5）旅游企业，商业用地系数 K_k 为7；

（6）银行、典当行、外币兑换点，商业用地系数 K_k 为5；

（7）夜总会，商业用地系数 K_k 为7；

（8）办公楼、商务中心及交易所，商业用地系数 K_k 为2.5；

（9）加油站，商业用地系数 K_k 为10；

（10）石油基地，商业用地系数 K_k 为1.5；

（11）汽车站、公交公司、汽车维修站，商业用地系数 K_k 为4.5；

（12）广告设施，商业用地系数 K_k 为50；

（13）休闲娱乐企业、卫生保健服务企业，提供个人服务的企业，商业用地系数 K_k 为1.5；

（14）运输企业的行政楼、航站楼、汽车站、公共汽车站、火车站，商业用地系数 K_k 为0.9；

（15）工业企业、运输公司、建筑公司、通信及能源中心、自由经济贸易区，商业用地系数 K_k 为0.5；

（16）采矿企业的建筑和设施、铁路货运站、铁路运输及航空企业的卫生防护区，商业用地系数 K_k 为0.3；

（17）采矿区、露天矿、矿场、矿井、剖面区、废料堆场，商业用地系数 K_k 为0.05；

（18）地质勘探作业区、设计勘察作业区、勘探研究作业区，商业用地系数 K_k 为0.005 ；

（19）架空输电线路及通信线路，商业用地系数 K_k 为0.01；

（20）科研、教育、卫生、文化机构，少儿业余体育学校，商业用地系数 K_k 为 0.3；

（21）农业生产合作社的建筑（车库、维修车间、谷物收割场、谷粒清选场、蔬菜仓库、施工和生产场地、农家院及其他农业项目），商业用地系数 K_k 为 0.2；

（22）国防、体育、技术组织，商业用地系数 K_k 为 0.01。

第三节　税款计算与缴纳

一、纳税期和税额计算

（一）纳税期

吉国《税法典》第 340 条规定，土地税的纳税期为 1 年。

（二）税额计算

吉国《税法典》第 341 条对土地税的税额计算进行了规定：

（1）农用土地，土地税的计算公式为：$H = C \times \Pi \times K_И$，在该公式中：$H$ 为土地税的税额，C 为《税法典》第 337 条和第 338 条规定的税率，Π 为土地面积，公顷/平方米，$K_И$ 为通货膨胀率。本公式中的通货膨胀率由吉国政府在每年 4 月 1 日前根据上年实际情况确定。通货膨胀率未规定的，采用上年的通货膨胀率计算。

（2）住宅用地和非农用地，土地税的计算公式为：$H = C \times \Pi \times K_И \times K_3 \times K_k$，公式中：$H$ 为土地税税额，C 为《税法典》第 337 条和第 338 条规定的土地税税率，Π 为土地面积，公顷/平方米，$K_И$ 货为通货膨胀率，K_3 和 K_k 为规定的系数。

（3）宅基地、自留地、园艺用地，土地税的计算公式为：$H = C \times \Pi \times K_3$，公式中：$H$ 为土地税税额，C 为《税法典》第 337 条和第 338 条规定的土地税税率，Π 为土地面积，公顷/平方米，K_3 为《税法典》第 339 条第 4 款规定的区域系数。

对于上述公式中法律规定的系数，统一按 1.0 计算。

企业、个体企业、农户或农场缴纳的土地税的计算，由纳税人根据上述规定独立完成。

向自然人征收的宅基地、自留地、园艺用地的土地税，由土地所在地的税务机构负责，个体企业经营用地除外。

对于纳税人拥有或使用不足一年的土地，土地税税额按实际拥有或使用土地的月份进行计算。

对于土地上建有适用不同商业用地系数 K_k 的建筑物或附属建筑物的，则应当分别计算每个建筑或附属建筑的土地税税额。

二、纳税期限和纳税地点

（一）税款缴纳的期限

吉国《税法典》第 342 条规定：

（1）农用地的土地税在 4 月 25 日前，按全年应纳税额的 20% 比例缴纳；在 4 月 25 日到 8 月 25 日前，按全年应纳税额的 25% 比例缴纳；在 8 月 25 日到 11 月 25 日前，按 55% 比例缴纳。

（2）公民在城市或农村的宅基地、自留地、园艺用地的土地税应当在每年 9 月 I 日前缴纳。税务机关应当在法律规定的纳税期到来前，向纳税人发送缴纳土地税的通知书。纳税人未收到通知书的，不能成为拒绝缴纳土地税的理由。其余纳税人，应当在每季度第 1 个月的 20 日前缴纳本季度的土地税。

（二）纳税地点

土地税需在土地注册登记地缴纳，比什凯克市范围内土地税需在纳税人税务登记地缴纳。

对于偏远地区的住宅区，允许自然人按照吉国政府规定的方式缴纳税款。

纳税人将实际占有或使用的土地转让的，应当缴纳自当年 1 月 1 日到土地转移前 1 个月的土地税，并在对土地进行国家登记日期前缴纳税款。土地受让人应当缴纳自土地受让当月起计算的税款金额。

在土地转让进行国家登记时，根据双方协商的结果，由其中的一方缴纳该土地全年的税款。

土地转让人在进行国家登记前或登记时拒付税款的，由受让人承担该土地在整体纳税期的纳税义务。

农业用地的纳税人和法律未规定的土地税的纳税人，应在每年 2 月 1 日前提交土地税预算表。

三、税收优惠

吉国《税法典》第 343 条规定，下列土地免于缴纳土地税：（1）自然保护区、禁猎区、自然公园、国家公园和林木园、植物园和动物园、季节性禁猎区、自然遗址、历史文化遗址，储备土地，国家边境土地带、居民区内的人工防护林区、水资源区和森林区，用于交通运输线路用地、石油管道运输运用、通讯和输电设施用地，但用于农业用地及企业生产经营用地除外；（2）墓地；（3）牧道、牧场；（4）储蓄所、存款保护基金组织、吉国国家银行的用地，但其用于休闲、娱乐或出租的土地除外；（5）残疾人组织、战争参与者及吉国盲哑学校、残疾人和聋哑盲人不少于职工总数的50%且其工资不少于工资总额50%的个体企业的用地；（6）刑事惩教机构的用地；（7）地方自治机关、企业和自然人在地方议会规定的期限内，为进行农业生产而需要开垦的贫瘠土地和被破坏的土地；（8）卫生保护区内的疗养所、休养所、寄宿学校的用地；（9）宗教组织祈祷场所的用地；（10）学前教育机构（私营幼儿园）的用地；（11）吉国内务部国家警卫总署的用地。

另外，吉国《税法典》第344条规定，下列人员免于缴纳宅基地、自留地、园艺用地的土地税：（1）残疾人、卫国战争的参加者、参加过阿富汗和其他国家战争的军人、参加切尔诺贝利核电站事故抢险的人员，自幼残疾的人员，以及一等、二等残疾人；（2）在执行公务过程中死亡或失踪的军人、护法人员的家属，包括未成年的孩童；（3）达到退休年龄的自然人；（4）具有4个及以上未成年子女的自然人。

吉国《税法典》还明确规定，在因不可抗力导致土地使用者承受物质损失的，地方议会有权在3年内全部或部分免除春农用地的土地税。

第九章　特殊税收制度

第一节　执照税法

一、一般规定

（一）营业执照及其使用

根据吉国《税法典》第 345 条的规定，执照税是纳税人在获取强制性的营业执照或自愿性的营业执照时应当按照法律规定缴纳的税种。其中，营业执照的功能或作用在于：（1）确认纳税人享有经营营业执照上规定的业务种类的权利；（2）按照营业执照上的经营种类纳税；（3）在营业执照的有效期内取得收入。

纳税人可以自愿选择使用纸质执照或电子执照。两者具有同等的法律效力。

营业执照的格式与发放由吉国政府规定。其中，纸质营业执行的表格是严格的报表类文件，在法律规定的诉讼时效内应当存档保存。

强制性的营业执照应当由社团、企业或个体经营者根据法律规定的经营种类，由其本人或其代理人向经营活动所在地的税务机关申请领取，或通过税务机关的电子信息系统申请领取。

自愿性的营业执照应当由自然人在经营活动所在地的税务机关登记为纳税人时领取。

纳税人丢失纸质营业执照的，可以由税务机关为其签发副本。税务机关也可向纳税人签发剩余纳税期的新营业执照并在其中注明“替代丢失的营业执照”。

税务机关应按照吉国法律的规定制作电子文件以确认电子执照。

对于需要取得吉国政府的特许经营证或特许经营文件才能从事生产经营活动的，纳税人在取得相应的营业执照时，还必须取得经营许可证或其他吉国法律规定的特许经营文件。

（二）营业执照税的总体要求

营业执照税应当由纳税人按照营业执照的规定，在银行，或通过银行的远程服务系统、计算机或手机银行缴纳，也可以通过终端支付系统，或者POS以电子货币的方式缴纳。

在偏远地区、无银行机构的城镇地区，纳税人可以根据法律规定向税务机构缴纳税款。

纳税人缴纳营业执照税的纳税证明，是纳税人获得营业执照或延长营业执照有效期的重要前提。

纳税人没有办理执照而从事经营活动的，应当被视为没有办理税务登记或者逃税。

营业执照税的纳税人根据法律的规定，不得免除其作为纳税代理人所应当承担的法律义务。

营业执照税的纳税人根据民事合同向其员工支付工资时，必须计算和代扣代缴所得税，

营业执照税的纳税人从事不属于营业执照税纳税范围的经营项目的，应当按照法律的规定，对所经营的项目进行单独核算，提交税务报表并缴纳税款。在此情况下，从事缴纳营业执照税的经营项目所产生的费用，不得从缴纳其他不属于营业执照税的经营项目的年总收入中的扣除。

执照税纳税人进行的生产经营活动，在执照有效期内，税务机关不得进行外出税务检查，但反向检查除外。其他的税务检查按照法律的规定执行。

对于营业执照及有效期进行检查时，纳税人应当提交纳税证明。

当出现下列情况时，税务机关有权注销营业执照、收回营业执照或中止其效力：（1）纳税人从事执照外的经营项目的；（2）纳税人持颁发给其他纳税人的执照从事经营项活动的；（3）从事违反吉国法律规定的其他经营项目的。

（三）跟踪调查

吉国《税法典》第347条规定，税务机关应当会同地方自治机关、行业贸易协会代表共同进行跟踪调查，以确定不同地区、不同类型经营活动的收益以及应当适用的特殊税制。跟踪调查程序由吉国政府规定。

跟踪调查每年不超过 1 次。对于季节性的经营活动，跟踪调查每年不超过 3 次，每次不超过 15 日。

跟踪调查应当依据法律的规定签发决定。在进行跟踪调查时，可以通报纳税人，也可不通报纳税人。其中，在通报纳税人的情况下，应当向纳税人出示决定的正本，并将副本交给纳税人。纳税人应当在正本中签字确认。在不通报纳税人的情况下，跟踪调查完成后应当向纳税人出示决定的正本，并将副本和调查结论提交给纳税人。

跟踪调查的结果不得改变被调查人的纳税义务，不得用作确定持照经营纳税从事经营活动时应纳税额的依据。

二、强制执照税

（一）纳税人

吉国《税法典》第 348 条规定，纳税人从事下列经营项目时应当缴纳强制执照税：（1）桑拿，浴室，市政浴室除外；（2）台球室；（3）外币兑换；（4）舞厅及夜总会；（5）昼夜停车场；（6）典当服务；（7）理发店和美容馆；（8）私人牙所；（9）广告牌出租服务；（10）洗车服务；（11）农产品出口，按照强制执照出口的农产品种类清单，由吉国政府规定。

强制执照税的纳税人，不缴纳利润税、增值税和销售税。

强制执照税的纳税人在改造员工的所得税扣缴义务时，应当每月为每位员工购买 7 个结算指标的营业执照。

（二）征税对象和税率

吉国《税法典》第 349 条规定，强制执照税的征税对象、计税依据和税率具体如表 9－1 所示。

表 9－1　　计税依据与税率

经营业务	税基	纳税期限内税率
桑拿浴、洗浴	单个面积在 150 平方米以内	30000 索姆
	单个面积在 150 平方米以上	50000 索姆
台球室	1 桌	10000 索姆
外币兑换点	1 个许可对象	20000 索姆
舞厅及夜总会	1 个舞厅及夜总会	100000 索姆
昼夜停车场	1 个停车位	100 索姆

续表

经营业务	税基	纳税期限内税率
当铺	1个项目	15000索姆
理发店和美容馆	1个座椅	2000索姆
私人牙所	1个座椅	5000索姆
广告牌出租服务	1个广告招牌	5000索姆
洗车	1个洗车位	4000索姆
出口农产品	1辆载重如下的汽车： 4吨 4—8吨 8—12吨 12吨以上	300索姆 600索姆 900索姆 2000索姆

吉国政府依据吉国议会决议，有权根据征税对象的所在地和提供服务的成本，每年对税率进行1次调整或变动。

纳税人从事多种经营项目的，应当分别适用每一项经营活动的税率。

（三）纳税期、税额计算与缴纳

1. 纳税期。吉国《税法典》第350条规定，强制执照税的纳税期为30天。从事农产品出口服务的纳税期是载货车的每次出行期。

2. 税款计算。吉国《税法典》第351条规定，强制执照税的应纳税额根据计税依据、税率以及系数确定。系数根据吉国税法的规定见表9-2所示。

表9-2　　计税系数

与住宅区人口数相关的系数（千人）						
500以上	250—500	100—250	50—100	20—50	10—20	10以内
1	0.7	0.6	0.5	0.4	0.3	0.1

在计算台球、车位超过100的停车场的应纳税额时，无论居民点内的居民人数多少，适用系数均为1。在计算居民点外上述各项征税对象的应纳税额时，应使用最近的居民点的系数。

3. 税款缴纳。吉国税法规定，纳税人应当在从事经营前取得经营执照并缴纳税款。

执照的有效期可分为30天、90天、180天等。纳税人取得90天有效的执照时，应纳税额降低5%；购买180天有效的执照时，税额降低10%。农产品出口服务执照在货车每次出行时取得。

税款金额确定后不能重新计算。纳税人已缴纳的税款金额在取得执照后不予退还。

依照执照经营的纳税人，不免除纳税申报的义务。在纳税申报表中，纳税人应当注明持强制执照经营的实际收入。

三、自愿执照税

（一）纳税人

吉国《税法典》第353条规定，从事根据吉国政府经与吉国议会专业委员会协商通过的清单中的项目经营的自然人，有权缴纳自愿执照税。

缴纳自愿执照税的纳税人不再缴纳利润税和销售税。

纳税人应当从支付给雇员的工资中扣缴每个员工的所得税。

增值税纳税人、年收入超过增值税登记门槛的自然人，以及企业都不是自愿执照税的纳税人。年收入超过增值税登记门槛的自然人，应该从年收入超过增值税登记的门槛后的次月起，转为增值税的纳税人。在转为增值税纳税人之前所缴的税款，应当按照《税法典》规定的方式进行抵扣。

（二）税额确定及缴纳

吉国《税法典》第354条规定，自愿执照税按照经营项目的基础税额，根据税务机关的提议，由吉国政府与吉国议会专业委员会协商确定。在基础税额的范围内，税务总局有权根据经营的季节性、收益、类型、地点的不同，对应纳税额进行调整。

吉国税法规定，自愿执照税应在纳税人开始进行经营前以购买执照的方式缴纳。

纳税人可以按照吉国政府确定的方式购买连续进行经营活动的执照。购买90天执照的，税额降低5%；购买180天执照的，税额降低10%。

自愿执照税的应纳税额是固定的，购买后不能重新计算。

从事执照经营的纳税人，不免除提交纳税申报表的义务。纳税申报表中应注明按照自愿执照经营项目的实际收入。纳税人在提交纳税申报表时还应该同时提交执照复印件。

自愿执照税的纳税人销售商品、工程和服务的收入超过增值税纳税人的登记门槛的，则其无权缴纳自愿经营执照税。

第二节 统一税法

一、一般规定

吉国《税法典》第357条规定，统一税的纳税人是小型企业。缴纳统一税的纳税人不再缴纳利润税和销售税。

缴纳统一税的小型企业必须满足以下条件：（1）能够根据现金核算法进行会计核算；（2）按照《税法典》规定的办法使用带有记录功能的现金收款机；（3）必须缴纳其他的税收。

统一税的纳税人在向雇员支付工资时，扣缴所得税。

吉国《税法典》第358条规定，新注册企业想要选择适用统一税，就必须在税务登记后的5日内向税务机关提交申请。其他企业想要选择适用统一税，就必须在每年12月1日前向税务机关提交申请。

纳税人违反上述规定的，自次年1月1日起转成按照普通税制缴纳税款。

纳税人自愿从统一税制转为其他形式税制的，应当在税制转变前1个月向税务机关提交申请。统一税纳税人的纳税义务自次年1月1日起注销。

注销统一税纳税义务的纳税人有权在注销3年之后重新转化成为统一税的纳税人。

二、纳税人

吉国《税法典》第359条规定，只有同时满足下列条件的小型企业才可以成为统一税的纳税人：（1）1年内收入额不超过增值税的登记门槛；（2）不是增值税的纳税人。

统一税主要适用于以下的小型企业：（1）执照税的纳税人；（2）金融、保险业；（3）投资基金企业；（4）有价证券交易所的中间人；（5）消费税的纳税人；（6）公共饮食业；（7）疗养保健业。

三、税额确定

（一）征税对象

吉国《税法典》第360条规定，统一税的征税对象为上述纳税销售商品、工程、服务的收入。

（二）税率

吉国《税法典》第 362 条规定，纳税人根据经营项目按以下税率纳税：(1) 加工、生产和销售农业产品的，税率为 4%；(2) 其他的经营项目，利率为 6%。

纳税人从事多项经营活动的，应当分别计算和缴纳税款。

四、税款计算与缴纳

吉国《税法典》第 363 条规定，统一税纳税期为 1 个季度。

统一税的纳税人应当根据法律规定，自行计算应缴税款。

吉国《税法典》第 365 条规定，纳税人应当在每个季度结束后的 15 天（即下一季度第一个月的 15 日）之前，提交税务报告并缴纳税款，在下一年 3 月 1 日之前提交统一税的纳税申报表。

第三节 税务合同税法

一、纳税人

根据吉国《税法典》第 366 条和 367 条的规定，从事经营活动的企业和个体经营者有权根据税务合同纳税。

税务合同中应当明确规定纳税人与税务机构之间协商确定的利润税、增值税和销售税的纳税义务。另外，缴纳税务合同税的纳税人应当缴纳《税法典》规定的其他税收。

以下企业和个体经营者不能成为税务合同税的纳税人：(1) 缴纳统一税的企业；(2) 银行、金融机构和保险公司；(3) 退休基金和投资基金；(4) 专业证券交易机构；(5) 有欠交税费的单位；(6) 地下资源使用税的纳税人；(7) 消费税的纳税人；(8) 从事经济活动不满 3 年的主体，但公共饮食业、疗养保健业、建筑单位除外；(9) 公共饮食业、疗养保健业的经营年限不满 3 个月的。

二、纳税期

吉国税法规定，税务合同税的纳税期为 1 年。

对于在1年之中转为税务合同税的公共饮食业、疗养保健业，其纳税期限为纳税人转为税务合同税当月起至本年结束。对于转为税务合同税的建筑单位，纳税期限根据《税法典》第369条第3款的规定执行。

三、转为税务合同税的方式

为了适用或重新适用税务合同税，纳税人应当在签订税务合同前一年的11月1日前，向税务机关提交申请，建筑单位除外。

符合条件的公共饮食业和疗养保健业的经营者可以在任何月份签署税务合同。

纳税人提交的申请书中应当记载如下信息：(1) 纳税人姓名；(2) 纳税人法定地址；(3) 纳税识别号；(4) 财务状况；(5) 前3年的纳税金额；(6) 合同基础指标。

税务机关在接受纳税人申请书的后15日内，应当作出是否同意纳税人适用税务合同税的决定。对于同意纳税人适用税务合同税的，税务机关应当在作出决定后的15日内与纳税人签订税务合同。

对于单体建筑，税务机关与建筑单位签署的税务合同，有效期不得超过36个月。

税务合同的年限为1年，但每年都可以重新签订合同。

当税务合同中出现如下情况的，税务总局有权拒绝纳税人适用合同中规定的税制，或按照吉国政府规定的程序中止采用该税制：(1) 与《税法典》条款不符的；(2) 与合同规定的条件不符的；(3) 存在逃税嫌疑的。

在税务合同有效期内，不进行外出税务检查，但反向检查除外。其他形式的税务管理按照《税法典》的规定执行。

纳税人进行改组的，其改组前所签订的税务合同失效。

在1年中，建筑单位有权使用税务合同税制、签署合同以及重新缔结合同。

四、应纳税额的计算

吉国《税法典》第370条规定，税务合同税第一年的应纳税额应当超过之前3年中纳税额最高一年所纳税额的25%以上，法律另有规定的情形除外。

公共饮食业、疗养保健业税务合同税的应税金额，应当由税务机关确定。

建筑单位的税务合同税应当根据建筑实际销售面积确定。其计算公式为：

$CH = \Pi \times C \times K_3$，其中：$CH$ 为税务合同税应税金额；Π 为实际销售总面积；C 为固定税率，每平方米 900 索姆；K_3 为地方议会规定的区域附加额。

纳税人续签税务合同税时，应税金额应当超过上年应税金额的 10%，但建筑单位除外。

五、纳税义务的履行与申报

吉国《税法典》第 371 条规定，税务合同税的纳税人应当在每月 15 日之前，按合同确定的金额，缴纳上个月的税款。

建筑单位的税务合同税应当每月按照等份进行。但建筑单位有权提前缴纳税务合同税的应纳税额。

税务合同税的纳税人应当提交纳税申报单，并按经营类型履行纳税义务。

第四节 自由经济区税法

一、适用对象

吉国《税法典》第 372 条规定，自由经济区税制仅适用于自由经济区主体从事的经营活动及对外经济活动，其中包括根据吉国自由经济区法规定进行的商品（工程、服务）生产销售活动，但应税消费品的生产和销售除外。其中，自由经济区主体是指根据吉国法律规定由国家职能部门进行注册（重新注册）、并且在自由经济区总局进行注册登记的法人。

自由经济区主体在吉国自由经济区域外从事的经营活动，适用普通税制。

自由经济区主体应当按照法律规定进行税务登记。

二、自由经济区主体纳税办法

吉国《税法典》第 375 条规定，吉国《税法典》第 375 条规定，自由经济区主体从事的经营活动，免于缴纳全部税款，《税法典》和《自由经济区法》另有规定的情形除外。

非自由经济区主体在吉国境内向自由经济区销售商品、工程和服务，应当根据法律规定缴纳增值税。

自由经济区主体的经营活动不符合《税法典》第 372 条及吉国《自由经

济区法》的规定的，应按照一般税制纳税。

从自由经济区向吉国其他区域销售物品的，包括将商品转让给非自由经济区主体的，应当按照一般税制纳税。

商品通过自由经济区边界时，应当根据关税同盟法、吉国海关法及吉国自由经济区法的规定进行管理。

由自由经济区主体向吉国国内市场销售工程和服务，应当按照一般税制纳税。

自由经济区主体在自由经济区内和区外及吉国境外从事经营活动时，应当按照《税法典》的要求，应当进行分别核算。

三、税务报表

吉国《税法典》第376条规定，自由经济区主体应当根据法律规定向税务机关提交税务报告及统一税纳税申报表。

第五节 高新技术园区税法

一、适用对象

吉国《税法典》第386条规定，在符合吉国有关高新技术园区法规定的情况下，高新技术园区的税收制度仅适用于从事经营或对外经济活动的高新技术园区的居民。

二、税务登记

吉国《税法典》第387条规定，高新技术园区的居民在注册为高新技术园区居民后的5个工作日内，应当向税务部门提交税务登记申请，并应提供经过公证的证明文件的复印件。税务登记自提交申请登记下个月1日起生效。

三、高新技术园区主体纳税办法

吉国《税法典》第388条规定，高新技术园区居民从事吉国《税法典》第386条规定的经营活动时，免于缴纳利润税、销售税和增值税。

作为高新技术园区居民的员工、个体经营者、管理者（从事建筑、房屋、工段维修保护的人员除外）的所得税均适用5%的税率。

四、税务报表

吉国《税法典》第389条规定，高新技术园区居民应按照法律规定向税务机关提交税务报表。

第三编　吉国税收征纳法律制度

第十章　税务管理

根据吉国《税法典》第93条的规定，税务管理是指税务机关监督吉国税收法律的执行情况。它一般包括五种形式，即税务登记、税收核算、税务检查、税务抽查以及设立税务所。

第一节　税务登记

根据吉国税法的规定，税务登记是指在吉国纳税人国家登记名册（也即纳税人国家数据库）中登录纳税人相关信息的制度。按照吉国税法的规定，所有纳税人都应当进行税务登记，但法律另有规定的情形除外。吉国纳税人国家登记名册由吉国税务总局管理。

一、一般规定

（一）登记范围

吉国《税法典》第96条规定，法人企业应当向税务机关提交书面的税务登记申请，作为个体企业的自然人也应当向税务机关提交税务登记申请。

个体企业的税务登记与个体企业的国家登记应当同时完成。

（二）登记日期

吉国税法规定，无论是国内的法人企业、个体企业、自然人，还是在吉国境内通过常设机构从事活动的外国组织或在外国登记的个体企业，以及在吉国境内具有征税对象的外国组织或非居民自然人，税务机关都应当在其提交申请后的5个工作日内，为其办理税务登记。

（三）登记地点

吉国税法规定，对于税务登记的地点，因纳税人的不同而有所不同：(1) 对于吉国国内组织，其税务登记的地点为法人进行国家登记的地点；(2) 对于不具有个体企业地位的法人，其税务登记的地点为吉国登记证中确定的地点或住址；(3) 对于个体企业，其登记地点为吉国登记证中确定的登记地点、住址或从事经营活动的地点；(4) 在吉国境内通过常设机构从事活动的外国组织或在外国登记的非居民自然人，其在吉国的税务登记地点分别如下：1）在吉国从事活动的地点；2）代表处或分支机构在吉国司法机关的国家注册登记地点；3）外国组织或在外国个体企业的国内代表机关的所在地；(5) 外国组织或在外国个体企业的国内自然人代表的住址；(6) 在吉国境内不是通过常设机构从事活动的外国组织，其税务登记地点为其开展经营活动的地点；(7) 在吉国境内具有征税对象的外国组织或非居民自然人，其税务登记的地点为征税对象所在地或登记地。

除上述规定外，吉国税法还规定，根据上述规定纳税人可以在多个地点进行登记的，则有权选择其中的一个地点作为税务登记的地点。

二、纳税人识别码

根据吉国《税法典》的规定，对纳税人的税务登记是通过向纳税人授予纳税识别代码的方式实施的。其中，自然人的纳税人识别码就是该自然人的吉国社会基金识别码。

吉国税法规定，税务机关在确定了纳税人识别码后，应当通过向纳税人发送税务登记卡的方式将纳税人识别码授予纳税人。纳税人应当在提交给税务机关的文件、税务报表和付款凭证中使用纳税识别码。税务机关应当在发给纳税人的所有文件中使用纳税人的纳税识别码。

三、变更登记

吉国《税法典》第98条规定，纳税人的税务登记信息发生变更的，纳税人应当在登记资料变更后的15日内向税务机关申请进行变更登记。税务机关应当根据纳税人的申请或相关国家机关提交的申请或资料，在3个工作日内签发规定格式的注册登记事实确认书，并在5个工作日内对纳税人进行变更登记。

在对纳税人进行变更登记时，税务机关应当签发新的税务登记卡以代替原先的税务登记卡，同时保留纳税人原有的纳税识别码。

四、注销登记

吉国《税法典》第99条规定，根据主管机关提交的资料证明纳税人的纳税义务终止，或者根据纳税人及其代理人提交的纳税义务终止、要求注销税务登记的申请，税务机关应当将纳税人自吉国纳税人国家登记名册中注销。其中，非居民应当在各项权利（如所有权、土地使用权、经营管理权）终止并已终止了纳税义务的情况下才可以注销税务登记。对于离开吉国的纳税人应当在离开前已经履行了吉国的纳税义务后才可以注销税务登记。法人和个体企业在停工时如果不存在欠缴税费的，可以在保留纳税人识别码的同时将纳税人从国家登记表中注销。

第二节　会计文件和税务报表

一、会计文件

按照吉国《税法典》第84条的规定，会计文件是指原始凭证、会计账簿和其他能够确定纳税义务的文件。它对于确定纳税人的纳税义务具有非常重要的意义。正因如此，故在吉国《税法典》中，专门对会计文件的编制和保存作了规定。

纳税人应当使用吉尔吉斯语或者官方语言编制会计文件。对于以其他语言编制的会计文件，纳税人应当根据法律规定和税务机关的要求，将其翻译为吉尔吉斯语或官方语言。

会计文件应当为纸质文档或电子文档。

会计文件的保存期限应当按照《税法典》的规定为6年。即使法律另有规定的，也不得低于《税法典》规定的诉讼时效。

纳税人重组的，重组期间的会计文件应当由重组前企业的权利继承人保存。

纳税人进行清算的或个体企业停止经营的，在注销纳税人的税务登记后，会计文件可以销毁，但应上交国家档案馆的文件除外。

二、税务报表

根据吉国《税法典》第 85 条的规定，税务报表是纳税人按照法律规定的方式提交给税务机关的书面或电子文件，其中包括计算应纳税款以及确定纳税人纳税义务所需要的资料。

（一）税务报表的编制

根据吉国《税法典》第86 条的规定，税务报表为纸质文档或电子文档，由纳税人或扣缴义务人根据法律规定自主编制。

税务报表应当使用吉尔吉斯语或者官方语言编制。

纳税人在编制税务报表时，应当满足法律规定的强制性要求：（1）在报表中登录纳税人的纳税识别号、法定地址和实际地址；（2）明确纳税义务的具体内容和纳税期；（3）符合法律对税务报表签署规定的要求；（4）税务报表的格式符合吉国政府的规定。

纳税人在编制税务报表时应当确保报表数据的真实性和准确性。

纸质税务报表应当由纳税人或纳税人的负责人以及扣缴义务人签署。如果吉国法律规定必须使用印章的，纳税人、纳税人的负责人和扣缴义务人的签字须盖章确认。

电子税务报表必须由纳税人的电子数字签名进行确认，吉国法律另有规定的情形除外。

（二）税务报表的提交

1. 一般规定。纳税人或者扣缴义务人应当向登记地的税务机关提交税务报表。

纳税人或扣缴义务人在提交税务报表时，有权从下列三种方式中选择一种提交方式：（1）当面呈报；（2）通过挂号信进行邮寄；（3）采用计算机信息处理系统进行报送。

税务机关在接受税务报表时不需要对报表进行初步检查，也不与纳税人讨论税务报表中的内容。

增值税纳税人应当按照吉国政府规定的方式向税务机关提交增值税电子报表。

2. 提交日期和提交期限。吉国税法规定，税务报表的提交日期是税务机关接收报表的日期，或通过电子邮件送达报表的日期，或通过带回执的挂号信寄送报表的日期。

吉国税法规定，纳税人应当按照各个税种规定的期限提交税务报表。其中，法律规定按季度提交税务报表的，纳税人应当在季度结束后的21日内（即下一季度第一个月21日之前）提交本季度的税务报表；按年提交税务报表的，应当在下一年的3月21日之前提交本年度的税务报表；按月提交税务报表的，应当在下个月21日之前提交本月的税务报表。

纳税人通过挂号邮寄方式提交税务报表的，只要纳税人在法律规定的报表提交日期结束前将报表发送给邮局并由邮局在报表上标注接收时间和日期的，就视为纳税人已经履行了税务报表提交的义务。

纳税人重组或清算的，纳税人应自通过重组或清算之日起的10个工作日内提交税务报表。

在法律规定的期限前纳税人提出延期提交税务报表申请的，税务机关应当根据法律规定作出同意其延期30天提交税务报表的决定。但税务机关在同意延长税务报表提交的期限时不得变更或延长纳税人的纳税期限。

（三）税务报表的修改与补充

吉国《税法典》第90条规定，纳税人发现在已提交的税务报表中存在错漏并导致应纳税额计算错误的，允许纳税人在法律规定的纳税义务诉讼时效内对税务报表进行修改或补充，并提供应纳税额变更的信息或说明。

不允许纳税人在现场税务检查期间对被检查期间编制的税务报表进行修改和补充。

纳税人修改或补充税务报表并不构成对该纳税人进行税务处罚、行政处罚和刑事处罚的理由。

（四）税务报表的保管期限

吉国《税法典》规定，纳税人、扣缴义务人以及税务总局必须在纳税义务诉讼时效内保存税务报表。

纳税人重组的，重组期间的税务报表应当由纳税人的法定继承人保存。

纳税人清算的，纳税人可以销毁税务报表，但应上交国家档案馆的文件除外。

三、统一纳税申报表

吉国《税法典》规定，统一纳税申报表是一种税务报表，其目的是提供关于企业经济活动、应纳税财产等的财务信息及其他资料。

国内组织、在吉国境内通过常设机构从事活动的外国组织、公民自然人、吉国居民自然人、在吉国境内通过常设机构从事活动的非居民自然人等都应当编制和提交统一纳税申报表。其中，自然人可以提交个人统一纳税申报表，也可以提交家庭统一纳税申报表。

统一纳税申报表中应当包括以下内容：(1) 征税对象的有关信息；(2) 法人及其分支机构、代表处和其他独立经营单位的财产和财务状况；(3) 按照《税法典》和吉国会计核算法规定形成的法人财务信息。

企业组织应当在每年 3 月 1 日前提交上一年度的统一纳税申报表；自然人应当在每年 4 月 1 日前提交上一年度的统一纳税申报表。

统一纳税申报表的格式、填写和提交方式由吉国政府确定。

第三节　税务机关的决定

税务机关的决定是指税务机关根据《税法典》的规定，针对纳税人的相关问题作出的决定，它会在法律上对纳税人产生显著的影响。

一、决定的内容

吉国《税法典》第 82 条的规定，税务机关的决定应当包括以下内容：(1) 纳税人的姓、名、父称或全称；(2) 纳税人的纳税识别号；(3) 决定的通过日期；(4) 通过决定的理由；(5) 决定的内容；(6) 纳税人应纳税额及利息、滞纳金和罚款金额；(7) 有关税款以及利息、滞纳金和罚款的详细信息；(8) 纳税义务的履行期限；(9) 纳税人不执行决定时纳税机关采取的强制执行措施；(10) 税务机关对纳税人、应纳税额或欠缴税费的处理措施；(11) 申诉程序；(12) 纳税人向银行缴纳税款或税费所需的详细信息；(13) 其他必要的资料。

税务决定不得违反《税法典》的规定。如果税务机关的决定与《税法典》的规定不符，即使纳税人已经知道了税务决定的内容，税务决定也不应当生效或被视为有效。

二、决定的送达

吉国《税法典》第83条规定，税务决定必须按照《税法典》规定的方式送达。

税务决定的送达方式有三种，即在税务机关内发给纳税人或扣缴义务人并由其签名确认；按照纳税人经济活动的地址或者注册地址送达或递交给纳税人的扣缴义务人并让其签名确认；用挂号信邮寄。

税务机关在向纳税人送达税务决定时，应当同时向纳税人送达税务机关作出税务决定的依据。

税务机关应当将以下的税务决定送达纳税人或扣缴义务人：（1）关于应税交易价格的决定；（2）关于现场检查结果的决定；（3）关于由税务机关根据计算确定的应纳税额的决定；（4）关于调整应纳税额的决定；（5）关于终止纳税人缴纳税款的决定；（6）关于追究纳税人行政违法责任的决定；（7）鉴定结论；（8）关于纳税人的存款；（9）关于纳税义务或应交税费延期履行或分期履行的决定；（10）关于延期提交税务报表的决定；（11）关于纳税人申诉的决定；（12）关于根据纳税人的申请用溢缴税款抵扣其他税费的决定；（13）关于退还增值税溢缴税款的决定；（14）关于撤销增值税登记的决定；（15）关于要求被检查的纳税人提交相关文件资料的决定；（16）关于税务机关自主实施税款抵扣的决定；（17）关于审核现场检查材料的时间和地点的决定；（18）关于进行现场检查的日期和时间的决定；（19）关于室内审计结果的决定；（20）关于根据室内审计结果确定纳税人活动指标不符的决定。

另外，根据吉国《税法典》的规定，按照纳税人或扣缴义务人的书面申请，税务机关应当在两个工作日内将下述决定送交给申请人：（1）关于进行现场检查、延期检查、中止检查和恢复检查的决定；（2）关于加收利息、滞纳金和罚款的决定；（3）关于提交清偿欠缴税费的保证的决定；（4）关于土地税和财产税应纳税额的决定；（5）关于根据室内审计结果确定纳税人活动指标不符的决定；（6）关于要求消除违反延期（分期）条件的决定；（7）关于消除税务报表中的违法情况的决定。

税务机关应当根据海关、金融情报机关和金融警察机关的申请，在两个工作日内将关于进行现场检查或拒绝进行现场检查的决定送交给申请人。在决定中，税务机关应当详细说明相关的情况。

税务机关应当根据监护人、保护人、财产管理人、家庭儿童保护机关的申请，在两个工作日内将关于被认定为失踪或者无行为能力的自然人存在欠缴税费的决定送交给申请人。

税务机关应当根据公证人或继承人的申请，在两个工作日内将关于被继承人欠缴税费的决定送交给申请人。

税务机关应当根据银行的申请，在两个工作日内，将被检查的纳税人的账户业务信息提供给申请人。

第十一章　税款缴纳

第一节　纳税义务及其履行

一、纳税义务及其特点

一般来说，在现代国家中，依法纳税是公民对国家的基本义务，因此，许多国家不仅在宪法中对此作了原则性的规定，而且还专门在税法中对此作了具体详尽的规定。吉国也不例外。根据吉国《税法典》，吉国公民的纳税义务具有以下特点。

1. 纳税义务是一种法定义务。如前所述，由于吉国《宪法》和《税法典》中的相关规定，从而使得税收法定原则成为吉国税法的基本原则。这样，吉国公民的纳税义务从本质上来讲，就是一种法定义务。对此，《税法典》第55条第1款明确规定，吉国纳税人的纳税义务是在吉国税收法律规定的情况下的纳税义务。这样，吉国纳税人的纳税义务就不是以税务机关的行政行为为基础和前提，而是以《税法典》中所规定的税法构成要件为基础和前提。换言之，纳税人的收入或行为只有在符合《税法典》规定的各税种的课税要件时，纳税义务才告成立。相反，对于不符合课税要件的，税务机关就不得确定纳税人的纳税义务并向其课征税款。对此，吉国《税法典》第56条第2款进一步规定，自吉国税收法律规定纳税的情况出现之日起，纳税人才开始承担纳税义务。

2. 纳税义务是一种金钱给付义务。虽然根据吉国《税法典》的规定，纳税人的纳税义务包括了许多具体的义务，但在其中，缴纳税款的义务是其最核心和最重要的义务。对此，吉国《税法典》第55条第2款明确规定，纳税义务是金钱给付义务。同时，第57条还进一步规定，吉国纳税人在履行纳税义务时，必须以缴纳吉国法定货币索姆的方式来进行。在确定具体应纳税额时，应当采用四舍五入的方式。

3. 纳税义务是一种有限义务。税务机关不得要求纳税人缴纳超过纳税义务金额的资金。

4. 税务机关必须要求纳税人履行纳税义务。纳税人不履行或不适当履行纳税义务时，税务机关有权按照法律规定的方式采取强制执行措施，以监督其履行纳税义务。

二、纳税义务的履行

（一）一般规定

根据吉国《税法典》第59条的规定，纳税义务必须要由纳税人按照吉国税收法律规定的方式适当履行，或者由第三方根据吉国税收法律的规定履行。

税收义务履行方式是指用现金缴纳税款，或者通过银行转账的方式缴纳应纳税额。

纳税人可以一次性缴纳全部的税款，也可以分多次缴纳税款。

纳税人有权提前履行纳税义务。

除《税法典》另有规定的情形外，纳税人不得拒绝履行纳税义务，也不得变更纳税义务或者纳税义务的履行方式。

履行纳税义务与是否追究税务违法行为无关。

（二）纳税义务的清偿顺序

根据吉国《税法典》第61条的规定，每一税种的清偿顺序按照下列规定执行：（1）税款；（2）利息；（3）滞纳金；（4）罚款。同时，吉国税法还规定，在清偿上述各项款项时，应当按照其发生的顺序进行。

（三）纳税义务的履行日期

根据吉国《税法典》第60条的规定，纳税义务的履行日期有以下几种：（1）纳税人的银行账户内资金足够缴纳税款的，其纳税义务的履行日期为纳税人将税款划拨付款委托书递交银行且银行将税款缴入财政账户的日期；（2）纳税人银行账户内的资金不足以缴纳税款的，其纳税义务的履行日期为纳税人银行账户内资金足够缴纳税款时银行根据纳税人税款划拨付款委托书将税款缴入财政账户的日期；（3）纳税人向银行或税务机关用现金缴纳税款的日期为其履行纳税义务的日期；（4）税务机关作出将纳税人的溢缴税款或多收税款计入纳税人应交税费账户或者计入纳税人待履行纳税义务账户的决定之日，为纳税人的纳税义务履行日期；（5）税务机关作出将溢缴增值税返还决定之日。

吉国税法规定，当出现以下情况时，不应当认为纳税人按期履行了纳税义务：（1）除法律规定的情形外，税款未能在吉国税法规定的期限内缴入财政预算账户的；（2）纳税人撤回了税款划拨付款委托书的；（3）银行将税款划拨付款委托书退还给纳税人的；（4）纳税人在向银行提交税款划拨付款委托书之日，其银行账户中的资金不足以支付纳税人提交的、按照吉国法律应当提前履行或者优先履行的支付义务的；（5）纳税人收回用于缴纳税款的现金的。

三、纳税义务的变更

（一）一般要求

吉国《税法典》第76条规定，应交税费的法定缴纳期限延期的，应当允许对税费缴纳的期限进行变更，但消费税缴纳期限的变更除外。

只能根据《税法典》的规定变更应交税费的缴纳期限。

应交税费缴纳期限的变更有两种形式，即延期缴纳和分期缴纳。延期缴纳和分期缴纳税费的期限为1个月至3年。

应交税费缴纳期限的变更不会免除纳税人现有的税费缴纳义务，也不会给纳税人形成新的税费缴纳义务。

应交税费缴纳期限变更必须要由银行进行担保。

纳税人申请变更税费缴纳期限的申请涉及的资金额大于100万索姆的，由税务总局在其职权范围内作出应交税费缴纳期限变更的决定；资金额小于100万索姆的，由税务机关在其职权范围内作出应交税费缴纳期限变更的决定。

（二）不得变更税费缴纳期限的情况

吉国《税法典》第77条规定，当有书面证据证明纳税人申请变更税费缴纳期限的目的是隐瞒资金或其他应征税财产，或者纳税人将要移居到吉国境外的永久居住地，则不得同意纳税人变更税费缴纳期限的申请。对于税务机关之前作出的同意纳税人变更缴纳期限的决定也应该撤销。税务机关应当在作出决定后的3日内将决定的内容书面通知纳税人。

（三）具体要求

根据吉国《税法典》第79条的规定，纳税人延期缴纳税费或者分期缴纳税费，应当基于以下原因：（1）由于发生不可抗力的事件而对纳税人造成损失的；（2）对纳税人提供的商品、工程和服务，根据吉国公私合作关系法的规定，通过财政向纳税人拨款或付款发生延迟的；（3）由于纳税人的财务或财产状况无法一次性缴纳应交税费，延期缴纳或分期缴纳有助于其履行纳税义务的。当出现第（1）（2）两种情况而同意纳税人延期或分期缴纳税费的，对于延期或分期缴纳的税费，不得计算和加收利息。由于纳税人出现第（3）种情况而同意其延期或分期缴纳税费的，对于延期或分期缴纳的税费，应当按照吉国国家银行规定利息的两倍计算和加收利息。

不得对延期或分期缴纳的税费计算和加收滞纳金，也不得进行处罚。

纳税人应当向税务机关提交延期或分期缴纳税费的申请。在申请书中纳税人应当说明申请的理由，并附上相关的文件和银行的担保文件。

主管机关应当在收到纳税人申请后的10日内作出关于是否同意纳税人延期或分期缴纳税费的决定。同意纳税人延期或者分期缴纳税费的，税务机关的决定中应当包括同意延期或分期付款的税费种类、金额、利息、缴纳期限和缴纳方式，以及银行的担保文件。税务机关拒绝纳税人延期或分期缴纳税费的，应当基于合理的理由。

在税务机关审核纳税人申请期间暂停执行应交税费的强制征缴措施。

税务机关应当在作出决定后的3个工作日内将决定发送给纳税人和纳税人注册地的税务机关。

（四）延期或分期缴纳税费决定的终止

吉国《税法典》第80条规定，当出现下列情况时，纳税机关作出的同意纳税人延期或分期缴纳税费的决定终止：（1）税务机关同意纳税人延期或分期缴纳税费的决定中规定的时间期满的，或者合同中规定的时间期满的；（2）纳税人在规定期限前缴纳全部税费和利息的。

除不可抗力的因素外，纳税人违反延期或分期缴纳税费的条件或要求时，税务机关应当要求纳税人进行整改。如果纳税人没有进行整改，也没有对税务机关的要求提出异议，则税务机关同意其延期或分期缴纳税费的决定自纳税人违反延期或分期缴纳税费的条件或要求之日起终止。税务机关应当在作出取消延期或分期的决定后的3个工作日内，将决定送达纳税人。

纳税人应当在收到税务机关决定后的30日内缴纳相应的税费、滞纳金和罚款。

四、纳税义务的终止

吉国《税法典》第68条规定，纳税义务在下列情况下终止，应交税费视为已偿清：（1）纳税人缴纳了全部的税款、利息、滞纳金和罚款的；（2）《税法典》规定的纳税义务诉讼时效到期的；（3）没有法定继承人或者自然人继承人死亡的；（4）失踪或者无行为能力的自然人没有财产或者财产不足的；（5）根据其他法律的规定注销企业或个人债务的。

另外，吉国《税法典》第69条规定，当纳税人出现上述第（2）至（5）规定的情况时，其所欠缴的税费应当认定为坏账，并按照吉国法律的规定注销。

五、纳税义务的诉讼时效

根据吉国《税法典》第58条的规定，纳税义务的诉讼时效为6年，从下列日期起算：（1）纳税期结束之日；（2）纳税人不按照延期或分期缴纳的要求缴纳税费的，在延期或分期缴纳的效力终止之日；（3）税务机关向纳税人送达在税务检查过程中发现的纳税义务的通知之日。

对于纳税人税额计算错误或者不正确履行纳税义务的，在诉讼时效内，纳税人有权主动更正相关的错误，税务机关也可以根据计算的结果增加或减少纳税人的应纳税额。

在诉讼时效内，纳税人有权要求用溢缴的税款抵缴其他税款，或者要求退还溢缴的税款。

在破产重组期间，诉讼时效中断。

在按照吉国民法规定调整纳税义务时，诉讼时效中断。

六、税款抵扣和返还

对于纳税人溢缴的税款、利息、滞纳金和罚款，根据吉国《税法典》第81条的规定，应当按照以下顺序用于清偿纳税人的欠缴税费：（1）清偿同一税种的利息、滞纳金和罚款；（2）清偿其他税种的欠缴税款；（3）清偿其他税种的利息、滞纳金和罚款。

溢缴税款的纳税人存在其他未履行的纳税义务的，税务机关应当作出并向其送达用溢缴税款抵缴其他税款的决定，并在决定规定的扣除之日后的10日内自主扣除溢缴税款。

税务机关可以根据纳税人的书面申请，用溢缴的税款、利息、滞纳金和罚款抵消将来产生的纳税义务，或者将溢缴的税款、利息、滞纳金和罚款退还给纳税人。税务机关在收到退还申请后的30日内应当退还溢缴税款、利息、滞纳金和罚款。税务机关未能在规定限期内退还相关款项的，每延迟一天应当向纳税人支付应退还总额0.09%的利息。

纳税人可在溢缴款事项产生之日起的6年内提出抵扣或退还的申请。

纳税人的溢缴税款及利息、滞纳金和罚款不得抵消其他纳税人的欠缴税费。

第二节　几种特殊情况下纳税义务的履行

在吉国《税法典》中，除了对纳税人履行纳税义务作了一般性的规定外，还专门对几种特殊情况下纳税义务的履行进行了规定。

一、企业重组时纳税义务的履行

吉国《税法典》第62条规定，纳税人重组的，纳税人必须书面通知税务机关。

重组企业的纳税义务应当由其法定继承人履行，无论法定继承人是否知道重组企业的纳税义务及其履行的事实或情况。

企业合并的，合并前各个企业的纳税义务由合并后的企业履行。

企业兼并的，被兼并前企业的纳税义务由兼并后的企业履行。

企业分立的，分立前企业的纳税义务由分立后的新企业根据资产负债表的规定进行确定和履行。

组织改组的，其改组前的纳税义务由改组后新成立的企业履行。

企业重组时的股权，应当根据吉国民法的规定进行分配。对于在重组时不能确定重组后企业的股权，或者不能排除重组后企业的纳税义务的，则重组后的企业应当对重组前企业的纳税义务承担连带责任。

企业重组不应成为法定继承人改变纳税义务履行期限的理由。

企业重组前的溢缴税款应当由税务机关计入重组企业的应交税费的清偿账户，或者 返还给其法定继承人。

二、企业清算时纳税义务的履行

在吉国《税法典》中，对于企业清算时的纳税义务，分成了有支付能力和无支付能力两种不同的情况，并分别规定了不同的处理办法。

（一）有支付能力企业清算时的纳税义务

根据吉国《税法典》第63条的规定，有支付能力的被清算企业，其纳税义务应当按照下列规定履行。

有支付能力的被清算企业的纳税义务，由清算委员会利用该企业的资金履行。企业资金应当包括出售该企业的财产所获得的资金。

除吉国法律另有规定外，企业在清算期间产生的纳税义务，应当由清算委员会负责履行。

企业没有现金或者资金不足以全额清偿应交税费时，该企业只能根据吉国破产法的规定进行清算。在这种情况下，税务机关可以发起破产程序，企业的创始人和股东应当按照吉国民法的规定清偿应交税费。

被清算企业溢缴的税款，应当根据法律规定计入被清算企业的应交税费账户。被清算企业没有应交税费时，溢缴的税款应当按照法律规定归还给被清算企业。

（二）无支付能力企业清算时的纳税义务

根据吉国《税法典》第64条的规定，无支付能力的企业清算时，其纳税义务应当按照下列规定执行。

被认定或者宣告破产的无支付能力的企业应当按照吉国破产法的规定履行纳税义务。

自认定或者宣告无支付能力企业破产决定作出的次日起纳税义务计算终止。

破产企业在清算过程中不产生纳税义务。

无支付能力的企业破产重整的，税务机关强制征收应交税费的行为应当终止。

无支付能力的企业在破产重整前形成的欠缴税费应当在破产重整结束后清偿。

被认定或者宣告破产的个体企业应当按照上述规定的方式履行纳税义务和清偿应交税费。

三、纳税人死亡或者被宣告死亡时纳税义务的履行

根据吉国《税法典》第65条的规定，自然人死亡或被法院宣告死亡的，公证人、民事登记机关、法院应当在遗嘱公开之日起的6个月内通知继承财产所在地的税务机关。税务机关在收到遗嘱公开通知次日起的5日内通知继承财产所在地的公证人和继承人有关死亡自然人的欠交税费情况。

税务机关有权要求遗嘱执行人（继承管理人）或继承人履行死亡纳税人的纳税义务。死亡自然人的纳税义务由其继承人在继承遗产后的6个月内在继承财产价值的范围内，按继承遗产的比例履行纳税义务。但继承人没有义务缴纳被继承人由于税务违法行为而应当缴纳的罚款。

没有继承人或继承人拒绝接受继承时，以及被继承人的欠缴税费数额超过了继承财产的价值的，死亡自然人的欠缴税费应当认定为坏账。

四、失踪或者无行为能力的自然人纳税义务的履行

失踪或者无行为能力的自然人的纳税义务由监护人、保护人或者财产受托人，在法院认定自然人失踪或者无行为能力次日起的6个月内，利用自然人的财产履行。

法院必须在作出认定自然失踪或无行为能力的决定次日起的10个工作日，将判决书副本发送给上述自然人注册地的税务机关。税务机关在收到法院判决书副本次日起的5日内，必须将被认定失踪或者无行为能力的自然人不履行纳税义务的情况通知监护人、保护人、财产受托人以及家庭和儿童保护机构。

被认定失踪或者无行为能力的自然人无财产或者财产不足以履行纳税义务的，税务机关应当认定该自然人的欠交税费为坏账。

五、在吉国通过常设机构开展经济活动时纳税义务的履行

吉国税法规定，在吉国境内通过常设机构开展经营活动的，其纳税义务由实施经营活动的主体履行。

第三节 纳税义务的保障措施

与世界大多数国家一样，为了保障国家的税收收入，督促纳税人依法履

行纳税义务，吉国在《税法典》中也规定了纳税义务的保障措施。

一、加收滞纳金

吉国《税法典》第 71 条规定，滞纳金是纳税人不履行或未在规定期限内履行纳税义务时应当支付的金额。滞纳金是一种独立的纳税保障措施，与其他的纳税强制执行措施无关。

滞纳金自纳税义务履行期限结束的次日起，按日进行计算。

每个延迟日的滞纳金为其欠缴税额的 0.09%。但滞纳金总额不得超过纳税人的欠税额。

吉国税法规定，对于下列各类款项，不得计算和加收滞纳金：（1）利息、滞纳金和税务罚款；（2）纳税人自被认定破产或者宣告破产决定生效之日起欠缴的税款；（3）根据法院的判决被认定为失踪自然人的欠缴税款；（4）自银行强制清算决定生效之日起纳税人的欠缴税款；（5）用国家财政拨款购买商品、工程和服务，由于国家未向纳税人及时拨款造成纳税人的欠缴税款；（6）不可抗力产生的欠缴税款；（7）根据法律规定延期和分期缴纳的税费。

二、银行担保

吉国《税法典》第 72 条规定，银行担保是银行按照银行担保条例对税务机关承担的，纳税人通过提供银行担保为其履行纳税义务而提供的保证。

银行担保应当根据吉国民法的规定办理。由于银行担保所产生的纠纷应当根据吉国的法律规定处理。

三、纳税人的存款

吉国《税法典》第 73 条规定，纳税人为了履行将来根据法律规定产生的纳税义务，可以通过向纳税人在税务机关的专门账户存入资金的方式提供方式担保。

接受存款的税务机关应当通过向纳税人颁发证明书的方式对其存款加以确认。

税务机关只有根据税务机构的决定才有权处理纳税人的存款。

对纳税人的税收存款不计算利息。

纳税人不履行用存款担保的纳税义务的，税务机关应当用纳税人的存款履行相应的支付义务。

不需要用纳税人的存款履行所担保的纳税义务，或者需要用存款支付的金额小于纳税存款金额的，纳税人的存款或利用纳税人的存款支付所担保的纳税义务后的余额，应当在纳税人提出申请后的20日内返还给纳税人，或者按照纳税人的要求用其履行其他税种的纳税义务，或者存入纳税人的纳税义务保证账户。

四、纳税人认可的欠缴税费的缴纳

根据吉国《税法典》第4条第2款第11项的规定，根据纳税人提交的税务报表计算出来的税费数额，或者根据纳税人认可的税务检查的结果确定的税费数额，以及根据法院的生效判决确定的税费数额，为纳税人认可的应缴税费。

吉国《税法典》第74条规定，纳税人不缴纳或不全额缴其所认可的应缴税费，税务机关无须纳税人的同意，有权追缴纳税人的资金用于清偿由纳税人认可的税费。

税务机关应当通过向银行开具税务付款通知书的方式自纳税人的银行账户中追缴资金。银行在收到税务付款通知书的两日内，应当从纳税人的账户（包括外汇账户）转出资金用于缴纳纳税人的应交税费。

在收到税务付款通知书之日纳税人的账户资金不足或没有资金的，银行应当在该账户收到每一笔资金的次日，按照税务付款通知书的规定履行资金转出的义务。

纳税人的银行账户资金不足或没有资金的，税务机关有权按照上级的指示，或者按照吉国政府的规定，向纳税人征收现金，并在2个工作日内将现金交入纳税人账户并随后划拨至财政。

吉国税法还规定，纳税人资金不足或没有资金的，税务机关有权在纳税人认可的应交税费的范围内，从第三人的账户征收现金。纳税机关在向第三人征收现金时，必须要有文件证明第三人为纳税人的债务人，并必须根据纳税人与第三人之间的对账单才能向第三人进行征收。

另外，吉国税法规定，对于纳税人认可的应缴税费，税务机关在向纳税人征收现金或者自纳税人或第三人的账户征收现金时，应当向纳税人送达应交税费履行保证决定书。纳税人在收到决定书次日起的15日内不履行该决定，或者没有按照法律的规定对该决定书起诉的，税务机关才可以向纳税人征收现金，或者自纳税人或第三方的账户征收现金。

五、强制征收

吉国《税法典》第75条规定，纳税人欠缴税费且未提出延期或分期缴纳申请的，税务机关有权向法院提起诉讼，要求限制纳税人支配其财产，或者要求从纳税人的财产中征收欠缴的税费。

税务机关向法院提起的诉讼应当按照吉国民事诉讼法的规定程序进行。

该项诉讼可规定向第三人（包括债务人、雇主、银行或其他组织）征收应交税费资金。

税务机关在提起上述诉讼时，有权将要求第三人（包括债务人、雇主、银行或其他组织）向纳税人终止现金支付的决定送达第三人。第三人不执行税务机关的决定且不对税务机关的决定提出异议的，法院应当判决向第三人追缴纳税人的欠缴税费。

从纳税人的财产中追缴欠税的诉讼案件应当按照吉国民法的规定进行审理。

根据吉国税法的规定，在从纳税人的财产中追缴欠税时，自然人纳税人价值10万索姆以下的固定资产，以及与经济活动无关且按照吉国政府规定清单用于自然人或其家庭成员日常使用的财产，不得成为追缴的对象。对于不能作出上述区分的财产，吉国税法规定，应当按照规定将其出售，然后将所得款项按照规定的限度返还给纳税人。

从纳税人的财产中追缴欠缴税费的，用财产出售所得清偿欠缴税费之日视为纳税义务的履行日期。对于查封之后再出售的财产，自财产查封之日起至用出售查封的财产所得清偿欠缴税费的日期之间，对纳税人的欠缴税费，不得计算和加收滞纳金，也不得进行处罚。

税务机关工作人员以及相关人员无权购买按照法院判决出售的纳税人财产。

第十二章　税务检查与处罚

第一节　税务检查

一、税务检查的一般规定

根据吉国《税法典》的规定，税务检查作为税务管理的重要内容，是督促纳税人及时完整地执行吉国税法、履行纳税义务的重要方式和手段。税务检查只能由税务机关实施。税务检查的参加者包括税务机关的工作人员、纳税人及扣缴义务人。

税务机关在进行税务检查时，如果确有必要，可以聘请与税务检查结果无利害关系的专家，对所涉及的专业问题进行研究，提供咨询。

税务检查不得中止纳税人的活动，但吉国法律另有规定的情况除外。

根据吉国税法的规定，税务检查分为现场检查和室内审计两大类。

二、现场检查

（一）一般规定

根据吉国《税法典》第 100 条的规定，现场检查可分为以下 4 种类型。

（1）定期检查。它是对所有税种的纳税义务履行情况进行的检查。

（2）临时检查。它是在下列情况下税务机关对纳税人实施的检查：1）企业重组的，但企业改组的情况除外；2）企业清算的；3）个体企业停止经营的；4）纳税人提出税务检查申请的；5）税务机关收到有关纳税人税款计算错误的证明文件或资料的；6）纳税人自关税同盟成员国进口商品时履行缴纳增值税和消费税的纳税义务的。

（3）反向检查。它是税务机关在对纳税人进行税务检查时，为了确定纳税人的纳税义务及其履行情况，而对与纳税人进行业务活动的第三人进行的检查。

（4）重新检查。它是在出现下述两种情况时税务机关实施的检查：1）税务机关收到的文件资料证明，之前被检查过的纳税人存在税款计算不正确的情况的；2）纳税人提交的修订后的税务报表包括了之前进行过税务检查的纳税期的。重新检查只能针对上述期限内的文件资料进行。同时，重新检查应当由税务机关之前未参加税务检查的工作人员实施。

（二）现场检查计划

吉国《税法典》第101条规定，自之前进行的税务检查结束之后的12个月内，最多只能进行一次定期检查。

每一季度税务总局都应当编制下一季度的检查计划。检查计划应当包括被检查纳税人的清单。检查计划应当在被检查季度开始前的15天内由税务总局领导批准。

检查计划由两部分组成。其中，第一部分是根据风险评估法所选定的纳税人。这一部分内容属于税务机关的内部文件，不得对外公布。第二部分是根据随机抽样方法按照不超过5%的比例选出的需要接受检查的纳税人。这一部分内容应当在税务总局的信息公开网站上发布，并应当张贴在税务机关的公开场所。

在对纳税人进行风险评估时，主要评估指标或因素包括以下7个方面：（1）纳税人提供的数据不合规或不准确。具体包括：1）纳税人申报的征税对象或征税对象的登记信息不准确；2）纳税人申报（已缴纳）的税额不正确；3）纳税人所提交的信息中包括了来自吉国社会基金机关的收入。（2）税务报表中包括的亏损情况。（3）纳税人申报缴纳的税款金额低于同类纳税人平均水平25%以上的。（4）纳税人申报的收入金额和应纳税额与税务机关通过其他信息所获取到的数据之间存在偏差的。（5）对于税务机关通过室内审计认定纳税人活动指标不符的决定，纳税人没有提交修正的税务报表或没有提出合理解释。（6）根据税务总局批准的现场检查方法认定纳税人存在其他风险的。（7）纳税人根据预测的结果作出减少利润税预缴税额调整的。

吉国税法规定，当纳税人出现上述情况时，税务机关应当实施临时检查、反向检查和重新检查。

（三）现场检查的期间与期限

吉国《税法典》第102条规定，定期检查的期限不应当超过3年，其余的检查可在纳税义务诉讼时效到期前的任何时间进行。

定期检查的期限自税务检查通知送达纳税人之日起不得超过 30 日，对于纳税大户不得超过 50 日，法律另有规定的情况除外。

对于在吉国不同地区设立的分支机构进行的定期检查，每个分支机构的检查期限不得超过 30 日。

当出现下述情况时，现场检查应当暂停，现场检查的期间也应当暂停计算：(1) 从税务机关向纳税人送达要求提交相关文件的决定之日到纳税人提交相关文件之日；(2) 因税务检查参与者的近亲属疾病、死亡，但最长不超过 15 日；(3) 出现不可抗力的。

在依照国际协定要求外国提交纳税人的涉税信息及其资料期间，定期检查以及反向检查和鉴定期间不得中止。在检查期限结束之时没有获得外国提供的相关资料的，税务机关应当结束现场检查，并在检查单中记录已进行的相关检查活动。

税务机关只有在获得复查书、鉴定或者反向检查结果的前提下，才可以进行重新检查。

临时检查在定期检查规定的期限内进行。

反向检查的期限不超过 10 日。

重新检查的期限不超过 15 日。

税务机关应当在纳税人满足临时检查的条件之日起的 15 日内作出临时检查的决定，并在 30 日内开始进行临时检查。

(四) 现场检查通知

吉国税法规定，在进行现场检查前，税务机关的领导应当签署包含以下详细信息的通知：(1) 通知的日期和登记号；(2) 进行检查的税务机关名称；(3) 纳税人全称；(4) 纳税人识别号；(5) 检查方式；(6) 检查理由；(7) 检查对象；(8) 检查人员的职务、姓、名、父称；(9) 检查期限；(10) 被检查的纳税期；(11) 其他信息。

税务检查通知应当由税务机关领导或者税务机关领导授权的人员签署盖章，并根据税务总局规定的方式登记。

(五) 现场检查的开始

吉国《税法典》第 104 条规定，现场检查的开始时间为向纳税人送达通知的日期。

税务机关应当将检查通知出示或发送给纳税人。

实施现场检查的税务机关工作人员应当向纳税人出示工作证。

（六）现场检查的完成

根据吉国《税法典》第105条的规定，在现场检查完成之后，税务机关工作人员应当制作检查文件。检查文件应当包括以下内容：（1）现场检查的地点，检查文件的编制日期；（2）检查种类；（3）参与现场检查的工作人员或税务机关工作人员的职务、姓、名、父称；（4）纳税人的姓、名、父称或全称；（5）纳税人的所在地、银行详细信息以及纳税识别号；（6）税务机关负责税务报表和会计报表管理及税款缴纳的领导和工作人员的姓、名、父称；（7）之前检查过程中发现的纳税人税收违法行为及处理的情况资料；（8）纳税人提交检查文件的概况；（9）在检查过程中所援引的法律法规。

现场检查文件应当在通知规定的现场检查结束之日送达纳税人。税务机关向纳税人送达现场检查文件的日期视为现场检查已经完成。

现场检查证明文件应当附上税务机关工作人员的文件副本、计算书和在检查过程中获得的其他材料。

现场检查文件应当至少一式两份，由进行检查的税务机关工作人员、被检查企业的领导、纳税人或者其扣缴义务人签署。纳税机关应当将其中的一份送交给纳税人。纳税人在收到现场检查证明文件时必须签收。

（七）现场检查材料审核结论

吉国《税法典》第106条规定，在向纳税人送达现场检查文件之日起的10个工作日内，税务机关的领导或其副职应当对现场检查文件进行审核。

纳税人对现场检查材料作出书面解释或提出反对意见的，税务机关在对现场检查文件进行审核时，纳税人或扣缴义务人应当在场。税务机关应当在审核之日前5个工作日向纳税人送达进行现场检查材料审核的决定。纳税人不按决定参加审核的，税务机关应当对纳税人提交的反对意见、解释、其他文件和材料等进行审核。

税务机关应当根据对现场检查材料审核的结果，在3日内作出下列决定并送达给纳税人：（1）关于增加或减少税款、滞纳金的决定；（2）关于是否追究纳税人税务违法责任的决定；（3）关于在法律规定的范围内延长现场检查期限的决定。税务机关在作出的追究纳税人税务违法责任的决定中，应当说明以下情况：（1）违法情形，包括通过检查确认纳税人违法情形的文件和其他资料；（2）纳税人的辩护理由以及对这些理由检查的结果；（3）追究纳税人税务违法责任的依据及已采取的措施。

纳税人在收到税务机关现场检查决定之日起的30日内没有对现场检查决定提出上诉，就必须履行该决定。

税务机关工作人员不遵守上述规定可以成为取消税务检查的结论和追究税务机关工作人员法律责任的理由。

对于企业的违法行为，应当追究企业相关责任人员的行政责任。税务机关应当编制行政违法记录，并按照吉国行政责任法的规定作出追究纳税人行政责任的决定。

三、室内审计

根据吉国《税法典》第107条的规定，室内审计是税务机关在其办公场所，根据纳税人提交的税务报表以及税务机关掌握的相关文件，在没有纳税人参与的情况下对纳税人进行的检查与监督。

室内审计由税务机关的工作人员按照职责进行，不需要税务机关领导作出任何特殊决定或安排。

室内审计方式由吉国政府确定。

税务机关通过室内审计发现存在税额降低或增加的事实的，以及在税务报表中存在错误的，应当向纳税人发出书面通知，要求纳税人在收到通知之日起的15日内改正错误。如果纳税人未在规定期限内改正错误，税务机关必须根据《税法典》第82条和第83条的规定作出税务决定并送达给纳税人。

四、税务抽查

根据吉国《税法典》第108条的规定，税务机关根据吉国税法的规定可以对以下事项进行税务抽查：（1）纳税人进行税务登记和注册登记的情况；（2）税控收款机的使用情况；（3）纳税人对所拥有的专利的纳税情况和检查情况；（4）个体企业在收支统计表中的买卖登记情况，但根据吉国会计核算法统计的人员除外；（5）应税消费品的消费税标签及使用情况。

对纳税人的抽查一年不得超过12次，但纳税人进行采购活动除外。

税务机关应当向纳税人发出税务抽查通知。税务抽查通知书中必须说明被抽查的地域或财产，以及在检查过程中应当说明的问题。

税务机关应当根据吉国政府规定的方式办理税务抽查材料。

地方自治机关应当根据吉国税法的规定对下列事项进行税务抽查：（1）纳税人税务登记和注册登记的情况；（2）纳税人对所拥有的专利的纳税情况和

税务检查情况。

五、税控收款机

税控收款机是一种含有财务信息存储功能的电子设备或计算机系统，用于商品销售、提供工程和服务时的现金结算登记，以长期保存原始的交易信息。在吉国境内从事贸易业务或者提供服务并以现金、银行卡、支票等方式进行现金结算的，必须使用税控收款机和签发复核支票，但吉国法律另有规定的情形除外。

根据吉国《税法典》第110条的规定，使用税控收款机时应满足以下要求：（1）能够对税控收款机进行技术维护；（2）在营业场所安装和铅封税控收款机，并签发税控收款机登记卡；在经营活动开始之前由税务机关对税控收款机进行统计；（3）能够按照规定使用税控收款机；（4）能够签发税控收款机支票；（5）管理存储税控收款机购买、登记、使用的相关文件；（6）保证税务机关能够检查和提取税控收款机中的信息；（7）在对税控收款机进行登记和重新登记时由税务机关工作人员对税控收款机的存储器进行更换和添加相关的信息；（8）在公共场所张贴商品、服务和工程的价目表，价目表应符合相关文件的规定；（9）只有在税务机关工作人员在场时技术维护人员才可以接触税控收款机的内部设备。

另外，吉国《税法典》第111条规定，税务机关负责对税控收款机的使用情况进行监督。

税务机关在对税控收款机进行抽查的过程中应当检查下列内容：（1）税控收款机的登记和使用情况；（2）税控收款机的完整性；（3）为顾客签发支票；（4）是否具有商品、工程和服务的价目表；（5）在税控收款机存贮模块中是否存在所签发支票的详细信息和金额。

税务机关对税控收款机所使用的支票进行控制性采购。控制采购的方式由吉国政府确定。

税务机关在进行现场检查时有权使用税控收款机存储器中的数据。

六、税务所

吉国《税法典》第112条规定，为了完整统计商品流转和资金流转的情况，税务机关和地方自治机关有权根据法律规定在下列企业或人员的所在地设置税务所：（1）生产应税消费品的企业或人员；（2）具有纳税义务的企业或人员；（3）适用零税率的纳税人，非商业企业除外；（4）从事公共饮食、贸易和疗养保健活动的企业或人员；（5）从事矿产开采的企业或人员。

设置税务所的企业名单由税务总局确定。

七、税务文件

（一）一般规定

吉国《税法典》第113条规定，税务机关工作人员在进入纳税人的工作场所或者房间进行现场检查、税务抽查、设置税收检查站时只要出示了工作证和检查通知，纳税人就必须允许税务工作人员进行税务检查。税务检查人员有权对纳税人的生产经营场所、征税对象进行调查，以确定纳税人所提交文件数据的真实性。

纳税人非法阻碍税务检查人员进入纳税人生产经营场所的，属于税务违法行为，应当追究法律责任。税务检查人员应当制作记录并由纳税人确认，税务机关将根据该记录按照间接评估方法确定纳税义务。

在下列情况下，纳税人有权拒绝税务检查人员进入其生产经营场所：（1）未出示或未提供税务检查通知的，或者未按照规定方式办理税务检查手续的；（2）通知规定的检查期限未到或者期满的；（3）税务检查通知中没有记载该工作人员的；（4）要求检查不属于被检查纳税期的文件的。

如果自然人纳税人不同意，税务机关检查人员不得进入自然人的住房内进行检查，除非吉国法律另有规定。

税务检查人员有权到纳税人的所在地或生产经营场所检查纳税人的文件或财产。纳税人或其扣缴义务人有权参加检查活动。

税务检查人员根据税务总局的规定，在检查过程中可以照相、录像、拍摄相关的文件。

（二）税务文件的调取

吉国《税法典》第115条规定，税务检查人员在进行税务检查时有权调取被检查纳税人的相关文件。

税务机关作出决定要求纳税人提交税务检查所需要文件的，纳税人应当在收到决定后的5个工作日内将文件呈送或者邮寄给税务机关。在个别情况下，允许纳税人提交被核实的文件副本。

纳税人拒绝提交检查所需要的文件或在规定期限内未提交检查所需文件的，视为税务违法行为，应当追究法律责任。

（三）税务文件的鉴定

吉国《税法典》第116条规定，在税务检查过程中，税务机关可以邀请专家对纳税人的经济活动提供专业鉴定意见。专家在自己的专业范围内可以针对检查活动提出问题，提供专家意见。

根据法律规定，税务机关领导或者税务检查人员可以根据纳税人的申请作出聘请专家进行鉴定的决定。决定应当说明鉴定的理由，专家的姓、名和父称，被检查对象的名称，对专家提出的问题，提供给专家研究处理的材料。

专家有权了解有关的检查材料，提出提交补充材料的申请。

向专家提供的材料不充分或者专家不具备进行鉴定的相关知识的，专家可以拒绝提供鉴定结论。

税务检查人员必须向被检查的纳税人出示税务检查的决定和说明纳税人所享有的权利，并制作记录。

专家应当以个人名义作出书面鉴定结论。在专家鉴定结论中应当说明专家所进行的研究活动、研究的结论和对相关问题的解释。

专家的鉴定结论应当送达给被检查人员。被检查人员有权对专家的鉴定结论作出解释或提出反对意见，也有权向专家提出问题，要求进行补充鉴定或者重新鉴定。

专家的鉴定结论不明确或不完备的，可以委托同一个专家或者聘请另外的专家进行补充鉴定。

专家结论没有根据的，或者怀疑专家的鉴定结论不准确的，应当委托另外的专家进行重新鉴定。

（四）税务检查纪录

吉国《税法典》第117条规定，在进行税务检查时，应当编写检查记录。检查记录中应当包括以下内容：（1）记录名称；（2）检查地点和日期；（3）检查的开始时间和结束时间；（4）编制记录人员的职务、姓、名、父称；（5）参与检查的人员或者检查时在场人员的姓、名、父称，在必要情况下，纪录中应当包括在场人员的地址、国籍和是否掌握吉尔吉斯语或者官方语言的资料等；（6）检查的内容及顺序；（7）检查过程中发现的重要事实和情况。

税务检查记录应当向参与检查的人员或者检查时在场的人员宣读。上述人员有权作出补充记录或者进行存查的意见。

税务检查人员以及参与检查的人员或者检查时在场的人员应当在检查记

录中签名。

在检查过程中所获取的照片或底片、电影胶卷、录像和其他的材料，也应当一并记录在内。

八、在特殊情况下商品、工程和服务市场价格的确认与采用

吉国《税法典》第119条规定，纳税人不按照吉国会计制度进行记账和结算，或者没有原始会计凭证，或者原始会计凭证丢失的，税务机关应当通过对其财产、负债、营业额、成本、费用等的核算来确定纳税人的纳税义务。

根据吉国《税法典》的规定，商品、工程和服务的市场价格是指由市场在交易过程中形成的、吉国国家统计委员会每季度公布的价格。对于由国家定价的商品、工程和服务，其市场价格就是国家的定价。

商品、工程和服务的市场价格是根据这些商品、工程和服务在销售时达成的、与相同商品或同类商品、工程和服务的价格相同或相近的价格确定的。同时，还应当考虑交付商品的数量、体积、交易条件、债务履行期限、支付条件以及可能对价格产生影响的其他条件。

商品、工程和服务的销售价格应当是交易各方实际使用的价格。

税务机关只有在下列情况下才有权对交易价格进行检查与确认：(1) 关联交易；(2) 换货（易货）交易；(3) 外贸交易；(4) 缺乏商品、工程和服务的销售文件；(5) 与无关人员进行交易；(6) 与适用特殊税制的经营者进行交易。

对于商品、工程和服务的实际交易价格超过市场价格20%以上的，税务机关有权作出追加税收、滞纳金和行政处罚的决定。

第二节 税收法律责任

一、一般规定

吉国《税法典》第5篇对税收违法行为及其法律责任进行了专门的规定。根据规定，税收行法行为是指税收法律关系的参加者违反吉国的税收法律法规、但未构成行政违法或刑事违法的作为或不作为。

税收违法责任为税收违法行为的法律后果，由法院或主管机关通过对税

收违法人员进行刑事处罚和追缴措施等来落实。

税收违法责任由吉国《税法典》进行规定。

禁止在其他法律法规中规定税务违法责任的相关内容。

根据吉国《税法典》第136条的规定，税收违法责任的承担者包括以下几类人员：（1）纳税人及其工作人员，以及纳税人的法定代表人（父母、监护人、保护人）；（2）税务机关及其工作人员；（3）税收法律关系的其他参与者。

二、追究税收法律责任的基本原则

吉国税法规定，非经《税法典》和吉国其他法律规定的方式和理由，不得追究任何人的税收法律责任。

不得重复追究任何人的同一税收违法责任。

追究税收法律关系参与者的税收法律责任并不免除税收法律关系参加者的工作人员所应承担的刑事法律责任和行政法律责任。

追究纳税人的税收法律责任并不能免除其应当履行的纳税义务，以及应当支付的滞纳金和罚款。

税收法律关系参与者在其违法或者犯罪行为未经按照吉国法律规定的程序证实之前，应当认定其不违法或无罪。

被追究责任的纳税人及其工作人员没有证明自己有税务违法行为的义务。

税务机关应当承担证明税务违法事实成立和相关人员应当承担税收法律责任的义务。

三、追究税收法律责任的时效

吉国《税法典》第138条规定，追究税收法律责任的时效为6年。自税务违法行为发生之日起的6年（时效期间）内，税务机关没有对该违法行为作出处罚的，不再追究其法律责任。

纳税人实施减少应纳税额的税收违法行为，其法律责任的追究时效，从税务机关给其送达有关的决定之日起开始计算。

四、税务处罚

根据吉国税法的规定，税务处罚是追究税收法律责任的措施。税务处罚的方式是罚款。

当一个纳税人实施两个或两个以上的税收违法行为时，应当对一个税收违法行为进行单独处罚，而不得合并处罚。

税务机关应当作出处罚决定，并按照规定的方式送达纳税人。

税务机关在向纳税人送达追究纳税人的税务违法责任的决定之日起的6年内，应当向法院提出税务处罚的起诉。

法院拒绝受理案件或者终止诉讼案件但纳税人确实存在税收违法行为的，税务机关提起诉讼的期限应当自税务机关收到拒绝受理案件或终止诉讼案件决定之日起计算。

五、税收违法的种类

根据吉国《税法典》第19章的规定，税收法律关系的参加者违反法律规定，应当承担以下各种法律责任。

（一）逃避税务登记或者注册登记

吉国《税法典》第141条规定，纳税人未在税务机关进行税务登记或未进行注册登记而从事经营活动的，应当处以在该经营活动期间应纳税额1倍且不少于50个核算指标的罚款。

（二）少报税额

税务人在税务报表中计算和缴纳的税额低于应当计算和缴纳的税额的，应当根据下列情况分别处理：（1）纳税人计算缴纳的税额低于被检查年度上一年年度总收入2%的，不进行罚款；（2）纳税人计算缴纳的税额低于被检查年度上一年度总收入2%—5%的，则对其处以所降低税额50%的罚款；（3）纳税人计算缴纳的税额低于被检查年度上一年度总收入5%以上的，则对其处以所降低税额100%的罚款。

（三）扣缴义务人不履行纳税义务

吉国《税法典》第143条规定，扣缴义务人不缴纳或部分缴纳所扣除和应当缴纳的税款的，则应当对其处以未缴税额10%的罚款，但罚款数额不得超过所扣除和应当缴纳的税款的50%。

（四）税务工作人员的责任

税务机关工作人员违反吉国税法规定的，应当按照吉国法律的规定承担责任。

税务工作人员在被确认违法或者犯罪之后的3年内，不得担任税务机关的任何职务。

税务工作人员因其不法行为或不作为侵犯纳税人合法权益的，或者给纳税人造成损失的，应当按照吉国法律规定的方式进行补偿。

第三节　对税务机关决定及税务工作人员行为的申诉

一、申诉的提起

根据吉国《税法典》第146条的规定，对于税务机关的决定以及税务工作人员的作为与不作为，纳税人可以以书面形式向吉国税务总局提出申诉。吉国税务总局负责对纳税人提起的申诉进行审核。

申诉书应当包括以下各项内容：（1）提起申诉的日期；（2）申诉人的姓、名和父称或全称、住址（所在地）；（3）申诉人的纳税识别号；（4）被申诉的税务机关名称；（5）提起申诉的理由和证据；（6）所附文件清单；（7）被申诉的税务机关所作出的决定的详细内容。

吉国法律规定，纳税人在申诉书中可以提供与被申请的事项相关的资料。

申诉书必须要由纳税人签署。

申诉人向税务总局提交申诉书时，还应当提交下列文件：（1）税务检查的文件副本；（2）申诉书的副本；（3）由纳税人和其他机关认证的、据以确认纳税人提起申诉的文件；（4）与案件有关的其他材料。

纳税人应当在收到税务机关决定之日起的30日内向税务总局提交申诉书。纳税人在法定期限过后提交的申诉书，税务总局不得受理。

纳税人的申诉书不符合法律规定的，税务总局应当将申诉书退还给纳税人并说明原因。纳税人在收到退还的申诉书后的10日内，在消除申诉退回的原因后，有权向税务总局重新提出申诉。

申诉书副本应当发送给被申诉的税务机关。

二、申诉的审核

吉国《税法典》第149条规定，税务总局自收到纳税人申诉之日起的30日内，应当根据对申诉内容的实质审查，作出审核的决定。

税务总局在对纳税人申诉进行审核期间纳税人提交了补充申诉书的，申诉审核期限自收到补充申诉书之日起重新计算。

在进行反向检查和重新检查以及请求相应机关对国际征税问题提供说明期间，申诉审核期限中断。

税务总局没有在规定期限内作出审核决定的，则应当认为纳税人的申诉成功。

税务总局应当根据审核的情况，作出如下的决定：（1）确认被纳税人要求审核的内容或决定是不合法的；（2）确认被纳税人要求审核的部分内容是不合法的；（3）确认被纳税人要求审核的内容是合法的。

申诉审核决定书应当包括以下各项内容：（1）作出决定的日期和地点；（2）受理申诉的税务总局名称；（3）纳税人姓名或者全称，申请人地址；（4）纳税人的纳税识别号；（5）被申诉税务机关的名称；（6）被申诉决定的详细内容；（7）申诉的要求；（8）申诉审核决定所依据的理由和事实；（9）法律依据；（10）决定的内容。

税务总局应当作出决定，撤销被申诉的税务机关作出的不合法或部分不合法的决定。

税务总局应当将申诉审核决定书发送给纳税人以及被申诉的税务机关。

被申诉的税务机关应当根据税务总局的决定，针对被撤销的事实重新作出决定。

申请人对税务总局的申诉审核决定不服的，有权依照民事诉讼法的规定提出申诉。

三、申诉的执行

吉国《税法典》第151条规定，自纳税人按照法律规定的方式向税务总局提交申诉书至税务总局作出申诉审核决定的30日内，以及纳税人向法院提起申诉后，被申诉的税务决定暂停执行。

对于被撤销或部分撤销的税务决定，其所涉及的罚款和滞纳金不得计算和收取。

对于税务工作人员的作为和不作为，按照吉国法律规定的方式提起申诉。

附录 中吉《关于对所得避免双重征税和防止偷漏税的协定》解读

为了协调中吉两国的税收管辖关系，妥善处理对跨国纳税人的征税事务，防止双边经济活动中的重复征税和偷漏税现象发生，中国政府和吉国政府以《经济合作与发展组织关于对所得和财产避免双重征税的协定范本》（以下简称OECD范本）和《联合国税收协定范本》（以下简称UN范本）为蓝本，在双方平等的基础上通过谈判，于2002年6月24日在北京签订了《中华人民共和国政府和吉尔吉斯斯坦共和国政府关于对所得避免双重征税和防止偷漏税的协定》（以下简称中吉税收协定）。该协定已自2003年3月29日起生效，自2004年1月1日起执行。由于该协定是处理中吉两国公民进行双边经济活动涉税问题的基本法律规范，故有必要对其内容加以解读。

第一节 协定的适用范围与一般定义

一、协定的适用范围

一般而言，在一个税收协定中，首先需要解决的问题是协定的适用范围。它一般包括了人的适用范围和税种的适用范围两个方面。

（一）人的适用范围

人的适用范围，实际上就是关于该协定适用于哪些纳税人的问题。一般而言，晚近的税收协定在其适用范围的确定过程中，基本都以居民原则取代了之前的国籍原则，即将协定的适用范围限定为居民。之所以如此，是因为居民对于其所属国负有无限纳税义务，需要对其所获得的全部所得（包括境内所得和境外所得）对所属国纳税。因此，在居民税收问题上，可能就会发生居住国和所得来源国税收管辖权的重叠，这也正是税收协定所要解决的问题。故 OECD 范本第 1 条明确规定："本协定适用于缔约国一方或者同时为缔约国双方居民的人"，从而确立了居民原则。中吉税收协定也在第 1 条采用了这一表述。这表明，中吉税收协定只适用于中国和吉国一方或双方的居民，而不适用于第三方的居民。

（二）税种的适用范围

税种的范围，实际上就是关于该协定在适用过程中主要涉及哪些税种的问题。总体而言，国际上一般把那些基于同一征税对象，但基于各国税收管辖权的冲突而导致可能重复征税的税种都列入协定的适用范围。一般来讲，这主要指的是直接税。鉴于中吉税收协定主要是协调解决对所得的征收问题，故该协定的税种范围主要限于双方的所得税。为此，协定明确规定：第一，协定适用由缔约国一方或其地方机构对所得征收的所有税收。第二，所得包括了全部的所得或某项所得，也包括转让动产或不动产的收益以及资本增值，都应当征税。第三，协定适用的税种在中国主要指个人所得税和企业所得税两个税种（以下简称中国税收），在吉国主要指利润税和所得税两个税种（以下简称吉国税收）。第四，本协定也包括缔约国双方在之后新增加的、对所得征收的税种，也包括以后代替上述税种以及与上述税种相同或实质相似的税种。如果缔约国一方的税法有了实质性的变动，则该缔约国的主管当局应在其变动后的适当时间内通知对方。

二、协定中的一般定义

在当代世界，没有两个国家的税收制度是完全相同的。不仅每个国家的税收制度都各不相同，而且各个国家税法中所使用的概念和术语也各有特定的内涵和外延。因此，为了避免由于所使用的概念的差异而导致不必要的混乱，双边或多边税收协定都首先会对所涉及的一些比较重要的概念或用语加以规定。中吉税收协定也不例外。该协定第 3 条首先对协定所涉及的"中国"、"吉尔吉斯斯坦"、"缔约国一方"和"缔约国另一方"、"税收"、"人"、"公司"、"缔约国一方企业"和"缔约国另一方企业"、"国民"、"国际运输"、"主管当局"等 10 组概念进行了界定。例如，"缔约国一方"和"缔约国另一方"指的中国或者吉国；"税收"指中国税收或者吉国税收；"人"的概念包括了个人、公司和其他团体；"公司"一语是指法人团体或者在税收上视同法人团体的实体；"缔约国一方企业"和"缔约国另一方企业"分别指缔约国一方居民经营的企业和缔约国另一方居民经营的企业；"国民"一语是指任何具有缔约国一方国籍的个人，以及任何按照缔约国一方现行法律建立的法人、合伙企业或团体；“主管当局”一语在中国方面是指国家税务总局或其授权的代表，在吉国方面是指财政部或其授权的代表。除此之外，对于在协定中未进行明确定义的用语，协定明确规定应当采取该缔约国法律中规定的有关该税种的含义。缔约国一方实施的税法中对有关用语的含义优先于该国其他法律给其所下的定义。

另外，由于“居民”和“常设机构”这两个概念在中吉税收协定中有着非常重要的意义，故协定第 4 条和第 5 条还分别对这两个概念作了专门的界定。

（一）居民

鉴于现代各国对居民认定的条件比较宽泛，故有可能出现一个人同时成为两个或两个以上国家的居民的情况。为了解决这一问题，中吉税收协定明确规定，缔约国一方居民指的是按照该缔约国法律，由于住所、居所、总机构所在地、管理机构所在地或者其他类似的标准，在该缔约国负有纳税义务的人。当根据上述定义和缔约国各方的规定，出现了某个个人同时为缔约国双方居民的情况时，为了确定其纳税义务，协定明确规定了确定其居民身份的具体规则：

第一，永久性住所标准。中吉税收协定规定，应以其永久性住所所在地作为确定其居民身份的标准。当该个人只在缔约国一方拥有永久性住所的，则应该认定其为该国的居民。

第二，重要利益中心标准。中吉税收协定规定，应以其重要利益中心作为确定其居民身份的标准。当该个人在缔约国双方同时拥有永久性住所的，则应认定其是与其个人和经济关系更密切（重要利益中心）的所在缔约国的居民。

第三，习惯性居住地标准。中吉税收协定规定，应以其习惯性居住地作为确定其居民身份的标准。如果该个人重要利益中心所在国无法确定，或者在缔约国任何一方都没有永久性住所，则应认定其是有习惯性居所所在国的居民。

第四，国民身份标准。中吉税收协定规定，应以其国民身份作为确定其居民身份的标准。如果该个人在缔约国双方都有或者都没有习惯性居所，应认定其是其国民身份所属缔约国的居民。

第五，协商。如果该个人同时是缔约国双方的国民，或者不是缔约国任何一方的国民，则缔约国双方主管当局应当通过协商确定其居民身份。

另外，对于同时为缔约国双方居民的非自然人，缔约国双方主管当局应通过协商解决其居民身份。

（二）常设机构

在国际税法中，“常设机构”与“居民”的概念一样，是一个非常重要的概念。它的主要作用在于确定跨国企业是否和某国有实质性的联系从而使该国能对归属于该常设机构的所得进行征税。因此，确定常设机构的概念就成为税收协定的重要内容。根据中吉税收协定的规定，“常设机构”的内涵是指企业进行全部或部分营业的固定营业场所。在其外延上，一般包括了以下的对象：（1）管理场所；（2）分支机构；（3）办事处；（4）工厂；（5）作业场所；（6）矿场、油井或气井、采石场或者其他开采自然资源的场所。另外，以下2项也包括在了常设机构的范围之内：（1）建筑工地，建筑、装配或安装工程，或者与其有关的监督管理活动超过12个月以上的；（2）缔约国一方企业通过雇员或者雇用的其他人员在缔约国另一方为同一个项目或有关联的项目提供的劳务和咨询累计超过12个月的。

为了进一步明确常设机构的概念，中吉税收协定还明确规定，以下各项不得包括在常设机构的范围之内：（1）专为储存、陈列或者交付本企业货物或者商品的目的而使用的设施；（2）专为储存、陈列或者交付的目的而保存本企业货物或者商品的库存；（3）专为另一企业加工的目的而保存本企业货物或者商品的库存；（4）专为本企业采购货物或者商品，或者搜集情报的目的所设立的固定营业场所；（5）专为本企业进行其他准备性或辅助性活动的目的所设立的固定营业场所；（6）专为上述各项活动的结合所设的固定营业场所，且由于这种结合使该固定营业场所的全部活动属于准备性质或辅助性质的。

当一个人在缔约国一方代表缔约国另一方的企业进行活动，有权并经常行使这种权力以该企业的名义签订合同，则这个人为该企业进行的任何活动，都应该认定为该企业在该缔约国一方设有常设机构。但是，如果这个人通过固定营业场所进行活动，根据上述规定被明确认为是不属于常设机构的，则这个固定营业场所不能认为是常设机构。

当缔约国一方企业在缔约国另一方仅通过常规的经纪人、一般佣金代理人或者其他独立代理人进行营业的，不应认为该企业在缔约国另一方设有常设机构。但是，如果这个代理人的活动全部或几乎全部都代表了该企业，则不应认为其是独立代理人。

缔约国一方居民公司，不论是否通过常设机构控制缔约国另一方的居民公司，或者被缔约国另一方居民公司控制，或者在该缔约国另一方进行营业的，都不能认为任何一方公司构成另一方公司的常设机构。

第二节　征税权的分配

和世界上其他税收协定范本和双边税收协定、多边税收协定一样，中吉税收协定的主要目的在于避免对纳税人的跨国所得进行双重征税。为此，中吉两国政府通过协商做出承诺，各自放弃对部分所得的征税权，以消除可能出现的双重征税。故在该协定中，根据纳税人的不同所得，中吉两国政府就其征税权的分配作出了明确的规定。

一、不动产所得

中吉税收协定中对不动产所得的定义，完全采纳了 OECD 范本的规定。即“不动产”一语“应当具有财产所在地的缔约国的法律所规定的含义。该用语在任何情况下应包括附属于不动产的财产，农业和林业所使用的牲畜和设备，有关地产的一般法律规定所适用的权利，不动产的用益权以及由于开采或有权开采矿藏、水源和其他自然资源取得的不固定或固定收入的权利。船舶和飞机不应视为不动产”。

关于不动产所得，中吉税收协定第 6 条规定，它包括了“从直接使用、出租或者任何其他形式使用不动产取得的所得”。从这个定义可知，它涵盖了对不动产的直接使用、出租以及其他任何形式的使用而取得的收入，但不包括出售不动产而取得的动产收入。另外，它从范围上也包括了企业的不动产所得和用于进行独立个人劳务的不动产所得。

关于对不动产所得的征税权力，中吉税收协定规定，缔约国一方居民从位于缔约国另一方的不动产取得的所得（包括农业或林业所得），可以在该缔约国另一方征税。这表明，不动产的所在国享有对不动产所得的征税权。

二、营业利润

关于营业利润，中吉税收协定在借鉴 OECD 范本和 UN 范本的基础上，确定了对其进行征税的基本原则。

1. 利润归属原则。对于缔约国一方企业的营业利润如何分配，中吉税收协定以常设机构为标准，首先确定了利润归属的基本原则。根据第 7 条第 1 款的规定，缔约国一方企业所获得的利润应仅在该缔约国征税，故该缔约国一方对该利润具有独占征税权。但是，如果缔约国一方企业在缔约国另一方设有常设机构，并且通过该常设机构进行营业的，对归属于该常设机构的利润，缔约国另一方则享有征税权。

2. 独立企业原则或独立交易原则。由于在法律上常设机构并不是独立的企业法人，其经营行为必须由总机构加以控制，利润分配也应该由总机构来决定。故为了保证利润来源国享有相应的征税权，一般都将常设机构认定为一个独立企业，假定其为一个在相同或类似情况下从事相同或类似活动的分设机构。这样，就把它与其总机构所隶属的其他企业完全独立开来。它与总机构所隶属的其他企业之间的交易被视为一种内部交易，由此所可能产生的利润也应该归属于该常设机构。

3. 合理计算原则。为了确定归属于常设机构的利润，在借鉴其他国际税收协定范本的基础上，中吉税收协定对利润计算，规定了三个方面的内容。

（1）费用扣除。借鉴国际上的一般做法，中吉税收协定明确规定，在确定常设机构的利润时，应当允许扣除其为进行营业活动而发生的各项费用。这些费用包括行政费用和一般管理费用。对于这些费用，不论其发生于该常设机构所在国或者其他任何地方，都允许进行扣除。但是，除银行企业外，常设机构因使用专利或者其他权利而支付给总机构或该总机构所属企业其他办事处的特许权使用费、费用或其他类似款项，或者为提供特别劳务或管理而支付的手续费，或者借款给常设机构而支付的利息，都不得作任何扣除，但属于偿还代垫实际发生的费用除外。同样，除银行企业外，在确定常设机构的利润时，也不考虑该常设机构从企业总机构或该企业其他办事处取得的专利或其他权利的特许权使用费、费用或者其他类似款项，或者为提供特别劳务或管理而取得的手续费，或者借款给企业总机构或其他任何办事处而收取的利息，但属于偿还代垫实际发生的费用除外。

（2）常设机构利润归属方法的一致性。为了确定营业利润的分配方法，中吉税收协定规定了两方面的内容：第一，对于缔约国一方以将总利润按比例分配给所属各单位的方法来确定常设机构利润的做法，并不违背独立企业原则或独立交易原则。但其分配的结果，应与有关营业利润分配的原则相一致。第二，常设机构利润的分配方法，应该保持其一致性。除非有适当的和充分的理由需要变动外，每年应采用相同的方法。

(3) 常设机构为企业采购货物或商品的行为。由于采购行为不是一个完整的商业循环，故采购能否获得利润其实在现实中可能无法确定。因此，对于常设机构为总企业采购货物或商品的行为，不应当将其利润归属于该常设机构。在计算其应税所得时，也不得列支采购费用。

4. 特定种类所得条款优先原则。由于企业的利润除了营业利润之外，可能还包含许多其他的所得，如不动产所得、投资所得、租赁所得、劳务所得等，故如果协定中对上述各项所得的分配或归属的规定与对营业利润的分配或归属的规定不一致的，中吉税收协定在借鉴其他税收协定或税收协定范本的基础上，明确规定，“利润中如果包括本协定其他各条单独规定的所得项目时，本条规定不应影响其他各条的规定”，从而明确了特定种类所得条款的优先原则。

三、海运和空运

对于从事跨境海运、空运或陆上运输的企业而言，它可能涉及多个国家。因此，如果按照常设机构原则对其征税，则一方面利润分配难以实际进行，另一方面由于从事国际运输的利润不高，如果允许多国同时对其征税就会导致其税负过重。为了解决这一问题，当代一些主要的税收协定范本和双边或多边协定，都对此做了特别规定。中吉税收协定也不例外。该协定第 8 条规定，缔约国一方居民以船舶、飞机或陆运车辆经营国际运输业务取得的利润，应仅在该国征税。这一规定，确立了对从事国际海运、空运和陆运的居民国独占征税权的原则。根据此原则，缔约国一方企业从事国际海运、空运和陆运而从缔约国另一方所获得的利润，仅在该缔约国一方征税，而不能由缔约国另一方征税。对于参加合伙经营、联合经营或者参加国际经营机构从事国际海运、空运和陆运业务而取得的利润，其征税权的行使也应按照上述规定执行。

四、联属企业

联属企业也叫关联企业。在现实中，联属企业主要有两种不同的类型：一种是直接或间接的控制，一种是由同一人控制多个受控企业。鉴于联属企业之间存在关联关系和关联交易，会导致账面利润不符合独立企业原则或独立交易原则，而使缔约国一方无法确定其纳税义务时，就需要对其进行账务调整。否则，如果联属企业之间的交易属于正常的独立企业之间的交易，则不需要对其进行账面调整。

根据 OECD（2014）范本的规定，无论哪一类联属企业，当这样的“两个企业之间在商业或财务关系中达成的交易条件不同于独立企业之间达成的交易条件，此时，本应由其中一个企业取得，但由于这些条件而没有取得的利润，可以计入该企业的利润，并据以征税”。中吉税收协定第 9 条第 1 款直接采用了这一表述，对联属企业进行账面调整的条件进行了明确的规定：第一，必须是联属企业；第二，其交易行为不符合独立企业原则或独立交易原则；第三，本应按照独立企业原则或独立交易原则而使其中的一个企业所获得的利润，由于联属关系而使其没有获得应有的利润。只有企业满足了这三个条件，才可进行账面调整。

缔约国一方将缔约国另一方已征税的企业利润，而这部分利润本应由该缔约国一方企业取得的，包括在该缔约国一方企业的利润内，并且加以征税时，该缔约国另一方应对这部分利润所征收的税额加以调整。根据条约的规定当关联交易中国居民企业一方被实施转让定价调整（初次调整），缔约国另一方应进行相应调整，以避免双重征税。因为如果中国税务机关调增了该国居民企业的应税所得，而该居民企业的关联方所在国如并不因此调减该关联方的应税所得并退还相应已经缴纳的税款，则被中国实施的转让定价初次调整所对应的利润就会被双重征税（经济性双重征税，即同一笔所得由两个不同纳税主体被两个主权国家课征税赋）。相应调整是缔约国一方实施转让定价初次调整后，缔约国另一方为履行条约义务而做出的调整。当然，条约只是要求缔约国另一方进行相应调整的义务，换言之，并没有规定缔约国另一方彻底消除双重征税的义务。而且缔约国另一方认为缔约国一方调整的利润符合了独立交易原则，才会做出相应的调整。税收条约联属企业条款通常都会规定缔约国另一方在确定相应调整时，应适当考虑协定中的其他规定，如有必要，缔约国双方主管当局应相互协商。相互协商程序的引入在于缔约国一方所进行的转让定价初步调整通常情况下并不会被缔约国另一方主动接受并因此做出相应调整，所以缔约国另一方所做出的相应调整是两国税务主管当局通过税收协定的相互协商程序来实现的。

五、股息

在中吉税收协定中，对“股息”的定义是从股份、“享受”股份或“享受”权利、矿业股份、发起人股份或者非债权关系分享利润的其他权利取得的所得，以及按照分配利润的公司是其居民的缔约国法律，视同股份所得同样征税的其他公司权利取得的所得。根据这个定义，股息应该是指通过持有证券而享有参与公司利润分配的权利而获取的所得。另外，任何在公司所在的缔约国被认为是股份所得的所得，也都被认为是股息。

对于股息的征税权，中吉税收协定第10条第1款规定，缔约国一方居民公司支付给缔约国另一方居民的股息，可以在该缔约国另一方征税。由此可见，收取股息的居住国对此拥有征税权。同时，第2款也规定，这些股息也可以在支付股息的公司是其居民的缔约国，按照该缔约国法律征税。由此可见，股息的来源国也可以对此拥有征税权。不过，如果股息的受益所有人是缔约国另一方的居民，则其征税额度不得超过股息总额的百分之十。中吉双方主管当局应对实施该限制税率的方式进行协商确定。

如果股息受益所有人是缔约国的一方居民，支付股息的公司是缔约国的另一方居民，股息受益所有人是通过设在缔约国另一方的常设机构进行营业或者通过设在该缔约国另一方的固定基地从事独立个人劳务，据以支付股息的股份与该常设机构或固定基地有实际联系的，在这种情况下，该股息应被视为营业所得或独立个人劳务所得。由此可见，该项规定实际上是将股息归于该常设机构所有。

中吉税收协定第5款还规定，缔约国一方居民公司从缔约国另一方取得利润或所得，该缔约国另一方不得对该公司支付的股息征收任何税收。这一规定表明，来源国的征税权是基于股息的支付，而不是来源于支付股息的利润。故股息来源国不得因为股息来源于国内而对支付给作为缔约国另一方的股息征税。当然，如果支付给该缔约国另一方居民的股息或者据以支付股息的股份与设在缔约国另一方的常设机构或固定基地有实际联系，则应按归属于常设机构的收入来处理。同时，中吉税收协定还禁止对公司未分配的利润征税。

六、利息

在中吉税收协定中，对“利息”的定义是从各种债权取得的所得，不论其有无抵押担保或者是否有权分享债务人的利润；特别是从公债、债券或者信用债券取得的所得，包括其溢价和奖金。对于延期支付的罚款，不应视为协定所规定的利息。

对于利息的征税权，中吉税收协定第 11 条第 1 款规定，缔约国一方居民公司支付给缔约国另一方居民的股息，可以在该缔约国另一方征税。由此可见，收取利息的居住国对此拥有征税权。同时，第 2 款也规定，这些利息也可以在该利息发生的缔约国，按照该缔约国法律征税。由此可见，利息的来源国也可以对此拥有征税权。不过，如果利息的收取人作为利息的受益所有人是缔约国另一方的居民，则其征税额度不得超过利息总额的百分之十。中吉双方的主管当局应对实施该限制税率的方式进行协商确定。

除上述规定外，中吉税收协定还规定了在两种情况下，利息取得国的征税独占权：一种情况是，在利息来源国发生的利息归于缔约国另一方的政府、地方当局及其中央银行或者完全为其政府所有的金融机构。另外一种情况是，在利息来源国发生的利息，虽然为该缔约国另一方居民取得，但其债权是由该缔约国另一方政府、行政区、地方当局及其中央银行或者完全为其政府所有的金融机构间接提供资金的。对于这两种情况，利息收取国享有征税独占权，利息来源国则不得对其征税。

如果利息受益所有人是缔约国的一方居民，在利息发生的缔约国另一方，通过设在该缔约国另一方的常设机构进行营业或者通过设在该缔约国另一方的固定基地从事独立个人劳务，据以支付该利息的债权与该常设机构或者固定基地有实际联系的，则该利息应被视为营业所得或独立个人劳务所得。由此可见，这一规定实际上是将该利息归于常设机构所有。

如果利息支付人为缔约国一方政府、行政区、地方当局或该缔约国居民，应认为该利息发生在该缔约国。然而，当利息支付人不论是否为缔约国一方居民，在缔约国一方设有常设机构或者固定基地，支付该利息的债务与该常设机构或者固定基地有联系，并由其负担利息，上述利息应认为发生于该常设机构或固定基地所在的缔约国。

如果利息支付人与受益所有人之间或者他们与其他人之间由于存在特殊关系，导致就有关债权所支付的利息数额超出支付人与受益所有人没有这种特殊关系时所能同意的数额的情况，则只要能根据一种没有这种特殊关系时的利息来确定其征税权的分配。前述规定只适用于公平的利息。对于超出公平利息的部分，仍应在本协定规定的基础上，按照各缔约国的法律征税。

七、特许权使用费

在中吉税收协定中，对于“特许权使用费”的定义是，使用或有权使用文学、艺术或科学著作的版权，包括电影影片，专利、商标、设计或模型、图纸、秘密配方或秘密程序所支付的作为报酬的各种款项，或者使用或有权使用工业、商业、科学设备或有关工业、商业、科学经验的情报所支付的作为报酬的各种款项。

对于特许权使用费的征税权，中吉税收协定第12条第1款规定，发生于缔约国一方而支付给缔约国另一方居民的特许权使用费，可以在该缔约国另一方征税。由此可见，收取特许权使用费的居住国对此拥有征税权。同时，第2款也规定，这些特许权使用费也可以在其发生的缔约国，按照该缔约国法律征税。由此可见，特许权使用费的来源国也可以对此拥有征税权。不过，如果特许权使用费的收取人作为特许权使用费的受益所有人是缔约国另一方的居民，则其征税额度不得超过特许权使用费总额的百分之十。中吉双方的主管当局应对实施该限制税率的方式进行协商确定。

如果特许权使用费受益所有人是缔约国一方居民，在特许权使用费发生的缔约国另一方，通过设在该缔约国另一方的常设机构进行营业或者通过设在该缔约国另一方的固定基地从事独立个人劳务，据以支付该特许权使用费的权利或财产与该常设机构或固定基地有实际联系的，在这种情况下，该特许权使用费应被视为营业所得或独立个人劳务所得。由此可见，此处的规定，实际上是将这些股息归于常设机构所有。

如果支付特许权使用费的人是缔约国一方政府、行政区、地方当局或该缔约国居民，应认为该特许权使用费发生在该缔约国。然而，当支付特许权使用费的人不论是否为缔约国一方居民，在缔约国一方设有常设机构或者固定基地，支付该特许权使用费的义务与该常设机构或者固定基地有联系，并由其负担这种特许权使用费，上述特许权使用费应认为发生于该常设机构或者固定基地所在缔约国。

由于支付特许权使用费的人与受益所有人之间或他们与其他人之间的特殊关系，就有关使用、权利或情报支付的特许权使用费数额超出支付人与受益所有人没有上述特殊关系所能同意的数额时，则只能根据一种没有这种特殊关系时的特许权使用费来确定其征税权的分配。前述规定只适用于公平的利息。对于超出公平利息的部分，仍应在本协定规定的基础上，按照各缔约国的法律征税。

八、财产收益

对于转让财产的收益，中吉税收协定第13条作出了如下的规定：

1. 缔约国一方居民转让位于缔约国另一方的不动产取得的收益，可以在该缔约国另一方征税。

2. 转让缔约国一方企业在缔约国另一方的常设机构营业财产部分的动产，或者缔约国一方居民在缔约国另一方从事独立个人劳务的固定基地的动产取得的收益，包括转让常设机构（单独或者随同整个企业）或者固定基地取得的收益，可以在该缔约国另一方征税。

3. 缔约国一方企业转让从事国际运输的船舶、飞机或车辆，或者转让属于经营上述船舶、飞机或陆运车辆的动产取得的收益，应仅在该缔约国征税。

4. 转让一个公司财产股份的股票取得的收益，该公司的财产又主要直接或者间接由位于缔约国一方的不动产所组成，可以在该缔约国一方征税。转让其他股票所取得的收益，该项股票又相当于缔约国一方居民公司至少25%的股权的，可以在该缔约国一方征税。

5. 转让上述财产以外的其他财产取得的收益，应仅在转让者为其居民的缔约国征税。

九、独立个人劳务

中吉税收协定第 14 条规定，独立个人劳务包括独立的科学、文学、艺术、教育或教学活动，以及医师、律师、工程师、建筑师、牙医师和会计师的独立活动。

对于独立个人劳务的征税权，中吉税收协定规定，缔约国一方居民由于专业性劳务或者其他独立性活动取得的所得，应仅在该缔约国征税。但是，如果出现下述两种情况，则缔约国另一方有权征税：第一，在缔约国另一方为从事上述活动设有经常使用的固定基地。在这种情况下，该缔约国另一方可以仅对属于该固定基地的所得征税；第二，在任何十二个月中在缔约国另一方停留连续或累计达到或超过 183 天。在这种情况下，该缔约国另一方可以仅对在该缔约国进行活动取得的所得征税。

十、非独立个人劳务

除中吉税收协定规定的特殊情况以外，缔约国一方居民因受雇取得的薪金、工资和其他类似报酬（不包括在缔约国另一方从事受雇活动的报酬），应仅在该缔约国一方征税。而在该缔约国另一方从事受雇活动取得的报酬，可以在该缔约国另一方征税。但是，如果缔约国一方居民因在缔约国另一方从事受雇的活动取得的报酬，同时具备以下三个条件的，应仅在该缔约国一方征税：（1）收款人在有任何十二个月中在该缔约国另一方停留连续或累计不超过183天；（2）该项报酬由并非该缔约国另一方居民的雇主支付或代表该雇主支付；（3）该项报酬不是由雇主设在该缔约国另一方的常设机构或固定基地所负担。

另外，在缔约国一方企业经营国际运输的船舶、飞机或陆运车辆上从事受雇活动取得的报酬，应仅在经营上述船舶、飞机或陆运车辆的企业为其居民的缔约国征税。

十一、董事费

缔约国一方居民作为缔约国另一方居民公司的董事会成员取得的董事费和其他类似款项，可以在该缔约国另一方征税。

十二、艺术家和运动员

对于艺术家和运动员，中吉税收协定第17条规定：

1. 缔约国一方居民，作为表演家，如戏剧、电影、广播或电视艺术家、音乐家或作为运动员，在缔约国另一方从事其个人活动取得的所得，可以在该缔约国另一方征税。

2. 艺术家或运动员从事其个人活动取得的所得，并非归属艺术家或运动员本人，而是归属于其他人，则可以在该艺术家或运动员从事其活动的缔约国征税。

3. 作为缔约国一方居民的艺术家或运动员在缔约国另一方按照缔约国双方政府的文化交流计划进行活动取得的所得，在该缔约国另一方应予免税。

十三、退休金

中吉税收协定规定，因以前的雇佣关系支付给缔约国一方居民的退休金和其他类似报酬，应仅在该缔约国一方征税。

缔约国一方政府、行政区或地方当局按社会保险制度的公共福利计划支付的退休金和其他类似款项，应仅在该缔约国一方征税。

十四、政府服务

这是税收协定中对于缔约国政府、行政区及其地方政府或行政机关支付给其雇员的工资、薪金及其他报酬的征税规定。协定规定，支付国对于支付给受雇于该国政府的个人的工资、薪金及其他的报酬享有排他性的征税权。雇员的居住国必须对这些收入免税。但是，如果该项服务是在缔约国另一方提供，而且提供服务的个人是该缔约国另一方居民，并且该居民是该缔约国另一方国民，或者他不是因为提供该项服务而成为该缔约国另一方的居民，则该雇员的居住国享有排他性的征税权。

协定还规定，缔约国一方政府、行政区及其地方当局支付或者从其建立的基金中支付给向其提供服务的个人的退休金，则该缔约国一方对其享有排他性的征税权。但是，如果提供服务的个人是缔约国另一方居民，并且是其国民的，该缔约国另一方对该项退休金应享有排他性的征税权。

十五、教师和研究人员

对于教师和研究人员等任何个人，在前往缔约国一方之前是、或者曾经是缔约国另一方的居民，他前往缔约国一方主要是了为在该缔约国一方的大学、学院、学校或为该缔约国一方政府承认的教育机构和科研机构从事教学、讲学或研究的目的而停留在该缔约国一方。对其由于教学、讲学或研究取得的报酬，该缔约国一方应自其第一次到达之日起，三年内免予征税。但是，这一规定不适用于不是为了公共利益而主要是为某个人或某些人的私利从事研究取得的所得。

十六、学生和实习人员

对于学生、企业学徒或实习生，如果在紧接前往缔约国一方之前是、或者曾经是缔约国另一方居民，仅由于接受教育或培训的目的，停留在该缔约国一方，对其为了维持生活、接受教育或培训的目的收到的来源于该缔约国以外的款项，该缔约国一方应免予征税。对于学生、企业学徒或实习生取得的赠款、奖学金和劳务报酬，在接受教育或培训期间，应与其所停留国居民享受同样的免税、优惠或减税。

十七、其他所得

对于缔约国一方居民取得的协定中未规定的其他所得，无论发生在什么地方，应仅在该缔约国一方征税。对于不动产所得以外的其他所得，如果收款人为缔约国一方居民，通过设在缔约国另一方的常设机构在该缔约国另一方进行营业，或者通过设在该缔约国另一方的固定基地在该缔约国另一方从事独立个人劳务，据以支付所得的权利或财产与该常设机构或固定基地有实际联系的，应该按照营业所得或独立个人劳务所得的规定征税。

第三节 消除双重征税的方法及特别措施

从上述规定我们可以看到，中吉税收协定在上述所得征税权的分配过程中，除了对一些项目规定了排他性的征税独占权外，还对许多项目的所得规定了来源国与居住国都享有征税权，这就会产生双重征税的问题。为了解决这一问题，中吉税收协定专门规定了解决双重征税的具体方法和手段。

一、消除双重征税方法

根据中吉税收协定第23条的规定，对于涉及中吉双重征税的所得，中吉两国分别采取了两种不同的办法。其中，中国一方采取了抵免法，吉国一方采取了免税法。

根据规定，对于中国居民从吉尔吉斯斯坦取得的所得，按照中吉税收协定的规定在吉尔吉斯斯坦已经缴纳的税额，中国税务机关在对该项收入征税时，应该从按照中国税法规定计算的税额中抵免。但是，抵免额不应超过对该项所得按照中国税法和规章计算的中国税收数额。

对于吉尔吉斯斯坦居民从中国取得的所得，按照中吉税收协定的规定，可以在中国纳税的，吉尔吉斯斯坦将允许从对该居民所得征收的税收中扣除相当于在中国缴纳的所得税。但是，根据上述规定扣除的税额不应超过按照吉尔吉斯斯坦适用税率对同样所得征收的税额。另外，对于吉尔吉斯斯坦居民取得的所得，按照协定规定可以仅在中国纳税的，吉尔吉斯斯坦可以将该项所得计入税基，但仅是为了确定其他可以在吉尔吉斯斯坦征税的所得税率。

二、无差别待遇

无差别待遇也叫做非歧视待遇。它是税收协定中一个比较常见的内容，其目的在于消除一个国家在税收问题上的歧视，以协调缔约国之间的税收权利、税收利益。一般来讲，它包括了国籍非歧视、常设机构非歧视、支付非歧视和资本非歧视四个方面。中吉税收协定也在第24条专门规定了无差别待遇，以消除上述四种可能的歧视。

1. 国籍非歧视。根据第1款的规定，缔约国一方国民在缔约国另一方负担的税收或者有关条件，在相同情况下，不应与该缔约国另一方国民负担或可能负担的税收或者有关条件不同或比其更重。这就是国籍非歧视。它要求缔约国一方的所有国民，在缔约国另一方，都应该与该国国民享受相同的税收待遇，而不应该受到歧视。这一规定，对于不是缔约国国民的第三国居民，也同样适用。

2. 常设机构非歧视。根据第2款的规定，缔约国一方企业在缔约国另一方建立的常设机构，其在缔约国另一方的税收负担不应高于该缔约国另一方对其本国进行同样活动的企业。但是，缔约国一方由于民事地位、家庭负担给予该缔约国居民的任何扣除、优惠和减免也不一定必须给予该缔约国另一方居民。

3. 支付非歧视。中吉税收协定第3款规定，除中吉税收协定中对联属企业、利息和特许权使用费等的特别规定外，缔约国一方企业支付给缔约国另一方居民的利息、特许权使用费和其他款项，在确定该企业应纳税利润时，应与在同样情况下支付给该缔约国一方居民同样予以扣除。

4. 资本非歧视。中吉税收协定第4款规定，缔约国一方企业的全部或部分资本，直接或间接为缔约国另一方一个或一个以上的居民拥有或控制，该企业在该缔约国一方负担的税收或者有关条件，不应与该缔约国一方其他同类企业的负担或可能负担的税收或者有关条件不同或比其更重。

三、协商程序

相互协商程序是指税务协定缔约国的主管当局，用于协调缔约国之间的涉税事项和税务争端的解决机制。它是国际税收协定中必不可少的内容。OECD范本、UN范本以及双边和多边税收协定中都对此有专门的规定。中吉税收协定也不例外。其在内容上也与2000年OECD范本的内容基本一致。

中吉税收协定第25条第1款规定，当一个人认为，缔约国一方或者双方所采取的措施，导致或将会导致对其进行不符合中吉税收协定规定的征税时，他就可以将案情提交本人为其居民的缔约国主管当局，而可以不需要考虑各缔约国国内法律的补救。这说明：第一，该程序的提起并不是因为缔约国的主管当局实施了双重征税，而是因为其所采取的措施与税收协定中规定的内容不符。故只要纳税人认为缔约国一方或双方所采取的措施，导致或可能会导致对其的征税不符合中吉税收协定的内容时，就可以提起该程序。第二，该程序的提起不以寻求国内法的救济为前提条件。换言之，纳税人可以在不提起国内法的救济的情况下，直接向本人为其国民的缔约国主管当局提起。至于提起的时间，应该在不符合本协定规定的征税措施第一次通知之日起的三年内。

对于纳税人提出的意见，如果主管当局认为是合理的但又不能单方面圆满解决时，主管当局应设法同缔约国另一方主管当局相互协商解决，以避免不符合本协定的征税。达成的协议应予执行，而不受各缔约国国内法律的时间限制。

缔约国双方主管当局应通过协议设法解决在解释或实施本协定时所发生的困难或疑义，也可以对本协定未作规定的消除双重征税问题进行协商。

缔约国双方主管当局为达成解决上述问题的协议，可以相互直接联系。双方主管当局的代表可以进行会谈，口头交换意见。

四、情报交换

由于在国际法中不允许一个国家在未经其他国家同意的情况下在该国进行税务调查，故为了保证税收协定的执行，各种税收协定范本和各个双边或多边税收协定都规定了情况交换的内容。中吉税收协定第 26 条参照 OECD 范本，对中吉两国税收情报交换的内容进行了规定。

根据规定，缔约国双方主管当局交换的情况包括以下三类：第一类为实施中吉税收协定的规定所需要的情报。第二类为缔约国双方关于本协定所涉及税种的国内法律规定所需要的情报。但这些情报只限于那些依据国内法律的规定征税不与本协定相抵触的情况。第三类为防止偷漏税的情报。另外，情况交换的范围，并不仅限于缔约国双方的居民。换言之，它可以涉及非缔约国的居民。

中吉税收协定对税收情报交换的保密进行了规定。对于缔约国一方提供的情报，收到情报的缔约国另一方应作密件处理。这些情报告知的范围，仅限于与本协定所含税种有关的查定、征收、执行、起诉或裁决上诉的有关人员或当局（包括法院和行政管理部门）。这些情报只能由上述人员或当局仅用于本协定所含税种的查定、征收、执行、起诉或裁决上诉，而不能用于其他的目的。但是，在公开法庭的诉讼程序或法庭判决中可以公开有关的情报。

另外，中吉税收协定还对情报交换的限制范围进行了规定。依据本条第 2

款的规定，缔约国一方或双方有权拒绝交换以下三类的情报：第一，使缔约国一方或另一方采取与其国内法律和行政惯例相违背的行政措施的情报。第二，按照缔约国一方或缔约国另一方法律或正常行政渠道不能得到的情报。第三，提供泄露任何贸易、经营、工业、商业、专业秘密、贸易过程的情报或者泄露会违反公共政策（公共秩序）的情报。

五、外交代表和领事官员

对于按国际法一般规则或特别协定规定的外交代表或领事官员的税收特权，并不受本协定的限制。

参考文献

1. 刘晓红主编：《“一带一路”法律研究》（第1卷），知识产权出版社2020年版。

2. 奋迅·贝克麦坚时联营办公室编著：《“一带一路”国别投资法律指南》，中国法制出版社2020年版。

3. 蓝琪主编：《中亚史》，商务印书馆2020年版。

4. 莫纪宏、廖凡、孙南翔等著：《“一带一路”法律风险防范与法律机制构建》，中国社会科学出版社2019年版。

5. 西北师范大学中亚研究院编译：《吉尔吉斯斯坦常用法律》，中国政法大学出版社2019年版。

6. 漆彤：《“一带一路”国际经贸法律问题研究》，高等教育出版社2018年版。

7. 单文华主编：《“丝绸之路经济带”贸易投资便利化法律框架研究》，法律出版社2018年版。

8. 王瀚主编：《“一带一路”与人类命运共同体构建的法律与实践》，知识产权出版社2018年版。

9. 任飞、狄飞编著：《中亚五国与南高加索三国投资环境》，经济科学出版社2018年版。

10. 姜振军、王彩霞、常玮娜编：《“一带一路”国别概览·吉尔吉斯斯坦》，大连海事大学出版社2018年版。

11. 杜剑、杨杨编著：《“一带一路”国家税制研究》，经济管理出版社2017年版。

12. 中国税务学会编：《“一带一路”税收服务文集》，中国税务出版社2017年版。

13. 中华全国律师协会编：《“一带一路”沿线国家法律环境国别报告》（第1卷），北京大学出版社2017年版。

14. 中华全国律师协会编：《“一带一路”沿线国家法律环境国别报告》（第2卷），北京大学出版社2017年版。

15. 赖小民：《“一带一路”沿线国家和地区法律与税收政策研究》（上册、下册），中国金融出版社2017年版。

16. 张春敏主编：《中亚四国经济》，中国经济出版社2016年版。

17. 包毅：《中亚国家的政治转型》，社会科学文献出版社2015年版。

18. 刘国胜、程静：《中亚五国宪法制度概论》，知识产权出版社2015年版。

19. 陈彤主编：《中亚经济法律问题研究论文集》，企业管理出版社2014年版。

20. 新疆师范大学中亚法律资政研究中心编著：《中亚经济法律问题研究》，企业管理出版社2014年版。

21. 郭学兰：《中亚五国企业法律概论》，知识产权出版社2013年版。

22. 马幸荣：《中亚五国税收法律概论》，知识产权出版社2012年版。

23. 中国国际税收研究会编：《中国居民企业对外投资与税收研究报告》（续篇），中国税务出版社2012年版。

24. 中国国际税收研究会编：《中国居民企业对外投资与税收研究报告》，中国税务出版社2010年版。

25. 新疆中亚科技经济中心、新疆对外贸易经济信息中心编：《中亚五国及俄罗斯经贸法律法律汇编》，新疆人民出版社2005年版。

26. 刘庚岑、徐小云编著：《吉尔吉斯斯坦》，社会科学文献出版社2005年版。

27. 中国驻中亚五国大使馆经济商务参赞处编：《中亚法律汇编》，未公开出版，具体汇编时间不详。

28. 商务部国际贸易经济合作研究院、中国驻吉尔吉斯斯坦大使馆经济商务处、商务部对外投资和经济合作司：《对外投资合作国别（地区）指南——吉尔吉斯斯坦》（2020年版），载中国商务部官网，http://www.mofcom.gov.cn/dl/gbdqzn/upload/jierjisi.pdf.

29. 国家税务总局国际税务司国别投资税收指南课题组：《中国居民赴吉尔吉斯共和国投资税收指南》，载国家税务总局官网2021年7月10日，http://www.chinatax.gov.cn/chinatax/n810219/n810744/n1671176/n1671206/c2581143/5116173/files/3e5e800aae194dc9b59933667153f347.pdf.

30. 中国商务部欧洲司综合处：《吉尔吉斯斯坦主要经贸法律法规》，载《俄罗斯中亚东欧市场》2007 年第 8 期。

31. 阿依加马丽 · 苏皮：《吉尔吉斯斯坦涉外税收法律制度研究》，新疆大学 2010 年硕士学位论文。

32. 贝克图（Muratov Bektur）：《完善吉尔吉斯斯坦个人所得税立法的思考》，华南理工大学 2015 年硕士学位论文。

后　记

2014 年初，一位友人建议我研究中亚国家的税法制度。他的理由很明确：中亚地区不仅是中国经济发展的“后院”，而且也是我国向欧亚大陆发展的必经之路。随着“一带一路”倡议的实施和中国与中亚国家经济交往的快速增加，势必需要了解和研究中亚各国的税法。由于朋友言之凿凿，故虽然之前我对中亚国家的税法一无所知，但我还是采纳了友人的建议，在随后几个月，一边收集资料，一边开始筹划这一项目。只是，到了当年下半年，由于我主持的国家社科项目面临结项，有大量的工作要作，再加上手头还有其他的教学科研任务，故我只好将这一计划暂时放了下来，打算处理完手头之事后再继续。但没有想到的是，这一放就是 4 年。特别是 2017 年我又申请到了一个国家社科基金课题之后，对本项目更是无暇顾及。因此，在看到中亚国家的税法资料时，我的直观反应是我可能不会再来研究这个问题。以至于在更换电脑时，我都没有把这些资料复制到新电脑中。

然而，令我没有想到的是，2018 年 3 月，我接到一个国内某大型企业法务部负责人的电话。他告诉我，他们企业在中亚某国的一个子公司遇到了一些复杂的税法问题，朋友推荐他来找我，希望我能提供一些帮助。鉴于我对中亚国家税法的了解还停留在 2014 年收集到的资料范围内，不可能为他们提供有效的帮助，因此建议他向国内其他专家学者请教。我以为此事就这样过去了。但没有想到的是，4 月份，他又两次给我打电话。虽然我无力解决他所提出的问题，但从与他的交谈中，我明显感觉在中亚国家的中资企业对投资所在国的税法有着非常强烈的需求。于是，我重新开始梳理中亚国家的税法资料。我发现，一方面，就对中亚国家的税法翻译而言，近年来，除新疆维吾尔自治区原国家税务局组织翻译出版了中亚五个国家的税法典外，中国北方工业公司、中国振华石油公司、北京易斯普罗石油工程技术有限公司、中国石油天然气集团公司国际部、中石油阿姆河天然气勘探开发（北京）有限公司等许多在中亚投资的企业也在组织翻译中亚各国的税法。另外，还有一些教学研究机构和法律服务机构也在组织人员翻译中亚各国的税法，如西北师范大学中亚研究院出版《中亚国家法律文本翻译丛书》，对包括吉尔吉斯斯坦的税法典在内的各国税法进行翻译。但仔细研读这些译本之后我发现，这些法律大多是由语言工作者翻译的，由于译者大多缺少税法方面的专门知识，使得这些译本不仅难以达到“雅”的要求，而且离“信”和“达”的要求也存在不小的差距。除了其中的一些译法值得商榷之外，还有一些译法明显属于错译或误译。另外，即使翻译没有错误，但由于译文表达不够规范和顺畅，读起来非常费劲，甚至有些条文琢磨半天都不得要领。这对于一个研究税法的人尚且如此，别的人看起来更是困难重重，更不用说去适用和遵从了。另一方面，就对中亚国家税法的研究和介绍来看，除几篇硕士学位论文对个别国家的税法制度作了一些粗浅的探讨外，其余的著述都只限于对中亚各国税收制度的概括性介绍，比较宏观和简单。另外，虽然国家税务总局每年都会组织编写中国居民赴中亚各国的投资税收指南，但也比较概括，不足以指导中国企业解决在中亚投资国具体的税收法律问题。有鉴于此，我决定放下手头的其他事情，撰写一套能够让人看得懂、用得上的中亚各国的税法著作。为此，从2018年10月开始，我在完成2017年和2020年申请的两个国家社科基金项目的同时，依据中亚各国的税法典，编写完成了《哈萨克斯坦税收法律制度》、《乌兹别克斯坦税收法律制度》、《塔吉克斯坦税收法律制度》、《吉尔吉斯斯坦税收法律制度》、《土库曼斯坦税收法律制度》这五个国家的书稿，希望能够为国内读者了解中亚各国的税收法律制度提供一些帮助，更希望能够为在中亚的中资企业正确地掌握中亚各国的税法制度提供一些帮助。

汪峰在《当我想你的时候》这首歌中唱道：“生命就像是一场告别，从起点对一切说再见。”对于我们每一个人来讲，来到这个世界是一种偶然，离开这个世界则是一种必然。因此，除去成年之前的懵懂无知和年老失智后的风烛残年，我们每一天所做的事情，其实都是在有意或无意地书写着自己的人生。德沃金教授说过，人生苦短，应该善待生命，不可浪费生命。其实，对待人生，在多元的社会中，应当允许每个人有自己的看法和做法，只要他人畜无害，就无须强求。但对于我个人来说，既然选择做一个学者，就必须要对自己的选择负责。因为，我个人一向认为，在现代社会中，学问不再是个别富家公子酒足饭饱之后自我娱乐消遣的“玩艺儿”。它作为“天下之公器”，在被赋予了极大的社会价值的同时，也被寄予了极大的社会期望。因此，对于学者而言，从事自己的专业研究，以专业的态度和专业的方式，回应社会需求，解决社会问题，既是学者的一种生活方式，也是学者的责任与使命所在。正是基于这样的认识，自2018年以来，我除了完成由我主持的两个国家社科基金课题外，尽可能不参加会议、不外出授课和不举办学术讲座，“躲进小楼成一统”，埋首于对中亚国家税法制度的研究与写作。在这个过程中，我仿佛在与这些国家的立法者进行对话。在面对各个国家的税法条文时，我经常会不由自主地去猜想立法者的立法理由和价值考量。我似乎看到了法律条文起草者在起草条文时的苦思冥想，看到了法律草案审议时的激烈争论，从而一步步地窥探到了各国税收法律制度背后蕴藏着的人文精神和社会价值。每当这个时候，我就会产生一种莫名的成就感和满足感。正是这种美妙的感觉，使得我能够放下其他的事情，而专注于本书的写作而心无旁骛。虽然我的这一做法在外人看来有些难以理解，但学术研究如人饮水，冷暖自知，他人怎么能够理解其中的艰辛与快乐呢。

虽然每一本书都是由具体的人完成的，但在社会化大生产的背景下，任何一本书也都和其他产品一样，是社会分工和协作的结果。本书也是如此。虽然这本书是由我编撰完成的，但如果没有他人的支持与帮助，我不可能完成这一任务。因此，对于下列的人员和机构，我要表示我的谢意。

国家税务总局原副局长郝昭成先生退休前长期负责国际税收事务，处理过许多复杂的国际税收问题，是国内著名的国际税收专家。近年来他一直关注着我的这项研究工作。在本套丛书即将出版之际，他应邀欣然作序，其间不吝赞美之词。对于先生的赞许与鼓励，我当感激不尽。

我的老领导贾绍华教授在我们长达二十多年的交往过程中对我有求必应，给我的教学科研工作提供了很大的帮助。这份情谊让我感动。

海南华宜财经研究院及其执行院长贾宜正博士为本套丛书的撰写提供了许多资料与方便。祝愿海南华宜财经研究院兴旺发达，祝愿贾宜正博士能够大展宏图。

新疆维吾尔自治区原国家税务局在完成自己本职工作的同时，组织翻译出版了中亚各国的《税法典》。这一套译本，为我撰写本套丛书提供了最基本的资料来源。在此我必须要对新疆维吾尔自治区原国家税务局的领导和组织、翻译这些法典的人们表示由衷的敬意和诚挚的感谢。

责任编辑卢关平先生热情周到的工作态度和高效严谨的工作作风，不仅大大缩短了本套丛书的出版周期，而且大大地提高了本套丛书的质量和水平。在此我要向卢关平先生致敬。

本套丛书最终能够编撰完成，最大的支持来自于我的工作单位西北大学及其法学院。吴振磊副校长、马朝琦处长、汪涛处长、韩志斌处长、李丰庆副处长、王思锋院长、胡征俊书记、李一凡书记、代水平副院长等领导和同事，帮助我解决了本书撰写和出版过程中的许多具体问题。我要对他们表示真心的感谢。

我的研究生李凌云、任美洁、耿金龙、但金鑫、任雅静、赵田田等6位同学，帮助我收集整理资料，校对书稿，从而减轻我许多重复性的劳动。我要对他们表示感谢。

我的家人不但免除了我的家务工作，而且还利用假期和周末休息时间帮我收集资料、校对文稿，从而把我从许多繁琐的事务性工作中解放了出来。我要对他们说一声感谢。

本套丛书在写作过程中，大量地参考和引用了许多机构和学者的税法译本和著述。虽然我无法在此一一列举他们的名字，但对于这些无名英雄们，我要真诚地说一声谢谢。

需要说明的是，中亚各国的税法修改比较频繁，而本人由于资料和语言条件的限制无法做到即时跟踪中亚各国税法修改的实时动态，故导致本丛书在一些具体内容方面，会与修改后的法律规定之间存在一些差异。读者在阅读本书时，敬请关注中亚各国税法的最新修改情况，以免造成不必要的损失。

鉴于本人学识有限，本书难免存在缺陷与不足，希望各位读者能够批评指正。

王鸿貌

2022年4月29日于西安